ONU ET DICTATURES

De la démocratie et des droits de l'homme

MAX LINIGER-GOUMAZ

ONU
ET DICTATURES

De la démocratie et des droits de l'homme

Editions L'Harmattan
5-7, rue de l'Ecole-Polytechnique
75005 Paris

ISBN : 2-85802-411-9

DU MEME AUTEUR

onomie - Géographie - Histoire - Politique

self-service en Suisse et dans le monde. Prix « Edouard Folliet ». Jniversité de Genève, 1953.
; Anniviards. Essai de géographie humaine d'une vallée suisse. Aiméo. Genève, 1958.
flexions sur l'Antiféminisme suisse. Les Editions du Temps. Genève, 1958.
n-Jacques Rousseau au Val d'Anniviers ou Les Lettres sur le Valais. Les Alpes. Berne, 1959.
range d'Espagne sur les marchés européens. Le problème ranger espagnol. Les Editions du Temps. Genève, 1962. Epuisé.
Suisse, sa neutralité et l'Europe. Les Editions du Temps. Genève, 1964.
thodologie de l'enseignement de la géographie. Prix « Arthur de Claparède ». Mémoires de l'I.P.N., n °1. Kinshasa, 1966. Epuisé.
l'Eurafrique. Utopie ou réalité? Les métamorphoses d'une idée. Editions CLE. Yaounde, 1972.
e Congo Basin and adjacent Regions, in African geography for chool. A handbook for teachers. UNESCO Source Book. Longman/UNESCO. Londres, 1975.
ricana. L'Afrique d'hier à demain. Les Editions du Temps. Genève, 1976.
uatorial Guinea. An African Historical Dictionary. Scarecrow Press. Metuchen, N.J. (U.S.A.), 1979.
Guinée Equatoriale. Un pays méconnu. L'Harmattan. Paris, 1973.
inée Equatoriale. De la dictature des colons à la dictature des colonels. Les Editions du Temps. Genève, 1982.
la Guinée Equatoriale. Eléments pour le dossier de l'afro-fascisme. Les Editions du Temps. Genève, 1983.
s Alpes pennines : images du passé (à paraître).

ésie - Reportages

iloque logogriphe d'un géographe enseignant. Plaquette (Emmanuel von Kirchendorf). Dessins de Gil Pasteur. Les Editions du Temps. Genève, 1967.
quatorialguinea. Eine Monographie. Institut für Afrikakunde. Hambourg (à paraître).
nobon : l'île perdue (en préparation).
Pigale fédérale ou Les gaietés du Cameroun. Album illustré (Emmanuel von Kirchendorf). Les Editions du Temps. Genève, 1970. Epuisé.

Voyez la Technique. La ronde des métiers du Cameroun. Albu illustré (Emmanuel von Kirchendorf). Les Editions du Tem Genève, 1971. Epuisé.
Suivez la Mode. La ronde des métiers de Côte d'Ivoire. Albu illustré (Emmanuel von Kirchendorf). Les Editions du Tem Genève, 1976.
Mâles façons (en préparation).

Bibliographies

Pygmées et autres races de petite taille. Bibliographie générale. L Editions du Temps. Genève, 1968.
Villes et problèmes urbains de la République démocratique Congo. Les Editions du Temps. Genève, 1969. Epuisé.
Préhistoire et protohistoire de la République démocratique Congo (Zaïre). Les Editions du Temps. Genève, 1969. Epui
Eurafrique. Bibliographie générale. Les Editions du Temps. Genè 1970.
Henry Morton Stanley. Les Editions du Temps. Genève, 1972 (collaboration avec Gerben Hellinga).
Bibliographies africaines, I (Energie - Politique - Population - Tra ports) ; II (Frontières - Légendes - Orographie - Population). L Editions du Temps. Genève. 1971, 1974.
Kivu-Maniema (*République du Zaïre*). *Bibliographie générale.* L Editions du Temps. Genève, 1977.
Guinea Ecuatorial. Bibliografía general, t. I-IV. Commission nat nale suisse pour l'UNESCO. Berne, 1974, 1976, 1978, 1980 (7 titres). t. V, à paraître (2007 titres) ; t. VI, (en préparation).

ıst as it was for Hamlet, the question for the United Nations ay is " to be or not to be " ».

Louis WITNITZER
« To be or not to be? That is the question ».
The Christian Science Monitor (International)
Boston, 27 septembre 1982.

ujourd'hui, les dictatures gouvernent masquées. Elles sévis- t dans la majorité des Etats adhérant à l'ONU, mais tous se clament démocratiques, et d'autant plus qu'ils le sont moins ».

Maurice DUVERGER
Dictatures et Légitimité
Paris, 1982

l est essentiel que les droits de l'homme soient protégés par régime de droit pour que l'homme ne soit pas contraint, en rême recours, à la révolte contre la tyrannie et l'oppression ».

Nations Unies
Déclaration universelle des Droits de l'Homme

l est important dans une République d'avoir des institutions fournissent à l'universalité des citoyens des moyens d'exhaler r fureur contre d'autres citoyens. A défaut de ces moyens, orisés par la loi, on en emploie d'illégitimes, qui produisent effets plus funestes ».

Niccolo MACHIAVELLI
Discours sur la première décade de Tite-Live

lors que bien des pays ont été attirés par les richesses minières agro-forestières ou par la situation stratégique de la Guinée uatoriale, ils ne font rien pour garantir la protection des droits peuple. Les " affaires intérieures " ne sont intéressantes pour que dans la mesure où elles protègent leurs intérêts, non les ulations dépouillées de leurs droits et soumises à une tyrannie bare ».

es puissances étrangères, sous couvert de coopération, ont servé un silence complice ».

e cas de la Guinée Equatoriale illustre la situation d'ensemble l'on voit l'alliance du pillage et de la répression policière ».

Rév. J.-M. ELA
Le cri de l'homme africain
Paris, 1980.

« Nous ne pouvons pas rester indifférents devant l'honteuse p tique des Nations Unies dans notre pays depuis son indépendan [Il faut] qu'elles cessent ce type d' " Aide " qui ne sert à r d'autre sinon à maintenir la continuation d'un régime si évide ment impopulaire et contraire à la Charte des Nations Unies des Droits de l'Homme ».

« S'il nous faut critiquer l'action des Nations Unies dans no pays, cela n'est évidemment pas pour le simple plaisir de critiqu dans un contexte différent, l'aide serait bienvenue et l'ONU po rait compter sur l'appui de notre peuple ».

Alianza Nacional de Restauración Democrát
« La gran complicidad de la ONU
La Voz del pueblo. En exil, 19

« Je suis, en tant que Noir, blessé de devoir admettre qu'il y souvent beaucoup moins de liberté personnelle et de justice da de nombreux pays d'Afrique indépendants que pendant les jo coloniaux les plus sombres ».

Mgr Desmond Tu
Conférence mondiale sur la religion et la pa
Nairobi, août 19

« Nta mana uta l'ONU, nta Kavumbura mashyiga » (*Dieu et l'O sont pareils aux contes pour enfants*).

Dicton rwanda

« Poursuivons notre effort pour déplacer la montagne, mainten que nous avons soulevé la première pierre ».

Mongo B
Peuples noirs, peuples africa
Paris, juillet-août 1984, p.

I

Oser le dire - Devoir le dire

« Vaudois, un nouveau jour se lève,
Il porte la joie en nos cœurs !
La Liberté n'est plus un rêve,
Les droits de l'homme sont vainqueurs. »

Samuel ROCHAT
Hymne vaudois (1823)

.e devoir d'ingérence

Un éditorial de la revue *Genève-Afrique,* que publient conjointe-ıent la Société suisse d'études africaines et l'Institut universitaire 'études du développement, soulignait récemment une tradition de olidarité ancrée à Genève : l'*ingérence par devoir.* « Calvin,)unant, Briand... Plus près de nous de nombreux hommes conti-ıuent à réagir depuis Genève, face à ce qui leur paraît intolérable. Notre collègue, le professeur Saul Friedländer écrivait *Pie XII t le III*e *Reich* en 1964, déplorant la non-ingérence du Saint-ıiège dans l'entreprise de génocide du IIIe Reich. Le Directeur le la *Division des Droits de l'Homme des Nations Unies,* Theo 'an Boven, déplorait avec éclat pendant les derniers mois de on mandat l'impuissance de l'ONU. Le prince Sadruddin Aga Khan, dans son rapport courageux publié le dernier jour de 1981, ıprès avoir mis en relief la relation directe qui existe entre la 'iolation des droits de l'homme et les exodes massifs de réfugiés, lénonçait le manque « d'imagination » des gouvernements... » (1).
Les présentes pages se situent dans la ligne de cette longue et

vivante tradition qui plaide le *devoir d'ingérence* chaque fois qu'e menacée la démocratie et que sont violés les droits de l'homm ce qui revient au même. Une tradition qui va s'élargissant, a point que le devoir d'ingérence est de mieux en mieux compri et accepté. Ainsi, le directeur pour les droits de l'homme, a Conseil de l'Europe, P. Leuprecht, constatait-il en avril 1984 « Un des principes fondamentaux du droit international tel qu' s'est formé au cours des dernières décennies est que le respe des droits de l'homme est un devoir de l'Etat, non seulemer envers son peuple, mais également envers la communauté inte nationale. Là où les droits de l'homme sont en jeu, les exigence de la protection solidaire (c'est nous qui soulignons) de ces droi par la communauté internationale doivent prévaloir sur les prin cipes de la souveraineté nationale et de la non ingérence. » Pe importe de savoir si c'est en vertu de la qualité de Genevoi ou d'ancien expert d'une Agence spécialisée des Nations Unie que l'auteur analyse ici l'attitude tolérante du système onusie face aux dictatures de tout képi. Par contre, c'est pour avoi choisi depuis une quinzaine d'années de se pencher plus parti culièrement sur la République de Guinée Equatoriale — l'ex Guinée espagnole — qu'il fera fréquemment référence à ce pay où, depuis l'indépendance, en 1968, sévit une féroce dictatur népotique du type de celles des Duvalier en Haïti et des Ceaucesc en Roumanie.

Par les articles 55 et 56 de la Charte des Nations Unies, tou les membres de l'Organisation mondiale s'engagent à agir e coopération avec elle en vue de la promotion du « respect uni versel et effectif des droits de l'homme et des libertés fondamen tales pour tous ». Encore faudrait-il que l'ONU — chargée pa la communauté des Etats d'œuvrer au maintien de la paix – veuille bien se faire le porte-drapeau, ou le porte-glaive de cett conception de la justice et de la morale. La paix ne peut guèr s'édifier dans l'injustice. Aussi s'attend-on à ce que l'Organisatio internationale œuvre prioritairement à faire triompher la justic sociale et économique.

Hélas, trop souvent elle se comporte en mièvre appareil bureau cratique, en office de statistique, en tribune pour démagogues, e salon pour diplomates anesthésiques, sans que soient discipliné les rapports de force qui déchirent le monde. Un monde marqu par l'éclipse de la moralité internationale, par la violation de règles du jeu démocratique et du droit international public d la part des grandes puissances comme des régimes clients, symp mes de la dégradation des mœurs politiques, des méthodes de uvernement et de la progressive contamination de l'humanité ır le *virus dictatorus.* C'est que « toute force tend à dominer s autres (...), à devenir le pouvoir ». Aussi est-ce le rôle du oit « d'ordonner ces forces et de les équilibrer les unes avec s autres. Or, le démocrate, c'est l'homme du droit » (2). Certes, s droits de l'homme relèvent d'une exigence plus éthique que ridique. Mais leur violation est toujours l'expression d'un abus droit, d'une distance prise d'avec l'idéal démocratique.

roits de l'homme et droits des peuples

Compte tenu du fait que nous réutilisons fréquemment le concept *droits de l'homme,* voici comment il apparaît à travers les ocuments du Conseil de l'Europe, un organisme qui regroupe n grand nombre de pays membres des Nations Unies qui evraient, en principe, s'en inspirer dans leur politique intérieure extérieure : « Traditionnellement, on nomme *droits de l'homme* s droits fondamentaux qui, selon une éthique libérale, doivent re reconnus à tout être humain pour assurer sa dignité propre permettre l'accomplissement de sa personnalité, abstraction ite de sa situation économique et sociale. On y inclut les droits ar lesquels le citoyen participe à la souveraineté de la collectivité olitique dont il fait partie, autrement dit les droits caractéristiques e la démocratie. Tous ces droits s'exercent à l'égard de l'Etat s'opposent à la *raison d'Etat* lorsque celle-ci tente de légitimer oppression. Ils sont en principe susceptibles d'exercice individuel. elon la terminologie des Nations Unies, ce sont les droits civils politiques » (3). Cette conception a évidemment évolué au ours des ans. Ainsi, a-t-on ajouté progressivement les droits ociaux et économiques, sans omettre le culturel.

Quant aux *droits des peuples*, il nous semble qu'ils sont d'abord a somme des droits individuels (et non pas, comme dans la défiition socialiste, les droits des Etats). Avant l'Etat existe une ociété civile, et les personnes qui composent cette société doivent ouir de droits qui précèdent ceux du « peuple » et de l'Etat. rivilégier les droits des Etats avant ceux des individus est une rave aberration collectiviste. En fait, la cause des droits de homme et celle des droits des peuples sont indissociables, mais y a des seuils de priorité. La Déclaration de l'ONU du 16 décemre 1952 (celle aussi du 24 octobre 1970) disait déjà : « Tous les peuples et toutes les nations ont le droit de disposer libreme d'eux-mêmes, c'est-à-dire de déterminer leur statut politique, éc nomique, social et culturel ». Quant à la Déclaration d'Alg (1976), elle souligne que : « Tout peuple a droit à un régim démocratique représentant l'ensemble des citoyens, sans distin tion de race, de sexe, de croyance ou de couleur, et capab d'assurer le respect effectif des droits de l'homme et des libert fondamentales pour tous » (Art. 7). Cette vision se retrouve da la Charte latino-américaine des droits et libertés des travailleu et des peuples (Panama, 1978). On ne saurait évidemment inv quer les droits des peuples sans qu'au préalable tous les droi de l'homme soient garantis. Font exception tant les situatio particulières des peuples (il vaudrait mieux parler des nation opprimés par un pouvoir extérieur, comme c'est le cas en Afgh nistan et au Tibet, que celles des nations victimes d'un oppre seur intérieur. C'est ce qu'a clairement précisé le colloque c Saint-Marin (1982) sur les droits de solidarité et les droits d peuples : « Un peuple assujetti n'est jamais en mesure d'offr aux hommes et aux femmes qui le composent l'ensemble d moyens de leur épanouissement individuel et collectif ».

En fin de compte, droits de l'homme et droits des peuples rel vent plus largement de ce que le philosophe suisse Ch. Secréta appelait déjà en début de siècle : les *droits de l'humanité*, et qu plus récemment on a qualifié de *droits des humains*. Il s'ag d'exigences tant politiques que philosophiques, voire théologique

Les principes démocratiques

L'auteur de ces pages est persuadé des vertus de la démocrat parlementaire, du multipartisme et de l'économie libérale (et dor aux antipodes du discours marxiste de son confrère genevois, Jea Ziegler, qui vilipende Montesquieu et son apologie de la séparatic des pouvoirs, ce qui l'amène à encenser les dictatures de Cut ou de Madagascar). La démocratie, c'est ce qui a été démor tré au Colloque sur la notion de démocratie tenu au Conse de l'Europe (Strasbourg, 1983) soit le respect des principes su vants : suffrage universel — séparation des pouvoirs — préém nence du droit — respect des droits de l'homme. Ces princip appliqués, il n'y aurait, le plus souvent, nul besoin d'évoquer l droits des peuples. Mille adaptations sont évidemment possible selon le génie propre des peuples et des nations. Pas questio i, de prôner le transfert aveugle du schéma occidental. Sous *émocratie* il faut simplement comprendre : dialogue + consensus national, ce qui suppose un pouvoir, mais aussi un contre-pouvoir. Malheureusement, sur les quelque 170 pays que porte le obe, seule une trentaine de démocraties répondant aux principes ci-dessus peuvent être dénombrées. Toutes se trouvent dans monde capitaliste.

Mais la démocratie est vulnérable et risque constamment d'être anipulée par les extrêmes, car elle est ouverte à tous. Et ces xtrêmes, fascismes rouges ou noirs, se servent de ses principes béraux pour pouvoir dans un second stade la réduire au silence. 'est pourquoi, la suprême faute pour des démocrates, c'est le lâchement de la vigilance, la passivité, l'abstentionnisme, qui cilitent les manœuvres adémocratiques. La démocratie est le seul stème politique apte à sauvegarder simultanément les libertés dividuelles et les droits des nations. Elle ne survit que dans le onde capitaliste. Il est donc du devoir du démocrate de dénoncer les violations des principes démocratiques dont peut occasionnellement se rendre coupable ce monde capitaliste lui-même. 'impérialisme américain ou français est aussi peu tolérable que mpérialisme soviétique ou chinois. Le démocrate ne peut que énoncer des pouvoirs capitalistes qui créent et perpétuent — sinon ui ferment les yeux sur — de nombreuses situations d'injustice ans le monde : politiques, économiques, sociales, juridiques, onfessionnelles, raciales, etc. Comment ne pas réprouver des éclarations aussi stupides que celle d'E. Lefever, secrétaire d'Etat djoint américain pour les droits de l'homme et les affaires humataires, selon qui les opposants à l'impérialisme yankee sont tous des marxistes qui défilent sous la bannière du Christ ». C'est le raisonnement kirkpatrickien selon lequel toute personne qui adhère pas à la distinction manichéenne de *régimes autoritaires* e droite et récupérables) et de *régimes totalitaires* (relevant de oscou) est tiers-mondiste et anti-américain. De tels arguments nt indignes d'un pays qui se targue d'être une démocratie. On ut suggérer à MM. Reagan et Cie d'écouter certains analystes leur pays qui estiment que le capitalisme est moins coupable avoir créé le sous-développement par l'exploitation du tiers onde, que de ne pas l'avoir suffisamment exploité, et donc développé. De toute manière, cour ou jardin, droite ou gauche, le bat n'est pas là, mais dans ce qui partout, empêche hommes et mmes de devenir et de vivre adultes (4). D'où cette question de ditorialiste du *New York Times* (novembre 1983) : « Pourquoi la Grenade seulement ? Pourquoi pas aussi à Haïti ou au Chili ? Question qui peut aussi être adressée à MM. Tchernenko et nomenklatura : « Pourquoi l'Afghanistan seulement ? Pourquoi pas aus au Pakistan ou en RDA ? »

Bien sûr, une dictature de droite est plus facilement réversibl qu'une dictature de gauche. Mais il est non moins évident que s' faut, en effet, encourager les dictatures nées de la nécessité d créer les conditions du rétablissement et du bon fonctionnemer de la démocratie, il est non moins évident que la plupart d'entr elles tendent à perpétuer et à consolider des privilèges. Pas u démocrate, où qu'il se trouve, ne reprochera à Madame Kirkpatrick et à M. Reagan d'abréger la dictature aux Philippines au Pakistan, ni de balayer le Zaïre d'un Mobutu qui saigne so peuple depuis près de vingt ans. Et si le pouvoir des colone d'Argentine a finalement fait place à un début de démocratie, l Nord, dont l'URSS, l'a soutenu bien trop souvent ; et par US et sociétés minières interposées, la dictature militaire continue sévir au Chili. Sans oublier tant d'autres. Ces régimes autoritair de droite sont certes récupérables — d'ailleurs on les récupère mais ils ne sont invités à restituer ses droits au peuple que lorsqu le suzerain du Nord ne peut plus faire autrement ou n'a plu d'intérêts économiques et stratégiques dans la région.

Nous voudrions échapper au travers de trop de « démocrat de l'Ouest » qui se considèrent comme parfaits, face aux soi-disan néophytes du Sud. Au cours de la Première conférence de Strasbourg sur la démocratie parlementaire (1983) — tenue à l'instigation de la Suisse — ont été diagnostiqués les principaux mau qui assaillent la démocratie :

— chocs avec les terrorismes ;

— mesures d'exception dangereuses destinées à faire front ;

— inégalités économiques ;

— indifférence croissante des jeunes envers le pouvoir démocratique jugé trop lointain (voire hypocrite) ;

— risques inhérents aux nouvelles techniques (5).

Mais lorsqu'il s'est agi de s'accorder sur la capacité des démocrties (de l'Ouest) d'apparaître crédibles à l'extérieur, et particulirement dans le tiers monde, le débat a révélé des clivages. D'u côté, ceux qui préconisent la *voie américaine,* avec des argumen comme « Du pain pour les Amis », ou « Ce qui est bon pour no l'est aussi pour le tiers monde ». De l'autre, ceux qui, pragmatiste suivent Bertold Brecht et son : « Donnez-nous d'abord à mange ensuite de la morale », en particulier les membres européens la Convention de Lomé. Ces positions sont en fait moins contradictoires qu'il n'y paraît. Les premiers cultivent de realpoliticiennes liaisons avec n'importe quelle autocratie, même la plus sordide, pourvu que les intérêts de la grande nation du Nord soient préservés. Les seconds font de même, dans l'espoir qu'afflueront les matières premières et que restent ouverts les marchés. Les uns et les autres tombent finalement d'accord sur ce qui a été exprimé par le député australien W. Morisson : « Le premier des droits, celui de survivre, peut être assuré par tous les régimes » ; ce n'est qu'ensuite que les peuples progressent vers la démocratie. Ce qui revient à dire que les démocrates du Nord ne sont pas troublés par la prolifération des dictatures dans un Sud dont ils continuent à avoir besoin. Aussi, n'est-il pas question pour nous de suggérer aux hommes du Sud, et aux Africains en particulier, de copier un Nord libéral au concept démocratique élastique. Il s'agit de confirmer que, si la démocratie est la meilleure et la pire des formes de gouvernement possible, aucune autre n'est apte à être *la* meilleure. Ce qui ne doit pas empêcher l'Afrique de chercher une *solution africaine,* qui respecte les droits de l'homme universellement reconnus, tout en créant des institutions qui correspondent à des traditions africaines renouvelées de participation communautaire au processus de décision. Et qu'on ne vienne pas affirmer l'incapacité de certaines populations à comprendre l'esprit de la démocratie ; c'est là une injure à l'espèce, un argument de dominant. Dans le Nord occidental, pourtant, nombreux sont ceux qui vivent sur de telles certitudes ; il en est aussi dans le Nord oriental, tel Lee Kuang Yen, le dirigeant de Singapour qui, dans sa cité prospère, mais combien autoritaire, a déclaré que la démocratie est une grande chose, mais absolument inapplicable aux peuples d'Asie. Que d'intérêts cachés derrière une telle morale pour monstres froids (6). Que de cynisme distingué !

Une solidarité lucide

Est-ce naïveté que de croire au possible respect des engagements internationaux, notamment à travers les Charte et Déclaration universelle des Nations Unies, et avec le concours actif d'une ONU qui serait dotée d'organes de prévention et d'intervention ? Pas plus que de croire en la réduction des inégalités matérielles et politiques. Celles que J.-J. Rousseau — un autre « Genevois » — qualifiait de politiques : « Je conçois dans l'espèce humaine deux sortes d'inégalités ; l'une que j'appelle natu-relle ou physique, parce qu'elle est établie par la nature, et qu consiste dans la différence des âges, de la santé, des forces du corps, et des qualités de l'esprit, ou de l'âme. L'autre qu'on peu appeler inégalité morale, ou politique, parce qu'elle dépend d'un sorte de convention, et qu'elle est établie ou du moins autorisé par le consentement des hommes. Celle-ci consiste dans les dif-férents privilèges dont quelques-uns jouissent au préjudice de autres ; comme d'être plus riches, plus puissants qu'eux, ou même de s'en faire obéir » (7).

Parmi ces inégalités politiques et économiques, cette moral élastique, les rapports Nord-Sud et la sempiternelle tutelle du pre-mier sur le second (et l'affligeante vocation de soumission du second au premier). Loin de nous l'intention de glorifier le tier monde et de nous culpabiliser ; pas question non plus de jouer su la pitié, ou encore de ne voir d'intelligence qu'au Nord. Nou voulons affirmer la nécessité de l'application du *principe de soli-darité* tel qu'il apparaît par deux fois dans la Charte africaine de Droits de l'homme et des peuples :

— droit au développement

— droit à jouir du patrimoine commun de l'humanité (fond marins, espace extra-terrestre, etc.).

Certains milieux nantis y voient une affirmation de droits d classe ; cela est exact si tant est que le tiers monde a de juste revendications à formuler à l'endroit des riches. Mais il n'es pas besoin d'être futurologue pour en arriver à la conviction d'un possible, d'une nécessaire *solidarité lucide* avec les peuples aujour-d'hui démunis ou (et) opprimés, et qui constituent les deux tier de notre espèce.

« On dit en Afrique que " les droits de l'homme commencen par le petit déjeuner ". Jusqu'ici, l'essentiel des critères des Nation Unies portant sur les pays les moins avancés ont été avant tou économiques. Puisque l'on considère des niveaux maxima de nutri-tion, de santé, d'éducation et d'emploi pour un salaire permettan une vie décente comme faisant partie des droits essentiels d l'homme, on ne saurait fermer les yeux sur les conditions sociale misérables dans lesquelles vit la grande majorité de la populatio de ces pays » (8). Ni sur les conditions politiques lamentables d leurs Etats, car, outre la misère matérielle et physique, que d misères morales et civiques dans ces pays que J.-P. Cot a qualifié de « démocraties à visage militaire », auxquelles nous ajouteron les multiples « démocraties à parti unique ». Parmi elles, nom bre de pays néo-colonisés où les libertés sont bafouées et où les habitants vivent sous la menace quotidienne d'une police omnipotente ; des pays où l'appropriation de l'Etat par son chef et son entourage le plus proche sont, hélas, courants (Sekou Touré, Amin Dada, Bokassa, Macias Nguema et, sous une forme atténuée, Mobutu, Bongo, Eyadema, Stevens, Hamani Diori), pour ne mentionner que des cas africains fréquemment décrits par les politologues français (9). Si dans ce livre nous choisissons d'éclairer plus particulièrement le cas de la Guinée équatoriale, c'est qu'elle est exemplaire : dictature civile, dictature militaire, dictature avec parti unique, dictature sans aucun parti, permanence du pouvoir népotique, compromission du nord socialiste puis compromission du Nord capitaliste, obstination onusienne au gaspillage, manipulation du Centre des droits de l'homme, hypocrisie des Eglises, division de l'intelligentsia en exil, etc. La Guinée Equatoriale mérite donc bien d'illustrer un propos évidemment plus général.

Dictature et légitimité

Un récent colloque français sur le thème : *Dictature et Légitimité* a mis en lumière le fait qu' « aujourd'hui, les dictatures gouvernent masquées. Elles sévissent dans la majorité des Etats adhérant à l'ONU, mais tous se proclament démocratiques, et d'autant plus qu'ils le sont moins ». Ces dictatures amalgament des traits qui sont la concentration du pouvoir, l'irrégularité de sa dévolution et l'anormalité de son exercice. Il s'agit donc de pouvoirs absolus, arbitraires et oppressifs. Par mesure de simplification, nous appellerons ici *dictatures* tous les régimes qui présentent comme dénominateur commun le viol du suffrage populaire libre et de la majorité des droits de l'homme internationalement reconnus : dictatures civiles ou militaires, monopartismes, monarchies semi-constitutionnelles, théocraties. L'Afrique, en particulier, présente toutes les variantes possibles.

Il serait trop facile, sur la base de cette liste inachevée, de tomber dans le travers souligné déjà par Frobenius, de la croyance au nègre barbare, invention européenne qui sévit aujourd'hui encore. Trop facile aussi de nier la responsabilité des hommes du tiers monde eux-mêmes dans leur dépendance des pays nantis, en matière économique, politique, voire spirituelle (10). « L'Occident a beau jeu de clamer aujourd'hui — écrit la revue *Peuples noirs - Peuples africains* — « que les Nègres donnent sans cesse la preuve de leur incapacité à se gouverner eux-mêmes, qu'ils ne sont bons qu'à s'entretuer sur la base des rivalités " tribales ". L'analyse objective la plus élémentaire impute au même Occident la grande part des responsabilités, sinon leur totalité dans l'arrivée au pouvoir des roitelets qui dirigent l'Afrique. L'honnêteté intellectuelle exige de situer objectivement les responsabilités. Pour ce faire, quoi de mieux que de choisir, comme modèle d'analyse, celui qui passe, de l'avis unanime, pour avoir été le plus sanguinaire, le plus imprévisible, mais aussi l'un des plus incapables, j'ai cité Idi Amin Dada. »

« Bokassa l'a disputé assurément à Amin Dada tout à la fois dans ses pratiques sanguinaires, dans son incapacité politique et dans sa bouffonnerie, Macias Nguema fut son indigne égal dans sa cruauté (...), enfin tous les autres, Sékou Touré, Ahidjo, Mobutu, etc., usent de la même pratique expéditive de l'élimination physique systématique pour délit d'opinion. Bien que de tous, il faille crier haut les crimes, il y a ceux dont on parle et ceux dont malheureusement la presse ne dit rien » (11).

Les dictatures capitalistes à parti unique (style Côte d'Ivoire de Houphouët-Boigny, Gabon d'Omar Bongo, etc.), hypocritement qualifiées par le Nord occidental complice de régimes *modérés,* les dictatures à parti unique de gauche (Algérie, Mozambique, etc.) que le Nord oriental revêt de vertus *progressistes,* les dictatures militaires, en uniforme (Nigeria) ou en complet veston (Guinée équatoriale) qu'E. Feil a appelé les *bureaucraties en armes,* toutes sont la marque de la décomposition politique et de l'érosion de la démocratie, dans le Sud et dans le Nord. Toutes témoignent d'une absence de consensus, cause première de la grave crise de légitimité. Refusant la confrontation électorale, tous ces régimes modérés et progressistes, civils et militaires, ignorent les droits civiques ou les travestissent par des élections pour des législatifs et des exécutifs préfabriqués. Sinon, comment expliquer pourquoi tant de leurs ressortissants sont réfugiés politiques : Zaïrois, Ethiopiens, Camerounais, Sud-Africains, Angolais, Gabonais, Guinéens, Rwandais, Equato-Guinéens, Ivoiriens, etc. Les causes de cette situation vont de l'inadéquation des systèmes coloniaux importés, via la corruption et l'inefficacité du leadership national, au renforcement de l'ethnicité (12). Mais surtout, « la dictature s'établit en rupture avec le système de légitimité existant : un pouvoir dictatorial est d'abord un pouvoir instauré de façon illégitime (même s'il masque d'abord cette illégitimité par un recours aux procédures légales — comme Mussolini, comme Hitler) ».

Le trio ubuesque et sanglant des Amin Dada, Bokassa et Macias Nguema a été depuis quelques années avantageusement remplacé par des successeurs à peine moins doués : Obote, Kolingba, Obiang Nguema. L'oncle de ce dernier, Macias Nguema, avait bénéficié du silence complice de l'Espagne, de l'OUA, de l'ONU, de l'Ouest et de l'Est, et de la plupart des médias. Nous constaterons plus bas qu'aujourd'hui le neveu jouit d'une même complicité internationale.

Un modèle africain

En 1983, un journaliste espagnol posait la question suivante à propos d'un Etat né en 1968 : « La Guinée équatoriale existe-t-elle ? », soulignant que le pays connaît la ruine économique et l'indigence structurelle. Il n'y a pas de pays, ni d'Etat, ni de gouvernement, ni d'institution, ni d'économie. Voici le pays et l'Etat mou auxquels ont conduit quinze ans de dictature sous la protection tantôt de l'URSS, tantôt des Etats-Unis, avec la participation active et continue de l'Espagne et de la France, ainsi que de la Chine populaire ; ce que P. Chauleur a appelé fin 1976 déjà une *dictature aberrante*. 1976 : l'année au cours de laquelle, sous le commandement d'Obiang Nguema, ont été arrêtés puis liquidés les derniers cadres restés au pays. Tout ceci alors que les Nations Unies, après avoir facilité l'indépendance de la Guinée équatoriale, étaient présentes avec une armada d'experts et de consultants, sans que jamais l'ONU n'élève la voix face aux crimes du pouvoir nguemiste, même lorsque ses propres employés étaient malmenés. Or, « il n'est pas admissible que, sous des prétextes fallacieux, les instances internationales laissent se poursuivre, sans réagir, une telle situation (...) Il eût été possible de corriger cette erreur d'appréciation par une tutelle de l'ONU, au moins pour une certaine période » (13). Cette approche de l'Espagnol P. Hernando est appuyée par le Français F. Chauleur : « Dans l'état de l'évolution du monde, l'ONU doit être, en effet, un lieu de rencontre, de pensée, de dialogue et d'action, et elle est appelée à prendre une autorité croissante avec le temps ; mais, sous prétexte d'opportunité politique, elle ne saurait ignorer délibérément la violation des droits de l'homme, dont le respect constitue précisément sa raison d'être ».

« Fermer les yeux sur la barbarie de certaines dictatures, en invoquant le principe de non-intervention dans les affaires intérieures d'un pays, est sans doute une solution commode, mais une telle attitude ne saurait, si elle doit se maintenir, que dégrader l'image que se font les hommes de la justice internationale aujourd'hui représentée par l'ONU » (14).

Vers un nouvel ordre moral international

Et ce n'est pas qu'en Guinée équatoriale, hélas, que l'on constate semblable cécité de l'Organisation mondiale. Certes, l'autorité de l'ONU est diluée par la tension entre les superpuissances, comme par le manque de respect que lui témoignent la plupart des pays membres. D'où, sous diverses latitudes, le refus de l'autorité onusienne ; d'où, au sein même de l'Organisation, la dégradation du sens des principes, de la morale internationale.

Il importe de raviver la réflexion, moins sur le nouvel ordre économique international que sur un *ordre moral international renouvelé,* libéré des totalitarismes, des fondamentalismes (15). Peut-être bien que « la politique en tant que telle est irréductible à la morale » ; mais il ne s'agit pas ici de politique politicienne. Ce qui est en cause est un dessein beaucoup plus vaste, qui concerne la survie de notre espèce et non l'aménagement du quotidien. Moraliser la vie internationale veut dire : retrouver l'enthousiasme qui a conduit, en 1944, à la création des Nations Unies, et en 1948 à la proclamation de la Déclaration universelle des Droits de l'Homme. Comment croire encore à l'efficacité, sinon à l'utilité des Nations Unies ? Un quart de siècle après la plupart des indépendances, dans la plupart des pays assistés par des coopérations multi- ou bilatérales, par des banques privées, le FMI et la BIRD, « les gens ne peuvent pas circuler à leur gré, dire ce qu'ils ont envie de dire ni faire état de leur opposition aux régimes en place ou à la politique qu'ils poursuivent, sans craindre d'être en but à de sérieuses représailles » (16).

Comment croire en la sincérité des grandes puissances, des membres permanents du Conseil de sécurité des Nations Unies, face à tant d'échecs de la démocratie ? Car la prolifération des dictatures du Sud, le plus souvent patronnées par le Nord capitaliste ou socialiste, n'est pas tant l'expression d'une absence d'intelligence que d'une perversion de celle-ci ; mieux que la brutalité, le mensonge est un précieux instrument de domination. Si sous l'uniforme le médiocre peut parvenir assez facilement au pouvoir, dans le civil il n'a de chance qu'à travers la patiente filière d'un parti, si possible unique. Après avoir remplacé son Conseil Militaire Suprême par un gouvernement prétendument civil, tout en gardant les mêmes hommes, le dictateur Obiang Nguema et ses subordonnés n'ont de chances de durer que dans un régime qui muselle le débat politique, puisqu'autrement ils devraient fournir des preuves civiles de leurs aptitudes, et non seulement exhiber leurs épaulettes. Mais les cas sont fréquents de tyrans qui s'incrustent parce qu'ils sont les vassaux des puissances ; ces *grands* qui lorgnent et consomment le pétrole, le poisson, l'okoumé, le phosphate, l'uranium, etc., et collectionnent les votes des dictatures, à l'ONU et à l'OUA. Que de despotes, aussi, dans tous les continents, qui s'adossent à une armée, ou à un parti unique, et qui jouissent de l'appui de l'ONU. Comme Obiang Nguema, avec sa constitution dictatoriale de 1982 proche de celles des colonels turcs et chiliens — et élaborée grâce à la complicité du Centre des droits de l'homme des Nations Unies de M. Herndl — qui reproduit une nouvelle démocratie à la hussarde.

Malheureusement, en plus des appuis extérieurs, les dictateurs triomphent souvent à cause de la passivité populaire. Le succès des tyrans, « à tous les âges et dans toutes les civilisations, est rendu possible par l'amour masochiste de l'ignorance qui caractérise l'être humain » (17). Cependant, de Solidarnosc à l'ANC sud-africaine, du Front de Libération de l'Erythrée et de la résistance afghane à l'Alianza Nacional de Restauración Démocrática (ANRD) de Guinée équatoriale, les hommes et les femmes ne manquent pas qui portent le flambeau de l'esprit et de l'intelligence, et qui refusent d'être manipulés par les puissants et leurs serviles complices.

FMI - BIRD et pauvres méritants

Il nous reste d'une lointaine scolarité le souvenir d'un Saint Augustin qui alimentait la querelle opposant les moralistes du moyen âge à propos de la distinction qu'il convenait d'établir entre les pauvres *méritants* et les pauvres *déméritants*. Père de l'Eglise d'origine nord-africaine, il prêchait une charité qui devait être refusée à ceux qui manquent à leur devoir de vertu. Or, pour les puissants qui imposent leurs vues aux Nations Unies, les intelligentsia qui luttent pour l'autodétermination, qui s'opposent aux despotes et refusent de se laisser acheter, à Port-au-Prince, à

San Salvador, à Pnom-Penh, à Addis-Abeba, à Libreville ou à Santa Isabel, sont suspectes puisqu'elles mettent en question leurs privilèges. Les instruments de domination des puissants, notamment les FMI et BIRD, réagissent comme les despotes. Rien d'étonnant à cela quand on sait l'absence de démocratie dans le système monétaire et financier international. Le Fonds monétaire international est régi par le principe du *vote pondéré*, et à la Banque mondiale le nombre de voix est fonction également des apports de chaque Etat membre. Tous deux s'opposent à la règle de la majorité généralement pratiquée aux Nations Unies, et dans toute institution démocratique.

Le FMI et la BIRD ont été créés en 1944, à Bretton Woods, par 44 pays ; un an plus tard quelque 35 pays avaient notifié leur adhésion (l'URSS, signataire de l'accord, renonçant à le ratifier). Le FMI devenait la caisse mutuelle servant à résoudre les problèmes monétaires internationaux, en particulier le règlement des balances de paiements. Son fonctionnement a été décidé par et pour le Nord exclusivement, et non pas pour résoudre les situations particulières nées de la décolonisation. C'est pourquoi les prêts du FMI sont soumis à un principe de conditionnalité non adapté aux problèmes du tiers monde (18) : libre échange, politique déflationniste, équilibre budgétaire, etc. L'objectif fondamental du FMI est la promotion des échanges dans le cadre d'un libéralisme économique qui place les pays sous-équipés dans une situation de subordination permanente face aux pays nantis. La BIRD, elle, était envisagée dès 1944 dans la perspective de la reconstruction de l'après seconde guerre mondiale, et devait permettre aux belligérants d'acquérir des biens d'équipement, principalement américains. Mais la mission d'assistance financière de la BIRD au tiers monde l'occupe aujourd'hui totalement : grands travaux d'infrastructure économique, sanitaire et éducationnelle, notamment à travers l'Agence internationale pour le développement (AID) créée en 1960. Tant au FMI qu'à la BIRD, parce que tout vote est subordonné au poids des plus forts, le principe d'équité n'a pas cours.

L'ancien directeur de l'Institut universitaire d'études du développement (Genève) a clairement démontré pourquoi les institutions financières mondiales ne répondent pas aux critères de justice qu'on est en droit d'attendre d'elles. « A plusieurs reprises, Gunnar Myrdal, lauréat du Prix Nobel d'économie, a reproché à ses collègues, qui cherchaient à distinguer entre facteurs économiques et facteurs non économiques, non seulement de se comporter avec arrogance, mais encore d'être incapables de comprendre la prétendue réalité " purement économique ". Pour lui, il n'existe que des facteurs pertinents et des facteurs non pertinents. Les économistes du FMI considèrent (à tort) la détérioration des conditions de vie des couches les plus pauvres de la population comme un facteur non économique dont la gestion relève du politique. Aux yeux de Myrdal, le priblème est à la fois économique et pertinent, c'est la souffrance des êtres humains concernés. De fait, le problème devient donc bien émotionnel, mais il n'est pas besoin d'aller si loin pour rejeter la politique du Fonds monétaire international, car elle fait problème sur le plan économique déjà. » Dès 1981, le FMI a diffusé parmi les Etats membres un document qui, au lieu de servir la lutte contre la pauvreté absolue, pose de nombreuses conditions aux pays pauvres : « Dans les pays pauvres du Tiers Monde, il faudra dévaluer les monnaies surévaluées, augmenter les prix des biens de consommation courante, éliminer les restrictions commerciales et transférer plus de services et d'activités productrices de l'Etat vers le secteur privé ». Les dégâts de cette politique sont bien connus et confirmés par de nombreuses études.

Equité et réciprocité

Si à l'Assemblée générale des Nations Unies le principe majoritaire prévaut, il n'en va pas de même au Conseil de sécurité, où trônent les puissances coloniales d'avant 1939, ainsi que l'URSS et les USA, et où les *grands* peuvent abuser du système majoritaire par le fameux *veto*. L'Union soviétique et les Etats-Unis, qui représentent les deux principaux impérialismes actuels, sont largement responsables du désordre international. A la subversion permanente entretenue par l'URSS en vertu de ses rêves archaïques de révolution mondiale léniniste sous sa conduite, correspond l'incapacité des Etats-Unis à admettre une des bases du concept démocratique : le *principe d'équité* (19), fondé sur le respect des droits de chaque partie, selon une justice qui ne s'appuie pas sur des rapports de force. Un principe dont découle, pour tout démocrate, un *devoir d'équité*. D'où l'incapacité des USA d'exporter leur démocratie. Par sa fonction compensatoire, le principe d'équité est un des fondements du droit pour pallier les inégalités, contrairement à l'ancien *principe de réciprocité*. C'est ce que semble avoir compris le patronat éclairé : à travers

Business Week, il a exprimé, dès 1980, les conditions d'un nouveau consensus national nord-américain, où figure non seulement la « reconnaissance lucide des nouvelles réalités mondiales », mais aussi l'*équité* et le fait que « le sacrifice ne doit pas être imposé à ceux qui sont le moins capables de le supporter » (thème que précisément on souhaiterait voir devenir le slogan du FMI et de la BIRD). En 1983, ces options ont été exprimées plus fermement encore par des hommes politiques, tels les sénateurs G. Hart dans *La Nouvelle Démocratie* et Tsongas, dans *Business Week.* On les trouve également dans les revues d'opinion, notamment *The World Quarterly* et *Foreign Policy* : la diplomatie américaine, y estime-t-on, ne mène nulle part, sinon à encourager le monde à se méfier d'une administration Reagan qui s'efforce de déshumaniser les droits de l'homme. Cette administration « est à tel point obsédée par les insurrections de gauche en Amérique latine et par les machinations de l'Union soviétique et de Cuba qu'elle n'a pas hésité à truquer par une nouvelle définition le sens traditionnel des droits de l'homme et à ignorer les violations par les soi-disants régimes amis. »

A l'instar des politiques, les milieux académiques eux aussi parlent de plus en plus fort. Ainsi I.V. Gruhn, professeur à l'Université de Californie (Santa Cruz) et prof.-visiteur à Harvard, a montré, fin 1983, que « le continent africain, après l'indépendance, a subi une transformation appelée néo-colonialisme, impliquant le recours continuel aux anciens pouvoirs coloniaux, puis à l'issue du second conflit mondial une nouvelle dépendance des puissances dominantes, USA et URSS, et l'implication dans les activités à grande distance des sociétés multinationales. Aujourd'hui, dans les années 80, une nouvelle forme de contrôle et de gestion externe a surgi. Cette ultime colonisation de l'Afrique est le fait des bureaucraties internationales ». Et de montrer que le FMI a installé ses « guérisseurs » au cœur du système bancaire des pays du tiers monde, créant de la sorte une nouvelle dépendance qui freine le libre choix autochtone. Avec les exemples du Sénégal et du Nigéria, I.V. Gruhn démontre que le FMI tend à jouer à la Banque centrale mondiale ; ce dictat du FMI et d'autres Agences intergouvernementales représente une véritable recolonisation.

La Guinée équatoriale est le modèle même d'un pays ballotté entre l'un et l'autre impérialisme. A onze ans de suprématie soviétique et cubaine a succédé, dès 1979, la suprématie américaine, par Maroc, Espagne, France et Gabon interposés. Et toujours la Chine populaire. La Suisse, elle, participe aussi, depuis l'avènement de la seconde dictature nguemiste, à divers projets de développement. Mais le Comité international de la Croix Rouge — organisme de droit privé suisse — n'a jamais levé le petit doigt pour s'enquérir des prisonniers politiques qui garnissent les geôles de ce pays (et qui succombent à la torture dont Obiang Nguema est un adepte de longue date) (20). L'absence d'une Société nationale de Croix Rouge ne semble pas non plus préoccuper le CICR, ni la Ligue des Sociétés de la Croix Rouge.

Après que l'Aide suisse en cas de catastrophe a embrayé en 1983 une opération de vaccination d'une partie de la population de Guinée équatoriale, une équipe de philanthropes du Canton de Vaud a lancé une opération semblable en Ouganda, cette dernière « généreusement » renouvelée en 1984. Or, ces deux pays, avec leurs ex-Macias Nguema et Amin Dada — et leurs successeurs racistes et despotes, bien plus que de tripanosomes et de bacilles de tous ordres, souffrent surtout du *virus dictatorus*. Après des années d'assassinats, dans la masse paysanne, dans l'intelligentsia, on cherche dans ces pays à relancer la machine économique. « Aujourd'hui — constate l'éditorialiste du libéral *Journal de Genève* —, médecins et infirmières s'acharnent à coups de vaccin pour préserver les hommes de demain (...). L'Organisation mondiale de la santé (...), le Ministère de la Santé, les Eglises, les milieux médicaux, tous unissent leurs efforts dans le même but ».

« C'est méritoire. Mais pour combien de temps ? Qu'adviendra-t-il si le *virus dictatorus* entrait en transe, frappait à nouveau ? Il y a tant d'énergie anéantie au bout du premier fusil ! »

« Si seulement dans les bagages des médecins vaudois se trouvaient quelques doses de vaccin totalitaire... (21). Il en va de même avec tous les pays dévorés par des *tyrannosaures*.

Heureusement, la presse helvétique compte quelques journalistes éclairés et courageux, qui s'interrogent et critiquent une assistance technique tous azimuts sans interrogation préalable sur le respect des droits de l'homme dans les pays aidés. Pour l'Ouganda d'Obote, rien n'a été entrepris avant la campagne de vaccination pour exiger le respect des droits de l'homme, le dialogue avec l'opposition démocratique, la sécurité pour les étrangers. « Si notre gouvernement persiste à souhaiter ne pas s'immiscer dans les affaires intérieures d'un pays étranger — écrit Emil Schreyger — il doit aussi s'efforcer à prendre les mesures nécessaires afin d'empêcher que des Suisses innocents soient assassinés. La suspension des relations diplomatiques entre la Suisse et l'Ouganda serait indiquée aussi longtemps que règne dans ce pays le pouvoir de la violence. Même les entreprises suisses qui s'activent là-bas devraient tirer les conséquences des événements sanglants et restreindre leurs affaires au strict minimum. Il est temps que le Département fédéral des Affaires étrangères et les firmes suisses donnent un signal, sinon la guérilla sera contrainte de continuer par des assassinats à attirer l'attention sur la situation dans cet Etat africain ».

Le devoir d'irrévérence

Ces pages sont écrites par un chaud partisan des Nations Unies ; elles se situent dans le contexte du débat helvétique sur l'adhésion du pays à l'ONU, sur l'approbation des deux Pactes internationaux relatifs aux droits de l'homme (droits économiques et sociaux et droits civils et culturels), et de la *convention internationale sur l'élimination de toutes les formes de discrimination raciale.* Nation d'accueil qui, au cours des siècles, a souvent fait preuve de générosité, la Suisse hésite face aux Nations Unies ; elle perçoit trop bien les traumatismes dont souffre l'Organisation mondiale. Par ailleurs, autant elle est préoccupée du respect des droits de l'homme (sauf en matière d'objection de conscience), autant elle est soucieuse des avantages que lui valent, comme à tout le Nord, d'Ouest et d'Est, un néo-colonialisme bien compris (22).

« De plusieurs avenirs possibles — a déclaré Aurelio Peccei (23) — celui qui adviendra sera produit par l'homme ». Quel homme ? Le despote, son complice, son suzerain ? L'homme opprimé ou l'homme libéré ? Opprimé ou libéré avec ou sans la complicité de l'ONU ? Les institutions internationales tolèrent par leur silence (sinon leurs protestations polies) les violations des droits de l'homme, ce qui, en raison de leur vocation initiale de garantir la justice et la paix, à l'échelle du globe, peut être considéré comme une grave complicité, un *crime de non assis-*

tance à nation en danger. Les Nations Unies complices des dictatures ; parce que leur coopération technique et financière apporte un soutien direct ou indirect aux tyrans, tout comme le font les coopérations bilatérales, dont celle de la Suisse (24).

Loin de nous de rejeter sur la seule ONU la responsabilité de tous les problèmes du monde. Simplement, parce que nous croyons dans les vertus de la Charte des Nations Unies et de la Déclaration universelle des Droits de l'Homme, nous pensons pouvoir attendre (ou exiger) d'elle plus que de chaque Etat individuellement. Notre protestation relève non de ce qu'Edmond Kaiser, le bouillant fondateur de Terre des Hommes et de Sentinelles a qualifié de *devoir d'insolence* — car l'insolence frise trop facilement la grossièreté (25) — mais de ce que nous appelons le *devoir d'irrévérence.* Ni naïf, ni idiot utile, mais dans le refus des courbettes : l'irrévérence. Face à la monstrueuse foire internationale des vanités, au cœur de laquelle se situent les Nations Unies, le *devoir d'irrévérence* que nous nous imposons relève du même ordre que le *devoir d'ingérence* déjà évoqué.

Le devoir d'irrévérence conduit à élever la voix lorsqu'un discours est frappé de myopie, lorsqu'une vérité est teintée d'une couleur différente de sa couleur vraie. Deux exemples :

a) Une des obsessions de l'ONU est la condamnation d'Israël pour sa politique et le viol de diverses règles internationales. C'est vrai, la politique d'Israël n'est pas parfaite, et on y flaire parfois des relents de fascisme ; mais parmi les pays arabes et autres qui cherchent noise à Israël (ce qui fut encore le cas au cours de la Conférence des Nations Unies sur le racisme — Genève, 1983), combien peuvent se vanter de respecter aussi scrupuleusement les droits de l'homme qu'Israël, malgré l'état de guerre ? S'attaquer à Israël est facile, car le pays est minuscule (plus petit que la Guinée équatoriale) et surtout, il n'a pas de pétrole.

Tandis que la Guinée équatoriale, avec son plateau continental parfumé d'hydrocarbure, on la courtise ; l'ONU se précipite par une Conférence de bailleurs de fonds, la Suisse vaccine, l'Espagne offre ses policiers et ses pesetas, l'URSS des bourses, le Maroc ses gardes présidentiels, le Gabon son amitié sincère, la France ses thoniers et sa zone franc, le Pape sa bénédiction, etc.

b) Devant la Commission des droits de l'homme des Nations Unies, à propos des moyens de lutte contre les idéologies et pratiques totalitaires, l'ancien Secrétaire général de l'ANRD de

Guinée équatoriale, Eya Nchama, a déclaré : « Si nous examinons la situation du fascisme et de toutes les idéologies totalitaires d'aujourd'hui, nous voyons que la majorité de ces idéologies se rencontre dans la partie sud de notre planète ; s'il est vrai que dans la partie nord du monde il y a encore de petits groupes minoritaires de fascistes et de totalitaristes, cependant dans le Sud il y a beaucoup de gouvernements qui sont dirigés par des idéologies totalitaires (...). En 1945, les idéologies totalitaires ont connu la déroute dans la partie nord de notre planète ; à partir de 1945 ces idéologies ont trouvé un terrain fertile dans l'hémisphère Sud. » (26)

Tandis que les Staline, les Tchernenko, les Jaruzelski de toutes les prétendues démocraties populaires et républicaines, les Mao et autres tenants de tous les partis uniques de gauche et d'extrême gauche, les Klu-Klux Klan, les khomeinistes et autres théocrates sont les champions de la liberté d'expression, de la liberté de circulation, de la liberté d'association (et de tous les Solidarnosc), de la psychiatrie apolitique et de la non-excommunication.

Il faut à l'ONU des hommes nouveaux

Un *code de conduite* onusien s'avère donc nécessaire pour empêcher la sournoise complicité qui se cache derrière une façade vertueuse. Il faut aux Nations Unies des hommes courageux et indépendants, et non des « scribes et pharisiens hypocrites ». Il faut à l'humanité dont nous ne sommes chacun — même les plus puissants — qu'une fragile parcelle, des Nations Unies sans reproches ; et non pas ces palais ornés du drapeau bleu ciel, aujourd'hui semblables « à des sépulcres blanchis qui, au dehors, paraissent beaux, mais qui, au dedans, sont pleins d'ossements de morts et de toutes sortes de pourriture. Vous de même, au dehors, vous paraissez justes aux hommes, mais au dedans vous êtes remplis d'hypocrisie et d'injustice » (*Evangile selon Saint-Mathieu,* 23 : 25-26). Il faut aux Nations Unies une plateforme où sont enregistrées, proclamées et fustigées publiquement les violations de la Charte et de la Déclaration universelle. Elles ont besoin de moyens d'intervention pour corriger et réparer ces violations. Il faut que l'ONU elle-même fasse son bilan moral et devienne l'instrument de défense de la paix qu'elle est censée être. Cela implique qu'elle doit reprendre sa tâche à la base, c'est-à-dire en défendant d'abord et avant tout le respect de la Charte, des

Déclarations et Pactes qui en découlent. Certes, on ne guérit pas un malade — la communauté internationale, et ceux qui la dirigent — en trafiquant le thermomètre onusien ; moraliser l'Organisation internationale ne supprime pas la fièvre dont est prise l'humanité. Mais des Nations Unies qui agissent conformément aux règles du jeu posées par l'ensemble de la communauté internationale serviront mieux qu'aujourd'hui à poser le juste diagnostic et à prescrire les médicaments idoines.

Développer, ce n'est pas européaniser (ou américaniser, voire russifier ou francophoniser). C'est assurer à chaque pays des moyens — notamment par la formation des hommes et le financement des infrastructures — qui permettent à ses populations d'accéder rapidement à un niveau de vie et un niveau d'instruction que la morale du Nord ne considère pas comme infra-humains ; l'être humain affamé, méprisé, tyrannisé, vit dans de telles conditions. L'aide au développement ne peut pas se contenter de satisfaire les estomacs (et souvent quelques-uns d'entre eux seulement). La politique de développement doit poser des exigences au-delà du quantitatif (alimentaire ou financier) ; au-delà de la despotique conditionnalité type FMI/BIRD. Il existe une conditionnalité qualitative et gratuite : le respect des clauses de la Déclaration universelle des Droits de l'Homme (*). Sans les droits de l'homme, tout effort de développement ne pourrait déboucher que sur un renforcement des absolutismes.

Démocratie contre Big Brothers

Il appartient évidemment à chaque peuple d'adapter les présupposés éthiques ou socio-politiques de la *Charte* à son génie propre. Car il ne saurait être question de substituer aux despotismes locaux un super-despotisme onusien.

Il n'y a de développement véritable que dans l'épanouissement de l'homme entier, corps et âme. La double exigence du matériel et du spirituel (laïque) — trop rarement satisfaite encore — fait que dans la démonstration qui va suivre, le lecteur sera régulièrement ballotté entre une perspective objective et scientifique, et une perspective morale et normative. L'horizon d'une rencontre entre ces deux voies est encore lointain, mais nous y allons.

(*) Ci-avant, nous nous contenterons de parler de *Déclaration universelle* et de *Commission*, étant entendu que toutes deux sont celles *des droits de l'homme*.

L'objectivité commande de reconnaître que l'espèce humaine est souvent mue par des pulsions plutôt que par l'intelligence. D'où des situations de panique qui ne sont généralement que le résultat de la peur irraisonnable de l'autre. Cela n'a amené jusqu'à présent que des marasmes isolés, des catastrophes locales. Mais aujourd'hui, ce pourrait bien être le début de l'holocauste général (27). Face à l'arsenal d'armes qui nous guette tous, face aux autocrates qui menacent partout, nous n'avons plus qu'un choix : *inventer ou périr*. C'est ce que nous voudrions tenter de faire savoir ici, par notre *participation au destin collectif de l'humanité* (autre définition de la démocratie) ; en toute irrévérence, car « dans l'ordre humain, il n'y a qu'un seul pouvoir, celui de la parole » (28).

1984 : vingtième anniversaire de la CNUCED. Tout reste à faire. Au moment où l'Université des Nations Unies met à son programme de 1984-85 le thème prioritaire de *La Paix et la transformation à l'échelle du monde,* et alors que l'ONU s'apprête à célébrer en 1985 l'année mondiale de la jeunesse, un effort particulier est nécessaire pour ne pas décevoir les jeunes générations. La démocratie est faite d'évaluations, d'opinions librement échangées, de jugements divergents et parfois passionnés qui tous, cependant, conduisent à un consensus national. La démocratie, c'est aussi le courage de résister ouvertement à tout ce qui vient opprimer l'individu ou la nation ; et qui met en danger l'humanité. Trop de démocraties défigurées constellent notre planète. Une extrême vigilance, voire de l'intransigeance sont donc nécessaires ; et le courage de le dire, dans la langue des hommes, imbibée de conscience morale. Comme l'a si bien précisé B. Brecht : « celui qui ne dit rien est un criminel ». Or, il s'agit notamment — en ce dixième anniversaire de la Déclaration du programme d'action des Nations Unies pour l'instauration d'un Nouvel Ordre économique international (1974) — de contrer les Big Brothers et leurs discours où seul le mensonge dit la vérité et qui encouragent l'ignorance chez les autres (29). Car, seul l'homme instruit est simultanément libre et responsable.

Un démocrate doit d'abord écouter. Mais il lui faut, ensuite, se faire entendre. Pour un démocrate, ne pas oser parler et réfuter les faux arguments qu'on lui oppose (30), ne pas parler clairement et en accord avec ses actes, ne pas oser agir et partager, voici l'imposture.

Notes

(1) « Editorial ». Genève-Afrique, XIX, 2, Genève, 1981, p. 4.
(2) LACROIX (J.), *Esprit.* Paris, mars 1935.
(3) Conseil de l'Europe, *Que fait le Conseil de l'Europe pour la défense es Droits de l'Homme?* Strasbourg, 1977, pp. 6-7, 73. « Cette conception riginelle a passablement évolué, notamment au cours des trois dernières écennies, sous l'effet des considérations suivantes : « En premier lieu, :s droits de l'homme ne doivent pas être un instrument de l'égoïsme, sous eine de faire échec à la règle indispensable de la solidarité sociale, de éer d'innombrables conflits et de favoriser l'esprit de domination, icompatible avec la démocratie. Ils doivent donc être délimités en nant compte des besoins de la vie en société ;

« En second lieu, les inégalités sociales créent trop souvent des entraves e fait à l'exercice des droits de l'homme, au sens traditionnel. Si donc n veut permettre à tout individu de se voir reconnaître sa dignité propre : d'atteindre à l'accomplissement de sa personnalité, il ne suffit pas de ti reconnaître le droit, il faut lui en garantir les moyens. La tendance st donc d'élargir la notion traditionnelle de " droits de l'homme " en y cluant une catégorie de droits en quelque sorte auxiliaires : les droits conomiques et sociaux. On verra plus loin que leur garantie n'est pas ujours assurée par les mêmes moyens que celle des droits civils et olitiques... »

« Le Conseil de l'Europe, enfin, n'est jamais resté à l'écart des efforts éployés en dehors de son enceinte pour faire reconnaître les droits de homme. Il a encouragé ses membres à soutenir les travaux des Nations nies (dont il s'était lui-même inspiré), par exemple à ratifier le *Pacte ır les droits civils et politiques* et son *Protocole facultatif*, de même que *Pacte relatif aux droits économiques, sociaux et culturels.* »

Il va de soi que quand on emploie le terme « démocratie », il faut istinguer entre le concept occidental, le concept des pays socialistes, et eux des pays du tiers monde. Quand on parle de démocratie dans les pays ous-équipés, il faut interpréter cette notion en fonction des traditions, es circonstances et des besoins locaux, et non à travers le filtre exclusif es réalisations européennes, par ailleurs très diverses elles aussi. Toute- ois, il ne fait pas de doute que c'est dans le monde capitaliste libéral ue les droits de l'homme ont été le mieux développés.

Pour l'approche des droits de l'homme tels qu'ils sont conçus en frique, cf. M'BAYE (K.), « Les droits de l'homme en Afrique », in nesco, *Les dimensions internationales des droits de l'homme.* Paris, 1981, p. 645-663, et N'DIAYE (B.), « La place des droits de l'homme dans la harte de l'Organisation de l'Unité africaine », in Unesco, *Ibid.*, p. 664-679. Cf. aussi WELCH (Cl. E.), « The OAU and Human Rights : owards a new Definition ? ». Meeting Paper, 114. *African Studies ssociation.* Los Angeles, 1980. — Sur l'état actuel des droits de l'homme, f. AURENCHE (G.), *L'aujourd'hui des droits de l'homme.* Paris, 1981, 66 p. Enfin, un retour en arrière, et une ouverture vers le futur : ECRÉTAN (Ch.), *Les droits de l'humanité.* Paris, 1912, 350 p. Concernant s droits des peuples, cf. Divers, *Droits de l'homme, droits des peuples.* ossier, *Le Monde diplomatique.* Paris, février 1984, pp. 13-18 ; Divers, *roits de l'homme. Droit des peuples.* Etudes réunies par A. FENET. Paris, 982 ; Divers, *Les Droits des humains.* Bruxelles, 1978 ; Unesco, *Droits de lidarité, droits des peuples.* Commission nationale de Saint-Marin. Col- oque. Saint-Marin, 1982.

(4) Pour la thèse de l'exploitation insuffisante du tiers monde, cf. notam- ent RODBEY (W.). *How Europe underdevelopped Africa.* Tanzania ublishing House, 1972.

Pour l'éclairage de la politique reaganienne, cf. JULLIEN (C.), « La peur européenne à l'ombre des Pershing ». *Le Monde diplomatique*. Paris octobre 1983, pp. 1, 3, et *The Los Angeles Times*. Los Angeles, 27 mar 1981, pour la déclaration Lefever.

Mettre en doute le *mythe américain* est aussi grave que de douter du mythe soviétique. Aux USA, « revendiquer sa différence dans le désaccord avec la norme majoritaire, prétendre que la société américaine, juxtaposition de groupes disparates veillant jalousement à leur position dans la hiérarchie sociale, est comparable aux autres, penser que même aux Etats Unis il y a luttes sociales, intérêts nationaux, racisme ou xénophobie querelles religieuses et désaccords idéologiques, c'est compromettre le mythe fondateur de la nation américaine, c'est ne pas être américain. On ne saurait impunément douter du consensus américain : l'ébranler par le désaccord et la discussion, c'est déjà le détruire. *Il ne peut y avoir de liberté que dans l'unanimité* » (c'est nous qui soulignons). Et dire que nous plaidons dans ces pages pour une démocratie parlementaire pluraliste ! Cf TOINET (M.-F.), *La Chasse aux sorcières*, 1947-1957. Bruxelles, 1984.

GONIDEC (P.F.), « Esquisse d'une typologie des régimes politiques africains ». *Pouvoirs*, 25. Paris, avril 1983, pp. 63-67 : « Les bons, ce sont les démocraties libérales, qui ne sont pas " une conception de la démocratie, une interprétation entre autres possibles, mais la démocratie elle même " (G. Veder) et qui ne sauraient être que les régimes des sociétés capitalistes développées des riches. Les mauvais, ce sont les autres, les pauvres voués à l'autoritarisme pour longtemps. Cette thèse est développée par des auteurs américains tels que G. Almond, L.W. Pye, suivis par certains politologues français, M. Duverger, R.G. Schwarzenberg. »

(5) Cf. notamment CERRI (F.), « Le grand raout d'automne des démocraties ». *Gazette de Lausanne*. Lausanne, 10 octobre 1983, p. 1.

(6) HOFFMANN (S.), *Une morale pour les monstres froids. Pour une éthique des relations internationales*. Paris, 1982, p. 151 ; dans son ouvrage suivant, HOFFMANN (S.), *La nouvelle guerre froide*. Paris, 1983, s'élève contre des Etats-Unis d'Amérique, gendarme du monde ; cf. aussi BECET (J.M.), COLARD (M.), *Les droits de l'Homme. I. Dimensions nationales et internationales*, Paris, 1982 ; RICHIER (L.), *Les droits de l'homme et du citoyen*, Paris, 1982 ; BROCH (H.), *Menschenrechte und Demokratie* Frankfurt a. M., 1978, 285 p. ; pour le tiers monde, où trop souvent on cherche plus à légitimer le pouvoir qu'à assurer la démocratie cf. NEHRU (B.K.), MORRIS-JONES (WH.), *Western Democracy and the Third World*. Foundation Monography 8. Londres, 1980. Quant au problème « Ordre et désordre », cf. Rencontres internationales, *Ordre et Désordre* Genève, septembre 1983. Cf. enfin, DUPUY (J.-P.), *Ordre et Désordre* Paris, 1983 et BOUDON (R.), *La place du désordre*, Paris, 1984.

(7) ROUSSEAU (J.-J.), *Discours sur l'origine et les fondements de l'inégalité parmi les hommes*, Paris (Gallimard, « Idées »), 1965, p. 43.

(8) Organisation mondiale de la Santé, *Santé du Monde*, Genève, juin 1982, p. 5.

(9) ROSOARAHONA (S.), « La tragique erreur de Monja Jiona ». *Afrique Asie*, 286, Paris, 3-16 février 1983, p. 26 ; BAYART (J.-F.), « Les sociétés africaines face à l'Etat ». *Pouvoirs*, 25, Paris, avril 1983, pp. 23-39 DUVERGER (M.) (Edit.), *Dictatures et Légitimité*, Paris, 1982, 488 p. (p. 5) A remarquer que cet ample ouvrage fait totalement silence sur la Guinée équatoriale, qui reste donc le pays méconnu par excellence.

(10) Cf. pour les Eglises d'Afrique, ELA (J.-M.), LUNEAU (R.), (Ch.) Ngendakuriyo, *Voici le temps des héritiers. Eglises d'Afrique et voies nouvelles*, Paris, 1981, pp. 248-249.

(11) KIHULU SOMPA (F.), « Les responsabilités occidentales dans l'avènement et le maintien des dictatures en Afrique : l'exemple d'Amin

)ada ». *Peuples noirs — Peuples africains,* 24, Paris, novembre-décembre 981, pp. 52-65 (p. 53-54). Il s'agit d'atténuer les affirmations de Kihulu Sompa, selon qui les dictatures du tiers monde n'existeraient que par la faute du Nord. P. BRUCKNER, dans *Le sanglot de l'homme blanc,* op. cit., pp. 242-243, a très bien répondu à ce type d'exagération : « Expliquer, c'est-à-dire excuser les atrocités des jeunes nations du Sud, par le colonialisme, l'impérialisme, l'influence américaine, que sais-je encore, relève d'une falsification grossière : si N'Guema, Sekou Touré, Amin Dada, Pol Pot, Khomeiny, Somoza, Pinochet, pour ne citer que les plus sanglants [à remarquer que la liste commence par la Guinée Équatoriale] restent des dictateurs abjects, c'est qu'ils sont entièrement responsables de leurs méfaits et n'ont aucun droit de s'en délester sur les facteurs extérieurs qui auraient déterminé leur conduite. Ni l'exemple de l'autorité coloniale précédente : " J'ai été formé à l'école anglaise ou française ", ni l'argument de la pression internationale : " J'ai agi sous l'effet de l'encerclement ", ni les nécessités démiurgiques de l'histoire : J'ai dû liquider les traîtres pour sauver la Révolution ", ni la bonne raison de manipulation : " J'ai été berné par Moscou ou Washington ", n'ont une quelconque valeur. Aucun de ces arguments ne détruit la liberté de choix, donc la culpabilité. Et les soldats, les peuples qui leur donnent leur aval, sont responsables au même titre. »

(12) POTHOLM (Ch.-P.), *La politique africaine. Théories et pratiques,* Paris, 1981, p. 139 ss. Les commentaires les plus récents sur les dictatures ivoirienne et gabonnaise sont : GBAGBO (L.), *Côte d'Ivoire : pour une alternance démocratique,* L'Harmattan, Paris 1983, 179 p. ; PÉAN (P.), *Affaires africaines* [Gabon], Fayart, Paris 1983, 345 p. PERRIER (J.-F.), Dictature et légitimité en Afrique noire », in DUVERGER (M.), *op. cit.,* p. 467-481. La citation est de MARTIN (M.L.), « Réflexion sur la nature et la légitimité du pouvoir martial en Afrique noire contemporaine », in DUVERGER (M.), *op. cit.,* pp. 443-462.

(13) HERNANDO (P.C.), « Existe Guinea Ecuatorial ? ». *Tiempo,* Madrid, 0 mai 1983, p. 32.

(14) CHAULEUR (P.), « Guinée équatoriale. Une dictature aberrante ». *Études. Revue mensuelle fondée en 1856 par la Compagnie de Jésus,* 45, Paris, décembre 1976, pp. 607-615.

(15) NAROLL (R.), *The moral ordre : an introduction to the human situation,* Londres, 1983, 498 p. ; ARON (R.), *Mémoires,* Paris, 1982, p. 79.

(16) POTHOLM (Ch.-P.), *op. cit.,* p. 175.

(17) TAUXE (H.-C.), « La vérité sacrifiée ». *24 Heures,* Lausanne, 15 janvier 1981, p. 49. Le dramaturge suisse H.-C. Tauxe de souligner que la perversion du pouvoir et les mensonges qu'elle induit est le lot aussi du secteur scientifique : « les résistances des milieux scientifiques aux nouveautés sont les plus vives lorsque les pontifes de tel domaine sont contraints d'admettre que les novateurs sont dans le vrai (...). Le tyran accompli, celui qui dure, est un homme qui sait et, sachant, impose le faux ». Il n'y a donc pas que les politiciens qui trichent ; les savants aussi. Cf. FERRARA (J.), « Les savants trichent parfois... ». *Science et Vie,* 91, Paris, août 1983, pp. 33-36.

(18) Des exemples détaillés sur l'application du principe de *conditionnalité* à certains pays du tiers monde, notamment africains, peuvent être trouvés in HAYTER (T.), *Aid as Imperialism,* Londres, 1971 ; PAYER (Ch.), *The IMF & the Third World.* Monthly Review Press, 1974 ; *Development Dialogue,* « Special issue on the IMF and the Third World », avec articles d'I. Sabri-Abdallah, J. Nyerere, etc., Upsalla, 1974.

ROCHEBRUNE (R. de), « Les " flics " sans visage du FMI. *Economia,* 36. Paris, juillet-août 1977, pp. 54-62.

Libération-Afrique, « Le FMI en Afrique », notamment « Rôle du FMI dans le rétablissement du développement fondé sur la dépendance », N°s 15/16, Paris, février 1983 ; BELLO (W.), KINLEY (D.), ELINSON (E.), *Development Debacle : the World Bank in the Philippines,* San Francisco, 1982 ; BELLO (W.), HERMAN (E.S.), Une élection parrainée par les Etats-Unis. Dictature aux Philippines sous le masque de la démocratie. *Le Monde diplomatique.* Paris, septembre 1984, pp. 6-7.

(19) Sur ce thème, cf. notamment BUIRETTE-MAURAN (P.), *La participation du tiers monde à l'élaboration du droit international,* Paris, 1983, et BERMEJO (R.), *Vers un nouvel ordre économique international.* Fribourg (Suisse), 1982.

Pour l'évolution de la pensée américaine, cf. aussi DOMMERGUES (P.), « Les nouveaux libéraux américains en quête d'un " grand dessein ". « *Le Monde diplomatique,* Paris, octobre 1983, pp. 18-19, qui cite : *Business Week,* n° spécial, New York, 30 juin 1980 ; HART (G.), *The New Democracy,* New York, 1983 ; « High Marks for New Democracy ». *Business Week,* New York, 31 janvier 1983. Selon le sénateur Tsongas, il s'agit d' « appliquer, à l'étranger, les principes de l'égalité raciale, de la justice et de l'autodétermination afin de détourner certains pays du tiers monde de l'orbite soviétique ». — COKER (Ch.), « Neo-conservatism and Africa : some common American fallacies ; MAECHLING (Ch. Jr), « Human Rights Deshumanized ». *Foreign Policy,* 52, Washington, fin 1983, pp. 118-135. Enfin, cf. « Politique africaine des Etats-Unis ». *Politique Africaine,* 12, Paris, décembre 1983 ; GRUHN (I.V.), « The Recolonization of Africa : International Organizations on the March ». *Africa Today.* Denver, 4e trim. 1983, pp. 37-48.

(20) « Le droit de chaque être humain à ne pas être torturé est un droit absolu ». Riklin A. (Edit.), Convention internationale contre la torture. *Schriftreihe der Schweizerischen Gesellschaft für Aussenpolitik,* 6, Berne, 1978, 312 p. Et c'est précisément à la Guinée équatoriale d'Obiang Nguema que la Suisse démocratique prête assistance, en se gardant, dans tous les documents officiels, de faire référence aux crimes des dictatures nguemistes successives. — Le silence du CICR, devant la terreur nguemiste, est d'autant plus surprenant qu'il ne lésine généralement pas sur les frais de déplacement de ses délégués. — Le rapport d'activité 1983 du CICR confirme le fait qu'il ne se préoccupe pas de la Guinée équatoriale, les seuls pays visités par son délégué régional pour l'Afrique occidentale ayant été le Bénin, la Côte d'Ivoire, le Cap-Vert, la Gambie, le Ghana, la Guinée Bissau, la Haute-Volta, le Liberia, le Sénégal et le Togo. Quant aux visites de lieux de détention, elles n'ont porté, en Afrique, que sur les pays suivants : Afrique du Sud, Angola, Burundi, Cap-Vert, Lesotho, Namibie, Somalie, Tchad, Zaïre. En Amérique latine, Haïti a été négligé.

(21) BESSARD (J.), « Dictature. Le vaccin miracle ». *Journal de Genève,* Genève, 30-31 juillet 1983, p. 1 ; SCHREYGER (E.), « Morde für die Oeffentlichkeit ». *Luzerner Tagblatt.* Lucerne, 24 janvier 1984, p. 1 ; BAREIRO SAGUIER (R.), « Trente ans de dictature du Général Stroessner au Paraguay. Le dernier des tyrannosaures sud-américains ». *Le Monde.* Paris, 29-30 avril 1984, p. 2.

(22) Cf. notamment « Schweizer UNO-Beitritt — Stolperstein oder Notwendigkeit ? » *Der Staatsbürger,* 8, Lucerne, décembre 1983, 44 p.

(23) PECCEI (A.), « L'humanité face aux grandes alternatives ». Conférence, Zurich, 11 septembre 1982.

(24) Cf. notamment ce qu'on écrit sur la Guinée équatoriale dans le bien pensant *Bulletin d'information du Délégué du Conseil fédéral aux missions de secours en cas de catastrophes à l'étranger,* 24 et 25, Berne, décembre 1982 et mai 1983. Idem *Situationsbericht.* Berne, 15 août 1984.

25) Kaiser, Ed., « Le devoir d'insolence ». *24 Heures, Lausanne,* 12-13 mars 1983, p. 45. On peut être d'accord avec la pensée d'Edmond Kaiser

ıns en approuver les termes. « Lorsqu'un pays entier a entendu l'autre »ur Edmond Kaiser clamer son dégoût pendant les info de 8 heures de ı Radio romande et traiter l'ONU carrément de " merdier ", nombreux nt été les auditeurs en accord avec M. Terre des Hommes. C'est sans oute par milliers de voix que s'est renforcé le camp des opposants à l'en-'ée de la Suisse aux Nations Unies... ». FLAKS (M.), « Van Boven limo-é », *op. cit.*, p. 2. Cf. aussi MONVALLON (D. de), « Giscard : confidences 'été ». *L'Express,* Paris, 19 août 1983, pp. 21-22 (p. 22), où l'ancien hef d'Etat français évoque le *devoir d'imagination* ; ou encore RUCKNER (P.), op. cit., p. 274, qui fait allusion au *devoir de persévérence,* ont l'implication première est la *distance critique.*

(26) Sur les accusations formulées à l'ONU contre Israël, cf. DAYAN-IERZBRUN (S.), KESSLER (P.), « Les droits de l'homme dans les territoires ccupés ». *Le Monde diplomatique.* Paris, juillet 1984, pp. 1, 14-15.

EYA NCHAMA (C.M.), *Intervention.* Conseil Economique et Social. ommission des Droits de l'Homme des Nations Unies, 39e Session. Thè-ıe 22 de l'ordre du jour, Genève, 21 février 1983, pp. 1-2.

Devant la Commission des Nations Unies pour les droits de l'homme, délégué des Etats-Unis, W. Berns, a déclaré en 1983 : « Le système qui produit Hitler est mort. Nous pouvons nous en réjouir. Mais le système l'idéologie qui ont produit Staline ne sont pas morts ; leurs représen-ınts sont ici-même, dans cette salle. Cette commission ferait bien de occuper de cette forme bien vivante de totalitarisme ». In *L'Impact,* 184, ienève, octobre 1983, pp. 26-28 (p. 28).

(27) ROUGEMONT (D. de), *L'avenir est notre affaire,* Paris, 1977, pp. 7, 32.

(28) TOBNER (O.), « La parole noire face au pouvoir et à la critique 'ancophone ». *Peuples noirs — Peuples africains,* 11, Paris, septembre-ctobre 1979, pp. 128-148 (p. 128) ; « Avant-propos ». *Politique Africaine,* 1, Paris, septembre 1983, pp. 3-5 (p. 5).

(29) Au *Colloque Georges Orwell* (1984 : Mythes et réalités. L'homme, Etat, la société en question), Strasbourg, 2-4 avril 1984, a été débattu es trois slogans du *Big Brother* de *l'Oceania* :

1. « La guerre, c'est la paix » ;
2. « La liberté, c'est l'esclavage » ;
3. « L'ignorance, c'est la force ».

A propos de ce dernier slogan, l'envoyé spécial du *Journal de Genève* 'écrire : « Les démocraties ont institué l'"instruction publique gratuite t obligatoire. Elles l'ont voulue laïque, ouverte au pluralisme, et forma-'ice d'une conscience civique informée. Or, aux Etats-Unis, on constate u'un grave processus de désalphabétisation est engagé. Les médias encou-ıgent la " crétinisation " du plus grand nombre. " L'ignorance, c'est la orce ". De qui ? De ceux qui savent, évidemment. Le mensonge en poli-que est pratiquement admis, pour raisons stratégiques. » WIDMER (Ch.), " 1984 ", la démocratie et nous ». *Journal de Genève.* Genève, 14 avril 984, pp. 1-2.

(30) PERROT (A.), *Un défi à relever par les défenseurs des droits de homme et du tiers-monde. Réponses aux propos démobilisants.* Genève, 984, 20 p.

II

Démocraties et dictatures

es injustices partout

« En suivant le débat international sur les droits de l'homme et les droits des peuples tel qu'il est conduit dans les instances internationales par des représentants des Etats — mais combien d'entre eux peuvent être considérés aussi comme des représentants des hommes et des peuples ? — nous assistons la plupart du temps à un affligeant festival de cynisme et d'hypocrisie. Officiellement tous sont pour les droits de l'homme — aussi, et peut-être surtout, ceux qui en fait les violent le plus. »

P. LEUPRECHT,
directeur des droits de l'homme,
Conseil de l'Europe
« Droits de l'homme, droits des peuples »,
Le Monde diplomatique.
Paris, avril 1984, p. 2.

Entre les rivalités d'intérêts et de puissance, et les aspirations rofondes des hommes à vivre dans un monde plus juste, il y a n décalage croissant. Entre la construction abstraite de la Déclaation universelle et le comportement quotidien des gouvernements s'étirent des abysses angoissants d'ignominie et d'hypocrisie.

L'Organisation des Nations Unies, avec ses multiples Agence spécialisées et ses organes politiques, est censée jeter des passe relles par-dessus ces gouffres, de concilier appels de détresse de pauvres et surdité intéressée des riches. Conférences Nord-Sud débats de la CNUCED, Conférence sur l'aide aux PMA (Pays le Moins Avancés, d'aucuns ont dit *Pays les Moins Aimés*), réunion de l'ECOSOC, Commission des droits de l'homme, etc., son néanmoins victimes de la réthorique verbeuse de délégations à la solde des Etats et non au service des peuples (et des hommes qu les composent).

Où l'on dilapide les dollars et méprise les droits de l'homm

Semblable relation entre Nord et Sud est génératrice d'injustice et d'iniquités, donc de tensions et de violences. Malheureusement l'ONU, telle qu'elle se présente dans ses structures et trop souven dans ses actes, contribue elle aussi à entretenir des situation polémiques. Exagération ? Combien de millions de dollars on été dilapidés dans des pays dominés par des oligarchies ? Combien d'illusions se sont usées, et de frustrations accumulées, aupré d'individus et de peuples tyrannisés par des familles ou de partis omnipotents ? Que reste, ou que restera-t-il du dévouemen de l'armée d'experts envoyés dans la Guinée de Sekou Touré la République ou Empire centrafricain, l'Afghanistan pré-sovié tique, le Paraguay de Stroessner, l'Ouganda d'Idi Amin Dada l'Iran du shah, le Haïti des Duvalier père et fils, la Guiné équatoriale des Macias Nguema et Obiang Nguema, la Guyan de Burnham, etc. ?

En Guyana, précisément, il est de notoriété que les élection frauduleuses de 1980 ont vissé au pouvoir le président Burnham grâce à un présidentialisme excessif. Une commission internatio nale de onze personnes (dont des membres du groupe parlemen taire britannique pour les droits de l'homme) a observé le dérou lement des élections ; plusieurs ont été arrêtés. La commission a pu toutefois dénoncer, à Georgetown, le trucage des opération de vote par le pouvoir Burnham. Celui-ci s'appuie sur de hommes de main issus, d'une part, d'une secte appelée *House o Israël,* d'autre part, de l'armée. En juin 1980, le président de l *Working People's Alliance,* principale organisation à contester l dictature, était assassiné (probablement par les services secret de l'armée). Le gouvernement, désargenté en raison d'une écono nie qui marche mal à cause de la résistance populaire, a demandé l'assistance de l'onusien Fonds Monétaire International (FMI) pour le financement du développement économique du pays.

C'est à ce niveau que la plupart des critiques des FMI et BIRD se retrouvent. Ces agences de l'ONU, avec l'accord de leur membre le plus influent, le gouvernement des Etats-Unis, arguent qu'aucune condition politique ou morale ne doit peser sur leurs décisions. Organismes techniques, leurs choix seraient censés se fonder sur des décisions strictement économiques. Tant pis pour les hommes et les peuples frappés par l'apartheid, la dictature, le pouvoir autocratique, la torture, etc., soit toute la série des violation des droits de l'homme que condamne la Déclaration universelle. Et c'est ainsi qu'en Guyana, suite aux sollicitations d'un autocrate aux abois — considéré par les spécialistes de la région comme un faux socialiste qui lance son pays dans un faux développement — le FMI a dicté une série de drastiques mesures d'austérité. C'est le prix à payer pour obtenir de la Banque mondiale (donc des Nations Unies) les 133 Mio de dollars nécessaires au projet hydro-électrique du Haut-Mazaruni, devenu une justification de la pérennité du régime (1).

A Haïti, depuis l'arrivée au pouvoir des Duvalier, en 1957, près d'un million de nationaux sur six millions ont choisi l'exil. Le népotique remplacement du père François par le fils Jean-Claude n'a pas pu empêcher les milliers de *boat people* de fuir chaque mois leur patrie pour des motifs politiques ou économiques. Malgré de substantiels efforts de toutes les institutions spécialisées de l'ONU, dont le FMI, la débâcle économique de ce pays parmi les plus pauvres du monde n'a fait que s'aggraver. Et alors qu'en 1980 une nouvelle vague de répression s'abattait sur le pays, avec des centaines d'incarcérations et de liquidations, en 1981, le président J.-Cl. Duvalier lançait lui aussi à la communauté internationale un appel désespéré pour sauver son pouvoir de « la plus grave crise de son histoire » : une crise que, là encore, la résistance populaire semble devoir faire durer.

Les Etats-Unis, qui craignent la multiplication des Cuba et autres Nicaragua à leur porte — ils l'ont montré à la Grenade — ont entendu favorablement l'appel de Bébé Doc, ce d'autant plus que les *boat people* visent principalement leur territoire comme refuge. Aussi « ont-ils offert [en 1982] une carotte et un bâton sans équivoque : Washington fournira à Duvalier 32 Mio de $ d'aide, mais seulement si Haïti contribue à intercepter les réfugiés qui fuient illégalement vers les USA, sans exercer de sanctions contre les Haïtiens revenant au pays, et pour autant qu'il dépense son aide d'une manière plus honnête » (2). Cette dernière clause est évidemment une formule de style, car il est peu probable que l'*establishment* Duvalier change. *La Vie protestante* signale que « Les " gros nègres " (...) faisaient fi de la majorité de la population affamée, continuant à s'enrichir sur son dos. Ils participent au trafic de drogue, à l'émission de " bons " sans couverture et font disparaître dans leurs comptes en banque une bonne partie des sommes versées par les organisations de coopération internationale ». Ainsi, une importante partie de l'aide alimentaire internationale est détournée vers les circuits du marché noir contrôlés par la hiérarchie des " tontons macoutes ". Quant au commerce du café, il est monopolisé par l'oligarchie, en particulier le beau-père de J.-Cl. Duvalier, Ernest Bennet, second exportateur avant le mariage de sa fille, et premier depuis. C'est là une forme de gouvernement que l'écrivain nigérian Ola Balogun a qualifié de *kleptocratie.*

Violation des droits de l'homme et corruption font bon ménage, sous l'œil intéressé du grand protecteur du Nord. N'est-il pas affligeant de devoir constater qu'une nouvelle vague de terreur a déferlé sur le pays à la suite de l'élection de Ronald Reagan à la présidence des USA ? Lors de l'investiture de celui-ci (1981), le directeur de la Télévision nationale de Haïti déclarait sur le petit écran : « C'est fini les droits de l'homme » (3), exactement comme en Guinée Equatoriale où, selon l'Association espagnole pour les droits de l'homme, le principal présentateur de la RTVGE, A. Nsue Mokuy, a été convoqué à plusieurs reprises par le commandement militaire d'Obiang Nguema pour lui signifier l'interdiction de prononcer les termes *droits de l'homme* et *démocratie.* En Haïti, E. Bennet, qui publie aussi le quotidien *Le Nouveau Monde,* écrivait à l'occasion de la visite du pape Jean-Paul II à Haïti (1983), que le clergé est en grande partie manœuvré par les marxistes, et donc responsable de la crise économique qui sévit dans le pays. En fait, de nombreux prêtres protègent les petits producteurs contre des négociants comme E. Bennet, qui monopolisent le commerce et écrasent les prix. De sorte qu'E. Bennet a qualifié ces prêtres de profanes et articulé diverses menaces à leur endroit. Les luttes intestines du clan Duvalier-Bennet devraient durcir encore les conditions d'exploitation des petits paysans. Depuis le lendemain de la victoire de M. Reagan, le régime s'est mis à qualifier tous les « indépendants » de « subversifs » et à multiplier les arrestations.

Il serait trop facile de jeter la pierre au seul président Reagan. En dépit de sa réputation de protecteur des droits de l'homme, son prédécesseur Carter a en fait agi souvent dans le même sens. Dans l'Ouganda d'Amin Dada, malgré les violations des droits les plus élémentaires, l'administration Carter s'est longtemps opposée à des sanctions économiques. Cela aurait gêné nombre de sociétés américaines acheteuses de café ou vendeuses de satellites de communication ou d'avions. Et ce n'est qu'en 1978 qu'un embargo sera mis sur le commerce avec l'Ouganda, alors que l'ambassade américaine à Kampala était fermée depuis 1973 déjà. C'est que les relations entre les USA et l'Afrique relèvent le plus souvent du Département d'Etat, plutôt que du Congrès (4), ce qui explique cette singulière continuité (que l'on dénote aussi en France lors des changements de majorité parlementaire). Mais voici qu'après la chute du tyran, un nouveau tyran se révèle. M. Obote, redevenu président suite à d'innombrables irrégularités, agit avec l'appui d'une armée que dirigeait son cousin Oyite-Ojok jusqu'à sa mort accidentelle (?) en décembre 1983. Les assassinats, incendies de villages, pillages, expéditions génocides se multiplient, au point que le HCR s'est vu obligé de recueillir des réfugiés ougandais au Soudan, au rythme de 150 à 200 par jour et que dans le même temps le PAM dépensait 18,1 Mio de dollars dans les provinces ougandaises du West Nile et du Karamoja. Les appels à Obote par Amnesty International sont restés sans réponse, et en 1981, des organisations caritatives comme Save the Children Fund, Médecins sans Frontières, les Pères de Vérone et le CICR ont été obligés de quitter le pays, tandis qu'une offensive gouvernementale faisait des milliers de morts civils. Or, que constate-t-on ? Face à ces crimes commis par le pouvoir post-Amin Dada, les organisations précitées dénoncent les massacres, les arrestations arbitraires, les assassinats de coopérants — notamment des Suisses —, et la vague de 100 000 réfugiés en direction du Zaïre et du Soudan. Pendant ce temps, autre son de cloche chez les représentants des intérêts du Nord : « les diplomates anglais et américains, allemands dans une certaine mesure, les fonctionnaires de la Banque mondiale, de la CEE et du FMI, la communauté d'affaires britannique et les entrepreneurs indiens insistent au contraire sur l'effort de redressement économique, se satisfont d'un « Parlement » et ne voient dans les violences que des bavures regrettables mais inévitables, que la presse grossit à plaisir ».

« Et cette “ solidarité internationale ” a des effets sonnants et trébuchants ». Pour donner une teinte démocratique à son régime, Obote a créé une opposition docile ; « dans les milieux financiers internationaux chacun le sait mais feint de ne pas voir, car la feuille de vigne démocratique sera préservée. Au titre de Lomé 2 [donc grâce à la CEE], Kampala aura droit à une fourchette de crédits allant de 85 à 97 Mio de dollars ». Cela ne devait pas empêcher l'armée d'Obote d'assassiner fin mai 1984 plusieurs ecclésiastiques lors de l'attaque d'un séminaire anglican proche de la capitale. Selon le *Washington Post*, entre mars et août 1984, l'armée ougandaise a massacré, ou sciemment laissé mourir de faim, des milliers de civils, principalement des femmes et des enfants. Depuis le retour d'Obote, quelque 100 000 personnes ont été liquidées, dont des réfugiés rapatriés par le HCR.

Realpolitik des USA et réalisme du FMI

Quant à l'Amérique centrale, la seule évolution perceptible au niveau de la politique américaine, c'est que, depuis 1983, l'Oncle Sam a remis en pratique la politique de la canonnière, tout en poursuivant son aide politique et économique aux régimes duvalérien et salvadorien. Depuis l'élection de Reagan, les gouvernements dictatoriaux agissent à leur guise, et l'oppression systématique et multiforme, physique, psychologique et économique est redevenue le principal instrument du pouvoir. Le groupe de travail sur les droits de l'homme de l'Assemblée européenne — par un rapport publié en 1982 — relève qu'au Salvador et au Guatemala ont été commises « les pires atrocités ».

Tant à Haïti qu'au Salvador, en Argentine, en Afrique du Sud, le FMI s'est fait le serviteur d'intérêts animés par cette Realpolitik à la Kissinger (5). Pour ce dernier, de jésuitique façon, la fin justifie les moyens. Alors qu'au retour d'Amérique centrale, en janvier 1984, la Commission Kissinger demandait au gouvernement américain de subordonner l'attribution de 400 Mio de dollars d'aide militaire au Salvador (sur deux ans) à des progrès en matière de droits de l'homme, le Prix Nobel de la Paix H. Kissinger, dans une annexe au Rapport, mettait en garde contre une application *trop stricte* de ce principe. Début février 1984, la Chambre des représentants américaine cassait le veto Reagan sur la soumission de l'aide militaire au critère d'amélioration de la situation des droits de l'homme, mais on semble se satisfaire de l'arrêt des opérations des « escadrons de la mort »

– organisation d'extrême droite, qui n'est pas seule en cause. En ffet, au même moment la Commission des droits de l'homme nregistrait le rapport Riduejo sur le Salvador, qui attribue la alme de l'horreur non pas à la guérilla, mais aux « escadrons » insi qu'à l'armée, avec 4 736 personnes assassinées, on contiuera d'assister cette armée là. L'application du critère *droits e l'homme* ne sera donc pas trop stricte. La preuve : en août 984, les massacres avaient repris.

L'analyse des documents et des opérations du FMI sur le errain montrent que contrairement à ce que laisse entendre cette istitution onusienne, elle n'est ni *scientifique,* ni *objective,* ni *eutre,* et fonde ses prescriptions sur l'idéologie keynésienne. Or, est de notoriété que Keynes ne s'est pas préoccupé des prolèmes des pays sous-équipés essentiellement agricoles. Le FMI n est d'ailleurs conscient, notamment en ce qui concerne la ésolution du problème du chômage. Aussi est-il compréhenible que les milieux qui s'interrogent sur les méthodes de développement estiment que « le FMI a montré qu'il était une institution ondamentalement politique qui tend à reproduire des relations e type colonial mettant un frein aux tentatives d'une nation de nodifier ses structures de base en faveur de la majorité de la opulation. L'orientation du FMI est incompatible avec une onception équitable d'un changement structurel et d'un développement autonome et endogène. Ses interventions favorisent sysématiquement les secteurs les plus conservateurs de la société t les centres de décision traditionnels. Pire encore, lorsque ces ecteurs constituent de réelles alternatives de pouvoir national, es prescriptions du FMI et la manière de dispenser deviennent ne forme impudente d'intervention politique en leur faveur. La olitique du Fonds, conçue pour réaliser la " stabilisation ", a n fait contribué à la déstabilisation et à la limitation des processus démocratiques ». Deux fonctionnaires de l'ONU ont, à titre personnel il est vrai, confirmé cette vision. A leur avis, sur la base du cas du Brésil, l'accord de 1983 avec le FMI aggrave la écession parce qu'il ralentit les activités des entreprises publiques t réduit grandement la liberté de décision de l'Etat (6). D'où a multiplication des protestations à tous les niveaux : « Ne tenant as compte des nouveaux rapports de forces politiques dans le ays, le FMI s'intéresse aux seuls aspects financiers de l'endettement, fixant pour les comptes de la nation des objectifs impraicables, irréalistes. Cette impasse est à l'origine de la démission lu président de la Banque centrale brésilienne, M. Carlos Langoni. Piqué au vif par les réactions de l'opinion et des élus brésiliens, M. Jacques de Larosière, directeur du FMI, n'hésita pas à déclarer : " Si le Brésil ne se conforme pas au programme du FMI, il disparaîtra dans le caniveau ". A quoi M. Ulisses Guimares président du Parti de mobilisation démocratique brésilien (PMDB) répondit : " Dans les caniveaux disparaissent les rats et les cafards non les nations ". »

« Plus que les chiffres et les graphiques, cet échange illustrera peut-être pour les écoliers brésiliens du vingt et unième siècle l'arrogance et le mépris dont la nation était l'objet un siècle et demi après son indépendance... ». Et voici le Brésil qui, grâce à des investissements étrangers géants, ploie de plus en plus sous des réalisations industrielles qui seraient hautement condamnées dans les pays du Nord, tel le projet Cubatao. Ce complexe chimique et métallurgique déverse mensuellement 90 t de poluants dans l'atmosphère et dans ses environs, la mortalité parmi les enfants de la première année s'élève à 35 %, tandis que 80 % de la végétation de la région a déjà péri. Et ce malgré le FMI et les prêts de la BIRD, et leurs bonnes intentions. Finalement ces investissements, par les exportations massives de capitaux qu'ils provoquent, servent paradoxalement à financer par les pays pauvres les déficits des pays riches. C'est ce qu'a fait comprendre au président Reagan le président mexicain M. de la Madrid lors de sa visite aux USA en mai 1984, en fustigeant l'intervention yankee, en demandant l'auto-détermination, l'égalité des Etats devant la loi, la solution pacifique des conflits. Ce à quoi Reagan n'a pu objecter que la sempiternelle menace soviétique.

C'est dans cette foulée que les oligarchies et les juntes du tiers monde survivent sous la protection du monde nanti. Des coups d'Etat comme ceux d'Amérique latine, par exemple, « font le bonheur des banquiers » (7). Pour que les investissements étrangers réussissent, « le FMI cherche à obtenir une baisse de la demande interne et des importations, et une amélioration de la compétitivité par la dévaluation monétaire, et la baisse des salaires. Tandis que la Banque [BIRD], de son côté, recommande une croissance orientée vers l'exportation sur la base des avantages comparatifs existants » (8). Cette aide financière internationale est donc essentiellement marquée par des préoccupations mercantiles et politiques à courte vue, et non pas par ce qui devrait être la tâche prioritaire de l'ONU : la lutte contre la misère, la faim, les inégalités, afin d'assurer le bien-être et la paix à l'ensemble de l'humanité.

Les critiques se multiplient

Divers milieux bancaires, notamment à travers la britannique *Midland Bank Review,* considèrent la place prise par le FMI comme excessive. Un article signé du Clare Group estime, en ce qui concerne les dettes internationales, que le FMI doit évidemment être partie prenante des négociations en vue d'accords de rééchelonnement ; « *mais lui laisser d'autres affaires serait une erreur* [c'est nous qui soulignons] (9). Depuis longtemps, il a cessé, même formellement, d'exercer une responsabilité d'ensemble sur le système financier mondial et, en dépit de quelques adaptations sectorielles dans le monde post-OPEP, il garde un parti-pris automatique en faveur du remboursement rapide des dettes. Pour cela, il considère généralement nécessaire d'imposer des politiques déflationnistes aux pays débiteurs (...) Dans le cas de beaucoup de pays en développement, il y a des raisons solides — surtout si les taux d'intérêt du secteur commercial restent aussi élevés —, d'accorder davantage de dons et de prêts à des taux de faveur, et de permettre aux produits de ces pays d'avoir un accès spécial et sans obstruction aux marchés des pays développés au lieu de leur imposer des restrictions spéciales à leurs exportations (...) ou de leur créer des difficultés par la surproduction de sucre en Europe. La Banque mondiale, l'AID et le Comité d'aide au développement de l'OCDE doivent tous entreprendre des actions plus vigoureuses. Mais le besoin primordial est que les gouvernements nationaux reviennent aux idées plus généreuses qui prévalaient dans le temps. Cela implique une augmentation de la valeur réelle de leur budget d'aide (notamment par des souscriptions plus importantes à l'AID), tout comme une action pour encourager les importations en provenance du tiers monde ». Ces idées du Clare Group ont aussi été défendues par d'autres, en particulier M.L. Prussia, président de la Bank of America, pour qui certains remèdes prescrits par le FMI sont d'efficacité douteuse, et par M.H. Meyer, directeur à la Banque Nationale Suisse, selon qui l'endettement du tiers monde est dû à une politique imprudente des banques privées, de sorte que le FMI doit intervenir pour réparer les maladresses du Nord, sur le dos des populations locales. Tous les rapports signalent qu'en 1983, les bénéfices des banques américaines ont fortement augmenté, en particulier grâce aux nombreux *prêts douteux.* Le rééchelonnement de la dette de divers pays du tiers monde a rapporté à la seule Citybank un bénéfice de 1,7 million (Mio) de $ (après impôt). La « gaffe monumentale », comme d'aucuns ont qualifié la course aux investissements en Amérique latine en particulier, a été diplomatiquement appelée « sous-estimation des risques » par le président de la Banque nationale suisse et directeur de la Banque des Règlements Internationaux (mai 1984). Tout en estimant l'appel à l'aide publique de certaines banques en difficulé de « totalement inintelligent », M. F. Leutwiler a laissé entendre que le FMI devait parfois revenir sur les conditions drastiques qu'il impose aux pays endettés tout en reconnaissant que le FMI ne porte pas toute la responsabilité de l'imbroglio financier. Et au 26e Congrès de l'Association internationale des cambistes (Belgrade, juin 1984), M. Lusser, membre du directoire de la Banque nationale suisse a ajouté que le poids de la dette internationale ne devait pas être supporté par les seuls pays endettés. Les banques qui ont pris de hauts risques pour obtenir des rendements maxima doivent accepter d'endosser des pertes ; les solutions que l'on trouvera à ce problème devront se faire dans l'intérêt des pays débiteurs. La philosophie de l'OCDE sur le commerce et le développement se rapproche malheureusement de celle des FMI, BIRD et GATT, preuve du clientélisme d'un continent qui ferait mieux de devenir lui-même. Par bonheur, le Conseil de l'Europe manifeste davantage d'indépendance et d'un sens démocratique élevé prometteur pour l'avenir politique du continent, et de ses relations extérieures.

Le paradis chilien de Pinochet bénéficie de *prêts douteux*. Pour avoir précipité le pays dans la ruine fasciste, après l'avoir « sauvé » de la ruine socialiste, le dictateur est contraint d'en appeler au FMI et aux banques commerciales pour l'aider à faire face aux engagements extérieurs. En 1983, la dictature chilienne a obtenu du FMI onusien un prêt de 1,3 Md de dollars, plus une ligne de crédit de 1,7 milliards de dollars jusqu'en 1984 (car le FMI tient ses clients par le court terme). Cela a valu au pays — de la part des banques privées américaines, européennes et japonaises — 3 Mds de $ de prêts en 1983 et près d'un milliard début 1984. Si l'étranglement financier du Chili est ainsi momentanément évité, il n'est pas certain que le chômage de plus de 30 % de la main-d'œuvre active, et le niveau dramatiquement bas de la demande intérieure puissent être corrigés ; d'où des dissensions au sein du gouvernement. Mais il paraît évident que pour le général Pinochet, le prêt obtenu par la médiation onusienne servira d'abord et avant tout à la dictature de durer, car il se moque bien des idéaux de l'Organisation mondiale. « Une fois obtenu le prêt des banques commerciales, le Chef de l'Etat soutenu par l'armée [n'aura] cure ni de l'orthodoxie financière... ni de M. Caceres [ministre des Finances] » (10) ; et, en effet, M. Caceres a été limogé début 1984, au moment même où la Commission des droits de l'homme publiait à Genève les observations et conclusions de son rapporteur spécial, qui mentionne l'existence d'au moins 147 cas précis d'ordres de torture qui ont été portés à sa connaissance pour l'année 1983. « La torture continue d'être une pratique usuelle à l'intérieur d'un secteur important des forces de sécurité chargées de faire respecter l'ordre et la loi, et qui sont couverts par la tolérance des autorités », souligne le rapporteur spécial. Le fasciste Pinochet se rit de l'ONU, pendant que le FMI semble s'accommoder parfaitement du fascisme. Tout comme dans l'Argentine des militaires, à qui le FMI a lâché, en 1983, un prêt de 2,182 milliards de dollars.

« *Somoza est un salaud, mais c'est notre salaud* »

D'où vient l'orientation réactionnaire des institutions financières onusiennes ? C'est qu'elles s'inspirent essentiellement, depuis l'élection du président Reagan, des thèses soutenues par Mme Jeane Kirkpatrick. Dans un article publié par *Commentary* (11), elle écrivait, en 1979, que « les gouvernements autoritaires traditionnels sont moins représentatifs que les " autocraties " révolutionnaires. Ils sont plus susceptibles de se libéraliser et plus compatibles avec les intérêts américains ». Il faut donc que Washington pratique une politique étrangère *réaliste,* dans le but de « protéger nos intérêts, et de soutenir la capacité à l'autodétermination des pays moins développés ». Bien entendu, il s'agit d'une autodétermination via des pouvoirs locaux gravitant dans l'orbite occidentale. Et d'ajouter qu'il faut regarder les choses en face, car « la victoire d'une insurrection violente menée par des révolutionnaires marxistes est peu susceptible de conduire à autre chose qu'à une tyrannie totalitaire ». Parce qu'évidemment, selon Mme Kirkpatrick, toute opposition à l'exploitation néocoloniale est forcément d'inspiration marxiste. Comme disait le président Roosevelt, « Somoza Ier est un salaud, mais c'est notre salaud ». Peu après la publication de son article, Mme Kirkpatrick était promue ambassadrice de son pays aux Nations Unies. Aussi ne faut-il pas s'étonner qu'en septembre 1983, devant les critiques adressées à la *Realpolitik* américaine, l'assistant de

Mme Kirkpatrick ait déclaré à la tribune de l'Assemblée générale des Nations Unies que l'ONU n'avait qu'à aller se faire voir ailleurs. Dans la foulée, le représentant des USA à la Commission des droits de l'homme de l'ONU, M. Berns, déclarait dans une interview d'octobre 1983 : « L'ONU ne peut pas être sauvée et c'est tant mieux. L'ONU a fait plus de mal que de bien. De surcroît, un gouvernement mondial serait nécessairement une tyrannie mondiale. Ainsi ce n'est pas seulement dans ses effets que l'ONU est perverse, mais aussi (dans la mesure où elle est censée devenir un gouvernement mondial) par le projet qu'elle incarne. » Sur quoi la Maison Blanche a annoncé qu'elle allait réduire de plusieurs centaines de millions de dollars la contribution des Etats-Unis à l'Organisation internationale. En décembre 1983, elle concrétisait cette menace par l'annonce de son retrait de l'Unesco fin 1984, et en janvier 1984 lors de la 7ᵉ reconstitution des ressources de l'AID, par le blocage de l'augmentation des dons à 12 Mds de $ souhaitée par les 34 autres donateurs (le Japon ayant augmenté sa contribution). Alors qu'en termes réels il eut fallu 16 Mds de $ pour maintenir le niveau d'aide antérieur, la période 1984-86 devra se satisfaire de 9 Mds de $ seulement. Puis le gouvernement Reagan de poursuivre ses menaces contre l'institution onusienne en avertissant, dès février 1984, la CNUCED que si elle ne limitait pas ses activités telles que définies en 1964 (participation du tiers monde au développement mondial), il ne participerait plus à ses travaux et supprimerait sa part du budget. Quand on sait que c'est la CNUCED qui est à l'origine du concept de Nouvel Ordre économique international, des critiques contre les excès des transnationales, voire du FMI, on comprend mieux cette politique américaine (et des nantis en général) : il faut que la CNUCED se contente de rester un forum pour débats stériles.

Pas d'équivoque possible : comme chef des pays riches, les Etats-Unis veulent maintenir une relation avec le Sud qui est celle de nations-maîtresses à nations-esclaves. D'où des restrictions tous azimuts, qui serviront à maintenir les pauvres dans la dépendance. Cette politique a évidemment des répercussions négatives surtout sur les bénéficiaires les plus nécessiteux, en particulier le Bengladesh, l'Inde et l'Afrique sub-saharienne. Nul doute : la politique d'interdépendance entre Nord et Sud est discriminatoire et favorise les moins pauvres (Brésil, Chili, Argentine, Mexique), soit l'hémisphère américain. Mais même ces « moins pauvres » sont d'avis — tel le ministre des Finances du Brésil, E. Galveas, au Symposium de Davos (1984) — que le FMI ferait mieux d'exiger des assainissements aux pays industriels, et demander notamment aux Etats-Unis qu'ils remettent de l'ordre dans leurs finances publiques, favorisant la baisse des taux d'intérêt et la stabilité des cours des changes. Le président de la Réserve fédérale, M.P. Volcker, ne reconnaissait-il pas devant le Congrès américain, le 7 février 1984, que les USA risquaient de devenir les plus grands emprunteurs du monde ? Il ne fait pas de doute qu'en manipulant l'économie mondiale avec des taux bancaires américains trop élevés et avec le pressurage du tiers monde par des prêts inconsidérés (et les fleuves d'intérêts qui s'écoulent ainsi vers les Etats-Unis et leur permettent de vivre au-dessus de leurs moyens, sur le dos du reste du monde), les USA bloquent le développement des pays les plus pauvres. Mais plus encore : de la sorte, « on crée aujourd'hui les guerres de demain ». C'est indiscutablement parce que les pays nantis considèrent le FMI comme leur chose qu'en avril 1984, lors du Comité intérimaire du Fonds, les Etats-Unis, la RFA, le Japon et le Royaume-Uni ont bloqué la demande de nouvelle allocation de DTS par « la plupart » des membres du Fonds. La France seule a appuyé les pays du tiers monde afin qu'ils puissent disposer des éventuels DTS que les riches n'utiliseraient pas. Mais les nantis ont préféré se réserver la totalité de ces DTS, confirmant par là que le système est fait pour eux et non pas pour l'humanité entière. Il ne fait pas de doute — et nous paraphrasons ici Roy Preiswerk — que la *Reapolitik* n'est souvent rien de plus que l'absence de politique nouvelle, quand elle n'est pas une résistance consciente à un genre de changement perçu comme nuisible à des intérêts égoïstes.

Quelques illusions onusiennes

La complicité avec des régimes de terreur, ennemis jurés de la démocratie, n'est pas le fait des seuls FMI et BIRD. Au sein de la Babel onusienne, d'autres institutions n'échappent pas non plus à cette relation honteuse. Le *Programme des Nations Unies pour le Développement* (PNUD), sans s'interroger sur la terreur duvaliérienne, a financé en Haïti un projet d'assistance en aviation civile (1982), et l'AID s'y est lancé les yeux fermés, avec 14 Mio de $ de projets routiers. Au point qu'il devenait patent que le régime du président à vie J.-Cl. Duvalier, « est aujourd'hui placé sous la tutelle directe du Fonds monétaire international et des

Etats-Unis, ainsi que divers autres organismes onusiens, qui le soutiennent à bout de bras » (12). Cela a permis aux Duvalier d'obtenir du FMI 60 Mio de DTS pour des achats en 1984-85. Le FMI fait évidemment silence sur la situation politique et applique aveuglément sa politique d'accès élargi à l'une des dictatures les plus sordides.

Pas étonnant qu'en Haïti, comme en Guyana ou en Guinée équatoriale, les observateurs soulignent la spectaculaire chute de la production dans tous les secteurs, qui témoigne d'un significatif défi populaire. « Vingt-six ans de dictature héréditaire soutenue entre autres par les Etats-Unis, la France d'avant mai 1981, l'Allemagne fédérale, le Canada, Israël, Taïwan et le Japon ont engagé la société traditionnelle haïtienne dans un processus involutif et régressif qui l'a transformée en une caricature monstrueuse d'elle-même » (13). Tous les éléments d'un diagnostic catastrophique sont présents :

— un secteur industriel squelettique ;

— une surexploitation des ouvriers à qui la loi ne reconnaît ni le droit de faire grève, ni celui de se syndiquer ;

— l'écrasement des paysans ;

— l'extension du phénomène des zombies, ces dizaines de milliers d'habitants réduits à l'abrutissement total.

Durant plus de deux décennies, les institutions onusiennes, FMI, BIRD, GATT, PNUD, OMS, FAO, BIT, UNESCO, UNICEF, etc., se sont fait des illusions quant aux possibilités d'éradiquer la misère dans une dictature. Mieux : par leur présence dans les pays frappés par ce mal, les institutions onusiennes ont, en fait, servi d'alibi aux pouvoirs autocratiques, et légitimé la terreur. Le FMI était intervenu en 1982 dans l'Argentine des colonels, champions des disparitions de personnes (14), par un crédit *stand by* de 15 mois d'un montant de 1,5 Md de DTS ; et le PNUD a pu réunir 90 Mio de $ pour assister la junte de la Guinée équatoriale. La même année, le rapport d'Erwin Blumenthal sur le Zaïre révélait que la fortune du président Mobutu s'élevait à 4 Mds de $, soit les 4/5 de la dette extérieure du pays ; et le président du Tribunal permanent des peuples, G. Wald, signalait que Mobutu était accusé de *répression systématique* (15), et d'ajouter : « Le régime de Mobutu a été pleinement appuyé par un certain nombre de pays occidentaux, en particulier les Etats-Unis, la France et la Belgique, et par des Institutions internationales comme la Banque mondiale et le Fonds monétaire international. »

On pourrait multiplier les exemples (16) :

— aux Philippines, les crédits de la BIRD ont été quintuplés après l'introduction de la loi martiale ;

— en République centrafricaine, après le coup d'Etat militaire du général Kolingba, le FMI annonçait presque aussitôt son intention d'élaborer un nouveau programme d'assistance ;

— en Afrique du Sud, malgré le vote hostile de l'Assemblée générale des Nations Unies (121 voix contre 3), en raison de la politique d'apartheid, le FMI a déversé en 1982 1 milliard de $ (après qu'en un peu plus de trois ans, 181 banques privées, de 18 pays, aient accordé à des emprunteurs de RSA 57 prêts d'un total de 2 757 Mio de $) ;

— au Salvador, le même FMI envisage une aide de 349 Mio de $ (dont 10 % donnés par les USA). Grâce à la caution de cet organisme, le régime salvadorien pourra avoir accès à l'aide d'autres pays et aux prêts des banques privées internationales ;

— en Turquie, au Pérou, etc. ; et nous ne prenons en considération ici que les cas relevant de la sphère d'influence occidentale, conscient bien entendu qu'en Ethiopie (17), qu'en Afghanistan, qu'au Viêt-nam, qu'en Pologne, etc., les choses ne sont pas plus reluisantes. Sans parler de l'URSS ; il suffit à ce propos de consulter la Résolution du 17 mai 1983, du Parlement européen, sur *les Droits de l'Homme en Union soviétique,* ou encore de se rappeler la volonté des savants du CERN (Genève) de boycott de leurs collègues physiciens soviétiques en réaction contre la privation des libertés fondamentales infligée à Youri Orlov, fondateur de la section d'Amnesty International et animateur du groupe chargé de veiller en URSS à l'application des Accords d'Helsinki.

L'ONU entremetteuse

Tout comme en Guyana l'alliance de l'impérialisme financier et du « socialiste » Burnham s'exprime à travers le FMI (18), en Argentine la collusion des généraux fascistes avec l'URSS s'était réalisée aussi à travers les *multinationales* du blé. Fascisme argentin ou racisme sud-africain ne gênent ni les multinationales de tout acabit, ni les grandes puissances. L'universalité du phénomène d'alliances tacites et d'un pragmatisme qui se rient des couleurs politiques a gravement déteint sur le système onusien (voir les majorités automatiques). Ainsi, pour le Salvador, où la Commission des droits de l'homme des Nations Unies juge la situation « alarmante », le Programme des Nations Unies pour le Développement s'était rangé du côté du pouvoir d'extrême droite d'Aubuisson, qui s'ingéniait à opprimer la population. Ainsi, pour la Guinée équatoriale : en avril 1982, à Genève, le PNUD a convoqué une Conférence des pays et organisations bailleurs de fonds afin de décrocher 142 Mio de dollars pour un pouvoir népotique de type haïtien. Devant la presse, le dictateur Obiang Nguema, assisté de l'ex-directeur de la section Afrique du PNUD, le Camerounais Doo King, a appâté les prêteurs avec de fausses promesses de démocratisation.

Comment l'ONU a-t-elle pu en arriver à se faire l'entremetteuse du fascisme rouge ou noir et de la finance ? Elle avait pourtant gardé jusque vers 1980 ses distances face aux manœuvres de l'appareil FMI-BIRD, et à travers la CNUCED était même devenue la tribune pour les revendications des pauvres. Mais il se trouve que l'effort d'aide au développement jusqu'alors entrepris par le PNUD a été récupéré par le Club FMI-BIRD à travers les Tables rondes de donateurs. « Il y a trois ans [1980], le patron du PNUD pour l'Afrique a proposé à plusieurs Etats de tenir chacun à leur tour, une conférence de ce type, mais sur un nombre de projets jugés essentiels. Pour cela, le PNUD a mis à la disposition de chaque Etat des moyens techniques, des experts, l'assistance de ses propres fonctionnaires. La préparation de chaque table ronde s'est faite tambour battant, et pourtant les choses traînent en longueur : c'est que l'exercice interfère brutalement avec les travaux de planification autochtones, au point de les désorganiser. »

« Sous prétexte d'aider plus efficacement, la table ronde est l'occasion pour les organisateurs d'en savoir plus sur les intentions cachées du pays, sur sa stratégie. » (19) Avec la Guinée équatoriale, la partie était évidemment aisée. L'incompétence du pouvoir nguemiste fait qu'il n'y a pas dans ce pays de politique de développement ; ni sous Macias Nguema, ni davantage sous Obiang Nguema, en raison de l'incapacité des hommes dont le régime est composé (sinon à travers les conseillers espagnols et français). Certains tentent encore de résister à la manipulation opérée par la troïka FMI-BIRD-PNUD ; mais chez d'autres, cette politique semble avoir altéré les efforts nationaux de planification. « Tout ceci parce que la Banque mondiale est en train de prendre le relais du PNUD dont les moyens se rétrécissent comme par hasard (...). On pensera à l'avenir du pays à Washington. » (20)

L'ONU financière et politique ferme les yeux sur les constats le violation des droits de l'homme de sa Commission spécialisée parce que les USA imposent leur politique *réaliste*. Au printemps 1982, le directeur de la BIRD, M. A. Clausen, a adressé à ses 6 000 administrés une note dans laquelle, se référant au rapport du Trésor américain sur les banques multilatérales, il conclut que la politique suivie par la BIRD onusienne « s'accorde avec les intérêts les plus élevés des Etats-Unis et doit être soutenue ». Un tel aveu a soulevé un tollé parmi les cadres de la Banque mondiale, originaires du tiers monde et d'Europe, pour qui c'est là la reconnaissance du bien-fondé des critiques adressées à l'institution, et la confirmation qu'elle favorise les objectifs politico-stratégiques à court terme des Etats-Unis (21). C'est que tout le monde n'est pas convaincu de la maturité de la classe politique américaine, démocrate et républicaine, au plan de la politique internationale (22). En janvier 1984, devant l'*European Managment Forum,* à Davos (Suisse), M. Clausen reconnaissait toutefois que le tiers monde est saigné à blanc, et que les pays en développement versent davantage d'argent aux banques qu'ils n'en reçoivent. Cette absurdité monétaire est causée par la maladie qu'un romancier vient de qualifier de *dollarium tremens*.

Quand l'Oncle Sam manipule la démocratie

A la suite du témoignage du secrétaire d'Etat G. Schultz devant la Commission des Affaires internationales de la Chambre des Représentants des Etats-Unis (février 1983), on pouvait fonder quelque espoir sur un soi-disant *projet démocratie* du gouvernement américain. Ce projet — dont on attend de voir les effets, tant en Amérique centrale qu'en Guinée équatoriale — vise à

— former les dirigeants actuels et futurs des pays du tiers monde à la théorie et à la pratique de la démocratie ;

— poser et diffuser les principes de la démocratie de type américain à travers livres, bourses, etc. ;

— renforcer les institutions démocratiques (syndicats, partis, presse, universités, entreprises, systèmes judiciaires, églises et associations) ;

— faire passer l'information pour promouvoir l'intérêt intellectuel et politique pour la démocratie ;

— développer des liens durables et des relations de travail entre les individus et les organisations américaines et leurs équivalents étrangers.

Reste à déterminer ce que le président Reagan et son équipe — de même que H. Kissinger — comprennent sous le terme *démocratie*. En 1983, durant la Conférence de Strasbourg sur la démocratie parlementaire, le chef de l'administration du parti démocrate américain, Charles Manatt, confirmait la création d'une fondation politique américaine chargée d'assister les nations du tiers monde dans leurs besoins fondamentaux. Une des premières initiatives de cette fondation — dotée de 31 Mio de $ — était l'organisation, au printemps 1984, d'une réunion des chefs des partis européens (communistes exceptés, alors que c'est eux, surtout, qu'il faudrait instruire) pour élaborer un manifeste de la *démocratie à l'usage du tiers monde.* On se demande s'il ne s'agit pas simplement là d'une opération de promotion de l'*american way of life,* ce que d'aucuns ont appelé un *nouvel unilatéralisme* (23) en faveur des seuls « amis sûrs ». Or, qui sont ces « amis » ? Lors d'une interview télévisée (3.3.81), le président Reagan, se référant à l'Afrique du Sud, a évoqué « une nation amie », alliée des USA : « Pouvons-nous abandonner un pays qui a été à nos côtés lors de chaque guerre que nous avons livrée ; un pays stratégiquement essentiel pour le monde libre en raison de sa production minière... ». La liberté des nations du Nord s'obtient donc grâce aux minéraux et à l'apartheid sud-africains. Au prix du sang des hommes de Soweto et d'ailleurs.

En fait, il semble que l'opération démocratique de Reagan se situe essentiellement dans la perspective des rivalités Est-Ouest et vise avant tout à organiser un consensus anti-soviétique. Ce que nous critiquons ici, ce n'est pas l'intention, mais les moyens. A l'occasion du 35e anniversaire de la Déclaration universelle des Droits de l'homme, le président Reagan a dénoncé (décembre 1983) les viols des droits de l'homme dans les Etats communistes. Mais pas un mot sur l'Amérique latine ; peu auparavant, il avait même refusé de promulguer une loi faisant dépendre le maintien de l'aide des USA au Salvador des progrès accomplis en matière de réforme démocratique et de protection de la personne humaine. Selon lui, cette loi « dénaturerait » les efforts de son administration républicaine en faveur du respect des droits de l'homme dans ce pays. Aussi les critiques foisonnent-elles. En 1982 déjà, devant la Commission des droits de l'homme, le représentant du Ghana fustigeait la curieuse politique de sanctions des Etats-Unis : « Comme Africain, je considère que mon sens de l'honneur est agressé lorsque je suis invité à soutenir ce genre de résolution contre la Pologne, par des puissances qui, dans le même souffle rguent qu'on ne peut appliquer des sanctions économiques au égime d'Afrique du Sud en raison de la poursuite de l'apartheid, plus pernicieuse forme de violation des droits de l'homme, niversellement reconnue comme un crime contre l'humanité (24). » 'e genre d' « engagement constructif », comme l'appelle Ch. Cro-er, est vivement reproché au gouvernement Reagan par les ilieux académiques (qualifiés par les Républicains de « frange angereuse »). Au point que le président de la Table ronde de ASA, mentionnée plus haut, s'est vu contraint de clore le débat ar la question : « Dangereuse pour qui ? » Et d'ajouter que cette ange cultivée compte des dizaines de milliers d'Américains.

C'est l'ambassadeur d'Ouganda auprès des Etats-Unis qui a mieux situé le problème en montrant que le choix n'est pas ntre Blancs et Noirs d'Afrique du Sud, mais entre esclavage t liberté. Et de s'étonner que les USA, dont la tradition démo-ratique est universellement admirée, restent neutres « face à n système d'oppression qui a privé 80 % des citoyens de leurs roits fondamentaux et un mouvement populaire qui cherche à estaurer les droits démocratiques ? »

En février 1984, lors de sa visite à la Commission des droits e l'homme, le secrétaire d'Etat américain chargé des droits de homme et des affaires humanitaires, E. Abrams, a fait silence ur la situation en Afrique du Sud. Il s'est par contre attardé ur les graves violations des libertés fondamentales dans les ays socialistes, tout en prédisant que la démocratie connaîtra ans l'avenir les progrès les plus sensibles en Amérique latine Uruguay, Guatemala, Salvador, etc., mais en tout cas pas au licaragua). L'opinion publique américaine s'inquiète de plus en lus d'un anticommunisme qui n'est qu'un alibi. Plusieurs publi-ations américaines viennent de le confirmer. Et ce ne sont pas les onsidérations purement électoralistes de la visite du secrétaire 'Etat G. Shultz à Managua (juin 1984) qui infirmeront les ommentaires de leurs auteurs.

es protestations des démocrates

N'est-il pas curieux qu'au moment où diverses dictatures sont objet de soins du FMI, plusieurs mouvements démocratiques rotestent — notamment au Chili et au Brésil, en Ouganda, en uinée équatoriale et au Maroc, tant contre la dictature que ontre le FMI, le Parti du Mouvement démocratique brésilien demande un moratoire unilatéral de la dette extérieure et le renoncement à l'aide financière onusienne via le FMI. Le président du Mouvement démocratique, M. Guimaraes, arrêté en 1984, souligne que « la liberté d'action ne sera récupérée que lorsque le Brésil renoncera à l'aide financière du FMI en ce qui concerne les facilités élargies de crédit. Les accords signés avec cette institution bloquent la liberté d'action de notre gouvernement dans pratiquement tous les domaines de la politique économique ». Et de demander l'élimination de la tutelle du FMI Au Chili, l'Alliance démocratique appelle à la protestation populaire en vue du rétablissement de la démocratie et exige la neutralité de l'armée. La tutelle du FMI a provoqué l'ire de plusieurs chefs d'Etat sud-américains. Lors de la conférence de l'OEA sur la dette de l'Amérique latine (1983), le président L. Herrera Campins, du Venezuela, a déclaré : « Le FMI ne doit pas être le flic de la Banque mondiale » (25). Ce point de vue a été développé lors de la conférence économique latino-américaine de Quito, en janvier 1984, où les participants ont réclamé des pays nantis et des organisations internationales une attitude plus souple, ainsi qu'une réforme du système monétaire et financier international. Simultanément était réaffirmé l'attachement des participants à la démocratie. Les mêmes abus des financiers du Nord conduisent en Afrique à une identique institutionnalisation de la misère sous l'effet de la politique néo-colonialiste du FMI. Notamment en Tanzanie. Un expert français a fait le constat suivant « Pour tenter de redresser la barre, une aide du FMI serait précieuse, mais on connaît [ses] pratiques »...

« Le FMI développe les vertus de la rigueur économique. Cependant, parler rigueur dans un pays occidental revient à jouer sur une marge de consommation qui, rapportée à l'échelle du monde représente un certain luxe alors que parler de rigueur à la Tanzanie, comme dans les autres pays du tiers monde, c'est jouer sur les ressources alimentaires de la population. Il paraît irresponsable de vouloir appliquer aux pays du tiers monde des « remèdes » issus d'une grille d'analyse adaptée aux pays développés. En schématisant, d'un côté on met en cause des magnétoscopes, et de l'autre des vies humaines... »

Certes, la Tanzanie se gouverne avec des options socialistes Et le FMI déteste cela. Mais c'est que dans les pays capitalistes l'appréciation du problème n'est guère différente. En particulier au Maroc, dirigé par son plus gros propriétaire, le roi : « Le plan du FMI ne fait qu'aggraver certains aspects de la récession

Il vise à rétablir les équilibres fondamentaux selon une logique purement financière, sans tenir compte du coût social de l'austérité, ni de la nécessité du développement ». « Les remèdes de cheval du FMI, nous a dit un économiste marocain, appliqués à notre fragile économie risquent de condamner le pays à de longues années de récession. Nous sommes contre la rigueur si elle doit appauvrir les pauvres et marginaliser les marginaux. Mais nous sommes pour la rigueur s'il s'agit de mieux répartir la richesse afin de développer le marché intérieur ». Mêmes propos au Sénégal, où le ministre de l'Economie, M. Touré, affirme que les méthodes du FMI consistent à « soigner un enfant atteint de malaria en lui faisant avaler en une prise un tube de quinine ». Et bien entendu, en plus d'un tel procédé, les technocrates froids du FMI négligent de condamner les sources d'accumulation improductives, le capitalisme spéculatif et la corruption, comme en Guinée équatoriale ou en Haïti.

L'ONU juge l'ONU

La Sous-commission des Nations Unies pour les droits de l'homme tenait, fin 1983, un même langage. D'une part, elle estime (Rapport Ferrero) que le FMI et le BIRD ont choisi le pire moment — l'actuelle récession économique — pour adopter une attitude aussi drastique à l'égard du tiers monde ; d'autre part, elle considère que l'activité de ces institutions va à l'encontre du but recherché, et que leur politique monétaire et financière n'est pas adaptée aux pays sous-équipés. Ce point de vue est confirmé par la CNUCED, dont le Bulletin de février 1984 attribue la situation critique des paiements extérieurs de nombre de pays en développement « à la politique de dévaluation monétaire sur laquelle le FMI insiste souvent en arrêtant ses conditions ».

Par son obstination à agir seulement en vertu des principes du capitalisme rigide, le FMI indispose tous les milieux, même libéraux. Après la parution des rapports 1983 du FMI et du GATT, un commentateur économique du *Journal de Genève* de s'interroger sur la neutralité affichée par le FMI, le GATT ou la BIRD. Les jugements de ces institutions s'inspirent en fait d'un libéralisme dont les vertus ne font pas de doute, certes, mais qui assurent le triomphe des plus forts en raison du refus de reconnaître le monde nouveau.

Quant à la Guinée équatoriale, la Commission internationale

des juristes tire la sonnette d'alarme. Elle démontre clairement que les dispositions de la soi-disant constitution promise par Obiang Nguema aux bailleurs de fonds, et proclamée en août 1982, « apportent de l'eau au moulin de l'opposition qui prétend que les véritables objectifs du gouvernement actuel du Colonel Obiang Nguema sont de se maintenir au pouvoir indéfiniment et d'institutionnaliser un système qui lui donne le contrôle absolu sur la vie politique du pays (26) » — sans parler de la vie économique — et de la sorte, de porter l'imposture onusienne au grand jour. L'appui donné par le FMI, le PNUD, la BIRD, voire le Secrétariat général de l'ONU à la dictature nguemiste est d'autant plus incompréhensible que depuis 1969 l'Organisation internationale a une longue et frustrante expérience de ce pays croulant sous le même régime des Papa Macias Nguema et Bébé Obiang Nguema. Et l'Alianza Nacional de Restauración Democrática n'a de cesse de le rappeler. L'ONU a gaspillé en Guinée équatoriale des millions de dollars, sans pouvoir faire état de résultats tangibles, et sans que n'y progresse la démocratie (ni simplement la santé, l'alimentation et l'éducation, comme sous la dictature de F. Castro). N'est-ce pas là financer une dictature plus sordide que la cubaine ?

La Guinée Équatoriale, vous connaissez ?

« La communauté internationale ne manque jamais de porter secours aux victimes de catastrophes telles que les tremblements de terre, les accidents d'avion ou les naufrages en mer, mais elle garde un étrange silence lorsqu'un groupe d'individus assassine les habitants d'une région au nom d'un gouvernement ou s'attaque à ses propres citoyens. »

Cruz Melchior Eya Nchama
Représentant de l'UFER
Commission des Droits de l'Homme
des Nations Unies, 40e Session,
27e séance.
Genève, 24 février 1984.

'n cas d'école

Peu de pays africains sont aussi méconnus que la Guinée équa-
›riale (27). Déjà du temps où elle n'était encore que la Guinée
spagnole, cette portion d'Afrique centrale échappait le plus sou-
ent à l'observation du grand public et même des africanistes.
26ᵉ membre des Nations Unies, la Guinée équatoriale représente
,09 % de la superficie de l'Afrique, avec ses 28 051 km² ; elle
épasse toutefois la superficie de la Gambie, du Burundi, du
.wanda, d'Haïti, de la Jamaïque, du Koweit, du Liban, d'Israël,
u Luxembourg, et ne compte que 2 400 km² de moins que la
elgique. La Guinée équatoriale, et sa population qui approche
: demi million, est devenue indépendante le 12 octobre 1968.

Avec sa province continentale du Rio Muni (complétée des
es Elobey Grande, Elobey Chico, Cocotiers, Corisco, Mbañe,
'onga, Leval, etc.), et sa province maritime incluant Fernando
'oo et Annobon, la Guinée équatoriale entrait dans le concert
nternational alors qu'au Nigeria voisin sévissait encore la guerre
u Biafra. La jeune République pouvait se targuer d'un des plus
auts revenus *per capita* d'Afrique noire et du taux de scolarisa-
on le plus élevé (90 %). Le gouvernement du président Macias
Iguema trouva dans le berceau de la République une dot coquette,
râce à une économie prospère du bois et du cacao, encore que
ulnérable (bois et cacao = 98 % des exportations). Dès 1948,
travers la lutte pour l'indépendance de mouvements et partis
omme la Cruzada, le MUNGE, le MONALIGE, IPGE, etc., la
opulation et les cadres avaient acquis et fait la preuve de leur
naturité démocratique, au point que l'on pouvait escompter un
on départ grâce à deux Chambres et un Gouvernement élu démo-
ratiquement, sous le patronage de l'ONU et de l'OUA.

C'était oublier qu'avec une constitution de type franquiste,
vec certains milieux politiques manipulés au gré de divers inté-
êts espagnols opposés, et surtout avec un chef d'Etat réputé
sychopate, l'avenir ne pouvait annoncer que des orages. Les
uages ne tardèrent pas à s'accumuler dès la mise en résidence
urveillée de divers adversaires politiques de Macia Nguema, dont
)ndo Edu, président de l'ex-gouvernement autonome de 1964-68
qui est assassiné six mois plus tard) ; puis ce sera la concentra-
ion des ministères-clés entre les mains de parents Esangui (28)
tel le ministre de l'Intérieur Masié Ntutumu) et d'alliés Mbon,
insi que de dissidents des autres partis. En mars 1969, une
rétendue tentative de coup d'Etat par le ministre des Affaires

étrangères Ndongo Miyone (ex-candidat à la présidence, tout comme Ondo Edu) est l'occasion de nouvelles liquidations de cadres politiques et intellectuels. Après un baroud d'honneur des éléments de la garde civile espagnole encore sur place, 7 000 des 8 000 Espagnols qui continuaient à occuper des postes dans l'économie et l'administration s'enfuient. Macias Nguema proclame alors l'état d'urgence et demande l'intervention des Nations Unies et de l'OUA. Depuis lors, la Guinée équatoriale connaît une *répression intimiste* où l'on bat les prisonniers jusque dans l'enceinte du palais présidentiel. Avec la Guinée, Conakry et l'Empire centrafricain, elle se trouve alors dans une situation limite « de confiscation patrimoniale totale ». Les organisations internationales allaient se trouver engluées dans ce qu'on a pris coutume d'appeler *nguemisme* (29), « philosophie qui consiste à considérer la Guinée équatoriale comme une affaire privée de Macias Nguema et de sa famille ». Le nguemisme se caractérise par le népotisme, le racisme, la terreur, la torture, les viols, les « suicides », les incendies de villages, les rançons et la privation de la quasi totalité des libertés fondamentales et des droits de l'homme, la manipulation du parlement et de la constitution. La revue espagnole *Interviú* montrait en 1981 qu'avec les nguemistes « tout appartient à l'Etat, et celui-ci appartient évidemment à Macias [Nguema]. Toutefois, l'Etat ne se met pas au service du développement, mais à celui du clan ».

Dans ce paradis hispanique sévissent la disette, une mortalité infantile hors du commun, et l'absence grave de télécommunications et d'information — sans parler du viol des droits élémentaires ; et toujours le pouvoir entre les mains du clan de Mongomo, le village dont les Nguema sont originaires. Le neveu Obiang Nguema « n'a pas rétabli la démocratie, il n'a pas non plus restauré l'économie ». Les journalistes européens et africains spécialistes de la région ne cachent pas cette réalité, et montrent qu'en Guinée Equatoriale, contrairement à ce qui s'est passé en Guinée Conakry, après la chute du tyran, le mouvement populaire s'est limité aux premiers cris de soulagement d'un peuple opprimé car peu après l'héritier du tyran s'est remis en selle. Courant 1981, Cl. Wauthier soulignait l'*espoir déçu,* A. Gaudio, Ph. Essomba et E. Momoh évoquaient un pays *entre le désespoir et l'espoir* et *la léthargie équato-guinéenne,* léthargie au sein de laquelle se font de plus en plus jour des *vagues de discorde* entre nguemistes eux-mêmes. Quant à l'ambassadeur d'Espagne en Guinée équatoriale, à peine rentré au pays, il déclarait à la presse « que le ıssage de Macias [Nguema] à Obiang [Nguema] ne suppose pas disparition du macisme [nguemisme] », ce système de privilèges ui a plongé le pays dans la corruption et la violence. C'est cette uinée équatoriale là que *West Africa* qualifie de *cauchemar du 'siteur*, ce qu'a parfaitement ressenti le chef du gouvernement ·pagnol, en visite officielle fin 1981, durant trente heures seu- ment, et qui a d'ailleurs failli écourter son séjour. C'est ce qu'ont ›nstaté en 1982-1983 certains personnels de l'UNESCO, ainsi ue des journalistes pour qui, au goulag d'Obiang Nguema, tout 'est que *peur, famine et corruption.* Il n'y a donc pas lieu de étonner que selon le document de la Commission internationale es juristes, soumis en 1983 à la Commission des droits de l'hom- e, la constitution nguemiste de l'été 1982 a un grave défaut, savoir qu'elle n'a jamais été discutée, ni étudiée par des per- ›nnes différentes de celles qui avaient été nommées par le gou- ernement (30).

C'est la même bande de hors-la-loi qui sévit en Guinée équa- riale depuis 1968, et qui draine aujourd'hui encore à son profit clusif les bénéfices des millions onusiens ou bilatéraux, norma- ment destinés à améliorer le sort du peuple équato-guinéen.

Milieu 1983, la France, grâce à la médiation de la CEE, a btenu de faire opérer sa flotte thonière dans les eaux équato- uinéennes, contre une indemnité de 150 000 $ annuels à la dic- ture nguemiste. Peu après, l'ex-ministre de l'Agriculture et de Santé, E. Buale Borico, récemment réfugié en Espagne, faisait procès des nguemistes, de leurs vols, de leurs détournements e médicaments offerts par l'Espagne ou par l'OMS et revendus ı Gabon. Et d'ajouter publiquement : « Grâce à un crédit de Espagne, 21 ambulances ont été achetées. Et lorsque je suis ıtré au Ministère de la Santé [octobre 1982], je n'en ai pas vu ne seule. Elles avaient toutes disparu, absolument toutes ». uis l'ingénieur agronome Buale Borico d'ajouter : « Obiang a éposé son argent en Suisse ». Et fin 1983 Elf-Aquitaine, à la te d'un consortium international, concluait un contrat de forages ı Rio Muni.

L'Espagne assume la responsabilité majeure de ce qui s'est assé dans la jeune Guinée équatoriale, au même titre que la rance et le Royaume-Uni sont responsables des phénomènes okassa et Amin Dada (31), et les Etats-Unis de ceux de Somoza de Pinochet. Dans le cas de l'Espagne, voici les principales isons :

● durant la colonisation, les Equato-Guinéens ont été ravalé au rang de mineurs, hormis quelques privilégiés *émancipés*. Cer tains de ceux-ci étaient fortement complexés, souffrant d'un *maladie de colonisé* ; c'est ce qui a conduit Macias Nguema e nombre de nguemistes à la paranoïa ;

● Macias Nguema a été le chef d'aucun parti politique, r d'aucun mouvement de libération. Or, la loi électorale n'admet tait comme candidats à la présidence de la République que le chefs des divers partis. Passant outre, le gouvernement espagno accepta la candidature de Macias Nguema ;

● après que Macias Nguema eut remporté les élections (orient par son conseiller espagnol García Trevijano), ce même gouver nement espagnol n'a pas eu le courage d'affronter la réalité Comme seule mesure face à la montée du nguemisme, il trouv celle de la censure imposée sur les affaires de Guinée équatoriale toute information provenant de l'ex-colonie étant qualifiée d « secret d'Etat ». De la sorte, le gouvernement espagnol empêch les Espagnols et l'opinion mondiale de poser des questions sur c qui se passait dans l'ancienne colonie ;

● après la chute de Macias Nguema, le gouvernement espa gnol se comporta de la même manière qu'il y a quinze ans : un nouvelle fois, il ignorait les réalités de l'ex-colonie, allant jus qu'à faire obstacle au retour des intellectuels de la diaspora dan leur pays. Par ce moyen, il empêchait les démocrates de forge la destinée de leur pays détruit par la dictature nguemiste. Selo des sources dignes de foi, on sait que le gouvernement espagno de l'UCD de M. Suarez avait conseillé aux neveux de Macia Nguema de ne pas accorder l'amnistie aux membres de l'ANRD qui souhaitaient regagner leur patrie.

Pourtant, jamais comme sous Obiang Nguema les nguemiste n'ont autant parlé de démocratie et bénéficié de tant de complicité du Nord. Bel hommage du vice à la vertu.

L'ONU DES ILLUSIONS

Des droits, des mots, du vent

> *« Dire le droit n'est pas une obligation, mais le dire en prétendant l'imposer tout en le trahissant est un crime. Ce crime, il vous appartient de le dénoncer. Encore une fois, soyez exemplaires. »*
>
> Louise WEISS
> *Un combat pour l'Europe*
> Allocution devant le Parlement européen.
> Strasbourg, 4 juillet 1979.

L'ONU généreuse

L'ONU a joué un rôle généreux dans l'histoire de la Guinée Équatoriale dès 1955, année de l'admission de l'Espagne dans l'Organisation internationale. Le Comité spécial, puis la Commission pour la décolonisation (Comité des 24), plaidèrent la cause de l'indépendance de la colonie espagnole d'Afrique noire ; les Résolutions 2067, 2230 et 2355 de l'Assemblée générale (entre 1965 et 1967) sont là pour l'attester. De nombreux représentants de divers partis politiques équato-guinéens ont eu l'occasion de s'exprimer devant l'aréopage new yorkais, tel Ondo Edu, Ndongo Miyone, Ibongo Iyanga, Bosio Dioco, Watson Bueco, Copariate Muebake, tous assassinés ou « suicidés », avec nombre d'autres, par le pouvoir nguemiste. L'ONU a eu le mérite, durant les années précédant l'indépendance, d'accueillir ces hommes, ce qui fut pour eux l'occasion de s'exprimer hors du monde limité dans lequel l'Espagne les retenait.

Alors que début mars 1969 Ibongo Iyanga, représentant de son pays auprès de l'ONU, venait d'être assassiné à son arrivée à Santa Isabel, débarquait une mission onusienne de quatre personnes présidée par un haut fonctionnaire bolivien, M. Tamayo. En raison du vide laissé par les Espagnols, le gouvernement nguemiste demanda à l'ONU et à l'OUA l'envoi de 170 professeurs, médecins et administrateurs. Les deux organisations répondirent favorablement aux demandes de la jeune République, bien qu'en les limitant. La communauté internationale prit en charge de larges secteurs de l'Education, de la Santé, des Travaux publics, des Finances. Au niveau bilatéral, l'Egypte et Israël participèrent à la formation de l'armée pour la première, de la police pour le second, l'Espagne et Cuba portant leurs efforts sur l'enseignement secondaire et les services de la Santé, pendant que l'URSS et la Corée du Nord assistaient elles aussi l'armée, et que la Chine populaire, avec plus de 400 techniciens, construisait routes et centres de télécommunication, imprimeries, petites centrales électriques, organisait la distribution d'eau dans les villes et fournissait des équipes médicales.

La terreur fasciste qui s'est installée en Guinée équatoriale dès l'indépendance n'était pas ignorée des organisations internationales. Enfin, en 1976, diverses organisations britanniques commencèrent à crier gare, affirmant même, en particulier la *Anti-Slavery Society*, que le régime de terreur des nguemistes se maintenait grâce à l'appui que lui prêtent les Nations Unies.

L'ONU victime des Etats

Tentons de déceler ce qu'il en est de cette *complicité* à coups de dollars payés par les contribuables des Etats membres des Nations Unies — et d'autres, comme la Suisse, à travers les institutions spécialisées (ou directement par un projet de formation de personnel diplomatique ou des projets sanitaires) — et examinons comment la communauté internationale subventionne les dictatures (32).

Tâche colossale pour l'ONU et ses agences spécialisées que de sauvegarder la paix, de combattre les fléaux de la faim, de la maladie, de l'ignorance dans un monde où la démocratie (33) est tant de fois étouffée ou dénaturée. Mais de là à permettre à des pouvoirs absolus et des bandes de hors-la-loi de durer grâce à l'assistance onusienne, sous le prétexte que l'on vise à aider les peuples et non les gouvernements, il y a une marge à ne pas dépasser. Surtout lorsque ce peuple ploie sous un pouvoir qui recourt à tous les moyens contraires aux règles qu'énonce la Déclaration universelle : pratique de la torture (art. 5), absence de juridiction nationale complète (art. 8), arrestation arbitraire ou exil (art. 9), limitation des libertés de circulation des personnes art. 13), danger du retour au pays (art. 13), refus des libertés de éunion et d'association (art. 20), absence d'élections honnêtes art. 21), etc., etc. Par ailleurs, on doit souligner une fâcheuse ontradiction : de nombreux pays, dans leurs relations diplomatiques, reconnaissent les Etats (et ferment les yeux sur les formes ouvent aberrantes du pouvoir) ; mais, lorsqu'il leur prend des elléités de générosité, ces pays disent vouloir assister le peuple en fermant une nouvelle fois les yeux sur la cause de ce malheur opulaire). Ainsi, la France assiste successivement Habré - Gououni - et re-Habré, puisqu'elle assiste le Tchad et non un gouernement donné ; puis elle organise des opérations de secours à a population civile. De même, la Suisse cultive des relations diploatiques avec la Guinée équatoriale sans se préoccuper du fait ue Macias Nguema et Obiang Nguema sont des tyrans sanguiaires, et participe à la réfection de l'hôpital de Santa Isabel et de léproserie de Mikomeseng, puis vaccine le tiers d'une populaon écrasée par un dictateur auquel d'honorables ambassadeurs errent respectueusement les mains.

La Charte des Nations Unies proclame la volonté de « favorir le progrès social et instaurer de meilleures conditions de vie ans une liberté plus grande ». En 1969 (un an après l'indépenance de la Guinée équatoriale), par une Déclaration sur le progrès ocial, l'Assemblée générale de l'ONU préconisait l'élévation du iveau matériel et spirituel dans le respect de l'application des roits de l'homme et des libertés fondamentales. Puis, en 1976, ans le Pacte relatif aux droits civils et politiques (complétant le acte relatif aux droits économiques, sociaux et culturels), l'Asmblée générale condamne : la torture, les travaux forcés, les arrestions arbitraires, la censure postale, les privations de liberté 'association, toutes règles violées par le nguemisme entre 1968 et ujourd'hui.

Les Equato-Guinéens de l'intérieur et ceux de la diaspora raient heureux que le pouvoir respecte les droits civils énoncés ar un Pacte qui déclare que nul ne peut être arbitraitement privé u droit d'entrée dans son propre pays, et proclame le droit à la berté de pensée, de conscience et de religion, à la liberté d'opiion et d'expression. Et surtout, la nation équato-guinéenne, et ombien d'autres avec elles, tout autant assistées par les Nations nies, seraient soulagées de pouvoir, comme le prévoit le Pacte, énéficier du droit des peuples à disposer d'eux-mêmes.

Certes, la souveraineté de chaque Etat — simple reconnaissance u génie propre des diverses sociétés — doit être respectée (34).

Lors de la rédaction de la Charte des Nations Unies, à San Francisco, on ne retint pas l'expression « protéger » les droits de l'homme, mais seulement « développer et encourager » ces droits. C'était là le constat de l'importance variable des droits et libertés de l'homme selon les sociétés et les Etats. Cette même thèse sera reprise par la Conférence européenne sur la sécurité et la coopération (dite d'Helsinki), qui stipule que ces questions relèvent de la compétence nationale des Etats. Est-ce à dire que la protection internationale des droits de l'homme n'existe pas ? Bien sûr que non. Rien n'empêche le développement de la coopération internationale en vue de faciliter le respect universel et effectif des droits et des libertés de l'homme tels que proclamés par la Charte de l'ONU (art. 1 et 55). D'ailleurs, à San Francisco déjà, on marquait des nuances : le rapport du sous-comité I/I/A soulignait que si les droits de l'homme « devaient se trouver gravement méconnus, au point qu'il en résulterait une menace pour la paix ou une difficulté d'application de la Charte, ces problèmes cesseraient d'être le souci exclusif de chaque Etat ». Les Nations Unies sont alors habilitées à appliquer des mesures de coercition comme cela a été le cas avec l'Afrique du Sud et sa politique d'apartheid.

Un exemple : chaque année, le Centre des Nations Unies contre l'apartheid publie des listes semestrielles de sportifs ayant accepté de participer à des joutes avec des équipes ou des particuliers d'Afrique du Sud (150 en 1981, 270 pendant le premier semestre 1983, en provenance de vingt-cinq pays). L'Afrique du Sud est ainsi attaquée à travers des sportifs qui se seraient compromis avec le système de ségrégation raciale. Certes, il existe aussi des listes d'entreprises entretenant des relations économiques *coupables* avec la République sud-africaine (ce qui n'empêche pas nombre de pays africains de commercer avec elle sous des pavillons anonymes) ; et l'Assemblée générale des Nations Unies connaît de multiples demandes de boycott de ce pays. Mais il s'agit là de l'Etat le plus prospère d'Afrique (encore que la répartition des richesses y soit fort inégale : si le PNB moyen dépasse celui de l'Algérie, le revenu réel des ressortissants de race africaine ou asiatique n'est que du double de celui des voisins que sont l'Angola et le Mozambique). Pourquoi les Nations Unies n'établissent-elles pas des listes et des propositions de boycott pour les pays qui dépendent de l'aide internationale, et où sévit l'oppression : l'Ethiopie et le Zaïre, l'Angola et le Maroc ? Simplement parce que, d'une part, on ne veut pas intervenir (ouvertement) dans les affaires intérieures des pays et que, d'autre part, on se refuse à recommander

›uvertement) un système institutionnel particulier à des pays qui :ésentent un intérêt stratégique et économique pour les grandes uissances.

es crimes contre l'humanité

On sait combien les droits de l'homme sont systématiquement olés en URSS et chez ses satellites. Les rapports de la Société ternationale des droits de l'homme (Francfort), et une presse :cidentale, ici vigilante, continuent à le rappeler (35), même si mnesty International persiste à faire le silence sur la torture les quelque 30 000 prisonniers politiques d'Union soviétique. Iais notre position consiste à penser que dans un premier temps, faut éliminer les violations des droits de l'homme chez nous, Occident. C'est pourquoi nous prenons surtout des exemples ans le camp des pays capitalistes.

Impossible, aujourd'hui, de taxer notre monde de « civilisation es droits de l'homme » (36). Pour que cette perspective devienne alité, il s'avère de plus en plus impératif de moraliser la vie ternationale. Aussi, les organisations internationales doivent-elles re encouragées et stimulées en vue de la recherche et de l'ins-uration d'*une morale universellement acceptée,* morale laïque ans laquelle l'objectif premier de l'ONU, le *maintien de la paix* ne ra jamais atteint.

Tout le problème réside en fait dans la légitimité d'un pouvoir. ien ne s'oppose à une approche différenciée des droits de l'hom-e, pays par pays, civilisation par civilisation. Seule compte, en it, la conviction que les droits et devoirs de l'homme appliqués i ou là bénéficient d'un consensus national, ce qui présuppose u'ils soient le fruit d'un système politique (gouvernement, législ-tion) issu d'une vraie constituante, composée de tous les milieux présentatifs de la communauté nationale. Ceci n'exclut pas obligation pour les minorités de respecter les règles acceptées ar la majorité, ni pour cette dernière de comprendre et de res-ecter les points de vue de la minorité (37).

On sait que parmi les crimes contre l'humanité, outre les guer-s d'agression, l'apartheid et le colonialisme, figurent le fascisme, génocide et le racisme. Dans cette liste, le régime nguemiste a se reprocher :

- le *fascisme* : dictature d'un parti unique, omniprésent, sans ections libres, le régime autoritaire se substituant à un régime

démocratique que garantissait une constitution élaborée par un parlement élu sans contrainte (38).
b) le *génocide* : en 1976 déjà, la Société anti-esclavagiste (Londres), sous la plume de S. Cronjé, déclarait : « la torture et les meurtres politiques sont devenus chose courante en Guinée équatoriale (...) Macias [Nguema] a fait place nette de pratiquement toute la classe des Equato-Guinéens instruits » (39). Certes, le pays n'est pas signataire de la Convention des Nations Unies pour la prévention et la sanction du délit de génocide. Mais selon la législation espagnole encore en vigueur en Guinée équatoriale — et invoquée au procès de Macias Nguema, où les neveux et cousins ont tenté de convaincre leur guide de génocide précisément — celui-ci vise « ceux qui délibérément détruisent totalement ou partiellement un groupe national ethnique, social ou religieux ». Il semble que la preuve de génocide n'ait pas pu être apportée lors du procès (40). Toujours est-il que, selon la Commission, l'assassinat d'adversaires politiques désarmés devrait être considéré comme un génocide (41).
c) le *racisme* : depuis 1969 — et c'est encore le cas en 1984 — tous les postes essentiels sont confiés à des ressortissants du district de Mongomo (actuellement Wele-Nzas) et à des beaux-frères, cousins et oncles des Nguema. Après la révolte de palais qui a provoqué le remplacement de Macias Nguema par ses laquais, cet abus de pouvoir basé sur des critères racistes s'est encore aggravé : les 9/10e de l'équipe gouvernementale, des magistrats au corps diplomatique, sont des ressortissants de ce petit groupe d'individus. Et parmi les dizaines de milliers d'enfants, de femmes et d'hommes assassinés par le régime nguemiste on ne relève qu'exceptionnellement un membre de cette famille (plusieurs ayant toutefois choisi occasionnellement de mettre une frontière entre eux et la Guinée équatoriale, les plus connus étant l'ex-ministre de l'Intérieur, Masié Ntutumu, et le ministre homme-orchestre et chef de la Sûreté, D. Oyono Ayingono). Au pays, la grande majorité des Equato-Guinéens est opprimée par une infime minorité.

Bien sûr, le droit international des droits de l'homme a un caractère idéologique. Depuis longtemps, le débat oscille entre les thèses des légalistes (ou moralistes) et celles des réalistes (Realpolitik). Ces derniers jugent les faits au coup par coup, alors que les premiers croient en la permanence de certains principes moraux. Pour les légalistes, un régime qui attente aux droits de l'homme se couvre d'opprobre à l'intérieur et face à la commu nauté internationale. Pour les réalistes, l'appréciation du degré de non-respect des droits de l'homme s'arrête aux frontières. Ah ! le beau slogan de la non-immixtion dans les affaires intérieures des Etats. Succombez, Juifs, dans les chambres à gaz ; succombez, honnêtes gens dans les bains d'acides de la mafia : nous en ignorons l'existence ! Ah ! le bel argument de la reconnaissance de l'Etat et non du gouvernement, soit du régime, qui permet de soutenir n'importe qui, pourvu que les intérêts des grands soient saufs. Ou, plus simplement encore, on fait silence tant du côté capitaliste que du côté communiste, puisque, selon le mot de Talleyrand : « La politique de non-intervention est une forme d'intervention ».

C'est que le débat international sur les droits de l'homme est vicié par de lamentables abus de langage. « Comment expliquer autrement que, pour ne citer qu'un exemple parmi d'autres, des Etats aussi différents du point de vue de leur manière d'exercer le pouvoir et de leurs pratiques en matière de droits de l'homme que l'Afghanistan, l'Angola, Cuba, la République du Laos, le Vietnam, les Etats d'Europe de l'Est et ceux de l'Europe occidentale s'entendent sur des textes faisant l'éloge des institutions démocratiques, de la véritable démocratie politique, sociale et économique, de la liberté et de la participation effective du peuple à la conduite des affaires publiques et condamnent toutes les idéologies et pratiques totalitaires. Ce consensus mensonger n'est possible que parce que ces mots ont des significations différentes, voire opposées, pour ceux qui les emploient. Même des concepts aussi fondamentaux que " peuple ", " développement ", " liberté ", " paix "... n'ont pas le même sens pour ceux qui les emploient et les votent dans les textes d'assemblées internationales » (42). Un « consensus mensonger » qui marque notamment les Nations Unies, où les puissances et leurs laquais trompent leurs peuples respectifs.

Le nouvel ordre international

> *« Avec la décision du nouveau gouvernement américain de n'opérer aucun changement fondamental dans les relations Nord-Sud, il y a bien des chances que les milliers de nouvelles réunions soient nécessaires*

pour que le NOEI devienne réalité. Les tensions vont s'aggraver au fur et à mesure qu'on passera d'une mythologie à la suivante. A l'heure actuelle, on dirait que le réalisme est en train de produire un monde qui va patauger dans le marécage du Désordre économique international actuel, combiné avec le Nouvel ordre économique international, pour arriver au Nouveau désordre économique international. »

Roy A. PREISWERK
A contre-courants. L'enjeu des relations interculturelles.
Lausanne, 1984, p. 236.

Un ordre international misérable

On trouve déjà un lien entre le Nouvel Ordre économique international et les droits de l'homme à l'art. 28 de la Déclaration universelle. Mais dans son remarquable ouvrage *Pour un Nouvel Ordre économique international,* M. Bedjaoui a été obligé d'évoquer « la misère de l'ordre économique international » (43). Misère de l'ordre social, moral et politique devrait-on dire. Durant l'ère coloniale, le droit international s'était forgé sa légitimité par une série de justifications et d'alibis permettant d'asservir et de piller le tiers monde, qualifié de non-civilisé. Que voyons-nous aujourd'hui ? Les changements que la naissance des Nations Unies avait laissé espérer ne sont pas intervenus. L'hypocrisie subsiste qui, sous l'aile protectrice de l'ONU politique, financière et économique, permet aux dictatures familiales à la Ceaucescu et Nguema, aux régimes de terreur et aux intérêts multinationaux (économiques et militaires) de prospérer dans la tolérance de l'asservissement et du pillage (44).

En 1974 était proclamée, à la tribune des Nations Unies, à New York, la déclaration du Nouvel Ordre économique international (NOEI). Les Nations Unies mettaient le monde en demeure d'agir selon des principes fondés « sur l'équité, l'égalité souveraine, l'inter-dépendance, l'intérêt commun de la coopération entre les Etats ». Et de stimuler alors les CNUCED, Banque mondiale, ONUDI, etc., mais sans que grand-chose ne change effectivement. Jamais, depuis lors, les sommes englouties par la course aux armeıents n'ont été aussi énormes. Et jamais des montants aussi importants n'ont été dilapidés dans des efforts de développement au profit de pouvoirs autocratiques, au vu et au su des Nations Unies, es gouvernements des Etats membres et de leurs représentants iplomatiques (45). Jamais l'écart entre riches et pauvres, entre antis et ceux que R. Prebisch, ancien directeur de la CNUCED, appelés périphérie, n'a été aussi affligeant. Jamais la dégradaion des termes de l'échange — c'est-à-dire l'échange inégal, notamıent au niveau des décisions — n'a été aussi perverse pour les auvres. L'endettement écrasant des pays sous-équipés ne serait-il as une manière de faire payer aux populations des pays du Sud 'inflation née de la surconsommation du Nord (46). Mais peutn convaincre les nantis de dominer leur égoïsme plutôt que de ominer les autres hommes ? Pas question pour les pays riches l'abandonner le pouvoir mondial. D'où la nécessité de perpétuer es conditions qui ont créé ce pouvoir et cette richesse, de pérenniser la subordination. « La richesse ne favorise pas autre chose ue le conservatisme. Il faut savoir que l'injustice s'institutionnaise facilement, et se convaincre que la richesse est par nature ccaparement ». Si l'argent pervertit ainsi, il faut alors — comme lit Tévoedjré — « le *déshonorer.* Mais cela n'est possible que dans es pays pauvres, tant il est vrai qu'on ne peut se priver de quelque chose que l'on n'a pas » (47).

Jn nouvel ordre moral

Un nouvel ordre économique et social est inopérant si ceux qui ossèdent ne partagent pas *équitablement* avec ceux qui ne possèdent pas. Il faut donc, simultanément, envisager un *nouvel ordre moral.* N'est-il pas affligeant de devoir constater bon an, mal an, que les pays nantis vendent au tiers monde assez d'armes pour ouvrir deux fois le montant de leur aide ? et que le tiers monde les dictateurs préfère souvent ces armes à des investissements productifs ? (48). C'est que le moralisme prôné par certains gouvernements dans les limites des frontières nationales ne sied pas oujours à leur politique extérieure. Le chemin est long entre morale et intérêts spécifiques. Si l'on part du principe que l'action en matière de politique de développement ne doit pas être conduite exclusivement selon des règles économiques et politiques, on en vient forcément à admettre qu'elle doit s'accompagner aussi d'une légitimité éthique qui découle précisément du respect des droits de l'homme (49). Le problème doit donc être repensé à la base, au niveau des particuliers et de la société civile. Il est difficile d'attendre un changement par la grâce des seuls pouvoirs politiques nationaux. Ce d'autant plus que pour certains, dont le gouvernement Reagan, la seule morale dans le domaine des relations avec le tiers monde relève du fardeau colonial, et doit être bannie. Bien évidemment, nous ne faisons pas ici référence à ce complexe de culpabilité des ex-métropoles, mais à une morale plus vaste que nous nous contentons d'appeler *principe d'équité*. Pour qu'un jour ce principe se généralise à échelle d'humanité, et que puissent être conciliés droits de l'homme, morale et politique internationale, la médiation des Nations Unies semble indispensable.

Le droit aux droits de l'homme

Au fil des ans, la nécessité de dépasser les simples droits et devoirs économiques des Etats, engendrés par la NOEI, a d'ailleurs conduit les Nations Unies à lier problèmes économiques et problèmes sociaux. Ainsi, la résolution 32/130 de l'Assemblée générale de 1977 dit-elle : « La réalisation du nouvel ordre économique international est un élément essentiel pour une promotion effective des *droits de l'homme* et des *libertés fondamentales*, et une priorité doit également leur être accordée... » C'est dans cet esprit que s'est réuni pour la première fois, fin 1981, à Genève, un groupe d'experts gouvernementaux chargé d'affiner le concept de droit au développement et de proposer un projet d'instrument international en la matière. Il a examiné les moyens d'assurer la définition des droits économiques, sociaux et culturels visant à garantir la jouissance des droits de l'homme, particulièrement dans les pays en voie de développement. Car, quelle différence y a-t-il entre les profits d'un système d'échanges à l'échelle du globe provenant de l'exploitation de salariés, ou provenant d'esclaves ou de paysans ? (50) Il s'agit en fait d'un problème universel de justice sociale. On pourrait penser que la décolonisation des années soixante a conféré *le droit aux droits de l'homme* (51) à la quasi-totalité de l'humanité, en dépit de la diversité des approches régionales, d'ordre ethnique, culturel, politique et économique. Il n'en est rien. Un colloque tenu à l'UNESCO en 1979 par le Centre d'étude et de recherche sur les stratégies et les conflits a dû faire le constat de la dégradation du droit des gens. D'où cette conclusion de la nécessité d'un étadroit fondé sur la reconnaissance de l'Autre, sur un pied égalité, et sur la coexistence pacifique. Pour une solidarité quitable, il devient donc impérieux de réviser l'idéologie du éveloppement et de renoncer à un réalisme au jour le jour (52).

Ainsi semble-t-on conscient qu'il manque à la stratégie univer-lle des Nations Unies, pour accélérer les progrès économique et ocial, un volet moral. La volonté de remédier à cette lacune appa-aît dès l'Assemblée générale de 1979, avec la Résolution 36, ù l'on se félicite de la décision prise par le Conseil Economique Social d'élargir le mandat de la Commission afin qu'elle prête on concours à l'ECOSOC pour la coordination des activités oncernant les droits de l'homme au sein de l'*ensemble* du système es Nations Unies. Vœu pieux pour le moment, qui attend tou-urs de passer dans les faits et gestes de l'Organisation interna-onale (53).

Pour commencer, on pourrait tenter de ne plus se limiter aux euls aspects quantitatifs dans la résolution des problèmes de déve-oppement, et porter l'effort sur une approche qualitative : cela uppose, notamment, la cessation des subventions aux régimes de honte.

Notes

(1) CASSEN (B.), « Elections, truquages, austérité économique. Vers un gain d'autoritarisme en Guyana ». *Le Monde diplomatique,* Paris, mars 981, p. 8 ; HOPE (K.R.), St. PIERRE (M.), « Ethnic political participation nd cooperative socialisme in Guyana : a critical assessment ». *Ethnic and acial Studies,* VI, 4, Londres, octobre 1983, pp. 505-516. Pour la Jamaï-ue, cf. GURTNER (B.) « Jamaïque : le FMI est passé par là », in *La puis-nce de l'argent. Le désordre financier monétaire. Fonds monétaire/Tiers onde/Suisse,* Berne, août 1983, pp. 22-23.

(2) Anonyme, « US set conditions on aid to Haïti in " 82 " ». *Christian cience Monitor* (International), Londres, 1er novembre 1982, p. 17.

(3) BUSS (T.), « Famine sur fond de scandales ». *La Vie protestante,* LV, 42, Genève, 9 novembre 1982, p. 5 ; GILLES (S.), « Un pays au ord de l'effondrement ». *Le Monde diplomatique,* Paris, août 1982, . 10-11 ; HURBON (L.), « Un peuple en fuite ». *Le Monde diplomatique,* aris, août 1982, p. 12 ; LONGCHAMPS (F.), BELLO (W.), KELLY (J.), « Les ncroyables démêlés du FMI avec un régime corrompu ». *Le Monde iplomatique,* Paris, mai 1983, pp. 20-21 ; cf. aussi le Dossier sur les éfugiés haïtiens et sur le régime Duvalier, in *Croissance des Jeunes ations,* 250, Paris, mai 1983 ; Collectif, *Haïti, briser les chaînes,* Lausanne, 984, 175 p. Pour la RTVGE, cf. Associación española pro Derechos umanos, « Guinea Ecuatorial. Situación de los derechos humanos ». *erechos humanos,* Tribuna Informativa Associación pro Derechos Humanos e España, Madrid, juillet 1983, pp. 3-4. A noter qu'au ministère équato-uinéen de l'Information fonctionne un *Jefe Nacional de Censura Infor-ativa,* Ricardo Elo Mabale sous les ordres d'un neveu par alliance de

Macias Nguema, Eusebio Abaga Ondo. Tous deux étaient déjà en poste lo de la précédente dictature nguemiste, et attestent eux aussi de la continui du régime et de ses méthodes.

(4) NURNBERGER (R.D.), « The United States and Idi Amin : Congre to the Rescue ». *The African Studies Review,* XXV, 1, Los Angele mars 1982, pp. 49-65 ; CORM (G.), « Le Fonds monétaire menacé de par lysie ? » *Le Monde diplomatique,* Paris, novembre 1983, p. 13. Cf. aus COOPER, « Africa and the World Economy ». *The African Studies Revie* XXIV, 2-3, Los Angeles, 1983, qui décrit clairement l'écrasement d droits de l'homme par la pénétration capitaliste en Afrique ; cf. enco RAY (E.), *Dirty Work,* 2 : The CIA in Africa, New York, 1983 ; KORN GAY (F. Jr), *Washington and Africa : Reagan, Congress and an Africa Affairs Constituency in Transition.* African Bibliographic Center, Washin ton, 1983. La citation est de PRUNIER (G.), « Aide internationale, myth démocratique et droits de l'homme en Ouganda ». *Politique africaine,* 1 Paris, septembre 1983, pp. 30-40.

(5) Selon un ouvrage paru au printemps 1983 aux Etats-Unis, qui réfu ses *Mémoires,* il s'agirait moins, de la part de M. Kissinger, d'une so disante *Realpolitik* que d'une pure promotion personnelle hors de to scrupules moraux. Cf. HERSCH (S.), *Le Prix du Pouvoir : Kissinger à Maison Blanche,* New York, 1983. A propos de la *Realpolitik* de la gauch cf. DEBRAY (R.), *La Puissance et le Rêve,* Paris, 1984.

(6) KAFKA (A.), « John Maynard Keynes ». *Finances et Développeme* (FMI), Washington, décembre 1983, pp. 37-38. La citation est du Servic d'Information Tiers monde, *La puissance de l'argent, Ibid.,* pp. 6-7 ; po le Brésil, cf. ALEUCAR (J.A. de), HOFFMANN (O.), « L'Etat entreprene dans la tourmente économique ». *Le Monde diplomatique,* Paris, ao 1983, p. 17.

(7) JOHNSTONE (D.), « Divisions européennes, critiques américaines propos de la crise polonaise ». *Le Monde diplomatique,* Paris, févri 1982, p. 3. Cf. aussi TETZLAFF (R.), *Die Weltbank : Machtinstrument d USA oder Hilfe für die Entwicklungsländer ?* Weltforum Verlag (N° 19 Cologne, 1980, 570 p.

(8) DAUDERSTAEDT (M.), « Les risques de l'endettement inégal ». *L Monde diplomatique,* Paris, février 1982, p. 20 ; GERSTER (R.), « The IM and basic needs conditionality ». *Journal of World trade law,* 1982, 20 p. FRIEDEN (J.), *Le tiers monde entre la dépendance et l'indépendance mon taire : réflexion sur les paiements internationaux, le transfert des ressourc et les conditions extérieurs du développement.* Documents économiques 2 Fribourg (Suisse), 1983, 294 p.

(9) Selon *CNUCED Bulletin,* 192, Genève, avril 1983. Pour l'OCD cf. *L'interdépendance économique et l'évolution des relations Nord-Su* Paris, 1983, 89 p.

(10) DESPRÉS (J.), « Le Chili paraît assuré de recevoir un nouveau pr bancaire de 1,3 milliards de dollars ». *Le Monde,* Paris, 26 juillet 198 p. 24 ; « Dossier Chili ». *Les Temps Modernes,* 449. Paris, décemb 1983 ; GONZALEZ-FERRADA (F.), « Les forces armées et la politique [a Chili] » *La Revue Nouvelle,* 12, Bruxelles, décembre 1983.

(11) KIRKPATRICK (J.), « Dictatorship and double standards ». *Comme tary.* (Journal of the American Jewish Committee), New York, novemb 1979 ; le commentaire du *Journal de Genève* est signé GASTEYGER (C. « Vietnam et Amérique centrale : ne confondons pas ! » Genève, 1er ao 1983, pp. 1, 9 ; GARCIN (P.), « Les guerres de demain ». *Journal de Genèv* 19 janvier 1984, p. 1 ; BERNS (W.), Interview : « Comment fonctionne Commission des Nations Unies pour les Droits de l'Homme ». *L'Impac* Genève, octobre 1983, pp. 30-31 (p. 30).

(12) GILLES (S.), « Haïti à l'encan ». *Le Monde diplomatique,* Paris, ao

1982, pp. 10-13 ; cf. aussi World Relief, *The Haitian Dilemma,* New York, 1981, 24 p. ; Buss (T.), Martin (Cl.), *La situation des droits de l'homme en Haïti : communication présentée à la Division des droits de l'homme des Nations Unies.* Centre Haïtien de recherches, Genève, 1982, 56 p. ; Hurbon (L.), « La fuite du peuple haïtien ou les causes de la migration haïtienne actuelle ». *Les temps modernes,* XXXIX, 434, Paris, 1982, pp. 587-601 ; FMI, « Haïti : accord de confirmation », *Bulletin du FMI,* Washington, 14 novembre 1983, p. 353 ; Anonyme (résidant en Haïti), « Une si jolie fête à Port-au-Prince... ». *Le Monde diplomatique,* Paris, septembre 1984, p. 30.

(13) Gilles (S.), *Ibid.* Il faudrait aussi éclaircir le rôle que joue à Haïti l'importante colonie marchande libanaise, proche du régime.

(14) Bousquet (J.-P.), *Les « folles de la place de Mai »,* Paris, 1982, 258 p.

(15) R.t.S., « Réuni à Rotterdam, le " tribunal permanent des peuples " accuse le président Mobutu de répression systématique », *Le Monde,* Paris, 23 septembre 1982, p. 9 ; cf. aussi Instituto de Estudio políticos para America Latina y Africa, *El Zaire : Engaño y Corrupción internacional,* Madrid, 1981, 112 p. ronéo. Cf. encore « Le FMI et le Zaïre ». *Libération-Afrique,* 15-16. Paris, janvier-février 1853, pp. 20-21, et Bond (N.K.I.), *Mobutu, ou l'incarnation du mal zaïrois* (Rex Collings), Londres, 1982.

(16) *Philippines* : Bello (W.), Kinley (D.), Elinson (E.), *Development Debacle, the World Bank in the Philippines,* Institute for Food and Development Policy, San Francisco, 1982, 256 p. Courant octobre 1983, le régime dictatorial philippin discutait d'un prêt de 600 Mio de dollars par le FMI, quelques semaines après l'assassinat du principal chef de l'opposition.

République centrafricaine : Ezinka, « La Centrafrique au seuil de l'an 1982 ». *Peuples noirs — Peuples africains,* Paris, mars-avril 1982, pp. 21-32.

Afrique du Sud : Julien (Cl.), « Apartheid ». *Le Monde diplomatique,* Paris, décembre 1982, p. 1 ; cf. aussi Schoeman (E.), *South Africa and the United Nations. A Selected and Annotated Bibliography.* South African Institute of International Affairs, Broomfontein, 1981, 244 p. ; cf. encore Klein (B.), « Bank Loans to South Africa, 1979 — Mid — 1982 ». *Notes and Documents.* United Nations Department of Politics and Security Affaires, New York, octobre 1982 ; Divers, « Une autre Afrique du Sud ». *Le Monde diplomatique,* Paris, janvier 1983, pp. 22-26.

Salvador : Bello (W.), Kelly (J.), « Au Salvador : le Fonds monétaire à la rescousse d'une économie en ruine ». *Le Monde diplomatique,* Paris, juillet 1982, p. 11.

Turquie, Pérou : Caballero (J.) et autres, *International Monetary Fund Policies in the Third World : Case Studies in Turkey, Zaïre and Perou.* University of East Angha. Development Studies Occasional Papers, 8, Norwich, 1981, 87 p., ronéo ; pour la Turquie, cf. encore Benetazzo (P.), « La Turquie promet un retour " rapide " à la démocratie ». *The Christian Science Monitor (International),* Londres, 6 décembre 1982, p. 38. En août 1983, pourtant, des prisonniers politiques sont morts dans ce pays, après torture ; cf. encore Ludington (N.S.), Spain (J.W.), « Dateline Turkey : The case for patience». *Foreign Policy,* 50, New York, printemps 1983, pp. 150-168, et Bosshard (A.), « La délicieuse tentation de l'arbitraire. Turquie : les généraux cherchent la sortie ». *Gazette de Lausanne,* 13 octobre 1983, pp. 1, 21.

En décembre 1983, les généraux turcs ont " renoncé " au pouvoir. Mais les procès politiques, notamment à l'endroit des Kurdes, continuent comme par le passé, de même que les traitements inhumains et dégradants à l'endroit des prisonniers. Le gouvernement suisse a officiellement protesté contre le non respect de la Convention européenne des droits de l'homme, parallèlement à l'encouragement des investissements helvétiques en Turquie. Sur la situation en Turquie, début 1984, cf. G.A., « La Turquie post-électorale : une démocratie d'Etat ». *Esprit.* Paris, mars 1984, pp. 118-122. Cf. aussi les divers articles publiés sur la « Terreur d'Etat en Turquie » in *Merip Report,* 121. Washington, février 1984. — En mai 1984, l'American Express International Banking Corporation a accordé à la Turquie un prêt de 232 Mio de $ pour des achats de biens d'équipement, à 1/2 % au-dessus du libor. Ce prêt est garanti par l'Export-Import Bank à 85 %. OTAN oblige.

En mai 1984, alors qu'Amnesty International révèle les tortures systématiques pratiquées sous la loi martiale, les députés du Conseil de l'Europe ont réadmis les collègues turcs dans leur enceinte, en dépit de la plainte pendante de cinq pays, précisément à propos des tortures. La délégation suisse a voté avec la majorité, à une voix près.

A propos du *FMI et de la BIRD :* Vers un Développement solitaire, *Le Fonds monétaire international.* Dossier 52. Berne, décembre 1980, pp. 9-21 ; DELART (M.), *Les opérations du Fonds monétaire international,* Paris, 1980, 280 p. ; *Actualité Tiers monde,* « Banque mondiale : une évolution peu rassurante », Lausanne, 30 août 1982, pp. 5-7 ; *Ibid.,* « La Suisse au FMI et à la Banque mondiale : sur la pointe des pieds », Lausanne, 30 août 1982, pp. 8-9 ; ENGELBERT (H.L.), « IMF Conditionality in Africa ». *ASA Annual Meeting Paper* (VI/4), Boston, décembre 1983 ; I.U.E.D., « Institutions financières internationales ». *Annuaire Suisse-Tiers monde,* 3, Genève, décembre 1983, pp. 73-85. Voir aussi note (121), p. 253.

(17) Ethiopian Committee on Immigration, « Human Rights Violation in Ethiopia : The Case for permanent Adjustment of Immigration Status for Ethiopians in the United States ». *Issue,* XII, 1-2. Ann Arbour, été 1982, pp. 16-21.

(18) KOM (A.), « Lettre de la Barbade : culture et politique dans les Caraïbes anglophones ». *Peuples noirs — Peuples africains,* V, 25, Paris, janvier-février 1983, 1982, pp. 83-95. Pour l'Argentine, on a enregistré, lors de la session de février 1984 de la Commission des droits de l'homme, à Genève, la fin de la collusion avec l'URSS. L'événement principal de la 40e session de la Commission des droits de l'homme (février-mars 1984) a été le retour de l'Argentine qui, « du temps de la dictature militaire, était parvenue à éviter — au contraire du Chili — toute discussion sur les violations des Droits de l'homme chez elle, cela avec l'appui des deux super-grands. Cela n'a pas empêché son représentant, l'ambassadeur Gabriel Martinez — qui a vu depuis s'envoler ses espoirs de devenir ministre des Affaires étrangères avec la défaite électorale des péronistes — de jouer un rôle actif au sein de la Commission : il avait été en particulier l'un des artisans du limogeage, en 1982, de l'ancien directeur de la Division des droits de l'homme, Theo van Boven ». NAEF (A.), « Commission des droits de l'homme de l'ONU : la vedette à l'Argentine ». *Tribune de Genève.* Genève, 6 février 1984, p. 2.

(19) Divers, *Dossier FMI. Libération-Afrique,* 15-16, Paris, janvier-février 1983, « Place du FMI dans le système financier international », pp. 17-18. Pour l'Afrique, cf. TCHUNDJANG POUEMI (J.), *Monnaie, servitude et liberté. La répression monétaire en Afrique,* Dakar, 1982.

(20) *Libération-Afrique, Ibid.,* se trompe en écrivant qu'en Guinée équatoriale l'injection d'assistance puisse avoir un effet momentanément bénéfique, de par la diversification des sources de financement. Aussi longtemps que le pouvoir en place ne jouira pas de l'approbation populaire, la machine économique équato-guinéenne restera grippée. Est-ce parce que la France essaie de mettre le grapin sur la Guinée équatoriale que *Libération-Afrique* ne se préoccupe pas de cet aspect de la question ?

(21) BELLO (W.), « La Banque mondiale durcit sa politique d'aide aux pays du tiers monde ». *Le Monde diplomatique,* Paris, juillet 1982, p. 11.

(22) LEITENBERG (M.), « Un monde qui préfère la guerre ». *Le Monde diplomatique,* Paris, novembre 1983, p. 36. — LE ROUX (G.), *Dollarium Tremens.* Paris, 1984.

(23) TOINET REAVENHILL (J.), ROTHSCHILD (D.), « Reagan's African policy : a new unilateralisme ». *International Journal,* XXXVIII, 1, Toronto, hiver 1982-83, pp. 107-127. Ces auteurs s'opposent au « globalisme » contreproductif à la Kissinger. Il faut voir aussi l'édifiante Table ronde organisée par l'américaine African Studies Association : « United States Policy towards Africa », Washington, 6 novembre 1982. *Issue. A Journal of Opinion,* XII, 3/4, Los Angeles, hiver 1982, pp. 19-36 qui opposa le porte-parole du gouvernement Reagan, Ch. Croker, Secrétaire d'Etat adjoint aux Affaires étrangères, à des professeurs d'Universités américaines et à l'ambassadeur de l'Ouganda aux Etats-Unis.

(24) 1976 : « Les méthodes de l'impérialisme américain, la brutalité imbécile de Washington, ne peuvent servir de prétexte à une justification du caractère aujourd'hui totalitaire du régime castriste, régime où la classe dirigeante se compose de bureaucrates et de militaires, de fonctionnaires et de policiers, produits d'un système classique de parti unique, c'est-à-dire de l'Etat classe, de la techno-bureaucratie ». Mercier Vega, L., in *Interrogations,* 13, Barcelone, décembre 1976, pp. 25-26.

1983 : « On ne peut, comme Madame Kirkpatrick, pratiquer l'idéologie commode de la main de Moscou et l'explication des armes cubaines sans chercher les causes structurelles qui permettent l'immixtion de l'URSS dans une chasse gardée ». Chaliand, G., « Remarques sur la stratégie nord-américaine. *Esprit, Paris,* octobre 1983, pp. 57-59.

Certes, le caractère totalitaire du système politique cubain n'est plus à démontrer. Mais si la *Commission inter-américaine des droits de l'homme,* dans son gros rapport sur Cuba, de décembre 1983, souligne les détentions arbitraires, la dégradation du droit à la vie, les exécutions de prisonniers politiques, l'absence de pouvoir judiciaire autonome, de droit de grève, de liberté de presse et d'expression artistique, ainsi que la prépondérance du Parti communiste sur l'Etat, il reconnaît aussi d'importants progrès en matière de santé, alimentation et éducation. Qu'en était-il du temps de Batista et de l'amitié américano-cubaine ? Qu'en est-il en Guinée équatoriale sous Obiang Nguema, et avec l'amitié américano-franco-helvétique ?

Cf. aussi Sklar, « Democracy in Africa ». 25e Congrès annuel de l'ASA, Washington, décembre 1982. Parmi les ouvrages récents d'auteurs américains sur la domination yankee, cf. BARRY (T.), WOOD (B.), PREWSC (D.), *Dollars and Dictators.* New York, 1983, 282 p. ; DISKIN (M.), « Reagan and Central America », in *Trouble in our Backyard.* New York, 1984, 264 p. L'interrogation se propage de savoir « Qui dirige les Etats-Unis ? ». Cf. BIRNBAUM (P.), in *Les Etats-Unis. Pouvoirs,* 28. Paris, printemps 1984.

(25) *Venezuela* : ATS/AFP, « Violente critique du FMI par le président du Venezuela ». *Journal de Genève, Genève,* 10 septembre 1983 ; *Tanzanie* : QUINQUELON (T.), « Coopération et marché noir en Tanzanie ». *Esprit,* Paris, août-septembre 1983, pp. 131-148 (p. 142). *Maroc* : RAMONET (I.), « Maroc. L'heure de tous les risques ». *Le Monde diplomatique,* Paris, janvier 1984, pp. 7-11 (pp. 8-9). Cf. la critique de la super-monnaie qu'est le dollar et l'emploi qu'en fait le FMI chez TONG (R.), « The International Monetary Fund ». *Contemporary Review,* 244. Londres, février 1984, pp. 77-81, ainsi que CNUCED, « La stratégie internationale du développement sur la sellette ». CNUCED Bulletin, 199. Genève, février 1984, pp. 1-3.

(26) Commission Internationale des Juristes, *Déclaration écrite présen-*

tée par la..., organisation non gouvernementale dotée du statut consultatif de la catégorie II : Une nouvelle constitution en Guinée équatoriale. Nations Unies. Conseil Economique et Social, Genève, 31 janvier 1983, Doc. E/CN.4/1983/NGO/4, p. 1.

(27) Pour une approche plus détaillée de la Guinée équatoriale, cf. LINIGER-GOUMAZ (M.), *La Guinée équatoriale. Un pays méconnu,* L'Harmattan, Paris, 1980, 512 p. ; LINIGER-GOUMAZ (M.), *Guinée équatoriale. De la dictature des colons à la dictature des colonels.* Les Editions du Temps, Genève, 1982, 232 p., 4 cartes, 8 ill., index ; LINIGER-GOUMAZ (M.), *De la Guinée équatoriale. Eléments pour le dossier de l'afro-fascisme.* Les Editions du Temps, Genève, 1983, 275 p., 4 cartes, 8 ill., index ; LINIGER-GOUMAZ (M.), « Aequatorial-Guinea », in *Politisches Lexikon Afrika.* Beck, Munich, 1984, pp. 11-16 ; *Aequatorialguinea. Eine Monographie.* Institut für Afrika-Kunde, Hambourg (à paraître). Au plan économique, cf. aussi OYONO NSA ABEGUE (V.), *L'évolution des structures productives et sociales de l'agriculture de la Guinée équatoriale* (1858-1968). Thèse. Université de Lyon II, à paraître, 500 p. Cf. aussi SUNDIATA (I.K.), « Equatorial Guinea », in *African Islands and enclaves* (Cohen, R., Edit.). Beverley Hills, 1983.

(28) Le clan fang des Esangui est un des cinquante clans du pays et représente moins de 5 % de la population totale. Depuis 1969, la famille Nguema détient presque tous les rouages de l'Etat et de l'armée. On donne généralement aux membres de ce pouvoir népotique le nom de *nguemistes.* Le nguemisme est en quelque sorte la réplique du franquisme dans lequel ont été élevés les Macias Nguema et les Obiang Nguema Ils sont parfois aussi qualifiés de *mongomistes* parce que la plupart sont originaires de la localité de Mongomo, voire encore de macistes (de Macias).

Les Mbon sont une autre ethnie de la région de Mongomo, dont divers membres sont alliés par mariage avec les Esangui, notamment Maye Ela et Ela Nseng.

(29) Ce néologisme a été employé la première fois par C.M. Eya Nchama, secrétaire général de l'ANRD, lors du débat de la Commission des droits de l'homme des Nations Unies, à Genève, au printemps 1978. Mieux que *macisme,* il recouvre l'ensemble des bénéficiaires du népotisme groupés davantage autour de la famille Nguema que Masié. Fin septembre 1981, l'ex-ambassadeur espagnol en Guinée équatoriale, J.L. Graullera, l'a défini ainsi : « idéologie qui consiste en la perpétuation des abus et des passe-droits, et à faire usage de ce qui ne vous appartient pas ». GRAULLERA (J.L.), « Interview », in *El País semanal,* 233, Madrid, 27 septembre 1982.

(30) Commission Internationale des Juristes, *op. cit.,* p. 1. Quant à l'interview de E. Buale Borico, cf. « E. Buale Borico, ex-ministro en Guinea Ecuatorial : " Obiang Nguema tiene su dinero en Suiza " ». *Interviú.* Madrid, 31 août - 6 septembre 1983, pp. 15-18, ill. En décembre 1983, deux fonctionnaires ont été arrêtés à qui l'on semble vouloir faire porter le chapeau ; tous deux du Ministère de la Santé : Carmelo Esono Ndong, délégué régional de la Santé au Rio Muni, et Valeriano Nguema Micha, directeur de l'hôpital de Bata. Ils sont accusés de vente d'ambulances, et de détournement de médicaments et autres aides internationales.

(31) L'URSS, qui exploite toujours ses territoires colonisés, mais à l'intérieur du périmètre des conquêtes coloniales des XVIIIe-XXe siècles, n'est pas moins responsable ; mais chez elle, à l'inverse, il s'agit de l'élimination systématique des démocrates par le truchement des asiles psychiatriques pour crime de dissidence.

Les divers auteurs qui ont écrit sur Amin Dada le présentent comme une « personnalité qui semble échapper à toute définition (...) On aurait pu écrire les mêmes choses de Bokassa et de Macias Nguema. Cependant, si ces noms sont ceux qui ont caractérisé de la manière la plus abjecte les dictatures africaines, il va sans dire que toute l'Afrique Noire est dirigée, toutes proportions gardées, par des Amin Dada, Bokassa et autres Macias Nguema (...) Une forte dose de mégalomanie chez certains, une non moins forte tendance au comportement paranoïaque chez d'autres, en tout cas chez tous une soif inextinguible de sang humain, par cette pratique sanguinaire érigée en système politique et qui consiste en l'élimination physique systématique de toute opposition politique, comme il en est de toutes les dictatures... »...

Avec le temps, « l'Occident fait alors connaissance du Ubu roi africain (...) Mais ce n'est pas tout, l'Occident découvre un Hitler et un mégalomane (...) Le crime et l'assassinat furent érigés par le président Amin Dada en méthode de gouvernement. » Aujourd'hui, l'Ouganda vit encore dans la misère dans laquelle l'a plongé la dictature.

« Le premier et principal responsable est assurément la Grande-Bretagne (...) Il faut ajouter ce qui est peut-être le plus important, que la Grande-Bretagne est demeurée le partenaire commercial privilégié de l'Ouganda sous Amin, même si les relations diplomatiques étaient souvent des plus mauvaises entre les deux pays (...) Il convient d'ajouter que la France a également apporté à l'Ouganda d'Amin une certaine contribution financière... »

« Enfin, Amin Dada est un produit *made in England*. Il représente le prototype du nègre colonisé, frustré (...), sa paranoïa est (...) une maladie du colonisé... »

« Quant à la société internationale, elle n'est pas moins responsable. Une volonté unanime des Etats de l'ONU sur la politique à adopter à l'encontre du Chef d'Etat ougandais, tel un isolement diplomatique et économique, aurait peut-être pu modérer les initiatives et le sadisme d'Amin ; mais le jeu politique international est trop corrompu (... et) le sang [a] coulé en Ouganda dans l'indifférence totale. L'ONU s'est contentée de timides condamnations au niveau du discours, et la Commission des Droits de l'Homme à l'ONU est allée jusqu'à refuser de condamner le gouvernement tyrannique de Kampala. »

Tout ce qui précède peut s'appliquer, avec les adaptations de circonstance, à la Guinée équatoriale nguemiste.

Cf. KIHUMU SOMPA (Fl.), op. cit., 6, pp. 53-65 ; AQUILA TEJERINA (R. del), « La transición a la democracia en España : reforma y consenso ». *Revista de Estudios políticos,* 25. Madrid, janvier-février 1982, pp. 101-128.

(32) Les responsables de la coopération au développement, tant du secteur bilatéral que du multilatéral, feraient bien de relire John K. Galbraith. Dans *Les conditions du développement économique* (Paris, 1964), écrit en 1960-61, il précise notamment : « Par une curieuse déformation de l'intelligence, ceux qui se considèrent comme les plus subtils en matière de politique étrangère ont régulièrement recommandé de soutenir les dictatures les plus écœurantes. Les conséquences ont toujours été désastreuses. »

Nous redonnerons la parole à J.K. Galbraith à divers moments du présent essai ; il n'est jamais inutile de reprendre les idées anciennes quand elles sont meilleures que celles d'aujourd'hui. Nous ferons aussi appel à sa *Théorie de la pauvreté des masses*. Paris, 1980 ; cf. encore son *Le temps des incertitudes,* Paris, 1978, ainsi que *La Voix des Pauvres, ou ce qu'ils ont à nous dire sur l'économie*. Paris, 1984, 121 p.

(33) Nous reviendrons sur le concept de *démocratie* aux Chap. 4 et 5.

(34) « La garantie et la protection immédiate des droits de l'homme et des libertés fondamentales constitue une affaire intérieure de chaque Etat », KARTASHKIN (V.), « Les pays socialistes et les droits de l'homme »,

in *Les dimensions internationales des droits de l'homme,* Paris, Unesco, 1978, pp. 686-695.

(35) HOFFMANN (J.G.H.), « L'Union soviétique et les droits de l'homme ». *L'Impact,* Genève, décembre 1983, pp. 30-32.

(36) BROWNLIE (I.), Edit., *Basic Documents on Human Rights,* Oxford-New York, 1981, 505 p. ; COOMARASWAMY (R.), « Les droits de l'homme dans le tiers monde », *Le Courrier de l'Unesco,* Paris, août-septembre 1982, pp. 49-52 ; SAKAMOTO (Y.), *op. cit.*

Il est intéressant de donner ici la parole à L. Pliouchtch : « Les valeurs capitalistes sont incapables de sauver le monde et les valeurs communistes le mènent tout droit à la catastrophe ; la société que j'appelle de mes vœux est une société humaniste où le sens des valeurs spirituelles l'emporte sur celui des valeurs matérielles ; il m'importe peu de savoir comment pourrait s'appeler cette société-là ». « Interview (Pliouchtch réclame l'indépendance pour les nations captives) ». *Gazette de Lausanne,* Lausanne, 18-19 février 1984, pp. 1-2.

(37) Partant de là, on peut d'ailleurs diviser les pays en trois catégories :

a) ceux où tous les droits de l'homme sont appliqués à tous les citoyens ;

b) ceux où les minorités sont victimes de violations de ce qu'elles considèrent comme leurs droits de l'homme ;

c) ceux, enfin, où la quasi totalité de la population est victime de la privation des droits de l'homme auxquels elle aspire, par une infime minorité qui s'appuie sur la force économique, sur celle des armes, ou encore sur celle d'une doctrine, d'une religion, voire d'un protecteur étranger.

(38) Dans *Les droits de l'homme dans la charte et la pratique de l'OUA.* Thèse, Nancy, 1977, pp. 332, 336, M. Ait-Ahmed démontre que l'*afro-fascisme* est un phénomène tant de droite que de gauche. En voici les paradigmes essentiels :

— suppression de toute confrontation, concertation et contestation ;

— étouffement du pluralisme politique et culturel ;

— incarnation institutionnelle supérieure du peuple par un dictateur ;

— « fétichisation du *caudillo* en place en tant qu'agent fondamental de la stabilité étatique et de la cohésion et comme instance omniprésente et omnisciente... »

Et de constater que « le rôle tragi-comique des *caudillos* reproduit des modèles de bonapartisme sous-développés d'une grande variété ». Pour l'afro-fascisme de droite, cf. notamment CHOMSKY (N.), HERMAN (E.S.), *Economie politique des droits de l'homme. La « Washington Connection » et le fascisme dans le Tiers Monde,* Paris, 1981, 475 p. ; cf. aussi Liniger-Goumaz, M., *De la Guinée équatoriale nguemiste. Eléments pour le dossier de l'afro-fascisme.* Les Editions du Temps, Genève, 1982, 275 p.

(39) Anti-Slavery Society, *Equatorial Guinea. The forgotten dictatorship,* Londres, 1976, p. 21 (S. CRONJÉ).

(40) ARTUCIO (A.), *El juicio contra Macias* [*Nguema*]. Commission internationale des Juristes, Genève, 1979, 76 p.

(41) RUHASHYABIKI (N.), *Etude sur la question de la prévention et les sanctions du crime de génocide.* Doc. NU E/CN.4/Sub.2/416, Genève, 1978. « Les laquais d'hier sont les maîtres d'aujourd'hui ». *Journal de Genève,* Genève, août 1979, p. 1.

(42) LEUPRECHT (B.), op. cit., p. 2.

(43) Mohammed BEDJAOUI, *Pour un nouvel ordre économique international.* Unesco, Paris, 1978, 295 p. (pp. 50-51). M. Bedjaoui fait partie de la Commission indépendante sur les questions humanitaires internationales créée à Genève, en juin 1983, et sur laquelle nous reviendrons plus bas. Cf. aussi SID-AHMED (A.), *Nord-Sud : les enjeux (Théorie et pratique du nouvel ordre économique international),* Paris, 1981 ; cf. encore

Divers, *Construire un nouvel ordre mondial. Guide de réflexion et d'action.* Paris, 1976, 105 p.

Côté Commission des droits de l'homme, sous l'autorité de Théo van Boven ont été lancés des séminaires et études pour tenter de concilier NOEI et droits de l'homme, entre autres : *Séminaire sur les effets que l'ordre économique international injuste qui existe actuellement exerce sur l'économie des pays en développement et sur l'obstacle que cela constitue pour la mise en œuvre des droits de l'homme et des libertés fondamentales,* Genève, 30 juin - 11 juillet 1980. Doc. ST/HR/Sér. A/8 ; *Le nouvel ordre économique international et la promotion des droits de l'homme. Rapport au Secrétaire général,* Genève, 2 août 1983. Doc. E/CN.4/Sub.2/1983/23. Du rapport final, publié le 18 novembre 1983 (Doc. E/CN.4/Sub.2/1983/24/Add.1/Rév.1) quelques idées-clé : « dans un monde où l'on trouve les " puissants " d'un côté et les " pauvres " de l'autre, on ne saurait escompter que les pauvres acceptent des principes qui avantagent les forts et lèsent les faibles (...). L'ordre actuel est un obstacle important à l'exercice des droits de l'homme et des libertés fondamentales proclamées par la Déclaration universelle (...) Les conditions qu'imposent aujourd'hui certains organismes internationaux comme le FMI lorsqu'ils accordent des crédits pour aider à résoudre les problèmes de balance des paiements, obligent les pays en développement à appliquer certaines politiques internes qui ont des conséquences extrêmement dangereuses, par exemple l'accélération de l'inflation ou l'aggravation du chômage ». Un document très important qui devrait devenir le bréviaire de toute l'ONU.

(44) « Il ne s'agit ni plus ni moins que de réformer le monde. Mais comment y parvenir aisément alors que cinq grandes firmes multinationales régentent le commerce mondial des céréales (...), cinq grandes agences de presse dominent l'information dans le monde et cinq grands Etats du Conseil de sécurité [des Nations Unies] détiennent le pouvoir politique et militaire du monde ? » *Ibid.* M. BEDJAOUI, p. 122. Ces cinq pays font preuve d'une même hypocrisie : « même dans la bouche de François Mitterrand, le nouvel ordre économique n'est qu'un slogan, c'est-à-dire une ruse qui permet d'éluder les interrogations ». MONGO BETI, « Editorial ». *Peuples noirs - Peuples africains,* 30, Paris, novembre-décembre 1982, p. 9.

L'URSS et les autres Etats socialistes, ne sont évidemment pas exempts de critiques non plus, car leurs diverses sociétés d'Etat opèrent également à l'étranger comme les multinationales occidentales. Selon un document de travail canadien, britannique et néerlandais, en 1979 existaient 544 sociétés dans le COMECON ayant des intérêts soit en Occident (66 %), soit dans le tiers monde. La Pologne vient en tête avec 122 holdings à l'étranger, suivie par l'URSS (117), la Hongrie (89), la Roumanie (82), la Bulgarie et la Tchécoslovaquie (36) et la RDA (22). Les investissements représentaient fin 1978 369 Mio de $ dans les pays industriels et 120 Mio de $ dans le tiers monde. Cf. « L'URSS veut empêcher que les géants du Comecon opérant à l'étranger soient mis sur le même pied que les multinationales occidentales ». *Journal de Genève,* Genève, 25 juin 1983, p. 11. Certes, l'assimilation des sociétés d'Etat des pays socialistes aux firmes multinationales capitalistes est quelque peu excessive : recherche du bien-être social des premières (du moins officiellement), recherche du profit maximum pour les secondes. Mais sur le terrain ces différences s'estompent.

(45) On aurait tort de se faire trop d'illusions sur ce que les Etats permettront à l'Organisation des Nations Unies d'entreprendre. Cf. par exemple, DE LA HORBE (Fl.), *Guide-âne de politique internationale. De Machiavel à Gribouille,* Paris, 1957, 136 p.

Sont également susceptibles de critiques les Etats européens regroupés au sein de la *Communauté Economique Européenne,* dans leurs rapports avec une Afrique qui reste, pour certains d'entre eux, une terre de relations *privilégiées* (en tout ou en partie), et pour tous le pourvoyeur de matières premières (ou de thon, comme la Guinée Equatoriale pour la France, depuis l'été 1983) qu'en avait fait le pacte colonial. Cf. notamment RAJANA (C.), *The Lomé Convention and the New International Economic Order : A critical appraisal of ACP-EEC Relations.* Queen's University, Kingston (Canada), 1981 ; cf. encore ABEBE (T.), *Dependency Theory and the New International Economic Order.* African Studies Association, 24th Annual Meeting, Bloomington, octobre 1981, Doc. 81-1.

(46) Cf. « Endettement écrasant des pays sous-développés », « Ordre international de la terreur, « Misère de l'ordre international », etc., in BEDJAOUI (M.), *op. cit.* Roy Preiswerk, peu avant sa disparition prématurée, s'était amplement interrogé sur « Les dimensions cachées du prétendu " Nouvel Ordre Economique International " », in *A contre-courant, op. cit.,* pp. 211-236. Ces dimensions cachées du NOEI sont :

1. Le diffusionisme : la prospérité du Nord entraînerait le développement du Sud ;
2. L'évolution linéaire : toutes les sociétés devraient passer par les mêmes stades ;
3. Rationalisme et idéalisme : l'homme serait apte à découvrir les lois qui devraient régir l'ordre social ;
4. La conception statocratique des relations internationales et du rôle des Organisations internationales : tout est fondé sur la primauté des Etats.

Le NOEI ne représente donc rien d'autre qu'une utopie de plus.

Sur le Désordre Economique international et la division internationale du travail au profit des nantis, cf. HELLEINER (G.K.), *International Economic Disorder : Essays in North-South Relations.* Toronto, 1983, 257 p. ; RUGGIE (J.G.) (Edit.), *The Antinomies of Interdependence : National Welfare and the International Division of Labor.* New York, 1983, 525 p.

(47) *Ibid.,* p. 96 ; pour TEVOEDJRÉ (A.), cf. *La pauvreté, richesse des peuples* (avant-propos de Jean Tinbergen, préface de Dom Helder Camara), Paris, 1978, 207 p. Notons qu'A. Tevoedjré, après avoir quitté l'OIT, travaille depuis 1984 avec M. Doo Kingue à l'UNITAR.

Sur la morale et la politique américaine, cf. CROCKER (C.A.), « Our Development Dialogue with Africa ». *Department of State Bulletin,* Washington, avril 1983, pp. 53-57 ; KAGAN (D.), « Human Rights, Moralism and Foreign Policy ». *Washington Quarterly,* VI/1, Washington, hiver 1983, pp. 86-95.

(48) BLONDEL (J.-L.), *Les transferts d'armement : une question morale ?* Labor et Fides. Lausanne, 1983, Coll. Le champ éthique.

(49) Iustitia et Pax. Commission nationale suisse, liée à la Conférence suisse des évêques, *Développement et droits de l'homme — Normes éthiques pour la coopération au développement,* Berne, 1984. Cf. aussi le document des Eglises protestantes de Suisse, publié en 1981 déjà, Note (37), p. 240.

(50) COOPER (Fr.), « Africa and the World Economy ». *The African Studies Review,* XXIV, 2/3, Los Angeles, juillet-septembre 1981, pp. 1-86 (p. 11).

(51) Divers, *De la dégradation du droit des gens dans le monde contemporain.* Anthropos, Paris, 1981, 218 p.

(52) SAYINZOGA (J.), « Radiographie du déséquilibre économique ». *Le Courrier de l'Unesco,* Paris, janvier 1984, pp. 15-18 (p. 18).

(53) Il ne faut jamais oublier que l'ONU est une organisation interétatique, et non pas une institution supra-nationale. Il s'agit de la consi-

ɛrer avant tout comme *Organisation des Etats associés,* plutôt que comme *rganisation des Nations Unies.*
Pour la Guinée Equatoriale 1984, cf. Commission des Droits de Homme, 40ᵉ session, 47ᵉ séance. Genève, 2 avril 1984, Doc. E/CN.4/1984, R. 47, p. 2 ; FMI, *Government Finance Statistical Yearbook,* VII. 'ashington, 30 septembre 1983 ; Anonyme, « Hispanoil encuentra gas y ondensados de petróleo en Guinea Ecuatorial ». *El País.* Madrid, 7 avril 984, p. 39.

III

L'ONU et les dictatures nguemistes

> *« Le génie industrieux de l'homme n'a pas réussi à inventer une " dictature humaine ". »*
>
> Fernando VOLIO JIMENEZ
> *Situation des droits de l'homme en Guinée Equatoriale. Commission des Droits de l'Homme.*
> Genève, 19 décembre 1980, p. 18.

.'ÈRE MACIAS NGUEMA ET CONSORTS : 968-1979

.a montée du nguemisme

Sans avoir jamais combattu pour l'indépendance de son pays, 1acias Nguema a pu, grâce à un adroit jeu politique, se pro-ulser à la première place de la République. Sa famille s'installe et ansforme la République parlementaire en dictature tribale : la épublique nguemiste. Après que sa mégalomanie se fut traduite ar les premières éliminations d'élites politiques et intellectuelles t par le départ des Espagnols, le premier président nguemiste venge en ordonnant la fermeture des grandes entreprises espa-noles. Il est vrai que certaines, parmi les plus importantes, ppartenaient au premier ministre espagnol d'alors, Carrero

Blanco, principal adversaire de García Trevijano sur le territoire de l'ex-colonie. Rapidement, le pays s'asphyxie. L'Espagne officielle en profite pour signer avec Santa Isabel une série d'accords techniques et de coopération, et accepte d'éponger un déficit de 426 Mio de pesetas provoqué par une administration pléthorique.

C'est dans ce contexte pourri, alors que les assassinats se multiplient, que les sociétés françaises Dragages et Travaux publics et Forestière du Rio Muni (protégée par García Trevijano) décrochent de gros contrats et des concessions, soit pour des constructions somptuaires, soit pour l'évacuation de quantités importantes de bois. L'observateur des affaires africaines qu'est Ph. Decraene devait admettre que « peu attentif aux violations constantes des droits de l'homme en ce pays, le gouvernement de M. Raymond Barre avait compris tout le profit qu'une minorité d'hommes d'affaires français pouvaient tirer d'un Etat qui, sous prétexte de contrebalancer l'influence des pays de l'Est, multipliait les avances en direction de Paris » (1).

García Trevijano reçoit de Macias Nguema l'autorisation d'effectuer une étude des ressources minérales du pays. Pour financer diverses autres opérations, le dictateur confisque les biens des coopératives agricoles. Les premiers douze mois s'avéreront assez prospères grâce aux rentrées de la campagne cacaoyère de 1968. Mais déjà, l'intelligentsia commence à prendre le chemin de l'exil.

Dès 1970, Macias Nguema et ses laquais dissolvent les partis politiques qui avaient milité pour l'indépendance et proclament le Parti unique national, devenu ultérieurement PUNT par adjonction de « travailleurs ». Parallèlement est mise en place une milice qui, avec l'armée, devient un des instruments de la terreur : la Jeunesse en marche avec Macias. Déjà le neveu Obiang Nguema grimpe dans la hiérarchie militaire (gouverneur de province, directeur de prison, vice-ministre des armées, puis président de la République).

Macias Nguema s'assure la coopération militaire soviétique (en échange de droits de pêche) et la coopération civile chinoise (gratuite). Pour éviter la ruine de ses intérêts en Guinée équatoriale, l'Espagne ne trouve rien de mieux que la censure. La peur viscérale que le dictateur a d'éventuels complots l'amène à multiplier les liquidations pour « offense à sa personne ». Au commencement de 1972, devant la gravité de la situation, l'évêque du Rio Muni, le Fang Nzé Abuy, s'exile et se démet de sa fonction ; l'évêque de Fernando Poo, le missionnaire Gomez

Marijuan, avait, lui, été expulsé en 1969 déjà. La même année 1972, Macias Nguema est désigné « président à vie ».

Le Gabon profite des tensions internes de la Guinée équatoriale pour occuper militairement les îles équato-guinéennes du sud du Rio Muni (Mbañe, Conga, Cocotiers) qui jalonnent des zones pétrolières potentielles, en août 1972 ; Macias Nguema riposte par des discours incendiaires. La main-d'œuvre nigériane quitte progressivement le pays, et l'exode des nationaux s'accélère : déjà un dixième de la population vit à l'extérieur. Milieu 1973, voici que le PUNT proclame Macias Nguema « unique et infatigable miracle » (slogan imposé jusque dans les églises). Quant au Représentant résident du PNUD, le Haïtien Marceau Louis, il est expulsé par la Garde nationale commandée par Obiang Nguema, sous l'accusation classique d'immixtion dans les affaires intérieures du pays. En octobre arrive un contingent de près de 400 Cubains, civils et militaires, et Fernando Poo devient la plaque tournante des troupes cubaines destinées à l'Angola.

Les rouages administratifs et économiques sont grippés. Seuls les coopérants chinois assument, imperturbables, leurs projets routiers et autres. Le pays ne dispose plus de savon, de sucre, de sel, de viande, de poisson (les pirogues ont été retirées pour freiner l'exode), et l'essence est rationnée. La situation reste pratiquement semblable en 1984, après cinq ans de régime Obiang Nguema. En 1974 pourtant arrive un cadeau : Ghadafi, en échange probablement de la reconnaissance par Macias Nguema du Front Polisario, accorde à la Guinée équatoriale un don d'un million de dollars. Raison avancée : « Lutte contre impérialisme et sionisme » (2). Le nombre des exilés dépasse alors 60 000. Les tentatives de renversement du régime nguemiste se précisent, la plus importante en juin 1974, à Bata. Un tribunal militaire — dont les membres sont aujourd'hui encore aux postes clés — condamnera 27 patriotes anti-nguemistes à la peine de mort, et une centaine d'autres à de longues peines d'emprisonnement (118 ayant déjà été abattus en prison auparavant).

1975 voit la disparition du vice-président de la République, Bosio Dioco, « suicidé » par les sbires du régime que sont Oyono Ayingono et Obiang Nguema. C'est l'année où pratiquement tous les postes supérieurs passent à des parents de Macias Nguema : le cousin Eyegue Ntutumu, gouverneur civil du Rio Muni, devient vice-président de la République, le neveu Oyono Ayingono cumule les ministères du Commerce, des Finances, de l'Information, la Sûreté nationale ; le neveu Obiang Nguema, aujourd'hui chef de l'Etat, est promu lieutenant-colonel et commandant en chef de l'armée. Par leurs excès, la Jeunesse et l'armée visent aussi des Nigérians, au point que du 11 au 13 février 1976 le gouvernement militaire du Nigeria en évacue plus de 25 000 lors d'une opération navale et aéroportée. En mars, les relations diplomatiques sont rompues avec les Etats-Unis, alors que Cuba s'apprête à retirer ses coopérants civils, découragés par le faux socialisme nguemiste. Ces départs vont paralyser l'enseignement et les plantations, et accélérer l'introduction du travail forcé : 2 500 personnes par district doivent être envoyées dans les cacaoyères de Fernando Poo. A l'extérieur, l'Alianza Nacional de Restauración Democrática (ANRD), après avoir écarté certains éléments jugés trop hispanophiles (dont Mba Ada et Nsue Ngomo), devient le seul mouvement de résistance à la dictature véritablement représentatif, avec une base et une envergure politique crédibles (3) sous la conduite du professeur Cruz-Melchior Eya Nchama. Elle publie notamment les premières longues listes de compatriotes assassinés et alerte la CEE — qui vient d'admettre la Guinée équatoriale comme Etat associé — montrant que soutenir le pouvoir des Nguema, c'est encourager la terreur. La CEE va effectivement ignorer la Guinée équatoriale (encore qu'individuellement, ses membres n'aient pratiquement jamais cessé les relations commerciales).

Alors qu'à l'aube de l'indépendance le revenu annuel moyen par habitant était de 180 $, en 1976 il n'est plus que de 70 $. Le travail forcé ne parvient pas à sauver la production de cacao et de café, tombée au niveau de 1924 ! Les nguemistes se muent de plus en plus en bande de hors-la-loi, rançonnant laïques et religieux qui leur tombent sous la main (4). Fin 1976, la centaine de hauts fonctionnaires encore au pays adressent à Macias Nguema, par l'entremise d'Obiang Nguema, une pétition en vue de modifier la politique économique du pays. Servile exécuteur des ordres de son oncle, Obiang Nguema les arrête : nombre d'entre eux sont assassinés à Bata. Eyegue Ntutumu, signataire de la pétition, est placé en résidence surveillée et perd le poste de vice-président, qui est confié au cousin B. Nguema Esono, simultanément ministre des Affaires étrangères (ultérieurement ambassadeur auprès de l'OUA et de l'Ethiopie). Plusieurs organismes humanitaires et de défense des droits de l'homme confirment les meurtres, les travaux forcés, la torture (souvent supervisée par Obiang Nguema et Nguema Esono en personne), les viols, les incendies de villages, etc. (5).

Fin 1977, l'Unesco interrompt ses prestations. Mais il faudra tendre 1978 pour que la Commission se réveille et se préoc-ipe des quelque 40 000 victimes et 125 000 réfugiés équato-iinéens. Elle décide, en 1979, de passer aux actes par l'envoi un rapporteur spécial. Le régime nguemiste commence alors à embler, et les jeunes laquais sentent le temps venu de sauver ur peau. Macias Nguema, qui vit retiré au fond du Rio Muni, ès de Mongomo, venait de refuser leur solde à certains officiers : la garde nationale. Obiang Nguema et ses cousins sont alors)prochés par l'Espagne (à travers elle également par les Etats-nis) et par le Gabon (par son entremise la France et le Maroc). out sera dès lors entrepris pour accréditer l'idée que les nou-:aux chefs de la dictature ne sont pas des nguemistes, mais les iteurs d'un *golpe de la libertad* (coup de la liberté).

Et pourtant ! Tous les connaisseurs de la Guinée équatoriale testent que sous Macias Nguema l'armée a joué un rôle majeur. n y dénombrait alors 10 soldats pour 1 000 habitants, ce qui épasse largement la moyenne mondiale (6).

insi que par lui-même défini

> *« Ceux qui, par ambition ou égoïsme, s'opposent à la voie choisie par le peuple trouveront toujours la sanction qui émane de la Justice de ce même peuple. »*
>
> Teodoro OBIANG NGUEMA
> *Discours du XIIe Anniversaire de l'Indépendance.*
> Santa Isabel, 12 octobre 1980.

Pour affiner le tableau, il suffit de donner la parole à trois iliers du nguemisme. Ce sont, au civil, le neveu Daniel Oyono .yingono, ministre-homme-d'orchestre et chef de la Sûreté, au iilitaire, les neveux Florencio Maye Ela, futur premier vice-résident de la République, ainsi que Teodoro Obiang Nguema, iccesseur de Macias Nguema.

Après la tentative de soulèvement des prisonniers de Bata, en juin 1974, et de la condamnation à mort de 27 survivants, Oyono Ayingono a publié, en 1976, une version manipulée des minutes du procès militaire (tous les tribunaux étaient militaires sous Macias Nguema) (7). Celui qui est aujourd'hui collaborateur de García Trevijano, à Madrid, y présente le régime nguemiste dans la pure ligne observée par le pouvoir des hommes de Mongomo. Suite à l'échec de la mutinerie « contre le Régime populaire que préside le Grand Leader, Responsable suprême de la Révolution démocratique africaine sur la libre terre de Guinée équatoriale, le Camarade Macias Nguema Biyogo, justifie à nouveau la maturité civico-politique révolutionnaire du peuple travailleur de Guinée équatoriale et la réponse énergique à la conscience nationale de tous les militants guinéens et le caractère ferme et décidé de nos forces armées populaires et des milices populaires, gardiens jaloux de nos institutions démocratiques et d'une véritable indépendance totale, a contraint à l'échec total les contre-révolutionnaires et les réactionnaires, agents du néocolonialisme et de l'impérialisme et leurs plans diaboliques contre la Révolution guinéenne »...

« Le Père de la Révolution, connaisseur direct et profond de la pensée colonialiste, néocolonialiste et impérialiste et ses plans diaboliques (...) communique quotidiennement sa doctrine révolutionnaire à son cher Peuple pour qu'il évite de succomber sous la démagogie froide et myope de ceux qui prétendent réduire notre marche révolutionnaire à un simple pas momentané »...

« Ainsi, la ferme vigilence et le combat jaloux et ininterrompu des classes populaires travailleuses organisées de notre Pays et l'attitude héroïque de nos Forces Armées Populaires, et les Milices populaires qui constituent la colonne vertébrale de la véritable Armée du peuple de Guinée équatoriale (...) ont réussi à supplanter victorieusement les manœuvres néocolonialistes et impérialistes contre les libertés démocratiques de notre pays. »

Voici donc la « véritable révolution démocratique » au service de l'« internationalisme prolétaire », auquel ont participé les Oyono Ayingono, les Maye Ela, les Obiang Nguema, les Mba Oñana, la milice et les forces armées.

Mais que disent-ils après la révolution de palais d'août 1979 ?
aye Ela : en tant que premier vice-président du Conseil Militre Suprême et ministre des Affaires étrangères, il devait déclarer rs de la VIe Conférence des Chefs d'Etat ou de gouvernement s pays non-alignés, à La Havane (en septembre 1979, peu avant xécution de l'oncle Macias Nguema) : « La destruction du gime dictatorial et sanguinaire de l'ex-président Macias Nguema yogo par les Forces Armées Populaires est l'expression de la ise de conscience historique de l'Armée Nationale, face à notre uple, en raison du lamentable état de misère auquel le régime térieur a réduit le pays durant les 11 ans de son mandat. Des nées qui furent le véritable supplice d'horreur et de souffrance ur le peuple guinéen et une totale spoliation des valeurs tradinnelles et spirituelles de nos citoyens »...

« Le mandat de l'ex-président s'est caractérisé par une ambiuse centralisation personnelle de l'Administration et des autres stitutions de l'Etat, accaparant tous les pouvoirs. L'oppression ait multiple : oppression morale, oppression administrative, pression des croyants, etc... »

« Partant d'un niveau d'éducation élevé, d'un indice d'alphatisation qui nous plaçait entre les premiers d'Afrique, nous mmes passés à un lamentable appauvrissement culturel... »

« ... un régime caractérisé par la violation systématique et flaante des droits fondamentaux du citoyen guinéen, voire étranr : assassinats, disparitions, incarcérations arbitraires, tortures, nissements, assignations à résidence, mauvais traitements de ute sorte, confiscation de biens d'autrui, destruction de la proiété, privation d'information, des libertés de mouvement. Ces atiques ont été la vie quotidienne des citoyens guinéens durant s onze ans du régime dictatorial et sanguinaire de l'ex-président acias [Nguema]. Cette misère et disgrâce humaine a provoqué fuite massive de milliers de nos compatriotes à l'étranger, se yant contraints à vivre dans un exil forcé... »

Obiang Nguema, dans son discours du 1er anniversaire du coup Etat (8), le 3 août 1980, déclarait : « Les desseins démagogiques totalitaires du dictateur destitué n'ont pas tardé à faire de l'opession, du tribalisme, des intrigues et autres pratiques similaires, ncarnation de son régime de triste mémoire pour notre peuple. s pillages, assassinats, tortures, corruption et la constante viotion des Droits de l'Homme élémentaires étaient choses quotidiennes et convertissaient notre pays en un lieu de constan supplices et de larmes amères. Toutes les institutions démocra tiques furent supprimées pour faire place à la plus abominabl dictature de tous les temps dans laquelle l'arbitraire et l'injustic se sont convertis en loi fondamentale de l'Etat ». Obiang Nguem prétend aussi qu'outre les persécutions contre les fonctionnaire les militaires eurent à souffrir eux aussi (9). Le 2 août 198 il ajoutait que les assassinats, massacres, tortures, détentions, etc « provoquèrent un exode massif de milliers de compatriotes qu se virent obligés de se réfugier dans d'autres pays de peur d perdre leur vie » (10). Enfin, lors de la Conférence des donateur organisée par le PNUD dans l'enceinte du Siège européen de Nations Unies, à Genève, en avril 1982, il se résume ainsi « ... la stagnation économique et la situation socio-politiqu catastrophique qui régnaient dans le pays durant la période 196 1979 firent que les Forces Armées, conscientes de leur respon sabilité historique et de leur devoir sacré de veiller au bien-êtr et aux intérêts du peuple équato-guinéen sans recherche d pouvoir et pour répondre aux vœux de toutes les couches sociale décidèrent le 3 août 1979 de prendre le pouvoir direct du Gou vernement et autres Institutions... » (11).

Or, Maye Ela, aujourd'hui représentant de la Guinée équato riale aux Nations Unies, à New York, et Obiang Nguema, dicta teur en vertu d'une constitution sur mesure, représentaient alor les deux piliers des forces armées. Cette armée, ainsi que l féroce Jeunesse en marche avec Macias qui étaient donnée en 1976, par Oyono Ayingono comme « gardiens jaloux de no institutions démocratiques et d'une véritable indépendance totale » En fait, grâce à « l'attitude héroïque » de ces deux institution « qui constituent la colonne vertébrale de la véritable Armée d peuple de Guinée Equatoriale », grâce à des Obiang Nguema vice-ministre des Forces Armées et Gouverneur militaire d Fernando Poo (et directeur de la prison de Playa Negra), et May Ela, commandant de la Marine, Macias Nguema a réussi à sup planter « victorieusement les manœuvres néocoloniales et impé rialistes contre les libertés démocratiques », celles-là même qu depuis 1979 Maye Ela et Obiang Nguema décrivent comm « sanguinaires » et violant de façon flagrante et systématique le droits de l'homme. Leur « devoir sacré » a été ainsi durant le onze ans de dictature Macias Nguema, de « veiller au bien-êtr et aux intérêts du peuple équato-guinéen ».

L'ONU ET LA PREMIÈRE DICTATURE NGUEMISTE

> *« Les organes de l'ONU ont quelquefois cherché à dénoncer et à attirer l'attention, par la publicité, sur les violations ou les dénis des droits de l'homme et des libertés fondamentales. »*
>
> NATIONS UNIES
> *Activités de l'ONU dans le domaine des Droits de l'Homme.*
> New York, 1982, p. 404.

Comment les institutions des Nations Unies se sont-elles comportées en Guinée équatoriale durant cette période douloureuse ? Hormis quelques missions de consultants, les opérations des diverses institutions spécialisées et du PNUD ont la plupart débuté en 1971. Dès lors, l'assistance onusienne représenta 36 % de l'ensemble des aides dont bénéficiait la Guinée équatoriale.

Les échecs onusiens

Dépenser obstinément

Fin 1971, une vingtaine d'enseignants secondaires latino-américains ont été fournis par l'Unesco. En 1972, le PNUD (principal organe de financement des opérations de coopération technique des diverses Agences) fixait le chiffre indicatif de planification (CIP) (12) de la Guinée équatoriale à 3,5 Mio de dollars. Si les premières opérations du PNUD furent marquées par leur caractère d'urgence, et souffraient de l'absence d'organe national de planification, c'est surtout l'insuffisance des fonds alloués aux secteurs productifs qui frappe. L'agriculture — principale source de revenus du pays — a été négligée et l'industrie peu encouragée. En 1974, le document « Programme par pays : Assistance demandée au PNUD » (13) feint de faire porter la responsabilité de la crise économique à un manque de fonds ; il se tait diplomatiquement sur les excès du régime nguemiste, qui sont pourtant la cause majeure de la banqueroute du pays. Mieux : le texte évoque un « gouvernement conscient de cette situation », apte à énoncer des priorités, et qui aurait fourni des directives au PNUD, ce qui est proprement un leurre. Déjà huit experts et fonctionnaires d'institutions internationales (sans parler de ceux de l'OUA) dont le représentant résident du PNUD et ses adjoints (1973), l'expert forestier de la FAO (1973), l'expert en chef de l'Unesco (1974), trois médecins de l'OMS, avaient été expulsés par le gouvernement. Dès 1973, à travers le rapport de la mission pluridisciplinaire du PNUD, on eut « la preuve que 90 % des boursiers formés dans les pays développés ne rentraient pas une fois les études achevées ». La raison de ces exils était pourtant évidente, et connue au siège des diverses Agences onusiennes.

En 1975 se produit l'expulsion de l'expert en chef du projet routier BIRD/PNUD. A ce moment-là, la démocratie parlementaire est liquidée depuis cinq ans déjà, l'Eglise catholique amputée de ses évêques, l'Eglise protestante étouffée et ses pasteurs assassinés ou en exil, et les lieux de culte tranformés en dépôts de munition, de cacao ou en salle de sport.

Une fois les cadres onusiens expulsés, le Bureau du PNUD est mis en veilleuse ; de même, sommeillent les projets des diverses Agences onusiennes : Centre de Développement de l'Education (CDE) sans étudiants, Projet de formation de personnel destiné à l'entretien du réseau routier sans candidats, Ecole de formation d'infirmiers sans stagiaires, Projet de réorganisation du système fiscal sans inspecteurs, Volontaires des Nations Unies privés de la structure d'accueil promise par les autorités, etc. De plus, les 28 professeurs Unescopas, dans les lycées de Santa Isabel, Bata et Ebebiyin étaient, la moitié du temps scolaire, privés de leurs élèves appelés à s'entraîner à des défilés militaires, munis de fusils de bois vendus par le PUNT. Jusqu'en 1974, le jeu de cache-cache entre experts Unesco/professeurs Unescopas et leurs étudiants, entre experts et stagiaires, avait coûté 1,8 million de dollars.

En dépit des résultats médiocres de l'assistance onusienne (ceci ne vise pas la bonne volonté et le dévouement de ce personnel placé dans une bien frustrante situation), le PNUD ne se préoccupe que d'une chose : les taux d'exécution des projets, c'est-à-dire de savoir si les montants budgétés ont été dépensés. Aussi, le Conseil d'administration du PNUD prévoit-il le maintien de sept professeurs Unescopas, l'augmentation à cinq des volontaires des Nations Unies, ce qui allait amener le coût total du projet plus de deux millions de dollars. Le Centre de Développement e l'Education (1,1 Mio de $), « considéré comme hautement rioritaire par le Gouvernement », à en croire le document du onseil d'administration — et qui pourtant, de 1972 à 1975 vait été empêché par le pouvoir nguemiste de former qui que : soit —, était envisagé pour dix ans, car on espérait atteindre 1 1982 la guinéanisation totale de son personnel académique et lministratif. Il est vaguement fait allusion à une évaluation du rojet, fin 1975, qui pourrait amener une démobilisation en cas e mauvais fonctionnement ; mais on gardait bon espoir. De plus, apport cubain en professeurs était censé consolider la moindre art onusienne. Or, on sait que Cuba retira ses coopérants civils ébut 1976, en pleine année scolaire, après l'évacuation des availleurs nigérians harcelés par l'armée d'Obiang Nguema. Le rojet CDE perdura jusqu'à ce que, fin 1976, le Directeur général e l'Unesco informe le gouvernement nguemiste de l'arrêt pro-1ain des prestations de son organisation. Cette décision judi-euse valut à l'Unesco des protestations du PNUD.

Le document du Conseil d'administration du PNUD, de 1974, sistait aussi sur l'aide de l'Unicef : équipements scolaires, maté-el pour jardins scolaires, équipements sportifs, etc. Tant le NUD que l'Unicef et l'Unesco avaient pourtant été informés ar les experts du fait que ce matériel Unicef avait en partie été olé et revendu par un neveu de Macias Nguema, attaché au inistère de l'Education, et membre du Comité central du PUNT our la jeunesse et les sports (14). Or, on lit dans le document u PNUD de 1974 : « Il est à espérer que l'Unicef (...) non seule-ent continuera à apporter son aide au cours des principales 1ases qui suivront, mais encore augmentera sa contribution... ».

Côté OIT, le projet de formation de personnel technique a 1 être réduit en 1972 à un cours de perfectionnement pour ectriciens seulement, puis annulé ; mais le document du PNUD oute pudiquement : « en vue d'utiliser les crédits qui y étaient fectés à d'autres projets considérés à l'époque comme plus gents ». Quand on sait que les quelques électriciens qui ont casionnellement participé au cours de perfectionnement se sont 1 refuser par le gouvernement toute reconnaissance de ce stage, que l'urgence d'autres projets n'est qu'une formule de style, 1 peut passer par pertes (sans profits) les 62 500 dollars que les ux experts de l'OIT ont coûté à la communauté internationale.

Côté santé, précisons simplement que l'Ecole nationale d'auxi-1ires de santé ouverte avec l'aide de l'OMS à Bata, en 1970, a fonctionné péniblement un an, avec une cinquantaine de candidats sous-qualifiés imposés par le régime. Mais le document du PNUD voile cette réalité en disant que l'Ecole avait « enregistré jusqu'ici environ 250 inscriptions. Une partie du personnel hospitalier a suivi des cours de recyclage ». Une infirmière uruguayenne, experte en formation de personnel sanitaire, a végété à Bata plusieurs années sans rien pouvoir réaliser de concret. Même remarque pour les trois ingénieurs sanitaires chargés d'étudier le possible captage d'eau pour l'approvisionnement de Santa Isabel et de Bata. L'OMS a dépensé pour la Guinée équatoriale, sans résultat effectif, 555 000 dollars entre 1972 et 1975. On savait pourtant, à Genève, que divers médecins et infirmiers équato-guinéens avaient été liquidés par la dictature, parmi eux le Dr Manuel Kombe, directeur des services techniques du ministère de la Santé — un des principaux interlocuteurs de l'OMS — assassiné en 1974.

Quant au projet d'entretien du réseau routier, d'un montant de 400 000 dollars, il est annoncé « en cours d'exécution », euphémisme pour déclarer que l'ONU continue à dépenser pour du matériel et quatre experts empêchés de faire quoi que ce soit de concret. Pendant ce temps, les experts engagés directement par l'ONU, notamment pour l'entretien des centrales électriques de Santa Isabel et de Bata, cherchaient en vain à les sauver du manque de soins apportés par un personnel national souvent non payé et non qualifié.

Les dépenses du seul PNUD, entre 1972 et 1974 — sans compter l'OMS et l'UNICEF — se montent à 2,5 Mio de $ (soit 8 $ par ressortissant encore au pays). Mieux, dès 1973 la mission pluridisciplinaire du PNUD venait aider le gouvernement nguemiste à réviser les programmes d'assistance technique mis sur pied « voici deux ans » et « qui ne correspondent déjà plus aux nécessités immédiates ». Il est vrai qu'entre temps le nombre de victimes du régime était monté à plus de vingt mille soit un Equato-Guinéen sur 20 ! Qu'importe ! Les activités ont-elles été paralysées durant les premières années ? Nous ferons mieux durant la phase suivante ; et le PNUD d'envisager pour la période 1975-1978 (15) de consacrer aux divers programmes pour la Guinée équatoriale (dont aucun n'avait jusqu'alors donné de fruits, pour des raisons clairement connues) pas moins de 3,4 Mio de dollars nouveaux.

e cas particulier de l'Education

Voyons maintenant, à travers le plus coûteux de ces projets, le entre de Développement de l'Education, comment a évolué cette résence onusienne improductive. En 1974, le conseiller technique incipal (CTP) est déclaré *persona non grata* pour une classique immixtion dans les affaires intérieures », l'argument péremptoire ui n'appelle pas d'explication. Toutefois, en décembre, le CDE it démarrer ses activités opérationnelles grâce aux sept experts nesco et aux professeurs cubains et espagnols encore sur place, vec 51 étudiants (sélectionnés par la présidence de la République lon des critères ethniques). Les difficultés innombrables, dont e nombreuses vexations par les autorités locales (en particulier absence de droit de réunion), font que cinq des sept experts essent leur activité début 1976, après qu'en 1975 déjà le successeur du CTP eut été jugé indésirable lui aussi. Leur remplacement s'avéra difficile, vu la triste réputation dont commençait jouir la dictature nguemiste, ce d'autant plus que fin 1976 le inistre de l'Education et ses principaux collaborateurs furent sassinés après avoir été arrêtés par Obiang Nguema. L'Education nationale décapitée, le bureau du PNUD signala à l'Unesco u'il ne restait plus d'autre solution que de traiter avec le délégué ministère au Rio Muni, plutôt qu'avec le ministère inexistant e Santa Isabel. Fin 1976, les affaires de l'Education nationale rent confiées par le « Grand Maître en Education, Science et ulture traditionnelle » que prétendait être Macias Nguema au inistre de la Santé, son neveu, l'instituteur Obiang Alogo ndo (16), principal agent de la propagande nguemiste au sein PUNT. En mars 1977 encore, ni le PNUD, ni l'Unesco ne vaient exactement à quel saint se vouer, et cherchaient un interlocuteur pour leur projet claudicant. Et le seul expert Unesco ncore sur place, chargé en principe de la formation agricole des turs enseignants, privé d'étudiants, passait son temps à projeter remise en état du parc avicole de Basilé, près de Santa Isabel, ésaffecté depuis 1969. Pourtant, rien que durant l'année 1977, après le très officiel *Annuaire des Nations Unies,* le PNUD, ONUDI et l'OMS ont à eux trois dépensé pas moins de 470 000 ollars pour des projets qui n'ont jamais été réalisés, ou qui seront connus, deux ans plus tard, comme ruinés.

Le banditisme d'Etat

Quelques mois auparavant, en août 1976, la Sous-commission des Nations Unies pour la prévention de la discrimination et la protection des minorités venait enfin de rompre le silence, à l'instigation de l'ANRD et de la Société anti-esclavagiste (Londres) (17). Cette sous-commission de la Commission examina les conditions catastrophiques prévalant en Guinée équatoriale ; elle se pencha en particulier sur le pénible cas d'une adolescente de Santa Isabel qui, pour avoir refusé de cohabiter avec un fonctionnaire nguemiste, a été exposée au viol d'une dizaine d'individus, au point d'y laisser sa vie (18). Cette mort doit être ajoutée à celle des vingt-cinq écoliers et élèves de l'enseignement secondaire assassinés depuis 1969 par les monstres nguemistes.

Le cas le plus connu, et dont les instances des Nations Unies étaient parfaitement informées, fut celui d'un jeune Ndowe de seize ans, emprisonné à Bata au moment où les prisonniers préparaient le soulèvement de juin 1974. Echappé au carnage provoqué par l'armée dans la prison, ce garçon se retrouva au nombre des 90 hommes et femmes traduits devant la cour militaire : parmi les 27 condamnés à mort, notre adolescent. Il fut fusillé par un peloton de l'armée, en compagnie de l'ex-ministre du Travail Boricho Toichoa, couché au sol à cause des jambes fracturées durant les interrogatoires ! On pourrait évoquer aussi, parmi d'autres, le cas de l'institutrice Isabela Ipuna, que l'on amputa d'un bras pour avoir échangé de la correspondance avec des parents à l'étranger. Voici pourquoi l'ex-ministre de la Santé, le cousin d'Obiang Nguema, R. Obiang Nzogo, empruntait la valise diplomatique du PNUD pour communiquer avec l'extérieur...

Plus près des préoccupations onusiennes aurait dû être le cas d'un des employés nationaux du PNUD, à Santa Isabel, Placido Beaca Belope, chauffeur du Représentant résident. A l'occasion de l'expulsion de son chef, il fut incarcéré à Bata, s'y trouvant mêlé malgré lui au soulèvement de 1974. Le Tribunal militaire le condamna à vingt-neuf ans de réclusion. En dépit de l'insistance du personnel onusien encore sur place, l'Institution internationale ne leva pas un doigt pour la défense de son collaborateur équato-guinéen.

Sur un autre plan, l'ONU avait parfaitement conscience de

banditisme d'Etat de l'équipe nguemiste. Nous avons vu qu'en mars 1969 le premier ambassadeur de la Guinée équatoriale auprès de l'ONU, le journaliste Ibongo Iyanga, est assassiné à son arrivée à Santa Isabel. Son successeur, le pasteur protestant Gustavo Mbela, après avoir, semble-t-il, échappé à un attentat, démissionna et demanda l'asile politique aux Etats-Unis. Son collaborateur, Thomas Malonga, se réfugia au Mozambique. Le successeur de Mbela, Esono Miko, ex-député de la liste Macias Nguema, occupa ce poste jusqu'en 1974. On lui confia alors la fonction d'ambassadeur à l'OUA, puis au Cameroun, après quoi il demanda l'asile politique à ce pays, à la suite de l'assassinat des derniers hauts fonctionnaires et magistrats arrêtés par Obiang Nguema. C'est alors qu'Ekua Miko, un irréductible de la dictature, est envoyé auprès de l'ONU où il devait se signaler par ses protestations contre les prétendues atrocités commises par la France à Mayotte. D'abord ambassadeur au Gabon, puis en Chine populaire, il est ensuite désigné par Obiang Nguema, comme ambassadeur chez l'autre voisin, le Cameroun. A New York, Ekua Miko fut remplacé par un chargé d'affaires, à qui succéda un parent direct des Nguema, Evuna Owono Asangono. C'est lui qui, lors d'une conférence de presse (1978), nia les violations des droits de l'homme dans son pays (ultérieurement reconnues par la dictature militaire). Après la chute de Macias Nguema, Owono Asangono est ambassadeur en Espagne et représente son pays auprès de la Commission, à Genève. C'est lui qui qualifia de « terroriste » le secrétaire général de l'ANRD, Eya Nchama, lors de la session de la Sous-commission des droits de l'homme. En octobre 1978, un an après l'affaire du trafic de drogue auquel sa femme a été mêlée, il est appelé aux Affaires étrangères comme secrétaire d'Etat, pour son attachement à la cause nguemiste.

Remplir le gouffre sans fond

Alors que le pays connaissait une situation cambodgienne à la Pol Pot, et qu'enfin la Commission des droits de l'homme se mettait à l'ouvrage, le Conseil d'administration du PNUD décida, lui, de consacrer à la Guinée équatoriale nguemiste quatre nouveaux millions de dollars pour le quinquennat 1977-1981. L'analyse des montants déboursés depuis 1972 et des résultats obtenus en 1978 s'ouvre pourtant sur un bien piètre bilan :

Montant déboursé par les organisations onusiennes entre 1972 et 1978 : BIRD, BIT, FAO, OIT, OMM, OMS, ONU (Ass. tech.), ONUDI, UIT, UNESCO, UNICEF, UPU :

Dollars US 6 600 000 (19)

Résultats obtenus grâce aux divers programmes et projets :

— professeur de l'enseignement secondaire formé : zéro (20) ;

— instituteur formé : zéro ;

— infirmier formé : zéro (21) ;

— personnel pour l'entretien du réseau routier formé : zéro ;

— quelques électriciens perfectionnés ;

— planification des activités du ministère de l'Education nationale : zéro ;

— professeurs Unescopas [28], chargés de l'enseignement secondaire, privés de leurs élèves 50 % du temps scolaire à cause de l'entraînement para-militaire ;

— projets pilotes divers pour la remise en état des plantations : zéro ;

— remise en état des palmeraies et fabriques de savon et d'huile : zéro ;

— rénovation de l'économie forestière : zéro ;

— administration du travail et de la sécurité sociale : zéro ;

— sauvetage des centrales et du réseau électrique : zéro ;

— etc., etc.

Parmi ces dépenses, celles consacrées à l'Education représentent 70 % du total. Il est difficile d'évaluer le rendement exact des projets éducatifs ; mais le fait qu'en 1980 les Nations Unies, dans le *Rapport à l'Assemblée générale pour l'assistance à la Guinée équatoriale,* signalent qu'en 1979 « le Ministère de l'Education ne fonctionne plus depuis plusieurs années et la structure de l'enseignement [est] virtuellement détruite » répond assez aux scrupules de l'observateur : de quelque 200 années / expert consacrées à l'enseignement général et normal il ne reste rien. Entre 1970 et 1978, les 6,6 Mio de dollars ont servi à consolider le pouvoir nguemiste. La communauté internationale pouvait alors légitimement croire que grâce à la présence onusienne la Guinée équatoriale était sur la voie de l'indépendance culturelle et économique (l'Espagne favorisant cette illusion par la censure) (22). Malheureusement, l'oppression gagnait au vu et au su du personnel international.

L'ÈRE OBIANG NGUEMA ET CONSORTS : 1979-....

> « *L'incapacité du nouveau régime équato-guinéen de se démarquer de façon convaincante de celui qu'il a remplacé.* »
>
> Philippe DECRAENE
> « Une immense expérience ».
> *Le Monde diplomatique.*
> Paris, août 1983, p. 27.

La République nguemiste militaire

Un changement patronné par l'ONU

Selon l'ex-doyen de la Faculté des Lettres et Sciences humaines de l'Université d'Abidjan, Lanciné Sylla, le passage de Macias Nguema à Obiang Nguema peut être résumé comme suit : « La hantise permanente des conspirations et des coups d'Etat conduira aux purges successives et aux condamnations à mort, lesquelles purges et condamnations à mort conduiront inéluctablement au coup d'Etat militaire, révolution de palais, sorti des rangs de ceux-là même qui étaient les hommes de main du dictateur. En effet, l'exécution, le 16 juin 1979, de onze officiers de la garde nationale parmi lesquels le frère d'un certain colonel [Obiang Nguema] Mbazogo, Chef d'Etat major et vice-ministre de la Défense, conduira celui-ci à renverser le dictateur Macias Nguema, d'autant plus qu'il se sentait lui-même visé par l'exécution de son frère et que le dictateur semblait avoir l'intention de se débarrasser de lui. Cette sorte de *struggle for life* conduira ainsi le vice-ministre de la défense à renverser son maître-sorcier le 3 août 1979 » (23). En fait, l'opération a été menée surtout par ses cousins de l'ethnie Mbon, Maye Ela et Ela Nseng. Le Gabon joue un rôle déterminant dans ce coup d'Etat : on a pu apprendre que les troupes gabonaises, entrées en Guinée équatoriale à Akurenam, le 6 août, ont avancé jusqu'à Evinayong, puis obliqué vers Mongomo, via Akonibe, pour y détruire la résidence de Macias Nguema, alors que celui-ci combattait les rebelles aux environs de Niefang. Les troupes loyalistes prises en étau et décimées, Macias Nguema se retrouve seul en brousse. A bout de résistance, il est capturé par des villageois.

Le 6 août déjà, une délégation espagnole arrivait à Santa Isabel, doublée de secours alimentaires, de médicaments et de matériel anti-émeutes, accompagnée d'un détachement de policiers espagnols. Suivra le représentant d'une CEE pressée par la France. Des soldats et officiers marocains arrivent via le Gabon (24) et forment autour d'Obiang Nguema, le nouveau dictateur nguemiste, une garde présidentielle chérifienne. Fin septembre 1979, cousins et neveux de Macias Nguema traduisent leur guide devant un tribunal militaire, en même temps qu'Eyegue Ntutumu (pourtant en résidence surveillée depuis son arrestation par Obiang Nguema pour avoir osé critiquer la politique économique nguemiste) et quelques subalternes ; ils sont la plupart condamnés à la peine capitale et fusillés (25).

Con Mongomo siempre

Mais le nguemisme n'est pas mort pour autant : depuis le 25 août fonctionne un gouvernement militaire avec des hommes membres d'un Conseil Militaire Suprême (C.M.S.) qui comprend uniquement des neveux de Macias Nguema et des nguemistes notoires : sur trente-cinq membres, trente-deux sont originaires de Mongomo ou de sa province. Au point que la population a inventé la boutade *CMS = Con Mongomo Siempre* (toujours avec Mongomo), par analogie avec le slogan proclamé jusque-là : « Toujours avec Macias, jamais sans Macias » (*Simpre con Macias, nunca sin Macias*). Près de la moitié des membres de ce « nouveau » pouvoir sont issus de la Jeunesse en marche avec Macias (intégrée dans l'armée régulière après la révolution de palais). Quant au corps diplomatique, il est composé exclusivement de parents d'Obiang Nguema et de nguemistes.

En 1981, la revue anglophone *Africa,* constatant la détérioration de la situation en Guinée équatoriale, souligna que les prétendues réformes du CMS étaient des *cosmetics,* et que la junte nguemiste n'était rien de plus que du *new wine in an old bottle* (26). Quant à Ph. Decraene, de retour de Guinée équatoriale, il confirmait le sourd climat de mécontentement perceptible dans le pays, ainsi que les violents conflits de personnes qui déchirent le clan nguemiste. Dans Santa Isabel et Bata, outre « l'impres-

on de vivre coupé du reste du monde », nul n'est en mesure
e donner la composition exacte du CMS. Celle-ci « varie au gré
es humeurs présidentielles. Ce que l'on sait, c'est qu'il compte,
omme tous les services publics, une proportion importante de
ens originaires de Mongomo, région natale de l'actuel président
de son prédécesseur ». Mais ce régime militaire « n'est pas
arvenu à redresser la situation [politique et économique] et tente
busivement de s'en justifier par de fausses explications », tout
omme sous Macias Nguema (27).

Nul mieux que l'ex-ambassadeur d'Espagne, J.L. Graullera,
'est en mesure de diagnostiquer une des causes majeures du
haos équato-guinéen : « ce qui est véritablement grave en Guinée
équatoriale], c'est qu'on n'utilise pas toujours les organes compé-
nts pour exercer les fonctions de l'Etat, car pour cela, en dépit
'un organe et d'un titulaire, on emploie des personnes qui n'ont
as la compétence administrative [l'armée en général, le CMS en
articulier, ainsi que ceux dont la seule qualité est d'être parents
sangui de Mongomo, ou complices de longue date], mais qui
xercent, un pouvoir parallèle. C'est là le grand problème de la
uinée [équatoriale] » (28). Et Graullera d'ajouter que le pays
e se développera pas sans le respect des droits civils et écono-
iques. Mais est-ce possible avec les hommes en place ? Graul-
ra en doute : « Le passage de Macias à Obiang ne suppose pas
disparition du macisme [nguemisme] ». Et comme pour complé-
er sa pensée, *Diario 16* souligne que « la seule chose qui séparait
facias [Nguema] d'Obiang [Nguema] et ceux qui l'assistèrent dans
chute de F. Macias est le fait que depuis des mois ils n'avaient
ouché leur solde de centurions de la terreur (...). Aujourd'hui on
oit très clair : Teodoro [Obiang Nguema] ne fonctionne pas en
ertu des prémisses d'honneur qu'il aurait dû apprendre à l'Aca-
émie militaire de Saragosse, mais selon les habitudes dont il s'est
ourri en tant qu'homme de la tribu fang [Esangui] de Mon-
omo » (29).

Le 12 octobre 1979, au XIe anniversaire de la République,
Obiang Nguema osa proclamer une amnistie pour les exilés qu'il
personnellement contribué à faire fuir leur patrie ; cette *amnistie
l'envers* n'a évidemment été mise à profit que par d'anciens
omplices de la dictature et par une dizaine de milliers de réfugiés
conomiques, soit moins de 15 000 des 125 000 Equato-Guinéens
e la diaspora. Dans le rapport de l'observateur de la Commis-
ion internationale des Juristes au procès de Macias Nguema, on
it bien que « les antécédents de ceux qui détiennent aujourd'hui

le pouvoir sont également un motif de préoccupation parmi les exilés équato-guinéens ». En effet, l' « important nombre des réfugiés qui échappèrent à l'oppression implantée par Macias Nguema ne se décident pas à rentrer en Guinée équatoriale de peur que l'engagement du gouvernement du Lt-Col. Teodoro Obiang Nguema pour la démocratie et le respect des Droits de l'Homme soit moindre que ne le suggère le fait d'avoir organisé un procès public » (30). Dès 1980, la plupart des rares réfugiés politiques rentrés au pays repartent pour un second exil.

Simultanément, les propriétaires espagnols des plantations de cacao et de café hésitent à reprendre les activités. En octobre 1979, M. Galley, ministre français de la Coopération, se rend à Santa Isabel, pendant que le président Giscard d'Estaing reçoit à Paris le deuxième vice-président, le neveu nguemiste Ela Nseng. En décembre, c'est le roi Juan Carlos Ier d'Espagne qui est accueilli à Santa Isabel, sous le slogan « Notre Roi ». A cette occasion Obiang Nguema demande à l'Etat espagnol de se charger du budget de son pays durant les cinq ans à venir, et de faire de l'ex-colonie la tant espérée « Suisse de l'Afrique » (31).

Avec ses coopérants militaires et civils, l'Espagne transforme rapidement la Guinée équatoriale en chasse gardée, y exerçant une véritable mainmise sur les administrations. L'obtention des licences d'exportation et d'importation dépend du bon vouloir des conseillers espagnols, la plupart liés à l'UCD (Unión del Centro Democrático). Et pour que la chose ne s'évente point, une nouvelle censure sur les informations de Guinée équatoriale est mise en place par Alberto Recarte, responsable de la coopération avec l'ex-colonie.

Mais les observateurs notent que la Guinée équatoriale est tiraillée d'un côté par l'opposition des intérêts de l'Espagne et de ceux de la France, de l'autre côté par les dissensions entre les têtes du CMS, plus particulièrement Obiang Nguema et Maye Ela. Un second gouvernement militaire nguemiste est mis en place en janvier 1980, avec neuf ressortissants de Mongomo sur onze ministres (commissaires). Obiang Nguema se rend successivement chez les voisins et au Maroc. Dans ce dernier pays, il est remercié pour l'interruption de l'appui au Front Polisario, en échange des troupes marocaines. En été, les nguemistes, cherchant à convaincre la communauté internationale de leurs préoccupations en matière de défense des libertés fondamentales, mandatent comme observateur auprès de la Commission des droits de l'homme José Domingo Dougan Beaca. Il s'agit d'un des fils de l'ex-ministre de la Justice sous Macias Nguema, J. Okori Dougan. Un autre fils, J. Dougan Jones, collabore, à Madrid, avec les suppôts de Macias Nguema qu'ont été Oyono Ayingono et García Trevijano. En octobre, Obiang Nguema passe à Madrid, Bonn et Paris. Devant l'Elysée, il confie aux journalistes qu' « on ne peut à la fois reconstruire le pays et instaurer la démocratie », confirmant que la junte est bien décidée, comme l'était le régime nguemiste civil, à empêcher le retour à une vie parlementaire. Selon Maye Ela, cela ne se fera « pas avant cinq ans ».

Le nguemisme persiste

Les observateurs internationaux, notamment A. Artucio, S. Baynham, P. Biarnes, Ph. Decraene, P. Egubirde, A. Gaudio, R. Pélissier, P. Sebastian, etc., concordent sur une série d'évidences, à savoir :

— le régime Macias Nguema perdure à travers celui d'Obiang Nguema ;

— la dégradation de la situation intérieure s'accélère, malgré les aides étrangères ;

— les violations des droits de l'homme sont multiples ;

— l'approvisionnement du pays est celui d'une économie de guerre et les produits importés sont de qualité déplorable (32) ;

— les carences alimentaires, en particulier la dénutrition infantile, sévissent toujours ;

— la corruption est une forme de gouvernement ;

— la sécurité dans le pays est de plus en plus précaire ;

— les 110 000 Equato-Guinéens de la diaspora refusent toujours une quelconque légitimité à la junte encadrée par la famille Nguema ;

— la division entre nguemistes s'accentue ;

— la résistance populaire persiste, par le refus de produire.

Les maladresses politiques et diplomatiques d'Obiang Nguema, notamment avec les *amis* gabonais, ont obligé Juan Carlos Ier d'Espagne à effectuer une seconde visite officielle dans la région, fin 1980. Au printemps précédent, à Libreville, Obiang Nguema, embobeliné par ses hôtes, avait signé des documents donnant au Gabon des droits sur les gisements de pétrole du sud-ouest du Rio Muni.

A l'extérieur, la représentation nguemiste auprès de l'ONU, à New York, allait connaître un changement insolite : le cousin

Esangui de Macias Nguema, le Commandant Mba Oñana, ex-Cdt de la province du Rio Muni et des Forces terrestres, avait été nommé en janvier 1980 conseiller de l'ambassadeur auprès des Nations Unies, Nvono Nka Manene, son neveu. Cette mutation était attribuée à la prévarication, dont le détournement de secours d'urgence débarqués à Bata. On raconte dans les coulisses de Lake Success que Mba Oñana aurait encordé Nvono Nka Manene à son fauteuil, puis battu. Quoi qu'il en soit de cette affaire de famille, milieu 1980 Mba Oñana est de retour à Santa Isabel. Un nouveau bruit se répand rapidement : celui d'un homicide pour « légitime défense » dont Mba Oñana serait l'auteur. C'est un modèle de l'oligarchie nguemiste qui a refusé, en 1979, d'accorder un entretien au rapporteur spécial de la Commission et à ses collègues. Bien plus, lors d'un accident de voiture, avec blessures pour le rapporteur et son équipe, Mba Oñana « a manifesté un manque total d'intérêt pour les conséquences de l'accident (...) et n'a consenti qu'à contrecœur à prêter un véhicule de son convoi pour le conduire à l'hôpital de Bata » (33).

En décembre 1980 devait intervenir un autre fait significatif : le secrétaire du ministère des Forces armées, le Fang de Niefang (soit d'une autre province et d'une autre ethnie que les Nguema), Lieutenant Bee Ayetebe, camarade de formation d'Obiang Nguema à Saragosse entre 1963 et 1965, était arrêté. Bee Ayetebe avait déjà été placé en résidence surveillée durant les derniers mois du gouvernement Macias Nguema. Or, bien que membre du CMS, et un des derniers survivants du Grupo de Saragoza (34), Bee Ayetebe devenait gênant dans le nouveau contexte mongomiste. Accusé de subversion, il est traduit devant un tribunal militaire, à Bata. La peau de chagrin nguemiste se rétrécit une nouvelle fois.

Ans 13, 14 et 15 : scandales, continuité nguemiste et mésalliances

Le 1er janvier 1981, Obiang Nguema devait reconnaître les nombreux désordres et l'échec de son plan de stabilisation. Son bras droit, Mba Oñana, va dès lors l'aider à aggraver la situation, fort des grades d'inspecteur général de l'armée et de chargé des affaires de Défense. La situation économique amène des manifestations d'étudiants à Bata, en février. Elles sont réprimées violemment ; dans ce contexte, le consul d'Espagne est importuné par la troupe, et divers coopérants et hommes d'affaires espagnols sont battus sur la voie publique (35), comme le sera un fonctionnaire de l'ambassade du Nigeria.

L'esprit de famille

Peu après, Obiang Nguema se promeut colonel, se fait décorer de l'Ordre du mérite militaire par le CMS, et propulse son cousin Mba Oñana au grade de Lt-Col. Mba Oñana devint ainsi le n° 2 de la hiérarchie militaire, reléguant au troisième rang le cousin Maye Ela, alors que le quatrième cousin, Ela Nseng, depuis 1980 ambassadeur à Beijing, devient commandant. Simultanément, divers civils du régime nguemiste obtiennent des promotions : le tortionnaire Obama Nsue Mangue (Mbato) est nommé ambassadeur au Gabon ; l'aide-infirmière Frida Krohnert Oyana, troisième épouse de Macias Nguema, devient directrice technique de la Santé pour Fernando Poo et Annobon, en lieu et place d'un médecin ; Nguema Edu, ex-chef d'escorte de Macias Nguema et commandant militaire de Mongomo, devient secrétaire technique adjoint du ministère de la Défense après sa promotion comme lieutenant. Quant au frère aîné d'Obiang Nguema, Armengol Nguema, il est promu chef de l'escorte présidentielle (après trois mois de stage au Maroc), tandis qu'un des frères de Constanza, première épouse d'Obiang Nguema, est promu en septembre 1981 sous-directeur du Banco de Crédito y Desarrollo.

Le 15 mars éclate une dispute entre civils et militaires du conseil des ministres (*junta técnica*) amenant la démission momentanée d'Abaga Ondo Maye, conseiller du CMS pour l'information, mari d'une cousine d'Obiang Nguema. Le même jour, le secrétaire des Affaires étrangères, Mba Ndong, interlocuteur de la *Commission* est menacé ; il trouve refuge à l'ambassade de France, d'où il demande la protection des Marocains. Après avoir démissionné, il sera arrêté courant avril. Le lendemain, Obiang Nguema accepte de signer de nombreux décrets de destitution de hauts fonctionnaires. Outre Abaga Ondo et Mba Ndong, sont mis sur la touche des Nse Nfumu, fonctionnaire du protocole, rentré de son exil au Cameroun, Ondo Mengue, directeur technique des organisations internationales, Maho Sikacha, directeur de la Santé pour le Rio Muni, Epam Botala, directeur du Tourisme, et bien d'autres. Fin mars sont arrêtés Abaga Ondo, Asumu Nsué (commissaire adjoint au Travail), accusés d'être informés de l'existence d'un prétendu dépôt d'armes à Ebebiyin. Nsué Ngomo, ex-président du Sénat, ex-ambassadeur en Espagne et copropriétaire avec Mba Ada de la société import-export Exigensa est mis au secret. Alors que Mba Ada parvient à quitter le pays, ses employés, équato-guinéens et espagnols (huit en tout) sont incarcérés, accusés d'être à l'origine du dépôt d'armes (36). Les deux avions Aviocar de la coopération espagnole acheminent un supplément de troupes de Bata à Santa Isabel. Tous les biens de Mba Ada, dont les cacaoyères Rosaria et Las Coronas (près de San Carlos, confiées à celui-ci par Obiang Nguema), ainsi que le parc de véhicules sont confisqués par Mba Oñana. C'est que ce parent de Macias Nguema occupe aussi le poste de directeur de la société nationale de transports terrestres, Oficar. Mba Oñana, très hostile à Maye Ela, commence à articuler des accusations de trafic d'armes. Et fin mars, le FMI accepte de la part des nguemistes un retrait de 3,7 Mio de DTS au titre du mécanisme de financement compensatoire. Sans parler de prêts substantiels...

La « complotite »

Début avril 1981 éclate un simili-complot contre Obiang Nguema, semble-t-il né de l'imagination de Mba Oñana. Des fusillades à Santa Isabel se terminent par dix-neuf morts, dont quatre soldats marocains. Une trentaine d'officiers de marine et de fonctionnaires du ministère des Affaires étrangères, subordonnés de Maye Ela, sont arrêtés. Le 18, Maye Ela entreprend avec sa famille (dont ses deux femmes) le voyage de Madrid, puis une visite officielle à travers l'Amérique latine. Du Chili (où il invite Pinochet en Guinée équatoriale — invitation acceptée) au Mexique, il proclame l'indéfectible amitié entre son pays, l'Espagne et l'URSS, fustigeant par contre la subversion libyenne.

Alors qu'on ne trouve plus en Guinée équatoriale ni farine, ni sucre (mais des vidéo-cassettes), le président Obiang Nguema adresse à la population une allocution radiodiffusée, le 20 avril 1981 : « Si jusqu'à maintenant la Guinée équatoriale a pu progresser, cela est dû à l'aide des pays amis et de la communauté internationale, mais pas à l'effort des Guinéens (...) ».

« La crise persistera jusqu'à ce que la Guinée soit décidée à se consacrer avec courage et enthousiasme à son travail pour rendre possible la reconstruction nationale. Ce n'est pas la main-d'œuvre qui manque en Guinée équatoriale, mais la volonté de travailler sans laquelle il est impossible de développer un pays après la si longue période d'abandon et de destruction qu'a vécue la nation durant le régime antérieur ». Régime antérieur dans lequel Obiang Nguema était précisément l'exécuteur des volontés de Macias Nguema...

Milieu 1981, un nouveau Tribunal militaire commence à siéger, fort semblable à ceux de l'ère Macias Nguema. Le juge d'instruction est l'immuable ex-dirigeant de la Jeunesse, le Cap. Moro Mba, fort actif déjà en 1974 au procès des partisans anti-nguemistes de Bata. La Cour martiale — sans témoins étrangers — est présidée par le deuxième vice-président de la République et ministre du Travail, le commandant Oyo Riqueza, assisté du Cap. Ebendeng Nsomo (chef état-major) et du ss-lt de frégate Bee Ebang. Le procureur n'est autre que le Cap. Seriche Bioco Dougan, ministre de la Santé (futur deuxième vice-président de la République), tandis que le vice-ministre des Finances et du Commerce (subordonné direct du président Obiang Nguema), Ekong Awong, est chargé du greffe. En tant que responsable des banques, Ekong Awong a été choisi pour cette fonction spécifique, tout comme l'a été au moment du procès de juin 1974, à Bata, le directeur de la Banque centrale, parce qu'il dispose du seul personnel capable de dactylographier les minutes du procès. La défense des prétendus comploteurs revient au Cap. Manzogo Nsi, nouveau secrétaire du ministère des Affaires étrangères, en remplacement d'Ondo Nsi, qui figure parmi les inculpés.

Au cinéma Marfil (Ivoire) — où fut jugé Macias Nguema — un soldat, extérieur à la famille Nguema, est condamné à mort ; Owono Mituy, bien que s'étant plaint de tortures, est fusillé le 19 juin. Sept sous-officiers et quatre fonctionnaires écopent de trente ans de prison, alors que trente officiers de marine et le directeur de la Banque de développement sont condamnés à six mois. Mba Ada, prétendu instigateur du « complot », se voit infliger vingt ans, par contumace, sous l'accusation de « déstabilisation de l'Etat ».

Hachisch et censure

Pendant que se déroule l'affaire de ce prétendu complot se produit à Madrid celle du trafic de drogue (chanvre indien) attribué par la presse à l'épouse de l'ambassadeur Owono Asangono. Durant la même période était en prison préventive, à Madrid, Ciriaco Mbomio, l'ex-chef adjoint de la police de sûreté de Macias Nguema, tortionnaire réputé, converti au commerce import-export.

Début août 1981 se produit une nouvelle affaire directement dans le style de l'ère Macias Nguema : le CMS interdit la vente et la détention de journaux espagnols, sous l'argument de calomnies à l'endroit du Col. Obiang Nguema et de son pays. L'ambassadeur d'Espagne parvient à éviter que tous les journaux espagnols soient brûlés dans les trois jours et obtient que seuls trois périodiques soient soumis à la censure (*Diario 16, Cambio 16, Interviú*). De la sorte les coopérants espagnols et la population équato-guinéenne échappent à l'isolement. La détention de journaux interdits est frappée de six mois d'emprisonnement et d'amendes de 100 000 à 500 000 bik., les étrangers contrevenants étant expulsés. Comme sous Macias Nguema, l'importation de marchandises emballées dans du papier journal est interdite. Etant donné que les services des Télécommunications et des Postes relèvent du ministère de l'Intérieur, le pouvoir a aussi le contrôle de l'information privée. Au plan minier, c'est en août 1981 que l'on annonce officiellement l'existence d'indices sérieux de pétrole dans le sous-sol équato-guinéen.

Toujours au mois d'août, un autre événement montre la perpétuation du régime nguemiste. Devant la résistance populaire, les nouvelles éliminations de cadres et une diaspora impressionnante, Obiang Nguema et Maye Ela sont contraints de se rendre à Lagos pour négocier un accord de fourniture de main-d'œuvre. Mais les Nigérians exigent des indemnisations pour leurs compatriotes malmenés durant les années antérieures et refusent d'entrer en matière à l'annonce qu'un fonctionnaire de l'ambassade nigériane à Santa Isabel venait d'être frappé sur la voie publique par la police. A peine rentré bredouille, Obiang Nguema libère 29 prisonniers des procès Macias Nguema et de juin 1981, la plupart nguemistes notoires.

En septembre 1981 commence une xième vague d'arrestations ; une trentaine de personnes sont à nouveau victimes de la phobie du complot qui trouble les nguemistes depuis 1968. Comme les arrestations antérieures, elles sont en partie fictives, et visent surtout des membres de l'*establishment* nguemiste, en l'occurrence des éléments les plus retors du régime, l'ex-homme-orchestre du gouvernement Macias Nguema, le neveu Oyono Ayingono. C'est le moment que choisit l'OPEP pour accorder à la Guinée équatoriale un prêt d'un Mio de $ pour l'importation du matériel agricole et industriel. Ce prêt s'ajoute au million de dollars de 1979 destiné au redressement de la balance des paiements.

Disette et mercenaires

Pendant cette même période d'août à octobre 1981, le régime nguemiste a libéré divers tortionnaires qui avaient été condamnés avec Macias Nguema (dont Ondo Ela, déjà mentionné). Il convient d'évoquer aussi l'ex-administrateur du district d'Ebebiyin, connu pour sa férocité, Ondo Efua, désigné gouverneur militaire du district de Mongomo (Wele-Nzas) ; le capitaine Biko (dit Bamler), promu chef de la police de Santa Isabel ; et aussi les Obama Owono, Feliciano Eworo, le caporal Esangui, tous bourreaux expérimentés. Mais il y en a d'autres : le chauffeur de Macias Nguema, le soldat Domingo Ngomo, a été propulsé capitaine des Forces armées, au Rio Muni (37).

Quant au coût de la vie, il montait à une allure vertigineuse : un kilo de sucre = 1 500 bik. (3 000 pes.), un kg de viande 500 bik. Simultanément, l'ONU fixait l'indemnité de vie chère pour son personnel à 10 200 bik./jour. Il est vrai qu'un marché parallèle de la monnaie s'est développé depuis 1980 : dès 1981, 1 peseta = 10 bik. Courant 1983, le montant des *per diem* onusiens avait grimpé à 18 740 bik. (puis après soixante jours 14 050 bik.), notamment pour un expert en centrales électriques et un autre en promotion féminine. Les journalistes de divers pays, en particulier du Nigéria, invités en Guinée équatoriale à l'occasion de la fête du 13ᵉ anniversaire de l'indépendance (1981), ont tous souligné l'ambiance cauchemardesque qui règne dans la Guinée équatoriale d'Obiang Nguema : plantations abandonnées, pannes d'électricité, d'eau, de radio, de TV, télécommunications en déliquescence, nouveaux départs de réfugiés, refus de la plupart des investisseurs étrangers de revenir, etc.

Du fait que les Marocains sont honnis par la population comme par l'armée, on se dépêche de conclure un accord d'assistance militaire avec l'Espagne, d'un montant de 3 000 Mio de pesetas. Il comporte la formation en Espagne de deux compagnies de gardes présidentiels équato-guinéens, commandés par des officiers espagnols, l'une destinée à être stationnée au Rio Muni. Les observateurs laissent alors entendre que progressivement l'Espagne jouera en Guinée équatoriale un rôle semblable à celui de la

France dans certaines de ses ex-colonies. L'avenir va montrer qu'en la matière ils se sont trompés.

Courant octobre 1981, le secrétaire d'Etat espagnol au Commerce se rend à Santa Isabel pour un réaménagement de la coopération économique et financière, qui prévoit notamment le rattachement, dès 1982, de l'ekwele à la peseta espagnole. Pendant ce temps, le supermarché Suguisa, dirigé par F. Roig, ami de longue date de l'ex-vice-président du gouvernement espagnol F.A. Martorell dans le sillage de l'ex-président Suarez, centralise 80 % des importations du pays. Parmi celles-ci domine le brandy espagnol, alors que les aliments essentiels font généralement défaut (hormis, selon la presse espagnole, la viande ibérique dépourvue de garanties sanitaires). A Santa Isabel, Suguisa est muni d'un circuit intérieur de télévision pour prévenir les vols. Quant à la télévision officielle, installée par l'Espagne, elle dessert 200 récepteurs seulement, sur Fernando Poo, avec des bulletins d'information qui débutent régulièrement par des nouvelles de la famille royale espagnole.

Nouveaux alliés et anciens complices

Et voici qu'en novembre 1981 arrive à Santa Isabel le premier ambassadeur résident des Etats-Unis depuis dix ans. La commission de décolonisation des Nations Unies venait d'accepter une proposition de résolution réaffirmant le droit du peuple sahraoui à l'indépendance ; sur 134 pays votants, 54 se sont abstenus, 73 ont voté oui, 7 se sont prononcés par le non : USA, Maroc, Salvador, Sénégal, Guinée équatoriale, Gabon, Zaïre. Ces trois derniers pays bénéficient de gardes présidentiels marocains et de la *compréhension* du gouvernement Reagan.

En décembre (38) Obiang Nguema procéda à un remaniement ministériel, typique changement dans la continuité :

1. Le premier vice-président et ministre des Affaires étrangères, le cousin Maye Ela (aussi président de la société pétrolière mixte *Gepsa*) est muté à New York, auprès des Nations Unies ;
2. Le deuxième vice-président, président du simili-procès de juin 1981, Oyo Riqueza, perd son poste, mais reste ministre du Travail ;
3. Le ministre de la Santé, et procureur au simili-procès de juin

1981, Seriche Bioco Dougan, devient deuxième vice-président ;

4. Le ministre de l'Intérieur, Felix Mba Nchama (qui a empêché le rapporteur spécial de la Commission de s'entretenir avec le public) est muté à Addis-Abeba comme ambassadeur auprès de l'OUA, en remplacement du cousin de Macias Nguema, B. Nguema Esono ;
5. Le ministre du Plan, M. Mba Ondo, remplace Maye Ela aux Affaires étrangères, puis passera Secrétaire d'Etat à l'Economie et aux Finances (1982) ;
6. Des nguemistes très actifs sous Macias Nguema accèdent à nouveau à des fonctions ministérielles : Nko Ivasa (Finances), F. Owono Menana (Intérieur) ;
7. L'ex-réfugié Leandro Mbomio devient ministre de l'Education, poste qu'il va perdre en 1982 au profit d'un Esangui ;
8. On laissait entendre que le Lt-Col. Mba Oñana deviendrait premier vice-président de son cousin Obiang Nguema ; de la sorte, comme depuis l'assassinat de Bosio Dioco en 1975, la tête de la République est monopolisée par des hommes de Mongomo. Népotisme oblige.

Toujours en décembre 1981, une délégation équato-guinéenne articipa au 17e sommet de l'UDEAC, à Libreville. Au cours lu débat autour du projet de Communauté économique de l'Afrique Centrale (CEAC) la Guinée équatoriale et Sao Tomé/Principe ont manifesté leur intérêt.

Mois chargé que décembre : voici encore la visite officielle du hef du gouvernement espagnol, Calvo Sotelo. On sait que l'Espagne, dans la tentative de récupération de son ex-colonie, mise sur rois fronts : assistance technique, assistance militaire, aide financière. Mais on sait aussi que les budgets alloués à la Guinée équatoriale sont fort mal contrôlés. Aussi, outre la volonté de donner ne « impulsion définitive » à la coopération entre les deux pays, Calvo Sotelo fixait-il aux nguemistes un délai de quatre mois pour mettre en place les structures crédibles, permettant un contrôle précis par Madrid de l'utilisation des fonds espagnols. Mais comme e note unanimement la presse espagnole d'alors, à l'instar de la presse camerounaise, le pays manque de la plus minime organisation comme Etat moderne, la corruption y est générale, et le lan de Mongomo fait obstruction à tout contrôle avec des arguments nationalistes qui dissimulent mal les mauvaises habitudes. Les observateurs soulignent que l'aide espagnole ne sert à rien sinon à rétribuer des Espagnols), confirmés en cela par le découragement général des coopérants espagnols. On retrouve les mêmes frustrations que celles vécues par les coopérants espagnols, cubains et onusiens durant l'ère Macias Nguema.

Milieu décembre 1981, le pape Jean-Paul II venait de fustiger — à propos des événements de Pologne — la violation des droits civiques, la violence, les arrestations d'innocents, la mortification des hommes de science et de culture, etc. Il soutenait alors qu'il faut revenir « sur la méthode du dialogue dans le respect des droits de tout homme et de tout citoyen (...) ; la force et l'autorité du pouvoir s'expriment dans le dialogue et non dans le recours à la violence ». Alors que les droits précités sont violés par la junte équato-guinéenne, voici que les nguemistes envoient à Rome, le 27 décembre, leur nouveau second vice-président, Seriche Biocc Dougan, qui est reçu en audience privée avec l'ambassadeur Esonc Abaga Ada et Nsue Ela Eyang. Les messagers du CMS ont demandé au pape de s'arrêter en Guinée équatoriale lors de son voyage au Nigeria et au Gabon. La Guinée équatoriale compte 80 % de catholiques. Mais la démarche du clan de Mongomo apparaît d'abord comme une nouvelle tentative de se faire plébisciter.

Misère du sol, triomphe du sous-sol

Le 1er janvier 1982, Obiang Nguema reprenait ses appels à la population, de 1980 et 1981, pour qu'elle se mette au travail. Déclarant 1982 Année du travail, il critiqua la passivité de la population et reconnut la faible production de cacao : 7 000 t en 1981, contre 40 000 en 1968. C'était là un nouvel aveu de l'impuissance de la junte mongomiste à mobiliser une population qui en sait trop long.

En 1982, la compagnie pétrolière hispano-guinéenne Gepsa commençait des forages au nord de Fernando Poo, grâce à la plateforme Mariner 2 de la Burma Oil. Hispanoil annonçait qu'entre 1982 et 1983 elle envisageait d'investir en Guinée équatoriale 2 500 millions de pesetas (20 Mio de $). Cette perspective alluma l'ire de diverses multinationales du pétrole, en particulier les françaises CFP-Total et Elf-Aquitaine. Dans quelle mesure s'agissait-il de protestations purement formelles ? La junte était en effet conseillée par la Société québécoise d'initiatives pétrolières, que d'aucuns prétendent téléguidée par les intérêts français. La situation financière tragique de la Guinée équatoriale, algré d'importants dons d'organisations et de pays naïfs (?), devait loir aux sociétés pétrolières des conditions beaucoup plus favobles que celles rencontrées habituellement (39). Ces conditions raient été obtenues sous la pression de la faim, déclarait une urce américaine, au Cameroun, qui commentait la loi pétrolière ors en élaboration avec l'assistance de personnels de la Banque ondiale, donc de l'ONU.

Les malheurs de la Guinée équatoriale ont bien évidemment s implications internationales. Premier pays concerné : l'Espagne. ertains organes de presse ibériques se plaignent du fait que us le gouvernement UCD, tant avec M. Suarez qu'avec M. alvo Sotelo, une quasi censure ait à nouveau été instaurée sur s informations en provenance de l'ex-colonie. C'est qu'avec son rt contingent de conseillers techniques, l'Espagne est impliquée ans les désordres : « Les cas de corruption, y compris les conspitions politiques qui peuvent se produire à Malabo [Santa Isabel] sont pas que de simples affaires intérieures d'un pays africain rsqu'une bonne part de son administration est aux mains de chniciens envoyés par le gouvernement espagnol, quand ses rces armées sont en réorganisation par des officiers de notre mée et quand la proposition de construction de son économie tionale a beaucoup à voir avec les intérêts personnels de hauts rsonnages du franquisme. Tout cela mérite plus de lumière ue les télégrammes rares et confus qui font mention de fantasmariques complots ourdis sur la toile de fond d'intérêts étranrs » (40). Avec l'aide militaire consentie par l'Espagne en 1981, s remarques prennent encore davantage de valeur.

Mais qu'on ne s'y trompe pas. Début 1982, la junte rejetait le an triennal espagnol d'assistance à la Guinée équatoriale à use de l'exigence de trois experts espagnols de haut rang à des ostes opérationnels, aux ministères des Finances et du Budget. ela ne devait toutefois pas empêcher Obiang Nguema d'aller eurnicher à Madrid, en mai 1982 « pour appeler au secours gouvernement espagnol, lui demandant notamment sa garantie rmelle qui inciterait les colons à revenir, les banques à investir les travailleurs nigérians à réintégrer les plantations de cacao andonnées » (41). La gauche et la droite espagnole eurent beau opposer aux crédits d'aide à l'ex-colonie, le gouvernement de alvo Sotelo persévéra à soutenir la dictature nguemiste à avers diverses entreprises ibériques ; la presse espagnole qualifie vingtaine d'entreprises concernées de *mafia* et de *lobby* espaols de Guinée équatoriale.

Droits de l'homme : l'envers du décors

Toute l'année 1982, les signes de continuation du chaos ngue miste se multiplièrent, avec de nombreux exils volontaires (don celui du secrétaire d'Etat à l'Information et au Tourisme, Mot Nsa, qu'on remplacera par l'Esangui Ochaga Nve Bengobesama) avec divers scandales, dont le viol de la valise diplomatique espa gnole au ministère des Affaires étrangères. En effet, bien que l cas de la Guinée équatoriale figurât à nouveau à l'ordre du jou de la *Commission,* la junte alla jusqu'à omettre de s'y fair représenter, alors qu'un projet de plan d'action en vue du réta blissement des institutions démocratiques et de la restauration de libertés fondamentales lui avait été soumis en 1981. Le Secrétair général de l'ONU devait constater dans son rapport du 31 décem bre 1981, que « le gouvernement de Guinée équatoriale n'a pa fait connaître ses réactions quant au projet de plan d'action » Par contre, pour glaner des aides, le chef du CMS faisait référenc aux droits de l'homme ; et d'affirmer lors de sa visite en Espagne en mai 1982 : « Il y a en Guinée équatoriale une délégatio des droits de l'homme de l'ONU qui garantit le respect de ce droits pour toutes les personnes qui habitent mon pays ».

Entre la session de la *Commission* et cette déclaration on avai appris la nouvelle arrestation, puis la condamnation, en mars 1982 de Mba Ndong, l'ex-interlocuteur de la Commission, un a après sa première arrestation pour une imaginaire participatio à un prétendu complot. Cette fois-ci, l'accusation porta sur u soi-disant trafic de drogue auquel il se serait livré avec l'ancie représentant du pays auprès des Nations Unies, Nvono Nk Manene. Ce dernier, neveu de Mba Oñana visait ainsi à écarte simultanément un parent qu'il déteste et un fonctionnaire qu'i considère comme dangereux parce qu'il s'occupe des droits d l'homme. Mba Ndong et ses « complices » sont donc condamné à six mois de prison. C'est une intervention d'*Amnesty Interna tional,* en août 1982, qui facilita sa libération, mesure que l junte présenta comme une « grâce présidentielle ».

Après que le gouvernement militaire a abrogé en avril 1980 la constitution nguemiste de 1973 (soit huit mois seulement aprè le coup d'Etat), Obiang Nguema annonça dans l'allocution d 3 août 1981 qu'un référendum constitutionnel serait organisé e 1982. En avril 1982, alors qu'il se trouvait à Genève pour l'ou verture de la *Conférence des bailleurs de fonds* organisée par l PNUD, se réunissait à Akonibe, au sud de la Guinée équatoriale une commission composée de nguemistes notoires, dont plusieurs Esangui, pour rédiger une constitution (42). La Commission des droits de l'homme avait pourtant recommandé la tenue d'une Conférence constitutionnelle représentative de toute la Guinée équatoriale. S'inspirant de la constitution des colonels chiliens et turcs, et de la dictature gabonaise, les vétérans de l'ère Macias Nguema ont rédigé un document dont la Commission Internationale des Juristes dira, en 1983, qu'il perpétue le pouvoir antérieur (43).

Derrière une phraséologie du type « respect des droits et libertés » et de références aux diverses Chartes et Déclarations des droits de l'homme, ce document néglige des droits aussi importants que celui d'*association,* et accorde un pouvoir illimité au président de la République. Mais surtout, par un article complémentaire, Obiang Nguema s'y proclame président de la République pour un septennat identique à celui de Pinochet au Chili. Soumis au référendum populaire, en août 1982, alors que le texte et la disposition additionnelle ne seront publiés dans *Ebano* — le seul périodique du pays — que fin août, le texte a été plébiscité par un peuple contraint au vote obligatoire dans des urnes encadrées de soldats, puisque l'état d'exception n'est toujours pas levé.

Le petit livre pervers d'Obiang Nguema

Pendant ce simulacre de référendum, Obiang Nguema faisait publier par l'imprimerie du service géographique de l'armée espagnole un livre intitulé *Pensée politique du président Obiang Nguema Mbasogo à travers discours et citations* (44). Après Mao Zedong, Ghadafi, Mobutu, voici donc le petit livre de Bébé Obiang Nguema. Le fidèle serviteur de Macias Nguema qualifie le régime dont il est issu de « régime rétrograde de mon prédécesseur ». Aussi est-il fier d'y prétendre que le peuple qu'il asservit l'a appelé afin d'être débarrassé du tyran. Suit un long discours sur la démocratie évoquant, sans les définir, la « démocratie positive », la « conscience nationale saine », le « développement intégral du peuple ». Le Pinochet équato-guinéen réussit ensuite cette envolée : « En résumé, la démocratie, en termes commerciaux, est un article qui résiste à toute forme d'importation et d'exportation, et qui ne peut être l'objet de transactions internationales sans être adultéré. Il ne suffit pas qu'on nous indique l'idéal ou ce que nous devons faire, sinon qu'il est plus important de nous convaincre que cet idéal est celui qui nous convient le mieux » (1980). Le 2 août 1980, il avait complété sa thèse par : « Nous entendons que l'étymologie du terme " démocratie " signifie peuple ; pour cela nous entendons consécutivement que notre processus de démocratisation doit commencer depuis en bas, soit depuis le village. [... Pour ce faire], les Forces armées assureront le devoir et la responsabilité de préparer le véritable processus de démocratisation du pays ». Beau langage pour celui qui est censé être le chef de la grande muette !

Les parallèles avec d'autres dictatures militaires, Argentine et Turquie notamment, sont faciles à tirer (45). A une exception près : dans ces deux pays, elles ont miraculeusement fait place fin 1983 à un début de démocratie parlementaire. Obiang Nguema, l'usurpateur, est toujours en place. Fort de son langage de « démocrate » et d'une constitution sur mesure, il dissout en octobre 1982 le CMS et la Junte technique, et procède à un remaniement ministériel factice pour le passage à un gouvernement soi-disant civil. On y retrouve pourtant une majorité de militaires, avec notamment le survivant du Grupo de Zaragoza, Seriche Bioco Dougan, comme Premier ministre, et le dangereux Mba Oñana comme vice-Premier ministre, ainsi que près de trois quarts d'autres Esangui ou apparentés. C'est dans ce nouveau gouvernement dictatorial qu'Obiang Alogo, cousin d'Obiang Nguema et responsable de la propagande anti-espagnole, ainsi que titulaire de plusieurs postes ministériels sous Macias Nguema, devient ministre de l'Education, en remplacement du réfugié converti par les nguemistes, le sculpteur L. Mbomio Nsue, recalé au rang de secrétaire d'Etat à la Culture ; par contre Ochaga Nve Bengobesama, lui aussi un temps réfugié en Espagne, est propulsé ministre des Transports, car il est Esangui de Mongomo. On n'est donc guère étonné qu'en 1983, durant la 39e session de la Commission, une résolution canadienne ait été acceptée qui recommande le maintien de la Guinée équatoriale à l'ordre du jour de la 40e session, de 1984, au point 12 qui vise les pays qui violent régulièrement les droits de l'homme.

« *Allons enfants de la patrie* », *nos ancêtres les Gaulois sont arrivés*

Pendant que le régime des militaires nguemistes s'enferrait dans a dictature, se multipliaient les démonstrations italiennes et fran- aises d'intérêt pour la Guinée équatoriale. Un financement de 'Etat italien (10 Mio de $) a permis la mise en place d'une ndustrie de déroulage de bois à Bata (1982). Apte à transformer e bois de 50 000 ha de concessions forestières appartenant à liverses sociétés, elle permet surtout d'approvisionner l'Italie de oois tropicaux à bon prix. La France, elle, grâce à d'habiles négo- iations, via la CEE, obtenait des droits de pêche dans les eaux erritoriales de la Guinée équatoriale, prenant ainsi le relais de 'URSS. Sur un autre plan, par Total-CFP, elle signe un accord oour un périmètre de recherche pétrolière de 2 000 km² au Rio Auni. Mais l'effort français de récupération de l'enclave hispano- hone du Golfe de Guinée passe encore par d'autres voies.

Une partie de cette politique française suit le canal de la franco- honie. En Guinée équatoriale cela s'est concrétisé par la présence le Médecins sans frontières, de personnels du GARD (qui réalise otamment une série de cartes postales, sous un emblème qui mite celui de l'ONU) ; mais surtout, c'est l'ouverture de deux entres culturels à Santa Isabel et à Bata (qui totalisent moins le 50 000 habitants, et dont le coût de construction de celui de santa Isabel figure dans les 3 Mio de dollars de crédit d'assistance echnique à la Guinée équatoriale). Le voyage à Santa Isabel de A. Claude Cheysson, alors encore commissaire de la CEE, et ses éances de travail avec la junte, s'avèrent aujourd'hui profitables. 'as encore de base militaire (celles du Gabon sont si proches), nais forte pression au plan culturel [46]. C'est que « la langue fran- aise demeure un instrument d'influence politique majeur pour 'aris, et la francophonie en est le prolongement naturel. J'en veux oour preuve les difficultés considérables rencontrées par les fonc- ionnaires de l'Unesco qui ont tenté, ces dernières années, de avoriser la création de petits journaux en langues locales en Afrique noire ex-française. Cet effort a été constamment ralenti, reiné par la France » (47). Le *Journal de Genève* confirme les oropos de P. Diagne, pour qui « sans les liens organiques et son mprise directe sur son empire africain, la balance commerciale t des paiements de la France, sa politique énergétique et nucléaire, on marché industriel et de l'emploi voleraient eux aussi en clats. La *vocation africaine de la France* chère à Jacques Chirac, cache en fait derrière un euphémisme une solide réalité (...). Ce n'est en tout cas pas un hasard si Mitterrand et son équipe, évoquant aujourd'hui les relations avec l'Afrique française, mettent constamment l'accent sur " la nécessité de respecter les engagements de la France ", sur les responsabilités de la France, et son rôle vis-à-vis de ses alliés face aux super-puissances. De Gaulle, Pompidou, V.G. d'Estaing disaient exactement la même chose ». C'est précisément dans ce sens que s'est exprimé F. Mitterrand au cours de sa visite officielle au Cameroun, mi-juin 1983. Remarquons toutefois que grâce à la francophonie, une bonne partie de l'Afrique est depuis des décennies en mesure de parler au reste du monde, et d'être entendue.

L'aide de la France à la Guinée équatoriale, de 1981 à 1982 se présente comme suit :

Crédits français

1981 : 13,0 Mio de francs français (FAC), soit $ US 2,5 Mio
1982 : 17,4 Mio de francs français (FAC), soit $ US 3,0 Mio

portant sur l'étude des possibilités hydro-électriques de Fernando Poo, les centres (Instituts) culturels, ainsi que le fonctionnement d'une cellule d'étude des projets de développement (qui devrait permettre de capter divers marchés). Dans cette ligne a été conclu en 1982 un accord sur la protection des investissements afin de favoriser les transferts de capitaux et de technologie. Le bureau d'études français ROC International est implanté à Santa Isabel.

La France se taille avec certaines de ses multinationales de substantiels bénéfices commerciaux en Guinée équatoriale grâce à 17,7 Mio de francs de ventes, principalement de produits industriels (matériel électrique, voitures) et 5,4 Mio de francs d'achats (bois). En 1981, elle s'est ainsi offert un bénéfice commercial de 12,3 Mio de francs, soit environ l'équivalent des 3 Mio de dollars de son « aide » à un PMA en situation de catastrophe. Comme disait le président Mitterrand à l'ouverture de la Conférence sur les PMA, en 1981 précisément : « Aider les autres, c'est s'aider soi-même » (48). Le pléonasme est-il voulu ?

L'hexagone abritait en 1982 le fictif Rassemblement démocratique de libération de la Guinée équatoriale (RDLGE), fondé par un certain Ruben Ndongo, qui en est pratiquement le seul membre. A force de conférences de presse, ce solitaire a vanté la constitution dictatoriale d'août 1982, et contacté Obiang ȝuema dans l'espoir de partager le pouvoir. Affolé à la dernière inute, il n'a pas accepté le billet simple course que lui a offert ɔiang Nguema. Et l'ambassadeur de Guinée équatoriale en 'ance, Esono Abaga Ada (un nguemiste de Mikomeseng), qui crut .ïvement aux ouvertures verbales d'Obiang Nguema vers la démo-atie — et favorisa le retour de R. Ndongo à Santa Isabel — mba en 1983 dans la trappe des hommes de Mongomo, se isant incarcérer dans la Prison de *Playa Negra* lors d'un de s voyages au pays. Et sa femme de demander à la France l'asile ›litique pour elle et ses enfants.

Mais la France a encore d'autres cordes à son arc. Notam-ent celle de l'UDEAC. A travers la sollicitude gabonaise et merounaise, Obiang Nguema et ses complices sont dès novembre ›82 pris dans cette toile d'araignée néo-coloniale après un pre-ier essai à Libreville en 1981. En 1982, la 18e réunion au mmet de l'UDEAC (49), le principe de l'admission de la Guinée ıuatoriale était adopté. Et tandis que le nombre de Français availlant en Afrique marquait un recul, chez Obiang Nguema doublait presque, passant de 26, début 1982, à 48, début ›83.

Cependant, Obiang Nguema et ses sbires continuent à bénéficier : la protection des troupes marocaines. La journaliste espagnole uminada Olivares évoquait fin 1982 un pays hors-la-loi, et ›ulignait la rareté des apparitions publiques du dictateur. « Il a :ur. Il lui faut 200 hommes armés jusqu'aux dents pour se ;placer du palais présidentiel au palais du Peuple qui est à ıngle de la rue (...). La Terreur du président peut être détectée tout moment ». De multiples autres témoignages viennent ›nfirmer ces observations.

lléluia

A côté des mésalliances laïques conclues avec la dictature ngue-ıiste, il y a aussi celles des puissants de la foi. Le Souverain ɔntife, lors de son second voyage en Afrique noire, en février 982, s'est arrêté une journée en Guinée équatoriale. Alors qu'il 'a de cesse de se référer aux droits de l'homme lorsqu'il traite e la Pologne, Jean-Paul II a réussi le courageux exploit de ne ımais prononcer cette expression à Santa Isabel et à Bata. Cette ɔmpréhension paternelle a été perçue avec tant de reconnais-ınce filiale par la junte nguemiste qu'elle a décidé de faire du

18 février une fête nationale. Plus : en août 1982, parallèlement à la mise en place de la nouvelle constitution dictatoriale, elle a fait frapper une grande pièce en or commémorant le glorieux événement ; une partie du revenu de cette émission est réservée aux bonnes œuvres vaticanes (50). Décidément, les autocraties s'entendent à merveille pour se soutenir mutuellement. Et quelques mois plus tard paraissait un livre intitulé : *Les droits de l'homme dans l'enseignement de Jean-Paul II* (51). Faites comme je dis, mais...

Quand se répète l'histoire

> *« Des déclarations sur les droits de l'homme ont été détournées à des fins de propagande politique. Des gouvernements, des organes d'information et autres institutions ont utilisé certains problèmes de droits de l'homme dans des attaques polémiques contre d'autres nations tout en fournissant délibérément des évaluations inexactes sur les progrès des droits de l'homme chez leurs alliés. La sélectivité dans les travaux consacrés aux droits de l'homme a empoisonné de nombreuses discussions aux Nations unies. »*
>
> Amnesty International
> *Rapport 1983*
> Paris-Londres, octobre 1983, p. 7

Demandez, et on vous donnera

Et les Nations Unies ? Sont-elles aveugles ou feignent-elles de l'être ? Fin janvier 1981, le Conseil d'administration de l'OMS recommandait à l'Assemblée mondiale de la Santé (Genève, mai 1981) « toute l'aide possible sur le plan moral, technique, financier et matériel, aux programmes prévus en coopération avec le Tchad et la Guinée équatoriale, deux pays africains confrontés avec de graves problèmes de santé » (52). Puis, le Conseil Economique et Social, dans sa session d'organisation pour 1981 appelait que : « Dans sa résolution 35/10 du 5 décembre 1980, 'Assemblée générale a demandé au Secrétaire Général de garder a situation en Guinée équatoriale constamment à l'étude, de rester troitement en contact avec les Etats membres, les organisations égionales et autres organisations intergouvernementales, les institutions spécialisées et les institutions financières internationales ntéressées et de rendre compte au Conseil Economique et Social, ors de sa seconde session ordinaire de 1981, de l'état d'avancement du programme spécial d'assistance économique à la Guinée Equatoriale » (53).

En mars 1981 tombent 4,7 Mio de DTS du fonds de compenation du FMI. Grâce à ce dernier, la Guinée équatoriale nguemiste éénéficie en outre d'un prêt de 24 Mio de $, fin 1982, de l'AID BIRD) pour assurer la formation de techniciens du pétrole, icheter l'équipement et organiser l'administration en matière ninière.

L'ANRD vigilante

En mai 1981, le comité exécutif de l'Alianza Nacional de Restauracion Democrática (ANRD), confirmant les prédictions ormulées dès août 1979 quant à l'issue inévitable de la deuxième lictature nguemiste, publia un communiqué qui souligne l'escaade progressive de la violence, l'arbitraire et la terreur qui évissent en Guinée équatoriale. Après avoir rappelé qu'en février 1981 les élèves des écoles de Bata avaient organisé une grève pour protester contre leurs conditions de vie misérables, et qu'outre des tués on avait dû dénombrer de nombreux adolescents battus et emprisonnés, l'ANRD signalait également ce qui suit : « Dans le cadre de la répression contre le croissant mécontentement populaire, le gouvernement de Teodoro [Obiang Nguema] a commencé depuis le mois de mars dernier la destitution de beaucoup de fonctionnaires, accusés — entre autres — d'avoir comploté avec la Commission pour demander l'installation de la démocratie en Guinée équatoriale » (54).

Un an plus tard, à l'occasion de la convocation de la Conférence des bailleurs de fonds, à Genève, l'ANRD devait ajouter que le régime qui gouverne aujourd'hui la Guinée équatoriale est le même qui a assassiné les élites ainsi que les cadres techniques, et « qui aujourd'hui mendie de l'argent auprès de la communauté internationale » (55). Dans la délégation de Genève figurait le frère d'Obiang Nguema, Mba Nguema, commissaire militaire adjoint à l'information, célèbre pour les morts que son véhicule a occasionnées à Santa Isabel, ainsi que pour ses violences à l'égard de divers fonctionnaires. En décembre 1982, il remplaçait le cousin Mba Oñana à la tête des troupes au Rio Muni.

Le match : Espagne-France

En juin 1983, alors que la BADEA envisageait un prêt de 4,7 Mio de $ pour la réfection de l'aéroport de Bata et d'autres projets en matière de télécommunications (convention signée en décembre), le ministre de la Planification, Nguema Ela, chef de la délégation auprès de la commission mixte hispano-guinéenne, déclarait que « malheureusement les relations de coopération [avec l'Espagne] sont paralysées ». Grave réalité pour un pays dont la dette globale s'élevait en 1983 à près de 160 Mio de dollars :

Espagne : 45 Mio de dollars,
Chine populaire : 45 Mio de dollars,
Italie/URSS/France/Divers (FMI, BIRD, BADEA, etc.) : 65 Mio de dollars,

soit un endettement, par tête, quasiment égal à ceux du Brésil ou du Mexique. D'où, par priorité, la renégociation avec Madrid de la dette. Mais les nguemistes avaient d'autres exigences encore dans leurs malettes, dont notamment le retrait de la quarantaine de conseillers de la police espagnole. Accord impossible à réaliser : d'un côté une délégation équato-guinéenne (qui inclut notamment un pistolero, *persona non grata* en Espagne, suite à diverses voies de fait) avec des exigences tous azimuts, de l'autre une délégation ibérique prudente, qu'appuie une campagne de presse en faveur d'un nouveau, X[e] mouvement d'opposition à la dictature, une soi-disante Junta cívica de Salvación nacional, suscitée par Fraga Irribarne. Dans une Guinée équatoriale qu'un correspondant du *Journal de Genève* dit « en chute libre » a eu lieu, en mai 1983, un nouveau simulacre de « coup d'Etat », avec arrestations de militaires et de fonctionnaires. Début juillet, deux officiers sont condamnés à mort et exécutés, alors que le sergent Miko, qui s'était antérieurement réfugié à l'ambassade d'Espagne, condamné à mort lui aussi, devait être grâcié sur insistance de Madrid, mais disparaissait dans l'oubli des geôles équato-guinéennes. La presse espagnole et l'opposition au gouvernement ɔcialiste exigent l'arrêt de la collaboration avec la Guinée équa-ɒriale nguemiste. Est-ce pour cela que les visites officielles que evaient effectuer le président Mitterrand et Felipe Gonzalez à anta Isabel courant juin ont été différées ? Par contre, 00 tonnes de blé de l'aide alimentaire de la CEE, via le Pro-ramme alimentaire mondial onusien, sont arrivées à destina-on (56). Le marché commun européen sait lui aussi nourrir les euples opprimés par des dictatures pro-capitalistes, tout comme ı Suisse s'ingénie à les vacciner. Mais les membres de la Commu-auté économique européenne entendent également se faire payer urs « bontés ». Ainsi, fin juillet 1983, la France obtenait la ıtification d'un accord de pêche pour trois ans entre la Commu-auté et la Guinée équatoriale, en échange d'une compensation nnuelle de 150 000 $ US (57) versée aux hommes de Mongomo. t à la fin de l'année, elle commençait les prospections sismiques Total-Pecten), au Rio Muni, tandis que le BRGM achevait la [e] phase de prospection minière dans cette province.

dios España

Quant au parlement prévu par la constitution dictatoriale 'Akonibe, l'élection a eu lieu fin août, grâce à une liste unique ans participation de partis politiques, et avec moins de noms que : nombre de sièges prévus par la constitution nguemiste. Une ouvelle fois se confirme l'évidence que « sans débat politique, le ote est un viol » (58). En août 1983, Obiang Nguema dissout ar Décret les huit sociétés d'Etat pour en faire des Sociétés nonymes (avec 60-85 % de participation de l'Etat). Début sep-embre, l'ex-ministre de l'Agriculture, puis de la Santé, l'ingénieur uale Borico, fraîchement réfugié en Espagne, soulignait dans une onférence de presse la pourriture du régime. Presque simultané-ıent démissionnait Peidro Conde, jusqu'alors directeur de la oopération espagnole avec la Guinée équatoriale. Ce départ oïncide avec les bruits d'exécution du sergent Miko, qu'Obiang Iguema s'était engagé à remettre à l'Espagne en cas de condamna-on à mort. Mais surtout, Peidro Conde considérant que l'Espagne st un Etat de droit, estime qu'elle doit cesser de « baisser la ulotte » devant un Etat de non-droit. Quant aux diverses agences nusiennes, elles continuent à envoyer des consultants, qui eviennent la plupart catastrophés, en particulier ceux de l'OIT t de l'Unesco. Tout comme dix ans auparavant. L'histoire se répète tant que ne se modifie pas au moins un des termes d'un équation (59). Ici, dictature du Sud et cupidité du Nord conti nuent à faire bon ménage. L'assise du pouvoir nguemiste se situ à l'étranger.

C'est dans ce contexte qu'en septembre 1983 se multiplient le arrestations, à Ebebiyin, suite à l'assassinat d'une sœur espagnol par deux militaires : les nguemistes profitent d'appréhende tous ceux qui semblent contester leur hégémonie. Peu aprè Obiang Nguema reçoit en visite officielle son collègue dictateu de la RCA, A. Kolingba. Mais l'événement d'importance de c mois de septembre, c'est la réduction de 600 Mio de pesetas d son aide par l'Espagne, sur les 1,6 Mds prévus, et ce en raiso de l'entrée de l'ex-colonie dans l'UDEAC. Voici un momen historique, car il s'agit d'un véritable retrait ibérique. Le ministr espagnol des Finances, Miguel Boyer, et le secrétaire d'Et Velasco Rani justifiaient cette mesure par l'incurie nguemiste e le cafouillage de la coopération espagnole. C'était là une victoir sur le ministre des Affaires étrangères, Moran, et un camoufle pour la dictature d'Obiang Nguema. Après une mission de rené gociation de la dette nguemiste de 6 000 Mio de pesetas (45 Mi de $) par le nouveau responsable du Bureau espagnol de coopé ration avec la Guinée équatoriale, Bermudez de Castro, le Conse des ministres espagnol jetait le sort du désengagement. L'Espagn lâchait son vestige d'empire d'Afrique noire (60) après y avo investi la fortune de plus de 200 000 Mio de pesetas. Selo M. Boyer, l'Espagne a jeté son argent par la fenêtre (61). Doréna vant, l'aide espagnole sera limitée à trois secteurs : éducatio santé, armée.

La faisanderie

Côté petite histoire, arrestations et démonstrations de la vulga rité nguemiste se poursuivent. En décembre 1983, deux fonctio naires de la Santé, au Rio Muni, dont le directeur de l'Hôpit de Bata, étaient arrêtés sous l'accusation de détournements, et Santa Isabel, le secrétaire d'Etat aux Affaires étrangères, Moich Echek, subissait le même sort pour corruption, alors que dive Equato-Guinéens étaient arrêtés pour le seul crime d'avoir conve sé avec des Espagnols. A Madrid, le Comité central de l'Alianz Nacional de Restauración Democrática, sous la conduite du no veau secrétaire général Manuel Nsomo Okomo, souhaitait l'org ation d'une Conférence spéciale de réconciliation nationale et usait toute compromission avec la soi-disant Junte de coordi-ion de l'opposition fondée en avril à Saragosse, à l'instiga-n de la droite espagnole. Au même moment, l'ambassadeur en pagne, Obiang Mengue, interrogé par la presse sur les arresta-ns de Bata et Santa Isabel, déclarait élégamment qu'il n'avait i puta idea » (pas la plus fichue idée) s'il s'agissait d'une ten-ive de coup, et qu'il en avait « hasta la coronilla » (plein le c..) ces affaires. A Paris, l'appartement acheté par Obiang Nguema trouve toujours à la rue de la Faisanderie (*Le Canard enchaîné, it*).

C'est précisément à Paris qu'ont été publiés les ultimes por-its de la Guinée équatoriale nguemiste, fin 1983 et début 1984. constatent que l'économie va « de mal en pis. Le dictateur acias [Nguema] avait laissé son pays virtuellement exsangue et atre ans après sa chute, le redressement se fait toujours atten-. La production de cacao, la principale source de richesse du ys ne sera en 1983 que de 5 000 tonnes, soit huit fois moins 'au moment de l'indépendance en 1968. Les exportations de is diminuent également d'année en année et celles de café tent insignifiantes ».

« Aussi, privée de devises (le niveau des réserves n'atteint me pas 1 million de dollars), la Guinée équatoriale n'est plus même d'importer les denrées de première nécessité dont elle a urtant besoin. Se procurer de la viande ou du poisson sur les rchés de Malabo [Santa Isabel] relève aujourd'hui de la geure. La dette extérieure totale avoisine les 100 millions de llars et son service pour 1983 équivaut au double de la valeur ale des exportations prévues pour l'année entière, un rapport is doute unique au monde. »

« La dernière mission du Fonds monétaire international qui visité Malabo en novembre, a subordonné l'octroi d'un prêt de 0 millions de dollars demandé par les autorités locales, à doption d'un sévère plan d'austérité. C'est donc sous l'égide la France que celui-ci devra normalement être mis en œuvre 1984 » (62) [à travers l'UDEAC]. Simultanément était signé contrat BADEA (remboursable en 16 ans, à 5,5 %) ; alors que consortium Elf-Aquitaine-Agip-Ulramar-Murphy (soit France, lie, Espagne, USA) concluait un contrat pour deux forages shore au sud-ouest du Rio Muni, avec Elf comme chef de file érateur ; alors que Total Exploration et Getty Oil International mmençaient des recherches pétrolières au large de Bata

(1 968 km²), avec partage de la production, alors que Geps (50 % à Hispanoil) commençait un nouveau forage offshore a nord de Fernando Poo ; et alors que la BIRD soumettait u appel d'offre, début 1984, pour la construction d'un ministè des Mines et Hydrocarbures (400 000 $). Relevons, enfin, la sign ficative chronologie que voici :

29 novembre 1983 : admission de la Guinée équatoriale à l Banque de développement de l'Afrique centrale (participation a capital : 13,06 %) ;

12 décembre 1983 : entretien du ministre des Affaires étra gères, M. Nguema Onguene (de Mongomo) avec Ch. Nucc ministre délégué à la coopération, à Paris, portant sur l'adhésio à l'UDEAC ;

19 décembre 1983 : admission de la Guinée équatoriale l'UDEAC.

Guinée équatoriale : 1984

Début 1984, *Jeune Afrique* faisait le portrait d'un pays à l'éc nomie « aujourd'hui complètement désorganisée (plantations aba données, main-d'œuvre expulsée, incertitudes politiques, etc.) » et *Afrique-Asie* montrait que si l'admission hâtive de la Guiné équatoriale dans l'UDEAC a été désapprouvée par le Camerou elle a été encouragée par un Gabon prêt à faire tomber dans l « gueule du loup ce " territoire perdu " en débâcle ». Et ce parce qu'Obiang Nguema aurait les mains liées par son acco secret avec le président Bongo.

De son côté, *Africa Now* démontrait l'instabilité intérieure d la Guinée équatoriale nguemiste ; et un reportage détaillé d l'envoyé spécial du *Sunday Time* d'estimer que ce pays est prob blement « le site le plus dégoûtant de la terre », puis d'ajouter « La communauté internationale qui au tréfonds de son cœur n parvient à trouver aucune raison valable justifiant la poursuite d l'existence de la Guinée équatoriale, est néanmoins tenue p les canons du droit international à veiller à sa préservation et sa résurrection » (63). L'enquêteur britannique et son phot graphe informent sur les ambassades soviétique et espagnol truffées d'alcooliques chroniques, sur le marché noir de la mo naie, sur l'effarant coût de la vie qui situe à 5 $ US un Peps Cola et à 10 $ US une bière. Intéressantes aussi les déclaratio de diplomates et de coopérants techniques. Ainsi, l'ambassade américain A.M. Hardy d'affirmer : « Je ne suis ici que pour une chose. Je suis ici pour tenir les Russes à l'écart. Je les surveille ; ils me surveillent. Et tous ensemble nous surveillons les Chinois ». Quant à un nutritionniste autrichien, sous contrat des Nations Unies, il pose la question : « Depuis que Macias [Nguema] a été fusillé, voyez-vous une seule chose dont ce pays puisse se déclarer fier ? Tout n'est qu'un total gaspillage ». Pas de doute : bientôt la Guinée équatoriale sera au niveau de Haïti.

En janvier 1984, une nouvelle vague d'arrestations a déferlé sur le pays, tandis que démissionnait le ministre de la Justice, Mansogo Nsi. Avec la 40e session de la Commission des droits de l'homme (février-mars), la Guinée équatoriale nguemiste a osé poser sa candidature comme membre de ladite commission, avec un prêtre de Mongomo (S. Ensema Mba) en tant qu'expert. Cette candidature a été défendue auprès des diverses délégations par José Domingo Dougan Beaca, que les nguemistes manipulent déjà depuis 1980 ; malgré son affiliation à l'ANRD, il est devenu l'interprète de la dictature des hommes de Mongomo, à Genève. Non seulement J.D. Dougan n'a pas été écouté par les délégations gouvernementales et non-gouvernementales, mais de sévères dénonciations des agissements nguemistes ont été déposées auprès de la Commission. Ainsi, la Commission internationale des juristes précise-t-elle que « la concentration de pouvoirs déjà trop large entre les mains du gouvernement est de plus en plus accentuée. Le Parlement ne s'est jamais réuni, il n'y a jamais eu d'élections libres et démocratiques pour élire des parlementaires (...). L'exécutif continue à gouverner par décrets ». Ce constat affligeant a été corroboré notamment par la Déclaration présentée à la Commission par la Confédération Mondiale du Travail. Aussi, le 9 mars 1984, la Commission adoptait-elle une résolution présentée par le Canada, le Pérou et le Costa-Rica, qui précise :

« *Considérant* que la situation des droits de l'homme en Guinée équatoriale n'a pas sensiblement changé après les événements du 3 août 1979,

« *Notant* que les recommandations contenues dans la résolution 1983/35 du Conseil économique et social n'ont pu être appliquées dans leur totalité,

« 1. *Demande instamment* au Gouvernement de la Guinée équatoriale de collaborer avec le Secrétaire général en vue d'obtenir le plein respect des droits de l'homme et des libertés fondamentales dans le pays ;

« 2. *Demande* au Secrétaire général de désigner un expert chargé de se rendre en Guinée équatoriale pour étudier, avec le Gouvernement de ce pays, la meilleure manière de mettre en œuvre le plan d'action proposé par l'Organisation des Nations Unies ;

« 3. *Prie* la Commission des droits de l'homme de continuer à prêter attention à cette question lors de sa quarante et unième session. »

Celui qui chercherait trace de la Guinée équatoriale dans les ouvrages statistiques du FMI ou de l'OCDE se trouverait devant un vide. Cette réalité confirme bien la déclaration du Prof. Eya Nchama devant la Commission des droits de l'homme, en mars 1984, comme quoi « la Guinée équatoriale est toujours gouvernée par des hommes et non par des lois ». Ce qui explique aussi la poursuite des violences à l'endroit du peuple équato-guinéen, et en particulier, à la même époque, l'arrestation d'enseignants ayant émis quelques propos trop libres durant leurs cours, enseignants déférés à la prison de Black Beach où naguère Obiang Nguema supervisait la torture.

Comme pour confirmer qu'un malheur ne vient jamais seul, l'île de Fernando Poo était frappée par une épidémie de choléra, pendant que l'économie cacaoyère continue à stagner, moins de dix planteurs espagnols ayant regagné leurs plantations, et la main-d'œuvre étrangère se faisant désirer. Misère au plan économique, découragement à celui des coopérants espagnols, qui ne sont d'ailleurs plus que 380 et que l'Espagne ne paie plus depuis octobre 1983, y compris les professeurs d'Obiang Nguema. Les seules nouvelles réjouissantes viennent en avril 1984, du sondage pétrolier 13 Bl/IX à 36 km au nord-est de Santa Isabel et 74 m de fond, où la GEPSA (avec Hispanoil comme opérateur) semble avoir détecté du gaz et des concentrés de pétrole (3 929 m de profondeur).

Alors qu'Obiang Nguema destitue en mai quelques ministres peu francophiles et envoie à l'OIT l'ex commissaire supérieur de la police du Rio Muni, comme Ministre du Travail, la BIRD fourbit ses dollars en vue d'une *stratégie du développement* de la Guinée équatoriale (5,7 Mio de DTS). Après un congrès culturel hispano-africain, en juin, qui permit au dictateur d'affirmer que son pays ne figurait pas dans la liste des violeurs des droits de l'homme, Obiang Nguema signait le 27 août 1984 l'adhésion à la BEAC. Le 1er janvier 1985, la Guinée équatoriale entre dans la zone franc.

’ONU ET LA DEUXIEME DICTATURE NGUEMISTE

Dès avant le coup d’Etat militaire de 1979, le PNUD avait nvisagé de confier à nouveau sa mission à Santa Isabel à un eprésentant résident. Le choix se porta sur M. Gerd Merrem RFA). Celui-ci allait trouver un pays à ce point démuni qu’auune trace n’était plus perceptible des 6,6 millions de dollars ’efforts onusiens déployés et investis durant les huit années antéieures. Tout devra donc être repris à zéro, voire en dessous, car ’héritage laissé par l’ex-puissance coloniale a, lui aussi, été étruit (écoles, hôpitaux, huileries, etc.).

Réfugiés et rapporteur spécial dans la cage aux tigres

Le premier effort onusien porta sur des aides d’urgence dans e cadre de l’Assistance économique spéciale et de secours en as de catastrophe. A cette fin, une mission internationale d’urence s’est rendue en Guinée équatoriale en octobre 1979, composée de consultants de l’Unicef, du Haut-Commissariat pour les Réfugiés, du Programme Alimentaire Mondial (64). Pour les nfants, les hôpitaux, ainsi que pour les exilés envisageant de entrer, une aide alimentaire de quelque 3,2 Mio de dollars fut rganisée, ventilée comme suit :

FAO/PAM	1,10 Mio $
UNHCR	1,75 Mio $
UNICEF	0,25 Mio $
Total	3,10 Mio $

e solde revenant à la réhabilitation de l’agriculture villageoise, ous forme de semences principalement. Début 1980, le PNUD lécide à son tour d’allouer à la Guinée équatoriale nguemiste 5 Mio de dollars pour le reste du cycle de programmation, soit usqu’à fin 1981.

Le refus des réfugiés

Côté réfugiés, on supputa le retour de 20 000 d'entre eux sur les 125 000 attestés milieu 1979. Or de l'avis du Haut Commissariat lui-même, il n'en est rentré que 11 000 fin 1980 (65). Les montants consacrés aux seuls 11 000 réfugiés assistés représentent l'équivalent de 200 $ par personne, sans compter les frais administratifs. Mais le cocasse de l'affaire n'est pas tant le faible nombre de retours enregistrés, sinon que la plupart des Equato-Guinéens assistés par le HCR sont des réfugiés économiques, soit des travailleurs migrants. Depuis des années, ceux-ci ont pris l'habitude d'aller travailler dans les pays voisins, d'où ils reviennent de toute manière chaque année avec leur pécule. Combien l'aide onusienne a-t-elle dû les ravir au retour de 1979/80 ! S'ajoutent à ces migrants quelques complices nguemistes, ainsi que des opportunistes. Mais de réfugiés politiques, il n'en est guère rentré, au point que le régime Nguema a bénéficié une nouvelle fois de l'aide onusienne à fonds perdus. Cette réalité est un camouflet pour un Obiang Nguema qui a affirmé que 100 000 réfugiés sont revenus au pays, ce qui, tout en travestissant la réalité, constitue pour le moins la reconnaissance officielle par la dictature du nombre élevé de compatriotes qui ont fui sa terreur. Mais c'est aussi un camouflet pour les Nations Unies, le HCR ayant longtemps ignoré l'existence de la foule de citoyens équato-guinéens victimes de la terreur nguemiste. Mieux : obligé par la junte d'interrompre l'*opération réfugiés* milieu 1980, le HCR a remis à celle-ci 200 tonnes d'aliments restant du stock initial ; toutes ces denrées ont été vendues sur les marchés au bénéfice de la junte. L'organisation onusienne ne répercutera jamais cette réalité dans ses rapports (on le saura via Caritas).

Le ton vague adopté par l'ONU à propos de la distribution de l'aide d'urgence en Guinée équatoriale, et qui fait silence sur l'énorme gaspillage dû à la pourriture du régime nguemiste, ce ton, on le retrouve aussi en matière d'évaluation du nombre de réfugiés. Nous y avons fait allusion occasionnellement ; mais la littérature distribuée dans le cadre de la Conférence internationale sur l'assistance aux réfugiés en Afrique (Genève, 1981) permet une nouvelle fois de constater le style évasif adopté, en particulier par le HCR. Evoquant la situation au Gabon, il dit : « On évalue [n'est-ce pas son rôle, précisément, de dépasser l'évaluation et de compter les réfugiés] à environ 30 000 le nombre de réfugiés au Gabon [le gouvernement gabonais en avoue

0 000 !]. Avec le changement de régime intervenu en Guinée quatoriale, le rapatriement spontané des Guinéens a été opéré ous les auspices du HCR » (66). Pas de données précises quant u nombre de rapatriés prétendument spontanés ; on ne sait guère ieux compter ceux que l'on a vraiment pris sous sa protection. uivant quels critères évalue-t-on la soi-disante spontanéité ?

Quant au changement de régime, pas d'évaluation non plus ; suffit qu'un dictateur se substitue à un autre dictateur pour que rapatriement des réfugiés politiques soit déclaré souhaitable ! ous les auspices du HCR on rapatrie donc des réfugiés sans onnaître les risques qu'ils encourent, sans même tenir compte es constats de la Commission des droits de l'homme. Le pire, 'est que sur les 60 000 réfugiés équato-guinéens au Gabon, quelues milliers seulement ont pris effectivement le chemin de leur ays, la plupart ouvriers saisonniers dans les cacaoyères (67). lais il y a mieux : ce que déclare le HCR ne vaut pas plus que e qu'il ne déclare pas. Ainsi se tait-il purement et simplement ur les réfugiés équato-guinéens au Cameroun et au Nigeria, otamment parce que certains gouvernements ne souhaitent pas u'on en parle. Il n'aide ainsi les réfugiés que là où le pays 'accueil le permet. Autant dire que ses possibilités d'action (voire a volonté d'agir) sont très limitées. On ne s'étonne donc pas 'entendre dire, côté organisations et comités philantropiques rivés, que l'action du HCR est peu efficace et bureaucratique.

Dans cette subite vocation d'assistance aux rapatriés équatouinéens, certains fonctionnaires onusiens se sont signalés par un àcheux excès de zèle, en Espagne notamment, où l'on força ratiquement des Equato-Guinéens craignant les nguemistes à ller se jeter dans la gueule du tigre. Aussi, l'ANRD adressaitlle au Haut Commissariat une protestation. Comment peut-on, ans ces circonstances, dit-elle, parler de rapatriement volontaire ? faut croire que le HCR est coutumier de telles actions (68).

En Espagne, côté gouvernement, on agissait de façon exactenent contraire, par la remise à la junte nguemiste d'une liste de 00 cadres équato-guinéens (avocats, économistes, médecins, ngénieurs, enseignants, etc.) que l'on déconseillait d'autoriser à ejoindre leur patrie, allant jusqu'à faire obstacle à leur départ. Cela devait permettre de leur substituer des techniciens de la oopération espagnole (dont nombre de chômeurs), ainsi que des ranquistes que l'on préférait éloigner de la péninsule.

Hormis les aides extraordinaires d'août 1979 à août 1980, les diverses agences spécialisées de l'ONU se sont montrées relativement réservées, à l'exemple de l'Unesco, dont l'envoyé — particulièrement clairvoyant — semble avoir conseillé à son organisation la plus grande circonspection. Chat échaudé craint l'eau froide. Mais comme en 1979 l'Assemblée générale des Nations Unies avait demandé au Secrétaire général K. Waldheim d'organiser un programme international d'assistance financière, technique et matérielle pour la Guinée équatoriale, une mission pluri-agences s'est rendue sur place en été 1980, peu après le dépôt par le Rapporteur spécial de la Commission des résultats de ses observations et de ses appréciations fort sévères. Dès septembre est diffusé le rapport avec les propositions chiffrées de la mission d'assistance, qui estime, béatement, qu'en 1985 la Guinée équatoriale aura retrouvé le niveau économique de 1968. Trois mois plus tard paraît un nouveau témoignage du Rapporteur spécial : on y signale certaines améliorations, notamment la disparition du travail forcé ; mais à travers le style volontairement diplomatique, on devine ce que la presse internationale continue à souligner avec moins de précautions, à savoir :

— la situation intérieure est chaotique à tous points de vue ;

— hormis les cultes et séances de tribunal, aucune réunion n'est tolérée (69) ;

— le pays souffre terriblement du manque de cadres nationaux (alors que des milliers d'Equato-Guinéens qualifiés piétinent en exil) ;

— la population vit aux limites de la disette ;

— on signale la multiplication des disparitions de personnes « à l'argentine », et d'accidents mortels provoqués par des véhicules officiels... ;

— le régime militaire nguemiste a beau proclamer sa bonne foi, il est la continuation de la dictature familiale qui prive depuis 1969 l'ensemble du peuple équato-guinéen de ses droits politico-juridiques.

Le rapporteur, M. Volio Jimenez (Costa Rica) de souligner que le pays n'a pas de Constitution : « Du point de vue des droits de l'homme, c'est là que réside la faiblesse principale du système politico-juridique guinéen ; c'est son talon d'Achille (...). Le génie industrieux de l'homme n'a pas réussi à inventer une " dictature humaine " » (70). Cette réflexion rejoint celle de l'observateur de la Commission internationale des Juristes au procès Macias Nguema, à savoir que la plupart des complices de Macias Nguema n'ont pas encore été châtiés.

Lors de la 36e session de la Commission des droits de l'homme (1980), M. Volio Jimenez vit son mandat de rapporteur mué en celui d'« expert ». Selon les vœux du Secrétaire général des Nations Unies, l'expert devait fournir au gouvernement militaire « l'assistance nécessaire pour le plein rétablissement des droits de l'homme et des libertés fondamentales » (71). En 1981, le Rapport annuel d'Amnesty International confirmait que la clique de Mongomo n'a pas renoncé aux méthodes de feu Macias Nguema (72).

La terreur et les dollars

ONU aveugle et hypocrite

C'est dans le contexte de cette continuité du nguemisme que les experts onusiens ont formulé leurs propositions d'assistance économique spéciale et de secours en cas de catastrophe, de septembre 1980, en vue de relever la Guinée équatoriale des ruines accumulées précisément par cette dictature. Dans les grandes lignes, ces propositions recoupent celles de la mission pluridisciplinaire qui s'est rendue en Guinée équatoriale en 1973 ; elles réitèrent ce qui a été dépensé naguère en pure perte pour le peuple équato-guinéen par la communauté internationale. C'est ainsi que l'on préconise :

— le rétablissement des activités agricoles, par la réhabilitation des cacaoyères, caféières et palmeraies d'*elaeis* (budget de 18,2 millions de dollars) ;

— le développement d'un système d'entretien du réseau routier (budget de 5,7 millions de dollars).

Or, ce dernier projet reconduit celui des PNUD/BIRD dont nous avons évoqué l'échec total et la perte sèche de 400 000 $ par la faute du régime mongomiste. L'ONU a la mémoire bien courte.

Si les projets de santé sont axés surtout sur la réhabilitation du réseau hospitalier, ils font allusion aussi à la nécessité d'« organiser » une Ecole nationale d'infirmerie, pour 1,5 million de dollars. Le projet de 1980 se tait à propos de l'échec de l'Ecole d'infirmiers des années 1971 à 1975, qui a englouti, sans profit pour le peuple équato-guinéen, 550 000 dollars (projet des ingénieurs sanitaires compris).

Mais c'est dans le domaine de la formation scolaire, et de celle des enseignants en particulier, que les propositions qu'on ose soumettre à l'Assemblée générale des Nations Unies sont les plus significatives de l'inconséquence de l'Organisation internationale (et de l'ignorance dans laquelle on tient soit une Assemblée qui vote les budgets, soit d'éventuelles assistances bilatérales qui s'y intéresseraient aussi). Aucune référence n'est faite aux efforts, sacrifices et gaspillages antérieurs, en particulier aux très sérieux apports via l'Unesco et l'Unicef, pour plus de 2,8 Mio de dollars, là encore sans résultat par la faute du régime. Déplorablement vague, le rapport évoque pudiquement le « nouveau gouvernement », et cache les causes réelles du désastre scolaire derrière des platitudes du genre : « Tout le système est détruit. Il faut tout refaire ». Ainsi — après que l'Unesco s'en soit occupé en profondeur entre 1971 et 1975 — le ministère de l'Education doit être réorganisé ; mais on se tait sur l'assassinat des cadres de ce ministère après leur arrestation par Obiang Nguema, en 1976, celui-même qui aujourd'hui supplie l'ONU de lui accorder des aides d'urgence.

Il y a mieux. La plupart des écoles primaires doivent être reconstruites (+ 2 Mio de $), alors que la coopération espagnole venait de les faire bâtir pour une dizaine de millions de pesetas. Mais surtout, et c'est là que l'hypocrisie atteint son comble, le rapport propose ce qui suit :

a) « Il est nécessaire de *commencer* [c'est nous qui soulignons] à former des institutions d'enseignement supérieur, spécialement pour la formation de professeurs d'enseignement secondaire et d'administrateurs ». C'est là faire fi du projet de Centro de Desarrollo de la Educación que l'Unesco, avec l'aide de l'Unicef et du PNUD, a réalisé à Bata entre 1972 et 1977, mais que les activités para-militaires infligées aux étudiants, l'occupation militaire des locaux et l'incurie administrative ont empêché de prospérer.

b) Pour faciliter l'inspection des écoles primaires, dix-sept véhicules tout-terrain sont demandés (+ 150 000 dollars). Or, l'Unicef avait fourni à la Guinée équatoriale, en 1971, dix-sept motocyclettes qui ont été dispersées entre complices du pouvoir, sans jamais servir à l'inspection.

c) C'est un moindre montant de 75 000 dollars qui est proosé pour l'équipement sportif destiné aux écoles primaires et econdaires. Or, dans les années 1972-75, une grande partie du natériel a été volée par un des directeurs actuels du ministère de Education.

Notons en passant que le rapport montre bien que ses auteurs, 'ils ignorent tout du passé de la Guinée équatoriale, ne connaissent as plus son présent. Ainsi, en septembre 1980, ils prétendent u'il n'existe pas d'équipes sportives dans le pays, alors que epuis fin 1979 un championnat national de football est organisé, t qu'une équipe nationale est entraînée depuis 1980 par Manuel anchis, joueur professionnel du Real de Madrid, membre de la Coopération technique espagnole.

Les aides d'urgence proposées pour l'enseignement se montent 5,5 millions de dollars, plus 1,7 million de dollars de haute urgence, soit un total de 7,2 millions de dollars. Pour le plus long erme, il conviendra, selon ces consultants candides, d'ajouter ,1 millions de dollars supplémentaires. On peut ici constater que les Nations Unies fonctionnent comme une mécanique aveugle : s'est-on interrogé hors de la *Commission* sur la crédibilité le la seconde dictature nguemiste ? Aussi envisage-t-on, pour a seule éducation en Guinée équatoriale, de faire dépenser à la communauté internationale un montant presque identique au total le ce qui a été gaspillé par l'ensemble des assistances multinationales entre 1972 et 1978 (6,6 millions de $), alors que les dirigeants actuels étaient déjà les principaux instruments de l'oppression.

Le rapport soumis à l'Assemblée générale des Nations Unies demande pour la Guinée équatoriale pas moins de 59 295 000 US $ répartis comme suit :

Assistance technique de haute urgence	11 174 000 $
Assistance d'urgence	28 421 000 $
Total des projets d'urgence	39 595 000 $
Long terme	19 700 000 $
Total général	59 295 000 $

Bien sûr, toutes ces dépenses ne peuvent être assurées par les seules Nations Unies, et devront être prises en charge par des aides bilatérales ou des organismes privés. Il n'en demeure pas moins qu'il s'agira toujours de la communauté internationale, et principalement des Etats démocratiques. Et ce pour un peuple qui, aujourd'hui comme hier, est opprimé par les mêmes.

Les cadres équato-guinéens existent

Dans ses conclusions, le rapport insiste une fois de plus sur le manque de personnel technique dont souffrirait la Guinée équatoriale. Mais il oublie de revenir sur ce qu'il dit allusivement dans ses premières pages : l' « exode causa la perte de presque toutes les forces de travail qualifiées du pays ainsi que des personnes au talent d'entreprise, professionnels de toute sorte, techniciens et administrateurs » (Par. 15). En réalité, ce que les auteurs du rapport n'ont pas fait, c'est dénombrer les milliers de cadres équato-guinéens de tous niveaux qui refusent de revenir sous la tutelle nguemiste. Si le pays se voit actuellement démuni de cadres intellectuels et techniques, la nation équato-guinéenne dans son ensemble ne l'est pas.

C'est bien là le nœud principal du développement de la Guinée équatoriale : un pouvoir dictatorial incapable de gouverner par lui-même, à l'intérieur, et tout le savoir-faire à l'étranger. L'expert de la *Commission* devait écrire à ce propos, six mois après la fin de l'opération de rapatriement par la HCR : « Il serait souhaitable d'encourager davantage les citoyens de la Guinée équatoriale qui ont fui le régime Macias [Nguema] pour se réfugier dans d'autres pays (Cameroun, Gabon, Nigeria et Espagne en particulier) à rentrer dans leur patrie. Il conviendrait tout particulièrement de donner de *nouvelles assurances* [c'est nous qui le soulignons] aux membres des professions libérales et, d'une manière générale, aux intellectuels, et de leur faire comprendre qu'ils seront en *sécurité* chez eux et qu'il leur sera permis de *participer* utilement à la *reconstruction* du pays dans tous les domaines (73). Existe-t-il meilleure preuve de l'échec de l'opération de rapatriement ?

Envisager de dépenser des millions de dollars pour des experts étrangers alors que des milliers de professionnels équato-guinéens attendent simplement des garanties quant à leur sécurité et le rétablissement du jeu démocratique afin de s'atteler à la tâche de reconstruction nationale, c'est freiner la réalisation d'une indépendance que le régime nguemiste a confisquée. La diaspora comprend des centaines de boursiers de l'ONU ou du bilatéral, partis étudier en Europe occidentale, en Union soviétique, en Yougoslavie, en Suisse, à Cuba, aux Etats-Unis, en Amérique du Sud, tous restés à l'étranger en attendant que tombe la dictature (74). Si la *Commission* est consciente de l'absence de changements en Guinée équatoriale, cela semble, hélas, être le dernier des soucis de l'ONU politique et financière, et en particulier de ces machines à dévorer le dollar que sont les PNUD, FMI et BIRD, voire le HCR.

L'ONU lèche les bottes des militaires

Après le séjour en Guinée équatoriale d'une nouvelle mission d'étude dans le cadre de l'Assistance économique spéciale et de secours en cas de catastrophe, en septembre 1981, est paru en novembre le rapport du Secrétaire général des Nations Unies, portant en annexe les constats des experts (75). Dans un pays détruit par le fascisme, administrativement et politiquement ruiné, il aura suffi à ces experts cinq jours pour observer, soupeser et formuler des propositions mettant en jeu l'avenir d'un pays entier. Le chef de la mission n'a été reçu que par le ministre du Travail, Oyo Riqueza, ce qui démontre le médiocre intérêt des nguemistes pour une entreprise si importante. Le même dédain frappe de leur part les travaux de la Commission des droits de l'homme et de l'OIT.

Une précision sur le style du rapport des experts s'impose : ils y évoquent le « présent gouvernement », comme s'il n'était pas composé des mêmes hommes que ceux qui sont responsables du fait « que la structure économique et administrative du pays avait été pratiquement détruite ». On retrouve cette candeur au fil de tout le rapport ; elle répète l'inconséquente attitude des experts envoyés en Guinée équatoriale en 1980. On dit bien : « le gouvernement reconnaît que le succès de ses plans de développement dépend du rétablissement de la confiance dans le pays » ; mais on veut expliquer en partie ses difficultés par : « les réfugiés rentrés dans le pays [qui] imposent une charge supplémentaire à l'administration », alors que l'on sait :

— qu'il n'en est rentré que 11 000 sur 125 000, la plupart travailleurs migrants agricoles (situation confirmée par le rapport A/AC 96/606/p. 305 du Haut-Commissariat aux Réfugiés) ;

— d'autre part, que l'accueil des réfugiés a été en grande partie financé par les Nations Unies, via le HCR.

Mais surtout, ce sont les hommes du « présent gouvernement » qui portent la responsabilité de la fuite à l'étranger d'un quart du peuple équato-guinéen. Il faut, de plus, souligner que le rapport des experts omet les termes « exil » et « travail forcé », pour n'évoquer que « des personnes déplacées et des personnes revenues dans leur région d'origine ». Quand la diplomatie se fait complice des tyrans...

Le rapport confirme la situation économique dramatique du pays. En 1980, dit-il, « la valeur des exportations a baissé brutalement, en raison des problèmes d'organisation liés au changement de gouvernement » ; mais on sait que c'est au progressif abandon du travail forcé que cette chute est imputable. Et comme peu d'investisseurs étrangers se risquent au paradis nguemiste, c'est le FMI qui offre des facilités. Voici ce que la dictature nguemiste a reçu de l'institution financière onusienne, dans la seule période 1980-81 :

5,5 Mio de DTS (crédits)
10,5 Mio de DTS (financements compensatoires)
4,5 Mio de DTS (du Fonds fiduciaire)
1,0 Mio de DTS (répartition de DTS début 1981)
——
21,5 Mio de DTS

pour un pays de moins de 500 000 ressortissants, amputé de 110 000 exilés. En septembre 1981, le Fonds d'équipement des Nations Unies y ajoutait 1,75 Mio de $ pour du matériel destiné aux cacaoyères. Ces montants généreux doivent être complétés par les nombreux emprunts effectués par la junte, dont 8 Mio de $ à la Banque africaine de développement, 4,7 Mio de $ à la Banque arabe de développement en Afrique (1983), sur douze ans à 5,5 %. Compte tenu de ces emprunts tous azimuts, le gouvernement nguemiste est placé devant un service de la dette de plus de 10 Mio de dollars depuis 1983. Si on complète ce tableau par un déficit budgétaire de 8,4 Mio de $ pour la seule année 1980 (76), on ne s'étonnera pas d'apprendre que les prix, en particulier de l'alimentation, ont fortement augmenté. Faisant le constat de la baisse générale de production, notamment de cacao, les experts précisaient qu' « il est toutefois peu probable que le nombre de travailleurs sur les plantations de cacao revienne à son niveau antérieur », confirmant implicitement la grève perlée de la population. Dans le même temps, ils corroborent le refus des pays voisins, voire plus éloignés comme la Haute-Volta ou le Rwanda, de fournir de la main-d'œuvre à un régime aussi peu digne de confiance.

Discrétion onusienne

Dans divers secteurs, le rapport onusien est significatif par ses silences ; ainsi se tait-il sur l'abondante pêche effectuée entre 1972 et 1980 par les Soviétiques, dans les eaux territoriales de la Guinée équatoriale. Le rapport ne mentionne pas non plus le viol de la plupart des droits de l'homme. Quant à « développer la participation populaire », ce n'est que billevesée s'il n'est pas fait appel à la diaspora.

En lisant le rapport entre les lignes, on note des constats affligeants :

— le gouvernement privilégie certaines régions au détriment d'autres (Mongomo oblige) ;

— l'administration est insuffisante ;

— le peuple pratique la résistance passive ;

— le peuple souffre de malnutrition ;

— la santé publique est inexistante.

Suivent une vingtaine de pages de projets. Ceux-ci renvoient le plus souvent à un document ultérieur, destiné à la Conférence des bailleurs de fonds (1982), en reproduisant ce qui a été budgété, financé, exécuté et détruit durant les années antérieures.

Les experts onusiens ont divisé l'avenir de la Guinée équatoriale en deux phases, dont une première « exceptionnelle, de relèvement et reconstruction », qui devrait durer jusqu'en 1985. Ils escomptent « un redressement sensible de l'économie », confirmant par cette vision utopique qu'ils négligent les réalités politiques, causes principales de la plupart des maux. Il est impossible de citer tout ce qui devrait être fait pour ne serait-ce que restituer à la Guinée équatoriale son visage de 1968. Prenons, par exemple, les projets du domaine de l'Enseignement. Parmi les priorités les plus élevées on a placé :

— la « création d'un centre de recherche pédagogique adapté aux besoins et aux caractéristiques du pays » : c'est vouloir refaire une nouvelle fois ce que l'Unesco a entrepris entre 1972 et 1977, à travers le Centre de Développement de l'Education, mais que la violence nguemiste a anéanti ;

— les « stages de formation et de perfectionnement des enseignants pendant les vacances », effort que le personnel de l'Unesco du CDE a été empêché de mener à bonne fin ;

— les « cours d'organisation et d'évaluation à l'intention des directeurs et des inspecteurs de l'enseignement » amorcés, mais court-circuités dans les années soixante-dix ;

— etc., etc.

Remarquons, enfin, que parmi les programmes à moyen et à long terme figure « l'étude concernant la construction d'un nouveau bâtiment de la présidence », bien que Macias Nguema se soit fait bâtir le palais d'Ekuku, près de Bata, grâce à un prêt français de 12 Mio de dollars.

Vigilance onusienne

Alors que le rapport de ces experts était présenté à l'Assemblée générale de l'ONU sous la signature du Secrétaire général, un autre rapport, signé du même, et destiné à la Commission des droits de l'homme, est paru fin 1981. Tandis que l'équipe d'experts de l'automne a tout fait pour occulter l'oppression et taire jusqu'à l'expression *droits de l'homme*, il s'agit là du projet de mise à disposition de la junte d'un expert en cette matière précisément. Comme pour les experts « économiques », qui n'ont jamais eu accès au sommet de l'édifice fasciste du clan de Mongomo, « le Secrétaire général informait la Commission que jusqu'à présent, le gouvernement de la Guinée équatoriale n'a pas fait connaître sa réaction en ce qui concerne le projet de plan d'action » en matière de droits de l'homme.

En décembre 1980, l'expert Volio-Jimenez avait déjà suggéré une série de mesures pratiques :

— fixation d'un calendrier pour l'adoption d'une constitution ;

— création d'une commission de surveillance, appelée à informer le président ;

— adoption de la Déclaration universelle comme loi nationale et ratification des Pactes internationaux en matière de droits de l'homme ;

— que l'expert de la Commission, en vue d'une assistance constructive à la Guinée équatoriale, puisse évaluer périodiquement la situation dans ce pays.

L'essentiel de ces suggestions a été adopté par la Commission des droits de l'homme, puis par le Conseil économique et social des Nations Unies (Résolution 1981/80) (77).

Voici le calendrier et les éléments essentiels du plan d'action du Secrétaire général :

1981

— Convocation d'un comité de rédaction pour la préparation des Codes civil, pénal, des obligations, du travail, etc. (confirmant le caractère hors-la-loi du régime nguemiste) ;

— rédaction d'un décret-loi fondé sur la *Déclaration universelle* qui serve de norme pour les libertés fondamentales, en attendant l'adoption d'une nouvelle Constitution. L'ONU se dit prêt à fournir des experts de l'Institut latino-américain des Nations Unies pour la Prévention des Délits et le Traitement de la Délinquance (ILANUD) de San José de Costa Rica.

1982

— Promulgation d'une Loi d'association et d'un Code électoral ;

— mise en place d' « une commission de rédaction qui travaille à une nouvelle Constitution avec la participation d'universitaires et de professionnels, ainsi que de personnes ayant une expérience administrative et politique », et soumission de ce projet à la considération du gouvernement. L'ONU pourrait collaborer à ce travail de rédaction jusqu'à la mise au point du document final.

1983

— Mise en place d'une Assemblée ou Conférence constituante ;

— soumission à cette Assemblée du projet de constitution approuvé par le gouvernement.

1984

— Tenue d'un référendum populaire sur le projet adopté par l'Assemblée consituante ;

— promulgation et application de cette constitution.

Parallèlement, un système judiciaire adéquat devait être mis en place, de même qu'une presse libre ; des élections municipales figuraient également au programme.

On constate ainsi que, dans le même temps, les Nations Unies, à travers le Secrétaire général (à l'époque encore M. Waldheim), s'adressent à un même gouvernement par deux langages différents : au plan du développement économique, on fait silence sur tout le passé récent, voire le présent : perpétuation de la dictature, assistance onusienne gaspillée par la faute de cette dictature, assistances subitement gênantes, comme celle de l'URSS, occultation de la réalité démographique qui est celle d'un peuple privé de ses cadres par la terreur du gouvernement que l'on veut assister ; au plan de l'aide à la suppression de la dictature, on cultive l'illusion de voir la junte fasciste accepter que le pays revienne au suffrage universel et adhère au Pacte sur les droits civils et politiques, et sur les droits économiques, sociaux et culturels des Nations Unies.

Fort curieusement, dans le cadre des projets de la Ligue des Sociétés de la Croix-Rouge pour l'aide aux victimes des catastrophes naturelles, des réfugiés et autres situations exceptionnelles, seule l'URSS semble s'intéresser à la Guinée équatoriale. En 1982, elle a fait don de 30 000 dollars. Il faut croire que les autres pays, notamment capitalistes, réservaient leurs « dons » à des opérations plus rentables...

Le PNUD : instrument néo-colonial

Ceci nous amène à la Conférence internationale des bailleurs de fonds pour le redressement économique et le développement de la République de Guinée équatoriale. Le PNUD, qui semble de plus en plus influencé par la Banque mondiale, a confié l'élaboration des programmes de reconstruction de ce qu'ont détruit les nguemistes à un bureau d'études français, la SEDES, et à un bureau d'études espagnol, INTESA ; on flaire déjà quel est l'éclairage des 567 pages du rapport appelé à servir de base de discussion à la Conférence au siège européen des Nations Unies, à Genève, du 19 au 21 avril 1982.

Avant d'évoquer les travaux de la Conférence des donateurs (78), il convient de noter que sur les 35 membres de la délégation équato-guinéenne (dont 5 non-Africains), on dénombre les origines suivantes : Mongomo 18, Mikomeseng 2, Añisok 2, Fernando Poo 2, Bata 2, Ebebiyin 1, Niefang 1, (Douala) 1, Inconnu de l'auteur 1, soit 30. Le clan de Mongomo représentait donc les 2/3 de la délégation (79).

Les observateurs, ainsi que deux délégations de pays participants, ont fait au début de la Conférence des donateurs un certain nombre de constats importants :

1. L'Union soviétique et la Chine populaire (cette dernière a

toujours quelque 400 coopérants sur place) sont des absents de marque.

- Le rapport SEDES/INTESA/PNUD a oublié sur la carte qui l'accompagne l'île de Corisco, que le Gabon (comme la France au XIXe siècle) continue à convoiter, après avoir déjà confisqué diverses îles équato-guinéennes de la région.
- L'appareil administratif équato-guinéen semble incapable d'absorber l'aide internationale, tout comme sous Macias Nguema.
- La monnaie équato-guinéenne, l'ekwele, attend toujours une homologation internationale.
- « L'honnêteté de l'actuel régime est (...) mise en doute par des mouvements d'opposition en exil, notamment l'Alianza Nacional de Restauración Democrática qui dénonçait déjà les horreurs du précédent régime. Pour l'ANRD, entre un président Macias Nguema et un président Obiang Nguema, c'est bonnet blanc, blanc bonnet. L'aide internationale serait absorbée tout autant par l'ancien gouvernement que par le nouveau et la répression n'aurait pas cessé » (80).

La séance inaugurale de la Conférence, a été l'occasion de onstater tant les silences inquiets du PNUD que les mensonges du ouvoir nguemiste. Malgré l'incompétence des mongomistes du MS, le représentant du PNUD (qui n'agissait certainement pas titre purement personnel), M. Doo Kingue a déclaré : « Je oudrais souligner, en premier lieu, que nous sommes pleinement 'accord avec le Gouvernement de Guinée équatoriale, tant sur le iagnostic qu'il nous a présenté des problèmes de développement e son pays que sur les mesures reconnues pour porter remède à situation au cours des trois à quatre prochaines années ». Le irecteur de la section Afrique du PNUD — passé depuis lors ecrétaire général adjoint et directeur de l'Institut de formation rofessionnelle et de recherches des Nations Unies (UNITAR) — onsidère donc que le mutisme des nguemistes sur leur responsabité dans la destruction des potentiels humain et économique de Guinée équatoriale est tolérable, à l'instar d'un commis voyageur ui ferme les yeux sur les crimes de son client. « A notre avis, principale tâche du présent régime » — comme s'il ne savait as que c'est le même qu'antérieurement — « devait être de estructurer et de faire revivre l'Etat et de mettre en marche les ctivités économiques du pays (...). Nous partageons donc les prioités et les choix stratégiques du Gouvernement ». Voici un haut onctionnaire de l'ONU qui se rallie à l'étouffement de la démoratie, à l'accaparement des rouages politiques, économiques, administratifs par une fraction d'ethnie, au viol des libertés et droit fondamentaux ! « Le PNUD » — ajoute Doo Kingue — « es fondamentalement un programme de préinvestissement et d'assis tance technique, et non soumis aux puissances (soumis à aucun puissance) » ; mais il confie l'étude des dossiers aux deux puis sances les plus intéressées à néo-coloniser la Guinée équatoriale Et M. Doo Kingue de préciser qu' « une des missions essentielle du PNUD est de tirer profit des ressources humaines », alor qu'il est patant que ces " ressources ", tant à l'intérieur qu'à l'exté rieur, sont hostiles aux nguemistes bénéficiaires de la sollicitud onusienne.

Puis Doo Kingue s'applique à soutenir la mensongère thès nguemiste du « Coup de la liberté » : « Depuis le changemen de régime en Guinée équatoriale, les Nations Unies traitent c pays comme s'il était un PMA ». Certes, ajoute-t-il, « je ne m lasse pas de dire que le développement est un processus de tâton nement. On peut apprendre beaucoup des erreurs, des échecs e des succès des autres ». Mais que fait le PNUD des erreurs, mieux des crimes du clan d'Obiang Nguema ? Il place toute sa confianc dans un gouvernement qui « a l'occasion historique de pouvoi faire quelque chose de neuf en évitant la routine et les improvisa tions et tirer des leçons de l'expérience acquise par les autres pay en développement ».

Depuis « l'avènement du nouveau [?] régime », conclut M. Do Kingue, le PNUD a financé 4 Mio de $ de projets. Soit en deu ans de dictature néo-nguemiste plus de la moitié de ce qui a ét sacrifié en huit ans à la précédente dictature. Ce cadeau royal qui n'a pas empêché la dégradation du sort des Equato-Guinéens confirme, selon lui, « la confiance que le Gouvernement a mise d manière si généreuse dans le PNUD ». A se demander qui es généreux ? « Je crois sincèrement » — M. Doo Kingue serait-i parfois non-sincère — « que la communauté internationale s souviendra de cette réunion, car, indépendamment des résultat déjà obtenus » — mais il s'est bien gardé d'en présenter un seul — « elle représente le retour évident de la Guinée équatoriale à un coopération ouverte avec tous les pays du monde ». Oui, Mes sieurs du PNUD, la communauté internationale se souvient. Ell enregistre vos silences sur le gaspillage de l'aide multilatérale onu sienne et de l'OUA, sous Macias Nguema, du voile jeté sur le assistances soviétique, chinoise, cubaine, etc., de votre oubli d viol permanent des droits de l'homme et des libertés fondamen tales.

Fort du plébiscite dookinguien, Obiang Nguema s'est adressé la Conférence des donateurs par : « En ma qualité de représenant du peuple de la République de Guinée équatoriale ». Et 'évoquer les crimes de Macias Nguema — auxquels il était étroiement associé — crimes qui ont « produit un exode massif, tant es nationaux que d'étrangers. Cette sortie massive a causé une rande perte de presque toutes les forces de travail qualifié du ays dotées d'esprit d'entreprise, de sens technique et administraif (...). Plusieurs centaines [d'intellectuels, de fonctionnaires et de ailitaires] ont été suspendus arbitrairement de leur fonction, expulés ou simplement incarcérés sans jugement aucun, où certains nt trouvé la mort... » La plupart des tués l'ont été par l'armée l'Obiang Nguema et la Jeunesse ; ensemble, elles ont sur la onscience plus de 40 000 assassinats. Et Obiang Nguema a l'audace d'évoquer « le devoir sacré de l'armée de veiller au bientre et aux intérêts du peuple équato-guinéen » sans « ambition le pouvoir ». Pas étonnant alors qu'il lui faille évoquer, outre e manque de capitaux, « les ressources humaines très limitées »...

Lors de la conférence de presse, Obiang Nguema, après avoir nié la représentativité, voire l'existence des mouvements d'opposition, en particulier de l'ANRD, a assuré les journalistes du bon onctionnement de l'administration équato-guinéenne. Il voulait nontrer par là que l'aide internationale trouvera les structures l'accueil suffisantes. Or, lors de la séance d'ouverture de la conférence proprement dite, le président de la délégation équato-guinéenne, Nguema Ela, lui aussi de Mongomo, devait avouer que « dans le moment présent pas une seule entité administrative du Gouvernement ne fonctionne encore qui puisse se charger de la suite systématique et active des projets approuvés ou de la coordination efficace de l'assistance extérieure ».

Mais cet élan de sincérité a été accompagné d'une série de mensonges du type : « Après avoir souligné que l'actuel gouvernement a permis de restaurer pleinement les libertés individuelles et collectives, la justice sociale, ainsi que d'obtenir une ample réconciliation nationale, le Président du Conseil militaire Suprême a annoncé d'importantes mesures dans le domaine de la démocratisation et d'une institutionnalisation politique. C'est dans ce projet de politique globale de démocratisation et de renforcement des institutions que se situent les objectifs prioritaires en matière de développement économique et social ». Quand on sait que lors de cette Conférence des donateurs Obiang Nguema a refusé de recevoir T. van Boven, on comprend la crédibilité des promesses d'un retour à une situation normale.

Au bout de deux jours de tractations, 91 Mio de $ sur les 140 Mio demandés étaient réunis : de quoi financer les projets à court terme. Mais on doit s'interroger sur l'efficacité que cette aide aura compte tenu de la perpétuation de la dictature mongomiste. La Banque mondiale le sait bien, qui écrivait en 1981 (81) que « l'impact sur le développement est dilué — côté africain — par l'inadéquation de l'environnement politique intérieur. Les gouvernements africains doivent être prêts à agir vigoureusement pour résoudre leurs problèmes internes, à réviser leur politique à la lumière de l'expérience [laquelle ?] et à accepter l'idée que s'ils ne changent pas leur politique, ils auront du mal à mobiliser une aide accrue. S'il est vrai qu'il faut privilégier les projets de production, il faut aussi, côté donateurs, une assistance plus efficace, notamment dans le dialogue avec le partenaire africain. Une sorte de nouveau contrat social (...), la reconnaissance, par la communauté mondiale, du fait que la lutte contre la pauvreté en Afrique est une lutte commune, qui entraîne des responsabilités pour les deux parties ». Voici pourquoi, probablement, la Conférence des donateurs a décidé pour fin 1984 ou début 1985 un examen de l'exécution des projets envisagés à Genève.

Cinq ans après le coup raté de la liberté, la BIRD, afin « de créer une situation qui se prête mieux aux investissements à la fois publics et privés », injecte depuis l'été 1984 les 6 Mio de $ de sa *stratégie du développement* de la Guinée équatoriale...

Le fascisme continue

On sait comment les régimes fascistes, de droite comme de gauche, tiennent leurs promesses. A peine Obiang Nguema avait-il quitté la Rome protestante, qu'il mettait sur pied l'équipe de vingt nguemistes notoires chargés d'élaborer une constitution sur mesure. Oubliées les propositions de la *Commission des droits de l'homme* de convocation d'une Conférence constitutionnelle. Et pour cause : les nguemistes savent bien qu'ils ne sont représentatifs que d'eux-mêmes — même pas de toute l'ethnie Esangui, de loin pas compromise avec eux. L'équipe d'Akonibe, avec ses « têtes de granit stériles », a été définie par Obiang Nguema de « totalement impartiale ». Pour *Africa* (Dakar), le pouvoir nguemiste démontre une nouvele fois qu'il ne vise qu'une chose : instiıtionnaliser la dictature (82) au moment où, fort des résultats btenus à Genève avec la complicité onusienne (appuyée par 29 ays, dont l'Espagne, la France, la Suisse) (83), les millions de ollars affluent.

Parmi les mouvements de libération de la Guinée équatoriale, ANRD est seule à avoir sérieusement réagi face au refus de ialogue du second pouvoir nguemiste (84). Avant même que la ɔmmission d'Akonibe n'eut commencé son labeur, l'ANRD xigeait :

. L'identification de l'opposition.
. La reconnaissance par le CMS de l'existence d'une opposition à son gouvernement.
. La convocation officielle d'une rencontre avec le CMS.
. La mise au point d'un vrai débat non-occasionnel.
. La fixation préalable d'un thème de la rencontre.

De plus, l'ANRD en appelait à la vigilence de toutes les tenances de l'opposition.

La « générosité » internationale exprimée lors de la Conférence es donateurs, la prétendue démocratisation à travers une nouelle constitution nguemiste, la transformation du gouvernement u CMS en gouvernement prétendument civil en octobre 1982, permanence au pouvoir des mêmes hommes, notamment dans ne Assemblée populaire élue sur liste unique en août 1983, tout ela n'a rien modifié de la réalité : le pouvoir fasciste continue. e rapport du directeur général du BIT au Conseil d'administraon (85) atteste l'incapacité de ce pouvoir d'assumer les responıbilités nationales, puisqu'il fait mention de l'absence de reprécntants de la Guinée équatoriale à la Conférence Internationale u Travail, d'une part, et du silence du gouvernement, d'autre art, devant les demandes d'explication du BIT.

Parmi les bourdes énoncées par Obiang Nguema dans son bouuin, il y a l'affirmation de la priorité que son gouvernement ccorde à l'Education (p. 20). Or, dans les budgets successifs de 980, 1981, 1982, l'Education nationale et la Culture passent de 4 % du total à 13 % puis à 10 %, tandis que le volume des udgets s'accroît de 40 % ! Où que l'on cherche un signe d'honêteté chez Obiang Nguema et son régime, on retrouve le mensonge t l'incompétence.

Fin 1982, à l'occasion du Colloque international sur la protecon des réfugiés africains, organisé sous le patronage de *Pax* *Romana* à Dakar, l'ANRD, par son secrétaire général, montrait ue si « sept ans après la mort du Caudillo les Espagnols viennent enfin d'élire un parlement jeune et dynamique [à vocatio démocratique], ce qui signifie la mort du franquisme (...), mal heureusement, sept ans après la mort du Generalísimo de lo Ejércitos, le franquisme continue en Guinée équatoriale » (86) Et Eya Nchama de montrer que pour les nguemistes, le réfugié est par son exil même, en situation de délit : le décret d'amnisti de 1979, à l'article 1, s'adresse en effet à « tous les ressortissant de Guinée équatoriale réfugiés à l'étranger pour des motifs poli tiques qui volontairement et en toute liberté peuvent retourne au pays sans crainte d'être persécutés ou punis pour avoir aban donné la République de Guinée équatoriale ». Partir est ainsi u délit qui mérite amnistie, alors que la Déclaration universell (art. 13, al. 2) dit que « toute personne a le droit de quitter tou pays, y compris le sien, et de revenir dans son pays » (87). O constate donc en Guinée équatoriale, en plus de l'absence d droits à l'autodétermination politique, l'absence aussi du « droi d'autodétermination personnelle ».

Les droits de l'homme malmenés

Pendant que l'ONU économique et financière continuait à culti ver ses illusions sur la crédibilité du pouvoir fasciste nguemiste la Commission (1983) reprenait l'étude du dossier de la Guiné équatoriale. Certes, avec le nouveau directeur du nouveau Centr des Nations Unies pour les droits de l'homme, on tente bien par divers moyens, d'éviter un approfondissement de la questio équato-guinéenne. Mais la vigilance canadienne, remarquabl depuis des années, a permis par une brève résolution de déjoue ce « complot » et d'amener la Commission à avouer implicitemen qu'elle n'accorde aucun crédit à la prétendue participation de deux experts onusiens à l'élaboration de la constitution ngue miste (88). Aussi, la Commission décidait-elle de réexaminer cett question en 1984. Un nouveau rapport du Secrétaire général d l'ONU, sur la fourniture de services consultatifs à la Guinée équa toriale dans le domaine des droits de l'homme, a été soumis à la Commission (Genève, février-mars 1984). Après le rappel d ses efforts antérieurs et ceux de la Commission, le Secrétaire géné ral signale qu'en dépit d'une note verbale au gouvernement Obian Nguema (6.6.83) et un rappel (26.9.83), « à la date de la rédac tion du présent rapport (6.12.83) il n'a reçu aucune réponse d

›uvernement de la Guinée équatoriale, raison pour laquelle ıcune action nouvelle n'a été entreprise » (89).

La Commission Internationale des Juristes, dans un autre rap›rt, rappelait les démarches infructueuses du Secrétaire général ; l'ONU et la légèreté avec laquelle le gouvernement Obiang guema a éludé les recommandations successives des experts et ; la Commission des droits de l'homme. Elle confirmait fin vrier 1984 l'absence d'élections libres et démocratiques, l'accaırement des attributions du législatif par l'exécutif, l'absence de 'oits politiques pour la population sur place et la poursuite de :xil pour l'intelligentsia. Par sa demande de garder la situation ; la Guinée équatoriale nguemiste sous surveillance, la CIJ laisse ı fait entendre qu'elle regrette que la machine onusienne n'ait ıtreprit aucune action nouvelle pour que le pays « retourne à vie démocratique qu'avaient recommandée les Nations Unies ».

En 1985, il sera possible de confronter les constats amers de Commission des droits de l'homme et de diverses ONG avec s analyses de trois ans d'aide internationale à Obiang Nguema, ıite à la Conférence des donateurs. Les dollars sauront-ils cette ›is-ci chasser la dictature ? Il n'est pas interdit d'espérer ; mais ıuront-ils redonner vie à la démocratie ?

ne étincelle d'espoir

NUCED et ECOSOC

Un espoir semble perceptible du côté de la CNUCED. En fet, les travaux préparatoires de la Conférence des Nations Unies ır les pays « les moins avancés » (PMA, Paris, 1981) ont retenu ɜs critères d'appréciation prometteurs :

— analyse des obstacles principaux au développement dans les ɔmaines économiques clés ; on en attend des informations sur s difficultés structurelles, en particulier sur le manque de cadres ɜ formation moyenne et supérieure ;

— indication sur les priorités à court et à moyen terme et sur politique financière ;

— description des efforts à accomplir par le pays lui-même.

La Guinée équatoriale ne figurait alors pas parmi le peloton ɜs trente pays africains « les moins avancés », mais n'en était pas éloignée. En 1982, les Nations Unies décideront de l'accueilli dans ce groupe.

Si la CNUCED tente d'analyser les difficultés structurelles d la Guinée équatoriale en vue de la meilleure détermination spé cifique de ses problèmes de développement, il faudra qu'ell dépasse les seuls aspects quantitatifs tels qu'énumérés par l mission pluri-agences de 1980. En prenant en considération toute les facettes de la problématique du développement de la Guiné équatoriale, il s'agira de privilégier la réinstallation des multiple cadres moyens et supérieurs de la diaspora. Grâce à eux, nombr de problèmes de développement du pays seront résolus. Il es impensable que les experts de la CNUCED négligeront les Equato Guinéens qui attendent de pouvoir jouir du droit universellemen reconnu de rentrer impunément au pays.

L'espoir que nous percevons vient en partie aussi du fait qu courant 1981, l'ECOSOC, faisant le bilan de l'UNDRO (Burea de coordination des Nations Unies pour les secours en cas d catastrophe), a émis des jugements prometteurs (90). L'UNDRO est défini comme incapable de « mobiliser, diriger et coordonne les efforts internationaux d'assistance tout en stimulant la préven tion et la préparation aux catastrophes ». Quand on pense qu les montants demandés pour l'aide à la Guinée équatoriale ngue miste se justifient sous l'étiquette d'assistance économique spé ciale et de secours en cas de catastrophe, les critiques formulée par l'ECOSOC prennent une valeur toute particulière. Encore qu l'idée avancée de confier ces activités au PNUD laisse songeur.

Une autre lueur d'espoir est apparue en 1981. Le secrétair général des Nations Unies ayant avisé l'ECOSOC que les tracta tions avec le gouvernement de Santa Isabel sur l'aide onusienn n'avaient pas encore pu avoir lieu, cet organisme a décidé d renvoyer la question d'un an. Grâce à un amendement canadier tout le dossier a été transmis, pour examen préalable, à la Com mission. Ainsi fut respectée la Résolution 36/1979 de l'Assem blée générale. Enfin un signe de la possible cohérence des acte onusiens.

Mais attention. Pour que la Guinée équatoriale puisse reveni à la démocratie, c'est-à-dire à un régime fondé sur le poids d'un opinion publique libre, les nguemistes doivent renoncer à leu désir de pouvoir exclusif et tolérer l'expression du suffrage popu laire. Il ne suffit pas d'exploiter le langage des démocraties comm l'ont fait Macias Nguema et Obiang Nguema pour être démocrate Lorsqu'en 1981 Obiang Nguema prétendait que les finalités de so ouvernement militaire sont la liberté du peuple, le bien-être ocial et l'amélioration de l'économie, nous savons qu'il n'entenait pas mettre en place un gouvernement fondé sur la pluralité olitique et la liberté d'expression et de critique.

Si nombre d'organisations caritatives et humanitaires, de même ue les observateurs neutres, sont conscients de la lamentable éalité imputable à l'autocratie nguemiste, le FMI, le PNUD, BIRD n'ont guère cure d'une telle occurrence. Quel type e développement entendent-ils encourager par leur silence ? Pour ui ? Pour quoi ? Contre qui ? (91) Quand on connaît le triste ort de la 6e CNUCED de Belgrade (1983), où les petits pas es différentes commissions n'ont pas suffi à combler le fossé qui épare les nantis des 125 pays les plus démunis — les premiers ampant sur leurs positions égoïstes, les second formulant des xigences déraisonnables — on peut être tenté de perdre espoir. Ce d'autant que le débat ne porte que sur les problèmes éconoiques et financiers, et néglige ce qui est souvent la cause de la isère : l'oppression, la corruption, l'exploitation néo-coloniale t les divers impérialismes. Pas étonnant, alors que les pays riches, mmenés par les Etats-Unis, plutôt qu'une approche globale, ient préféré résoudre les problèmes cas par cas, pays par pays, n vertu de l'ancestral *diviser pour régner.* C'est pourquoi le uisse A. Dunkel, directeur du GATT, s'est élevé en 1984 contre e projet de l'administration Reagan de création d'un super-GATT, ui ne réunirait que les pays les plus riches. Ce projet constitue ne grave menace pour les pays sous-équipés qui souffrent mainenant déjà des barrières douanières élevées chaque fois qu'une e leurs productions industrielles devient compétitive avec celles u Nord. Il y a parmi les membres des Nations Unies des puisances qui vivent encore totalement sur le schéma de l'exploitaon coloniale et de la division internationale du travail destiné satisfaire leur gloutonnerie.

La question fondamentale

Ce que feront les Nations Unies pour encourager les égarés des rop nombreuses dictatures à s'engager sur la voie de la démocrae, ce que feront les Nations Unies pour faciliter le libre retour, accueil et l'intégration des réfugiés politiques (tout en empêchant es refoulements de réfugiés politiques comme en 1983 entre Tananie et Kenya), ce que tentera l'ONU pour faciliter la mise en place des infrastructures essentielles au véritable démarrage du pays, attestera de la capacité de l'Organisation internationale de tenir ses engagements, tant au plan du développement économique qu'à celui de l'aide humanitaire, et donc des droits de l'homme.

Pour réussir cela, il lui faut se reformer.

Les Nations Unies ne peuvent-elles être que ce que sont les Etats qui les composent ? Les fonctionnaires, serviteurs de l'Organisation, doivent-ils forcément obéir à leurs Etats plutôt que se faire les gardiens des grands principes de la Charte et des Déclarations et Pactes qui lui sont liés ? Pour que l'étincelle d'espoir n'étouffe pas sous la cendre et les scories, *un examen de conscience onusien* est indispensable.

Il est temps de poser la question : pourquoi l'ONU ?

Notes

(1) DECRAENE (Ph.), « Tensions internes et convoitises étrangères. La Guinée Equatoriale, toujours menacée de déstabilisation ». *Le Monde diplomatique,* Paris, juin 1981, p. 10. L'insistance de la France d'être présente dans cette région du Golfe de Guinée relève encore d'une autre motivation : « Pour Paris, en effet, Libreville doit, avec Yaoundé, rester le pivot d'une politique militaire française au centre du continent africain ». DECRAENE (Ph.), « Paris veut établir " un style nouveau de rapports " avec le continent noir ». *Le Monde,* Paris, 3 novembre 1981, pp. 1, 3. La Guinée équatoriale ne saurait donc faire tache dans cette zone d'influence. M. Decraene décrit la Guinée équatoriale semblable aujourd'hui à ce qu'elle était sous Macias Nguema. « Une immense espérance [Cameroun]. *Le Monde diplomatique.* — Cf. aussi René LEMARCHAND, « Quelles indépendances ? » *Pouvoirs,* 25, Paris, avril 1983, pp. 131-148.

(2) *Africa Research Bulletin,* 1970-1980, Tableau 2.

(3) Parmi les autres mouvements, on peut signaler :

Frente de Liberación de Fernando Poo (FRELIFER) ;

Frente de Liberación de Guinea Ecuatorial (FRELIGE) ;

Movimiento de Liberación y Futuro de Guinea Ecuatorial (MOLIFUGE) ;

Organización Nacional de Oposición de Guinea Ecuatorial en Exilio (ONORGE) ;

Partido Nacional para la Democrácia, Desarrollo y Educación cívica (PANDECA) ;

Unión Revolucionaria de Guinea Ecuatorial (URGE).

Hormis le FRELIGE, formé de quelques exilés en Espagne et aux Etats-Unis, le FRELIFER et bien entendu l'ANRD, les autres mouvements ont alors pratiquement cessé toute activité.

(4) Ces rançons pouvaient varier entre 5 000 et 60 000 dollars par tête. Cf. « Le tarif du Président ». *Le Monde,* Paris, 24-25 juin 1979, p. 16.

(5) Cf. notamment Amnesty International, « Equatorial Guinea : An immense torture center ». *Amnesty International Newsletter. Monthly Bulletin,* III, 3, Londres, mars 1978 ; Amnesty International, « Guinée équatoriale », in *Rapport annuel* 1975-76, Paris, 1976, p. 62 ; Commission internationale des Juristes, « Equatorial Guinea ». *ICJ Review,* 13, Genève, décembre 1974, pp. 10-13 ; Commission internationale des Juristes,

Human Rights in the World : Equatorial Guinea ». *ICJ Bulletin*, Genève, ːcembre 1978, pp. 1-5 ; Fonds international d'échanges universitaires, *ʇuatorial Guinea — Macias Country. The Forgotten Refugees*, Genève, ▪78, 87 p. ; MIGNON (Th.), *Rapport de mission concernant la Guinée ·uatoriale*. Fédération internationale des droits de l'homme. Paris, août ▪74.

(6) BRAYTON (A.A.), « The politics of arms limitation in Africa ». *The frican Studies Journal*, XXVI, 1, Los Angeles, mars 1983, pp. 73-89.

(7) OYONO AYINGONO (D.), *El Baile de los Malditos*, Santa Isabel, 1976, ▪ p. (p. 24 ss).

(8) OBIANG NGUEMA MBASOGO (T.), *Pensamiento político del Presidente biang Nguema Mbasogo por discursos y citas*. Service géographique de \rmée espagnole, Madrid, 1982, 164 p.

(9) Dans le discours du 2 août 1982, il ne trouve à citer que 11 soldats ctimes du nguemisme, alors que des dizaines de milliers de civils ont é liquidés.

(10) OBIANG NGUEMA, *op. cit.*, p. 69 ss.

(11) *Ibid.*, p. 107.

(12) Montant alloué à un pays pour un quinquennat.

(13) Document DP/GC/EQG/Rl.

(14) Ce fidèle serviteur du pouvoir nguemiste, neveu de Macias Nguema cousin d'Obiang Nguema, a été promu en octobre 1982 Directeur ·néral pour l'éducation physique et les sports, au ministère de l'Education, Santa Isabel. Bel exemple de continuité nguemiste.

(15) CIP 1972-76 : 3,5 Mio de $.
CIP 1977-78 : 2,4 Mio de $.

(16) C'est le traître qui dénonça en juin 1974 le projet de soulèvement ιti-nguemiste dans la prison de Bata ; l'instituteur Secundino Nvono Akele vomo fut récompensé par l'attribution de ce poste. C'est à lui que le NUD fait référence. Le régime d'Obiang Nguema a confirmé ce ʇuemiste à son poste, courant 1981. Bel interlocuteur pour les Nations ▪nies !

Quant à l'instituteur F. Obiang Alogo, Esangui de Mongomo, il a été ːsigné le 8 décembre 1981 secrétaire général du ministère des affaires rangères, après que l'Espagne ait refusé de l'accréditer comme ambassa-ːur de Guinée équatoriale, au moment de l'affaire de trafic de drogue ː mai 1981. En octobre 1982, il a été propulsé ministre de l'éduca-ɔn, grâce à l'élimination de ce poste de l'ex-réfugié Leandro Mbomio, calé à celui de Secrétaire d'Etat à la Culture.

(17) Suzanne CRONJÉ, *Equatorial Guinea. The Forgotten Dictatorship*. nti-Slavery Society, Londres, 1976, op. cit.

(18) Doc. Nations Unies E/CN.4/Sub.2/SR 760.

(19) Certaines sources donnent 8,5 millions de dollars. Il faudrait de ute manière ajouter les sacrifices énormes faits pendant deux ans par République de Cuba, avec ses trente enseignants, et ceux tout aussi uables, de l'Espagne, avec quinze professeurs, mais dont la présence n'a ιs donné plus de résultats que celle des onusiens. Les professeurs espa-ιols de l'ère Macias Nguema réclament de la Guinée équatoriale et de ur gouvernement des indemnités élevées pour les pertes subies durant ur mission.

(20) En fait, il y eut bien une dizaine de diplômés, vers 1976-77, mais ·rmés dans des conditions catastrophiques. Certains d'entre eux se sont fugiés au Gabon. Et c'est là, vu les difficultés pour se faire engager ▪mme enseignants, qu'ils ont demandé à l'Unesco de se faire la garante

des titres décernés par les experts Unesco et des professeurs du bilatéra espagnol trop complaisants.

(21) Sauf les cinquante et un aides-infirmiers recyclés en six mois dan un cours insuffisant en raison des résistances du régime, et à cause d candidats sous-qualifiés, imposés à la suite d'une sélection effectuée pa l'administration nguemiste sur la base de critères tribaux.

(22) De l'avis de J.K. Galbraith : « Nous avons considéré les différent éléments qui contribuent au développement économique, mais nous n nous soucions pas assez de savoir s'ils seront mis en œuvre dans u contexte favorable au développement économique. En fin de compte nous aurons probablement gaspillé beaucoup de temps et d'efforts à fair des choses qui étaient bonnes en elles-mêmes, mais qui n'ont que peu, o pas du tout contribué au progrès parce qu'elles étaient faites dans u milieu peu propice au progrès ». *Op. cit.*, p. 67.

(23) SYLLA (L.), *op. cit.*, p. 266. Les clivages politiques seraient, e Afrique Noire, vécus souvent en termes de sorcellerie. BAYART (J.-Fr.),*op cit.*, p. 25.

(24) Le président Bongo, du Gabon, que la presse espagnole qualifi de *Zorro* (renard) du Golfe de Guinée, jouit lui aussi d'une garde préto rienne fournie par le Maroc, tout comme le président Mobutu, d Zaïre.

(25) Selon la liste des condamnés à mort fournie par la *Commissio Internationale des Juristes* a été liquidé également le Sgt Salvador Ond Ela, chef de la prison de Playa Negra, à Santa Isabel, réputé tortionnaire dont la caractéristique était de lancer ses chiens sur les prisonniers dan la cour de la prison. Ondo Ela est parent direct des Macias Nguema e Obiang Nguema. Or, le 8 octobre 1981, le Sgt Salvador Ondo Ela es réintégré à son grade dans l'armée équato-guinéenne. Sur place on pré tend qu'il aurait échappé à la fusillade parce qu'il aurait dit en publi que c'était d'Obiang Nguema qu'il recevait l'ordre de torturer. Depui 1982, Ondo Ela est administrateur territorial (delegado gobernativo) Mongomo. Le miracle de sa « résurrection » a conduit la populatio équato-guinéenne à s'interroger sur le sort des autres condamnés à mor et rapidement l'hypothèse d'un Macias Nguema encore en vie a surg D'aucuns le disent à l'abri du camp militaire de Punta Fernanda, à Sant Isabel, d'autres en Guinée Conakry...

(26) Anonyme, « Exorcising Nguema's ghost ». *Africa*, 117, Londre mai 1981, pp. 25-27, qui évoque le maquillage et le vin nouveau dan les anciennes bouteilles.

(27) DECRAENE (Ph.), « Tensions internes et convoitises étrangères. L Guinée équatoriale toujours menacée de déstabilisation », *op. cit.*

(28) GRAULLERA (J.L.), « Interview », *op. cit.* (non censurée en Guiné équatoriale).

(29) MORA (Fr.), « Macias — Obiang, tal para cual ». *Diario 16*, Madri 31 août 1981, p. 2 (censuré en Guinée équatoriale). Même version REMDE (A.), « Einst Wohlstandsland, jetzt Armenhaus. Afrikanische Rev lution am Beispiel Aequatorial-Guineas ». *Die Weltwoche*, 22, Zurich, 27 m 1981, p. 9 ; EDDIE MOMOH, « Ripples of dissent ». *Africa*, 123, Londre novembre 1981, pp. 43-44. — L'hebdomadaire *Jeune Afrique*, à trave son Service de promotion, a accordé l'hospitalité à deux encarts illustré payés par la junte de Guinée équatoriale, à la gloire des réalisations de néo-nguemistes : 20 pages (à 5 800 dollars) dans le n° 1021 du 30 juill 1980, et 13 pages le 14 octobre 1981. Le même procédé adopté pour l Maroc, la Libye et d'autres pays a soulevé une polémique avec le *Canar*

haîné qui, à juste titre, réprouve ce genre de « journalisme » vénal. l eut suffi de mentionner clairement : « Encart publicitaire », comme fait honnêtement la revue *South*, pour une présentation du Gabon et de . président. *South*, 33. Londres, juillet 1983, pp. 65-72, avec la mention *msored Feature*, clairement visible.

30) Commission internationale des Juristes (A. Artucio), *El juicio itra Macias, op. cit.*

31) Les deux gouvernements ont signé des accords de coopération avec deuxième gouvernement nguemiste : 9 Mio de FF pour la France, Mio de FF (plus 112 Mio de FF de prêts) pour l'Espagne.

32) Cf. notamment CHENCHU (B. Esono), dans *Ebano*, paru à Santa bel les 17 février et 3 avril 1981, et qui évoque, a) les « magasins kaïens » vendant des denrées avariées. « Les consommateurs de ce pays demandent si notre principal fournisseur d'aliments ne trouve pas sur marchés internationaux des produits de meilleure qualité » ; b) la orruption galopante » des fonctionnaires, et la foule des désœuvrés. utres articles d'*Ebano*, notamment par L. Mbomio évoquent la malnuion des enfants. Début 1981 paraît le rapport d'un expert de la FAO, llemand de l'Ouest Wolfgang Sacher, confirmant la malnutrition génée.

33) VOLIO JIMENEZ (F.), *Etude de la situation des Droits de l'Homme Guinée équatoriale.* Doc. Nations Unies E/CN.4/1371, Genève, 12 rier 1980, p. 25.

34) Ce groupe a vu, entre 1969 et 1980, disparaître progressivement s les hommes qui pouvaient représenter une concurrence pour Obiang uema. C'est d'avoir bien connu Obiang Nguema à Saragosse qui a u au Lt-Col Luis Arjona, de la police espagnole, d'être désigné chef l'unité de 40 policiers espagnols envoyés dès août 1979 comme conseils de la police nguemiste.

35) Il est vrai que sous la dictature des laquais de Macias Nguema, n des étrangers ont commencé à se comporter comme en terre conquise, :c des procédés dignes de l'époque coloniale. Avec Macias Nguema, dont charisme était évident, de tels comportements n'étaient pas possibles.

36) Mba Ada venait de signer un contrat d'achat de 800 t de cacao :c la Chambre d'Agriculture de Fernando Poo (présidée par l'ex second e-président de la République Oyo Riqueza), et ce sur des crédits en res sterling. Il semble qu'on ait alors accusé Mba Ada de surpayer cacao afin de s'attirer la sympathie des producteurs, et ce à des fins itiques.

Obiang Nguema a ultérieurement accusé le *finquero* (propriétaire) espaol Carmelo Martín d'être l'inspirateur du « complot ».

(37) Torture dite « à l'éthiopienne », héritée de l'assistance militaire irnie de 1972 à 1974 par l'OUA, à travers des officiers du Négus. on le FIEU, *Equatorial Guinea — Macias Country, op. cit.*, p. 35. aussi se marque la continuité entre la première et la seconde dictature uemiste.

(38) Le 8 décembre 1981, le remaniement ministériel a consisté prinalement en permutations.

(39) Selon *Business Week*. Londres, 9 novembre 1981, p. 27.

(40) ROMERO (V.), « Ajuste de cuentas ? » *La Calle, Madrid*, 28 avrilmai 1981, p. 30.

(41) MIGUEZ (A.), « L'ombre de Macias ». *Remarques africaines*. Bruxel-, juin 1982.

(42) La commission d'Akonibe était composée ainsi : Andrés Nko Ivas ministre des Finances, déjà sous Macias Nguema, — Obama Nsue Meng (*Batho*), ambassadeur au Gabon, tortionnaire, — Teofilo Sitoko Buiyaba Policarpio Mensuy Mba, Lt, membre du CMS, ministre de l'Industr et Energie, ex-ministre de la Justice, dès octobre 1982 ministre des Ea et Forêts — Pascal Ela Aseka. — Alfredo King Tomas, ministre de Justice. — Eloy Elo Nve Mbengono, lic. en droit, ministre adjoint à présidence, conseiller aux procès militaires ; dès octobre 1982, minist chargé des relations avec la Chambre des représentants. — Leonc Edjang Avoro, avocat, dès octobre 1982 secrétaire technique du mini tère de la Justice. — Constantino Ochaga Nve Bengobesama, ex-Pandec ministre des Communisations, Tourisme et Transports, porte-parole gouvernement dès octobre 1982. — Julio Ndong Ela Mengue, conseill juridique à la présidence, ministre secrétaire à la présidence dès octob 1982. — Adolfo Ndong Micha Mia, avocat. — Francisco García Barleycor dès octobre 1982 secrétaire d'Etat à la Planification et au Développeme économique. — Silvestre Siale Bileka, directeur de la Justice et d Cultes, dès octobre 1982. — Juan Micha Nsue Nfumu, ambassadeur Nigeria, ex-chargé d'affaires au Cameroun. — Jacinto Obama Eyene, d octobre 1982, secrétaire général du Ministère de la Justice et du Culte. Solero Si Ondo, avocat. — Leoncio Rondo Macoso. — Narciso Mess guer Buambo. — Manuel Maye Ndong. — Lucas Beholi Melango.

(43) Nations Unies, Conseil Economique et Social, Commission d droits de l'homme, *Déclaration écrite présentée par la Commission int nationale des Juristes, op. cit.* ; OWONA (J.), « La Guinée équatoriale la démocratisation : l'astucieux recours à un " constitutionnalisme redhi toire " de 1982 ». *Le Mois en Afrique. Revue de politique africaine,* Par 1982, pp. 52-68. Cf. aussi LINIGER-GOUMAZ, *De la Guinée équatoria Eléments pour le dossier de l'afro-fascisme,* Genève, 1983, pp. 197-217

(44) OBIANG NGUEMA MBASOGO (T.), *Pensamiento político del presiden ... por discursos y citas,* Madrid, 1982, *op. cit.*

Une bonne part de ces textes est évidemment le produit de conseill espagnols. Selon la journaliste I. Olivares, M. Merrem (Représentant réside du PNUD) lui a dit avoir vu en février 1982, à l'annonce de la tentati de coup d'Etat des Tejero et Milans del Bosch aux Cortès, nombre d coopérants espagnols à Santa Isabel sabler le champagne. *Op. cit.*

(45) ATA (G.), « Pouvoir militaire et " dictature de la bourgeoisie " *Le Monde diplomatique,* Paris, novembre 1982, p. 9 ; Anonyme, « dictature continue ». *Africa.* Dakar, octobre 1982, p. 38 ; même titre *Afrique nouvelle.* Dakar, 2 mars 1983, pp. 12-13.

(46) BOSSHARD (A.), « ... non sans astuce ». *Construire.* Zurich, 29 se tembre 1982, p. 15. Notons qu'au milieu du XIXe siècle, alors que depuis de décennies des missionnaires presbytériens américains enseignaient à La barene, en langue vernaculaire, dès l'arrivée des Français ils reçure l'injonction suivante : « Enseignez en français ou retirez-vous ». Ap quoi on envoya des membres de la Société des Missionnaires Evangéliqu de Paris, et l'un des leurs, Carmien, fonda vers 1888 l'école protestar française de Lambarene. Cf. aussi G. Daninos, « Place du français Afrique ». *Le Mois en Afrique.* Paris, juin-juillet 1983, pp. 110-126, c critique ceux qui voient dans la francophonie une manifestation du co nialisme français. Il souligne la nécessité d'africaniser la langue françai Ce n'est pas cette démarche pourtant que signalent certains critique BINY (T.), « Peut-on être coopérant et intelligent ? L'exemple de Fra çoise Lienter en Haute-Volta ». *Peuples noirs — Peuples africains,* Paris, mars-avril 1981, pp. 96-133, et GOBLOT (L.), « Peut-on être cc

érant et intelligent [au Cameroun] ? » *Peuples noirs — Peuples afri-ains,* 22, Paris, juillet-août 1981, pp. 5-29. Cf. encore le N° spécial e *Après-Demain,* 256-257. Paris, juillet-septembre 1983.

(47) DIAGNE (P.), « Mitterrand, la Gauche, l'Afrique et le Tiers monde ». *'euples noirs — Peuples africains,* 27, Paris, mai-juin 1982, pp. 5-20; IONGO BETI, « François Mitterrand ou le National-Tiers-Mondisme ». *Peu-les noirs — Peuples africains,* 27, Paris, mai-juin 1982, pp. 21-28. Pour n développement de ces thèmes, cf. entre autres LUCKHAM (R.), « Le ilitarisme français en Afrique ». *Politique africaine,* 6, Paris, n° 5, février 982, pp. 95-110 ; n° 6, mai 1982, pp. 45-71 ; Divers, *La France et l'Afri-ue Tricontinentale,* n° spécial, Paris, 1981. Cf. aussi *Marchés tropicaux t méditerranéens,* « Guinée équatoriale », Paris, décembre 1982, p. 3450 ; :ollectif, *Introduction à la Coopération en Afrique Noire.* Paris, 1983, 28 p. ; BATSCH (Ch.), « Les moyens de la France. L'Afrique noire frappée e plein fouet » [par la crise économique]. *Le Monde diplomatique,* Paris, ovembre 1983, p. 12.

(48) A propos de ces *multinationales* françaises, notons que la Société 'ançaise des Dragages et des Travaux publics, si assidue en régime ngue-iiste, connaît au Cameroun voisin une même implantation : Dragages ameroun, filiale à 79,9 % des Dragages et Travaux Publics (France), hiffre d'affaires 1980-81 : 7,17 milliards de CFA, et GECICAM, filiale 99,9 % de Dragages et TP, chiffre d'affaires en 1980-81 : 770 milliards : CFA.

(49) Précisons que l'adhésion d'un pays à l'UDEAC n'implique pas utomatiquement l'entrée dans la BEAC. L'admission de la Guinée équa-oriale dans la BEAC exigera 85 % de devises déposées à la Banque de rance. En échange, la France offre 13 % de prime en Francs français.

(50) Cf. LINIGER-GOUMAZ (M.), « Les silences du Vatican. Réflexions sur visite du Pape Jean-Paul II en Guinée équatoriale (18 février 1982) », *De la Guinée équatoriale nguemiste. Eléments pour le dossier de l'afro-iscisme, op. cit.,* pp. 113-137.

(51) ANDRÉ-VINCENT (Ph.-I.), *Les droits de l'homme dans l'enseigne-ent de Jean-Paul II.* Paris, 1983, 132 p.

(52) *Chronique de l'ONU,* 4. Genève, avril 1981.

(53) ECOSOC, *Session d'organisation pour 1981. Projet de Programme : Travail de Base du Conseil pour 1981-1982* (Doc. E/1981/1), Par. VII : Assistance pour la reconstruction, le relèvement et le développe-ent de la Guinée équatoriale.

(54) ANRD, *Comunicado.* Comité central, Junta ejecutiva. Ref. 01/81. n exil, 13 mai 1981, 9 p.

(55) ARND, *Comunicado con motivo de la Conferencia internacional : donantes de fondos por el restablecimiento económico y el desarrollo : la República de Guinea Ecuatorial.* Comité central, junta ejecutiva, ef. 2/1982. En exil, le 18 avril 1982.

(56) Aide alimentaire de la Communauté Economique Européenne. *églement 720/83 du 29 mars 1983 relatif à la livraison de farine de blé ndre au PAM* : 300 t en 2 lots : lot I 194 t pour Santa Isabela, lot II)6 t pour Bata. On remarquera ici que le Rio Muni, qui représente 5 % de la population du pays, n'a reçu que 35 % du blé communautaire. 'est que l'essentiel de la bande nguemiste se trouve actuellement sur le de Fernando Poo, dans la capitale.

(57) Soit 180 000 ECUS ou 1,2 Mio de FF. 25 % des revenus annuels la pêche industrielle française proviennent du thon (50 000 t).

(58) GBAGBO (L.), *Côte d'Ivoire. Pour une alternative démocratique,*

Paris. 1983. — « Quel est ce pays où tous les partis d'opposition sont interdits, où les députés de l'Assemblée Nationale furent pendant vingt ans désignés par le chef du parti unique et de l'Etat ? Quel est cet homme qui, voilà quelques années, se sentant sans doute mal entouré, alla jusqu'à cumuler les fonctions de président de la République, de ministre des Affaires Etrangères, de la Défense Nationale, de l'Intérieur et de l'Agriculture ? Qui organisa le massacre de 4 000 paysans à la suite de manifestations d'opposition au régime ? »

« Est-ce le dictateur du Zaïre, Mobutu ? Est-ce Bokassa, le président à vie, puis empereur centrafricain aujourd'hui écarté du pouvoir ? Serait-ce Omar Bongo, président gabonais, ce fidèle allié de la France (surtout quand elle vote à droite), chouchou des " barbouzes " de Foccart ? Vous n'y êtes pas ! Non. Il s'agit de Félix Houphouët-Boigny, toujours dépeint en Occident comme l'artisan du " miracle économique ivoirien " (...) ce chef de l'Etat ivoirien qu'il faut bien se résoudre à qualifier de dictateur ». *Libération Afrique Caraïbe-Pacifique,* 18, Paris, octobre-novembre 1983, p. 28.

(59) Un bel exemple de répétition — ou de continuité — historique est présenté par R. Lemarchand : « Quelle indépendance ». *Pouvoirs,* 25, Paris, avril 1983, *op. cit.,* pour le Gabon « ami » de la Guinée équatoriale : « La contribution financière d'Elf-Gabon à la campagne du RPR lors de l'élection présidentielle de 1981 est une chose connue des lecteurs du *Canard enchaîné.* Ce qui l'est moins, c'est le rôle déterminant joué par l'ancêtre du RPR, le RPF, dans les années cinquante, en ce qui concerne la mise en place en Afrique d'un colonat, ou de notabilités gaullistes, et ceci, dans une très large mesure, grâce aux bons et loyaux services de Jacques Foccart, alors qu'il était chargé de l'implantation du RPF en Afrique. C'est surtout au Gabon, et dans une moindre mesure au Tchad, que ces continuités historiques ont été les plus visibles » (p. 145). Cf. encore PÉAN (P.), *Affaires africaines,* Paris, 1983.

Il est intéressant aussi de lire dans le n° spécial de *Marchés tropicaux et méditerranéens* (n° 1937, Paris, 24 décembre 1982, p. 3363 ss.) les renseignements sur les « Permanences et nuances dans les relations franco-africaines ».

(60) LINIGER-GOUMAZ (M.), « Golfe de Guinée. La France avance ses pions ». *Journal de Genève,* Genève, 10 janvier 1984, p. 15.

(61) Obtenus à travers FOCOEX, de gros montants semblent avoir été détournés, notamment par la société Montisa, qui aurait dû construire des dépôts de carburant à San Carlos afin de faciliter le travail des pêcheries espagnoles.

(62) MALINIAK (Th.), « Guinée équatoriale : de mal en pis ». *L'année économique et sociale* (*Le Monde.* Bilan économique et social), Paris, décembre 1983.

(63) NGONO NGABISO (N.), « Le sommet des retrouvailles ». *Jeune Afrique,* 31, Paris, 19 janvier 1984, pp. 28-29 ; FOFANAH (F.), « Guinée équatoriale : dans la " gueule du loup " ? ». *Afrique-Asie,* 314, Paris, 30 janvier 1984, pp. 38-39 ; FOFANAH (F.), « Equatorial Guinea : Foreign Affairs Secretary sacked ». *Africa Now,* Londres, janvier 1984, p. 22 ; WINCHESTER (S.), MCCULLIN (D.), « The Nastiest Place on Earth ? » *The Sunday Times.* Londres, janvier 1984, pp. 31-37, ill. ; Commission Internationale des Juristes, *Guinée Equatoriale. Déclaration présentée par...* Commission des Droits de l'Homme. 40ᵉ session. Point 12 de l'Ordre du jour. Genève 14 février 1984, 3 p. Doc. E/CN.4/1984/NGO/27. Confédération Mondiale du Travail, « Guinée Equatoriale », in *Déclaration présentée par...* Commission des Droits de l'Homme. 40ᵉ session. Point 12 de l'ordre du jour. Genève

février-mars 1984, pp. 3-4. L'envoi d'un expert de la Commission en Guinée Equatoriale, l'examen des exécutions arbitraires suite à des coups d'Etat imaginaires, la condamnation d'une constitution dictatoriale ont également été fermement souhaités par le Prof. C.M. Eya Nchama, au nom du Mouvement international pour l'Union fraternelle entre les Races et les Peuples (UFER), à l'occasion de l'examen des thèmes 8, 12 et 21 à l'ordre du jour. Genève, 17 et 24 février, 8 mars 1984.

(64) Cf. notamment les documents suivants qui exposent la philosophie de l'ONU dans son assistance à la Guinée équatoriale nguemiste : Assemblée générale, 34e Session, Documents A/C.2/34/L.40 ; A/C.2/34/L.67 ; A/C.2/34/50 ; A/34/635Add 1. Cf. aussi *Yearbook of the United Nations 1979*. Vol. 33, New York, 1982.

(65) Confirmé par Gardinier (D.E.), *Historical Dictionary of Gabon*. Scarecrew Press (USA), Metuchen, 1981, et Kurscher (Fr.), « *Aequatorial-guinea* », in « Flüchtlingsprobleme in Afrika. Ein Ueberblick ». *Afrika Spektrum*, 80, Hambourg, mai 1981, pp. 269-281 (p. 270). Pour le problème général des réfugiés, cf. Aga Khan (S.), « Legal problems relating to Refugees and Displaced. Persons ». *Recueil de Cours*, LIV, 1. Académie de Droit International, Paris, 1976.

(66) CIARA, *Brochure*, Genève, avril 1981, p. 9. Cf. aussi note (68).

(67) 460 sont rentrés sur l'*Acacio Mañe*, seule unité civile du pays, dont le capitaine est un autre cousin d'Obiang Nguema, Luis Oyono Ayingono, frère de l'ex-dauphin de Macias Nguema, Daniel Oyono Ayingono. Luis Oyono est Cdt en second de la marine nationale, naguère sous les ordres de son cousin Maye Ela, vice-président de la République et ministre des Affaires étrangères jusqu'en décembre 1981. Encore une affaire de famille.

(68) *Association pour l'aide aux peuples menacés* (Götingen, RFA) et *Œuvre missionnaire* (Berlin). Les deux enquêteurs sont le Suisse Peter Niggli et l'Allemand de l'Ouest Alexander von Sternberg ; ils étaient accompagnés du pasteur Gunnard Hasselblatt, conseiller des Eglises luthériennes pour le dialogue entre chrétiens et musulmans en Ethiopie. Comme ici, dans le contexte de l'Erythrée, des bavures se sont produites aussi dans le rapatriement « volontaire » de réfugiés vers l'Ouganda.

Lors de CIARA II (Genève, juillet 1984), le débat politique a, une nouvelle fois, été escamoté. Toutefois, le HCR commence à réaliser qu'il ne suffit pas d'agir seulement sur le *phénomène réfugiés*. Le chef de l'unité CIARA II au HCR, B. Jessen-Petersen, vient de reconnaître la nécessité de « Combiner l'aide humanitaire et l'aide au développement ». *Le Monde diplomatique*. Paris, septembre 1984, p. 27.

(69) C'est ce que confirmait déjà, en juin 1980, le Rapport de mission du Conseil Œcuménique des Eglises.

(70) Volio Jimenez (F.), *op. cit.*, p. 19.

(71) Nations Unies, *Informe del Secretario General. Cuestión de la violación de los derechos humanos y las libertades fundamentales*. Doc. E.CN/CN.4/1495, Genève, 31 décembre 1981, 7 p.

(72) Amnesty International, *Rapport annuel*, 1980, Londres, 1981, 496 p. Cf aussi Anonyme, « Equatorial Guinea. Human Rights, War and Mass Exodus. Overview of the Decade (1970-1980). *Transnational Perspectives*, Genève, 1982, p. 5.

(73) Volio Jimenez (F.), *op. cit.*

(74) Il s'agit là d'un cas particulier de « fuite des cerveaux ». Généralement, les cadres s'expatrient pour trouver ailleurs de meilleurs salaires et des conditions de vie plus agréables. Pour la multitude des réfugiés

équato-guinéens le cas est tout autre : c'est la fuite devant le racisme et l'analphabétisme politique du régime nguemiste qui les éloigne de leur patrie.

Dès 1962, John K. Galbraith donnait l'avertissement suivant : « Nous ne devons pas trouver d'excuses aux dictatures sous prétexte d'anti-communisme, de facilité ou d'absence de solution de rechange visible. Notre politique étrangère a pris, à cet égard, une vieille habitude de myopie dont le prix, nous le savons maintenant, est le désastre amplifié par la temporisation », *op. cit.*, p. 59. Cela est dû peut-être au fait — comme l'a laissé entendre plus récemment J.K. Galbraith lors d'une conférence, à Zurich — que l'Occident, au plan économique (et probablement politique) souffre de sénilité. Cf. *Gazette de Lausanne*, Lausanne, 13 mars 1981.

(75) Nations Unies, Assemblée générale, *Assistance économique spéciale et secours en cas de catastrophe. Assistance à la Guinée équatoriale. Rapport du Secrétaire général*, New York, 17 novembre 1981. Doc. A/36/283. Trente-sixième session, Point 72b de l'ordre du jour, 39 p.

(76) Pour 1981, 7 000 fonctionnaires étaient prévus.

(77) Nations Unies, Conseil Economique et Social, *Cuestión de la violación de los derechos humanos y las libertades fundamentales. Informe del Secretario general.*

(78) Voici la liste des pays et organismes participants (avec l'importance de leur délégation) :

Algérie (2)	France (3)	Qatar (2)
Argentine (2)	Gabon (4)	Royaume-Uni (1)
Autriche (1)	Guinée équatoriale (35)	Roumanie (2)
Belgique (3)	Inde (1)	RFA (2)
Brésil (1)	Italie (3)	Saint-Siège (2)
Cameroun (3)	Japon (3)	Suisse (3)
Canada (1)	Maroc (4)	Vénézuela (3)
Chili (1)	Mexique (1)	Yougoslavie (2)
Egypte (3)	Nigeria (2)	Zaïre (6)
Espagne (6)	Pays-Bas (2)	
Etats-Unis (2)		

Organismes financiers onusiens et autres

Banque africaine de développement (2)
Banque arabe pour le développement économique de l'Afrique (1)
Banque mondiale (ONU) (2)
Communauté économique européenne (1)
Fonds international pour l'Agriculture et le Développement (1)
Fonds monétaire international (ONU) (1)
Fonds du Koweit et de l'OPEP (1)

Agences techniques des Nations Unies

OIT (1)	ONUDI (1)
FAO (1)	CNUCED (1)
UNESCO (1)	PNUD (6)
OMS (3)	Volontaires des NU (2)
UIT (1)	

(79) Il s'agit de
(T.) Obiang Nguema, président de la République et président du CMS ;
(C.) Owono Ndong, ministre (commissaire d'Etat) à la présidence ;
(M.) Mba Ondo, ministre des Affaires étrangères ;
(A.) Mba Nguema, ministre du Plan de développement et de la coopération, frère d'Obiang Nguema ;

G.) Nguema Ela, secrétaire technique du ministère des Travaux publics, Transports et Urbanisme ;
M.) Nguema Onguene, secrétaire technique du ministère de la Santé ;
M.) Ndong, secrétaire technique du ministère de la Défense ;
B.) Owono Ovono, secrétaire technique du ministère des Finances ;
F.) Maye Ela, ambassadeur auprès des Nations Unies ;
A.) Mbana Nsoro, ambassadeur au Maroc ;
A.) Nve Nseng, secrétaire technique au Plan de développement et à la Coopération ;
M.) Ekeha Eyi, gouverneur de la Banque de Guinée équatoriale ;
P.) Angue Ondo (Mme, secrétaire technique adjointe au secrétariat pour la promotion féminine) ;
D.) Ondo Mañe, directeur de cabinet technique à la présidence du CMS ;
D.) Obiang Ndong, directeur technique des organisations internationales et de la coopération, au ministère des Affaires étrangères ;
P.) Nsué Ela Eyang, directeur technique des Affaires d'Europe et d'Amérique, au ministère des Affaires étrangères ;
A.) Okenwe Edjang, Adjudant au cabinet civil de SE le président du CMS.

(80) MAGAT (Y.), « Les Nations Unies veulent venir en aide à la Guinée équatoriale ». *Tribune de Genève,* Genève, 20 avril 1982. L'article joute : « Mais ce pays ruiné par l'ancien dictateur " Papa Macias " est-il raiment sur une voie démocratique ? »

(81) BIRD, *Le développement accéléré en Afrique au Sud du Sahara,* Washington, 1981, 224 p. (p. 9) ; BIRD, « Guinée Equatoriale ». *Banque Mondiale Actualités.* Washington, 7 juin 1984, pp. 4-5.

(82) *Africa,* Dakar, octobre 1982, p. 38. Un libérateur sud-américain u XIXe siècle, Arteaga Alemparte, a écrit : « Sur ces têtes de granit ne roît que la mousse. Rien n'y entre, rien n'en sortira ». ARTEAGA ALEMPARTE (J.D.), Chap. « Echenique », in *Los Constituyentes.* 1870. — A ropos de fascisme, cf. JONES (A.J.), *Fascism in the contemporary world : Ideology, evolution, resurgence,* Boulder, 1978, 254 p.

(83) En 1983, la Suisse, après avoir reconstruit la léproserie de Mikomeseng, entreprenait la reconstruction du dispensaire de Nsork, ainsi qu'une ampagne de vaccination d'un tiers des Equato-Guinéens restés au pays. Ces rojets nécessitent 7 volontaires (1 médecin, 2 infirmières, 1 polyvalent, chef d'atelier, 1 chef de chantier, 1 administrateur).

(84) ANRD, *Communiqué.* En exil, 2 mai 1982.

(85) Bureau International du Travail, *Informe del Director general.* 9e point de l'ordre du jour. Conseil d'Administration. Genève, 16-19 ovembre 1982. Doc. GB. 221/19/2, 221e réunion.

(86) *Le Soleil,* Dakar, 16 décembre 1982, p. 5.

(87) On peut aussi citer l'art. 12, al. 4 du *Pacte international relatif aux droits civils et politiques :* « Nul ne peut être arbitrairement privé du roit d'entrer dans son propre pays ».

(88) MM. Ruben Hernandez-Valle et Jorge Mario Laguardia. A la emande d'une Organisation non-gouvernementale, M. Herndl a été prié de endre publics les constats de ces deux experts. Il a opposé à cette demande n refus poli, comme pour protéger les nguemistes. A-t-il reçu des instructions dans ce sens ?

(89) Nations Unies, *Rapport du Secrétaire général. Fourniture de services consultatifs dans le domaine des droits de l'homme. Guinée équatoriale.* ECOSOC. Commission des Droits de l'Homme, 40e session, point 12, Genève, 6 décembre 1983. Doc. E/CN.4/1984/27. Commission

Internationale des Juristes, *Guinée équatoriale. Rapport à la Commission des Droits de l'Homme des Nations Unies.* Genève, février 1984, Doc. E/CN.4/1984/NGO/27.

(90) *Le Continent,* 166. Paris, 9 juillet 1981, p. 8 : « Un rapport accablant pour les institutions internationales ». Cf. aussi WINDER (D.), « Africa south of the Sahara. Poverty, hunger and refugees ». *Christian Science Monitor,* Boston, 28 mars 1983 (édition hebdomadaire), pp. 16-17.

(91) Cf. CARFANTAN (J.-Y.), CONDAMINES (Ch.), *Qui a peur du tiers monde ? Rapports Nord-Sud : les faits.* Paris, 1980. Pour ces deux auteurs, la seule issue rationnelle est une stratégie du développement centrée autant sur le respect des droits fondamentaux des hommes et des peuples que sur la satisfaction des besoins essentiels de chacun.

Mais hélas, ainsi que l'écrit l'ex ministre chilien J. Chonchol, tandis que « la lutte des grandes puissances pour s'approprier les matières premières indispensables au maintien du « modèle » entraîne d'innombrables sales petites guerres par tiers monde interposé (...), le lien devient de plus en plus étroit entre ce que l'on appelle la « modernisation » (...) et la répression politique au moyen de dictatures autocratiques ou de forces armées transformées en geôlières de leurs propres peuples ». « Du sous-développement et de ses remèdes ». *Le Monde diplomatique,* Paris, décembre 1982.

IV

Pourquoi l'ONU ?

« Conduire une politique respectueuse des droits de l'homme signifie deux choses : participer activement aux efforts des instances internationales pour défendre les droits de l'homme, et s'engager pour l'application de ces droits tant dans son propre pays qu'à l'échelle internationale. La seconde démarche est beaucoup plus difficile que la première. »

Roy A. PREISWERK
A contre-courants.
L'enjeu des relations internationales.
Lausanne, 1984, p. 74.

LES VISÉES STRATÉGIQUES

L'analyse des documents de la mission pluri-agences de 1980 et de la Conférence des bailleurs de fonds de 1982 donne une excellente vision de ce que le régime des Nguema a su détruire entre 1969 et aujourd'hui. C'est en raison de ce désastre — dont les responsables sont bien connus — que le Conseil d'administration du PNUD a convenu, dès 1980/81, que la Guinée équatoriale devait bénéficier des mesures spéciales applicables aux pays les moins avancés.

En 1968 un des pays les mieux lotis d'Afrique noire quant au

PNB par habitant, quant au taux de scolarisation, quant au régime alimentaire, quant au taux médecin/habitants, quant au nombre des missionnaires et d'églises aussi, la Guinée équatoriale requiert de l'ONU, dès 1982, des secours prévus pour les situations de catastrophe. C'est que l'épisode nguemiste en constitue une. Mais hélas, l'aide onusienne, dans ses approches, ses contradictions, ses procédés, présente un même caractère catastrophique.

Poser les vrais problèmes

Des régimes sous surveillance

Par la Résolution 34/1979, l'Assemblée générale des Nations Unies a enjoint au Chili de Pinochet d'instruire des procès criminels contre tous les responsables de la terreur fasciste et de punir les coupables. Cela supposait évidemment le rétablissement de la souveraineté populaire et de l'Etat de droit. Quelle incohérence dans ce système des Nations Unies : d'une part, bien que la dictature militaire chilienne n'ait en rien rétabli les droits civiques du peuple en juillet 1983, le FMI lui prêtait 1,3 Md de dollars ; d'autre part, ce que l'on exige de la junte chilienne n'est pas requis des autres juntes, en particulier de celle de Guinée équatoriale.

Alors que la *Commission des droits de l'homme* demande que certains pays soient laissés sous surveillance, l'ONU politique et financière, ainsi que les grandes puissances, font la courbette aux dictateurs. Passe encore pour quelque voisin de la Guinée équatoriale, depuis longtemps intéressé par les déboires du peuple équato-guinéen ; passe encore pour les puissances qui cherchent à se maintenir où à se placer dans le Golfe de Guinée. Mais l'ONU ! Aussi est-ce en fin de compte l'Union syndicale africaine qui a sonné l'alarme. Alors que les militaires de Santa Isabel n'avaient rien trouvé de mieux que d'envoyer à sa réunion des 15-20 octobre 1980, à Mogadiscio, deux fonctionnaires du ministère du Travail — les syndicats étant, comme les activités civiques, interdits depuis le début de l'ère Macias Nguema — l'Union syndicale africaine a voté la résolution suivante : « Le gouvernement de la Guinée équatoriale est invité à prendre les mesures nécessaires afin de restaurer le fonctionnement normal des synicats dans ce pays en accord avec les dispositions (...) de l'OIT ». Iais en 1984 encore, l'*Unión general de trabajadores de Guinea 'cuatorial* (UGTGE) continue son existence en exil, comme du emps des Espagnols, et ce dans le cadre de l'ANRD.

Comment alors secourir la Guinée équatoriale et y garantir le espect des valeurs fondamentales ? Comment échapper à l'accu-ation potentielle de non-assistance à peuple en danger ? Certes, a non-ingérence dans les affaires politiques du pays d'accueil est ne règle d'or de la coopération internationale (sa seule présence tant d'ailleurs déjà une ingérence). Mais au moins devrait-on :

a) avoir à l'esprit l'intérêt de toute la nation assistée, et ne as fermer les yeux, des années durant, sur le tiers de ses itoyens contraints à l'exil ;

b) cesser de se laisser abuser par les fausses allégations du econd régime nguemiste pour occulter son incapacité à redresser a situation politique et économique.

Malgré la variété du tiers monde, et les diverses approches du léveloppement, la priorité des droits de l'homme devrait enfin tre reconnue partout. Il est trop facile de se voiler la face et rétendre que le contenu de la Déclaration universelle n'est pas e même pour tout le monde. Au moins faudrait-il que partout es droits reconnus soient garantis par une Justice autonome.

Malheureusement, les institutions onusiennes adoptent des ttitudes contradictoires : la Commission clame la nécessité d'une 'igilance permanente et suggère que les projets techniques passent ous par le filtre d'une évaluation en fonction du triomphe des lroits de l'homme avant de devenir opérationnels (1) ; les mis-ions multi-agences, birdiennes pnudiennes pondent des projets ıypocrites à l'intention de l'Assemblée générale des Nations Unies ›u des Conférences de bailleurs de fonds, et font silence tant sur es efforts antérieurs de l'ONU que sur les responsables des ;chec. Quel bénéfice le peuple de Guinée équatoriale, et en ait toute la communauté internationale, ont-ils tiré de 1970 à 1984 de l'assistance onusienne ? Qu'a-t-on fait pour la diaspora ? Silence et confusion : ou bien on ne pipe mot, ou bien les mots ont pipés.

Blocage fasciste, blocages onusiens

Peut-on décemment imaginer le régime des cousins et neveux de Macias Nguema comme un milieu fertile où une nouvelle coopération onusienne — bilatérale aussi — soit en mesure de prospérer et de réussir ? Un régime qui a besoin d'experts du Centre des Nations Unies pour les droits de l'homme pour l'aider à mettre en chantier un processus qui déboucherait dans quelques années sur des institutions démocratiques, est-il digne de confiance ? Un régime qui outrepasse carrément les recommandations de la communauté internationale, peut-il servir d'interlocuteur valable ? Pourquoi devant la Commission — puis par leur « constitution » de 1982 et l'abusive exploitation des services de deux experts du Centre onusien — a-t-il refusé le plan de trois étapes qui devait conduire le pays à la démocratie parlementaire en 1985 ? S'opposer à la réunion d'une vraie Assemblée constituante, n'est-ce pas fournir la preuve que l'on fait fi du droit du peuple à disposer de lui-même ? N'y a-t-il pas là de quoi inciter la communauté des démocrates à la prudence ?

Dans nombre de pays se vérifie le fait que « l'un des plus remarquables échecs de l'ONU est celui de son action sur le plan du développement » (2). Et nous qui ne voyions de ratés qu'en matière des droits de l'homme ! A notre sens, le plus grave n'est pas le désenchantement des pays pauvres face aux blocages du côté des nantis, mais le fait de voir ces derniers tolérer des dictatures dans les pays qu'ils assistent. C'est pourquoi, aux Décennies pour le Développement et aux débats de la CNUCED, etc. succède régulièrement l'engloutissement des aides par les autocrates du tiers monde et les marchands du Nord. En fait, on ne cherche pas tant à aider qu'à sauvegarder un minimum d'aptitudes du Sud à acheter ; et tant pis si les consommateurs des pays pauvres ploient sous le joug du fascisme. Loin des yeux... Si on ajoute à ce constat l'engluement d'une bureaucratie onusienne trop souvent encouragé par les politiques, on démontre pourquoi, tout en prônant d'un côté les droits de l'homme et le droit au développement, l'Organisation des Nations Unies favorise directement ou indirectement les intérêts du Nord. Une ONU complice, en quelque sorte.

Complice parce que privée de son indépendance d'action par les puissances.

L'ONU et les puissances complices

> *« La bêtise et l'aveuglement de certains dirigeants des nations développées qui maintiennent dans leur arrière-cour des Caligula sanguinaires au mépris des droits les plus élémentaires des peuples sont plus dangereux pour l'Occident que ses critiques les plus bruyants. Ce sont eux qui, en bichonnant des dictateurs fous, précipitent le déclin du monde démocratique et préparent la voie royale au communisme. Les politiques bornées qui, confondant la cause de la liberté avec les intérêts d'une oligarchie, défendent à tort et à travers la notion d'un " camp occidental " font malgré elles le jeu du Kremlin. Comme si une petite partie du monde pouvait continuer à baser sa vie sur un accaparement démesuré des ressources planétaires ! Comme si une chose utile à l'Europe, mais préjudiciable à l'humanié, n'était pas un crime ! »*
>
> Pascal BRUCKNER
> *Le sanglot de l'homme blanc.*
> Paris, 1983, pp. 266-267.

Il serait opportun que l'Organisation des Nations Unies ne se comporte pas à l'égard de la Guinée équatoriale avec la même lâcheté que l'Espagne durant la phase de décolonisation. En effet, le processus d'acheminement à l'indépendance, encouragé par l'ONU, n'a pas été conduit par l'ex-métropole en vue de préparer un Etat équato-guinéen viable, mais pour une amélioration de sa position comme nouveau membre des Nations Unies. L'Espagne, reçue en 1955 seulement au sein de l'Organisation internationale, se servait de la décolonisation de ses territoires d'Afrique centrale pour « conférer une teinte progressiste à la politique internationale du franquisme ». Et c'est un connaisseur qui le dit : F. Moran, ministre des Affaires étrangères du gouvernement de Felipe Gonzalez (3).

Les droits de l'homme négligés

Lors de la réunion entre des cadres supérieurs des Nations Unies et des représentants du gouvernement militaire nguemiste, en 1980, il a été tenu compte de l'opinion des donateurs éventuels qui auront à verser des fonds, selon laquelle on devrait faire une place spéciale, dans l'exécution du programme d'aide, à la nécessité de rétablir les droits de l'homme dans le pays. Mais nulle part dans le Rapport pluri-agences, ou dans celui de la Conférence des donateurs, ne transparaît cette noble préoccupation ! Ni dans les discours des chefs nguemistes, tel celui du vice-président Oyo Riqueza devant la Conférence sur l'aide aux PMA, qui n'a rien trouvé de mieux que d'assurer l'assistance de propos du genre : Vous verrez, Messieurs, bientôt nous serons aussi pauvres que les trente PMA. S'il vous plaît prenez rapidement vos dispositions. Face à ces mièvres propos, la déclaration du Prof. Eya Nchama, au nom de l'UFER (*Mouvement international pour l'union fraternelle entre les races et les peuples*), a retenti tout autrement, et les délégués l'ont bien fait remarquer par le volume de leurs applaudissements : « Le Sud est pauvre en raison d'un *Ordre économique international injuste* qui prolonge l'ère coloniale. Mais de grâce, dans votre bonne volonté et votre recherche de plus d'équité, ne vous ruinez pas en subventionnant des régimes autocratiques qui privent le peuple de la justice civile et économique dont vous vous réclamez » (4).

Dans le cas de la Guinée équatoriale, personne pourtant n'ignorait du temps de Macias Nguema que l' « Etat était gouverné sans loi, par des règlements purement arbitraires ». Aujourd'hui, les dispositions de la nouvelle constitution « rappellent ce qui s'est fait au Chili (...) en 1980 (...). De la même façon, en novembre 1982, en Turquie, le Général Evren... » (5), etc. En 1980, le Père Ela, du Cameroun, soulignait que « ce qui doit retenir l'attention, c'est que dans ce pays en régression tragique [la Guinée équatoriale] les puissances étrangères, sous couvert de coopération, ont observé un silence complice. Il n'y a peut-être pas de situation en Afrique Noire où la domination et la répression ont été aussi étroitement liées » (6). Malgré la censure espagnole et la prudence diplomatique de l'ONU, on savait les nguemistes n'être qu'une bande de bourreaux. Il faut donc s'intéresser à ce silence des puissances ; un « silence complice » qui ne s'explique que par la protection de leurs intérêts propres (7). D'où le triste constat du Père Ela : « Le caractère néo-colonial du régime de

Macias Nguema n'était pas à démontrer. Il n'a pu survivre que parce qu'il était soutenu par les formidables puissances d'argent qui avaient leurs relais sur place. Ne pouvant compter sur l'appui des masses paysannes, il s'est trouvé à la merci de l'étranger, avec le concours de l'armée rompue aux méthodes hitlériennes. Situé au cœur du Golfe de Guinée, l'île Macias-Nguema [Fernando Poo] occupe une position stratégique qui attire la convoitise des grandes puissances constituées en gendarmes du monde » (...) « Le cas de la Guinée équatoriale illustre une situation d'ensemble où l'on voit l'alliance du pillage et de la répression policière. Il faut bien souligner ce fait : la torture est une méthode de gouvernement où toutes les mesures sont prises pour juguler l'opposition. Les victimes de la torture, en Afrique Noire, sont d'abord les opposants au parti au pouvoir et à la politique qu'il impose à l'ensemble du pays. Elle n'est pas dirigée uniquement contre les individus mais contre les idées qu'ils incarnent et les projets de sociétés qui les habitent. Plus précisément, ce qui est en jeu, c'est l'affrontement des classes dirigeantes et des masses populaires dont les opposants au régime en place portent les aspirations au niveau de l'analyse et de l'engagement politique » (8).

L'ONU critiquée par l'intelligentsia

Les visées stratégiques et commerciales des grands, de l'Ouest comme de l'Est, et des petits de leur périphérie respective, s'appuient, pour la réalisation de leurs intérêts, sur des oligarchies. Toutes les clauses de la Charte des Nations Unies et les articles de la Déclaration universelle signées par elles n'y changent rien. « Si le développement signifie ici l'enrichissement d'une minorité aux dépens de la masse, on voit à qui doit profiter la sécurité qu'on recherche sur toute l'étendue du territoire. En fait, tout vise à mettre à l'abri des sursauts nationalistes les capitaux étrangers qui bénéficient d'un accueil d'autant plus favorable que les cadres dirigeants comptent sur eux pour la prospérité de leurs affaires personnelles (...). Bref, l'Etat colonial conteste à l'homme le droit à l'opposition dans un contexte où les économies étrangères profitent à une caste privilégiée » (9).

Par le représentant résident du PNUD, par les experts des diverses Agences spécialisées, l'ONU connaît parfaitement le sort lamentable du peuple de ce pays. Mais il faudra les cris d'alarme répétés de l'ANRD pour qu'elle aborde ouvertement le drame équato-guinéen, tout en continuant d'ailleurs à exécuter machinalement les projets d'aide via les appareils administratifs de New York, Paris, Genève et Rome. Pas étonnant alors de trouver la première critique sérieuse de l'inquiétant mutisme onusien dans *La Voz del Pueblo,* le périodique de l'Alianza Nacional de Restauración Democrática, en 1977, sous le titre : « La grande complicité de l'ONU dans la situation de la Guinée équatoriale » (10). Et de demander, après avoir avancé de nombreux arguments chiffrés, le boycott du régime nguemiste par le monde international, en particulier par les démocraties : « L'ONU et ses Agences suivent impassibles la situation des *otages de l'intérieur,* selon l'expression de la Fédération internationale des Droits de l'Homme. Nous ne pouvons pas rester indifférents devant la honteuse politique des Nations Unies dans notre pays depuis son indépendance. L'ANRD, fidèle à sa politique, se devait non seulement de dévoiler et de dénoncer cette complicité de l'ONU, mais encore de faire pression sur elle pour qu'elle cesse ce type d'*Aide* qui ne sert à rien d'autre qu'à maintenir la continuité d'un régime si évidemment anti-populaire et contraire à la Charte des Nations Unies et des Droits de l'Homme ».

« S'il nous faut critiquer l'action de l'ONU dans notre pays, cela n'est évidemment pas pour le simple plaisir de critiquer ; dans un contexte différent, l'aide serait bienvenue et l'ONU pourrait compter sur l'appui de notre peuple, ainsi que sur celui de l'ANRD. Mais dans le contexte actuel, n'est-il pas temps que l'ONU fasse un bilan de ses activités en Guinée équatoriale ? (...) Nous devons poursuivre cette campagne de dénonciation. En 1975 déjà notre Mouvement Populaire, l'ANRD, attirait l'attention du Marché Commun Européen, l'avertissant du danger que suppose toute aide à un Gouvernement fasciste, policier (...) comme celui de Macias par les *Régimes démocratiques d'Europe.* Il est évident que toute aide de ce type ne servirait qu'à maintenir la continuité d'un Régime que nous ne voulons plus ».

C'était en 1977 ! Et ces citoyens de Guinée équatoriale ne demandaient vraiment pas l'impossible, sinon de pouvoir vivre en hommes libres dans leur patrie. Ni l'ONU, ni les puissances, n'ont souhaité entendre leur appel.

L'entendront-elles mieux aujourd'hui ? Le connaisseur espagnol P. Egubirde constatait qu'aucune des données de base de la réalité équato-guinéenne n'a changé depuis l'arrivée au pouvoir d'Obiang Nguema (11). Or, l'ONU s'est lancée, PNUD en tête, dans une enthousiaste opération de relance économique, poussée

— semble-t-il — par certains Etats membres goulus. C'est qu'elle n'a pas le monopole de l'hypocrisie. Elle est en fait le lieu géographique où s'agglomèrent les égoïsmes nationaux, les intérêts particuliers des Etats et, plus encore, de ceux qui les dirigent. Il n'y a pas qu'au Royaume de Danemark que quelque chose est pourri ; ce qui, à entendre L. Wiznitzer, « tout comme pour Hamlet, pose aujourd'hui la question pour les Nations Unies, " être ou ne pas être ? " » (12).

Conseil de sécurité : la mafia des Alliés

Parmi les pays les plus influents des Nations Unies figurent les membres permanents du Conseil de Sécurité. Lequel d'entre eux a-t-il, depuis la chute de Macias Nguema, voire avant, protesté contre le viol des droits et des libertés élémentaires par les nguemises ? Faisons le compte de leur attitude, d'abord sous Macias Nguema :

Etats-Unis : depuis la fermeture de leur ambassade, en 1971, ils font quasiment silence et ne réagissent pas à la déclaration de *persona non grata* de leur ambassadeur au Cameroun, chargé aussi de la Guinée équatoriale, suite à sa visite en 1976.

Chine populaire : elle se contente, depuis 1971, de fournir 400 techniciens pour divers travaux d'infrastructure, ainsi qu'une équipe médicale, et ferme les yeux sur les assassinats et autres crimes.

Union soviétique : elle cultive des relations économiques, militaires, sportives, depuis 1970, et a notamment exploité les ressources maritimes équato-guinéennes jusqu'au début 1980. Avec 200 personnes sur place, dont cinq membres du KGB, elle s'est bien gardée de dénoncer les crimes du régime nguemiste. Mieux, ses conseillers militaires assistaient les apprentis-sorciers de Mongomo lors des séances de mise à mort de certains condamnés. Plus : l'URSS utilisait Fernando Poo pour *ses* Cubains d'Angola.

France : elle cultive les nguemistes depuis 1970 également, et exploite bois, cacao et le secteur des travaux publics, sans parler de deux conseillers militaires et de deux professeurs chargés de préparer un Centre culturel français. Jamais la France officielle n'a élevé la voix pour condamner les crimes nguemistes.

Royaume-Uni : il s'est contenté de commercer avec la dictature, s'arrogeant 61 % des importations équato-guinéennes non originaires d'Espagne. Toutefois, c'est lui qui, en 1978, a incité la CEE à refuser un projet d'assistance financière, en réaction contre l'instauration du travail forcé.

C'est avec un Conseil de sécurité quasiment complice que l'ONU a gaspillé plus de 7 millions de dollars entre 1970 et 1978 au paradis nguemiste.

Et voici le bilan depuis l'avènement du second dictateur nguemiste, Obiang Nguema :

Etats-Unis : malgré l'avertissement lancé par l'association Catholics for Christian and Political Action, en septembre 1979 déjà, qui soulignait que rien n'avait changé en Guinée équatoriale, les USA s'empressent de renouer les relations diplomatiques, dès 1980, à l'image de la kirkpatrickienne Realpolitik en Amérique latine, car le contexte n'est pas très différent : peuple exsangue, oligarchie familiale ou militaire. Dès 1981, l'USAID attribue aux coopératives pillées et au parc avicole de Basilé, 1 Mio de $; puis on rouvre l'ambassade avec un ambassadeur résident. Diverses sociétés pétrolières yankees se précipitent pour des sondages. Fin 1981, le navire de guerre américain US Kalamazoo, avec 300 hommes à bord, stationne dans la baie de Santa Isabel, là où peu avant se tenaient les navires de guerre soviétiques. Puis les USA participent activement à la Conférence des donateurs, et soutiennent la percée française. Fin 1983, le Spiegel Grove de la US Navy jette l'ancre dans la baie de Santa Isabel. Son capitaine, T. Sommerlin, durant un entretien avec Obiang Nguema, évoque la coopération militaire entre les deux pays, puis, devant les journalistes, souligne « l'amitié américano-équato-guinéenne » née en 1979. Sommerlin ne fait que répercuter les propos du secrétaire à la Défense, C. Weinberger, dans son Rapport 1984 au Congrès : « En Afrique, nos objectifs sont :

— prêter assistance aux pays africains en butte à la subversion et soutenir l'indépendance et la stabilité des gouvernements amis ;

— maintenir et, selon les nécessités, développer les droits d'accès et de transit, dans les Etats africains pro-occidentaux, pour le déploiement des forces US ;

— travailler à faire refuser ou révoquer les droits d'accès et de transit similaires accordés aux Soviétiques ;

— préserver l'accès aux importantes ressources en minerais et en pétrole. »

L'amitié est donc mesurée à l'aune des bases militaires et des matières premières (consortiums Elf-Agip-Ultramar-Murphy et Total-Getty, par exemple).

Il faut ajouter l'appui fourni par l'Administration Reagan au

Maroc de Hassan II, allié dans une région considérée comme instable. Bien que les USA donnent l'impression de soutenir les efforts de l'OUA pour une juste paix au Sahara occidental, il ne fait pas de doute qu'ils sont favorables à une victoire militaire marocaine sur le Polisario. Et dans ce contexte, la Guinée équatoriale sert aussi de pion, ne serait-ce qu'en votant régulièrement tel que le souhaitent le Maroc et les USA, à l'ONU comme à l'OUA (13). Pas étonnant donc que pour divers africanistes américains le temps est venu d'une nouvelle évaluation des relations USA-Afrique, car il n'est pas tolérable que se poursuive — à l'instar de ce qui se produit à l'intérieur des USA — le « transfert délibéré des revenus et de la richesse des pauvres aux riches ; des Noirs et des Latino-Américains aux Blancs... ». Et ce d'autant plus lorsqu'en mai 1984 les Etats-Unis, d'une part, haussaient encore leur *prime rate,* alourdissant une nouvelle fois la dette du tiers monde, d'autre part, refusaient de reconnaître la juridiction de la Cour Internationale de Justice (ONU) qui, à l'unanimité de ses juges (l'Américain excepté), les condamnait pour leur agression contre le Nicaragua. Ce comportement du gouvernement Reagan a été fermement désapprouvé par la Commission Internationale des Juristes et par la Société américaine de droit international.

Chine populaire : le remplacement de Macias Nguema par Obiang Nguema ne perturbe pas le travail des techniciens chinois ; ils poursuivent les travaux d'infrastructure (radio, centrale électrique, etc.) et signent un accord de prêt de 24 Mio de dollars.

Union soviétique : malgré le refroidissement apparent des relations qui a conduit à l'arrêt du projet de pêche, le traité d'assistance militaire de 1977 n'est pas dénoncé, et les spécialistes soviétiques sont toujours en place. Ils entretiennent trois *Yak 40 Antonov* (22 places), un hélicoptère, avec douze pilotes et mécaniciens, rattachés à la compagnie nationale LAGE. En 1981, l'URSS signe en plus un accord de coopération sportive et offre des stages de journalistes, tout en ouvrant à Santa Isabel un bureau de l'agence TASS.

France : après le coup, elle signe un accord de fourniture de matériel de pêche, puis offre une assistance de 9 Mio de francs français ($ 1,5 Mio) pour la réfection du port de Santa Isabel et pour des recherches minières par des sociétés françaises. Pendant que la coopération espagnole s'enlise, elle attend son heure. La France courtise Obiang Nguema en l'invitant d'abord à la Conférence des Chefs d'Etat de l'Afrique francophone, à Nice, en mars 1980 ; puis le dictateur est reçu à plusieurs reprises à l'Elysée d'abord par V. Giscard d'Estaing, puis par F. Mitterrand. Deux centres culturels français voient le jour, à Bata et à Santa Isabel. En 1980, Cl. Soubeste, un spécialiste des régions d'Afrique centrale (Gabon, RCA, Tchad), est nommé ambassadeur de France. A la Conférence des donateurs, la France joue un rôle important tout en ne déboursant que fort peu. Dès février 1983, Obiang Nguema conseille à la population équato-guinéenne d'apprendre le français. Ce que d'aucun appellent « le mercantilisme à court terme de la coopération française » (14) s'appuie en fait sur la stratégie suivante : « Défendre les droits de l'homme dans les pays où la France n'a pas d'intérêts économiques de premier ordre (p. ex. en Amérique latine), mais taire ses cris pour raison d'Etat en Afrique ».

Pas étonnant, alors, qu'en 1983 la France accorde une bourse d'études au fils de l'ultra-nguemiste ministre à la Présidence (Eaux et Forêts), Mensuy Mba ; ce jeune homme serait, selon la presse espagnole, l'assassin de sang-froid d'un de ses compatriotes. Presque simultanément arrive à Paris le nouvel ambassadeur de Guinée équatoriale (accrédité aussi en Suisse), J. Ela Abeme, technicien d'aviation, depuis 1979 dans la carrière diplomatique, et depuis 1982 chef du protocole au ministère des Affaires étrangères.

Les relations commerciales encore relativement modestes entre la France et la Guinée équatoriale, avec en 1981 un bénéfice pour la France de 22,1 Mio de francs (env. 3 Mio de $), ont porté sur les exportations françaises suivantes :

- Matériel de fonte et d'acier (1 Mio de FF).
- Appareils, engins mécaniques, etc. (1 Mio de FF).
- Machines et appareils électriques (8 Mio de FF).
- Voitures, tracteurs et autres véhicules terrestres (3 Mio de FF).

Ne sont pas mentionnés ici les bénéfices des sociétés françaises travaillant sur place, dans le domaine de la construction et de la pêche notamment, et les bénéfices à venir avec, d'une part, Elf-Aquitaine aux abords des îles équato-guinéennes du sud du Rio Muni — illégalement occupées par le Gabon —, d'autre part le BRGM qui terminait fin 1983 sa troisième campagne d'investigations minières dans la même province.

Royaume Uni : il participe à la Conférence des donateurs. Peu après on voit Pecten International (Shell) rejoindre Total-CFP, dans le cadre d'un contrat de partage de production de pétrole.

L'Europe sans âme

Les membres permanents du Conseil de sécurité des Nations Unies sont donc plus ou moins complices des nguemistes, et tous font silence. Or, qui ne dit mot consent. Les membres permanents d'Europe, simultanément membres de la CEE, ont de plus accordé sans broncher des aides alimentaires et autres — notamment de produits pharmaceutiques, alors que l'on sait que ces derniers sont le plus souvent déroutés vers le Gabon (15). Une des raisons pour lesquelles le Rapport Pisani sur la politique européenne de développement (1982) (16) est réduit à constater que les résultats de l'aide au développement sont particulièrement décevants dans la région du monde « où l'Europe s'est voulue présente plus qu'ailleurs » : en Afrique au sud du Sahara.

Hors de la CEE, il y a en Europe aussi le Vatican et la Suisse. Côté Saint-Siège, nous avons déjà évoqué la déconcertante visite du pape Jean-Paul II en Guinée équatoriale, en 1982. Nous savons qu'à cette occasion, l'Eglise romaine a annoncé partout la fin des persécutions (17). Or, celles-ci n'ont pas cessé, les tortionnaires sont toujours à leur poste. On eût souhaité « que la théologie chrétienne officielle cesse d'être le support de l'exploitation et de l'oppression des Noirs, car on s'est trop souvent servi de la théologie blanche pour manipuler l'homme noir, soi-disant au nom de la vérité chrétienne » (18). Certes, ces propos de l'abbé américain L. Lawrence visent surtout la situation des Etats-Unis, mais il n'en va pas autrement ailleurs, que ce soit en Guinée équatoriale ou en Haïti : « L'opposition (en exil) a appris avec surprise, sinon avec stupeur, l'annonce de cette visite [du pape Jean-Paul II à Haïti en 1983]. Non pas d'abord parce que Duvalier va en profiter pour renforcer son système de sécurité, mais parce qu'il pourrait exploiter la visite du pape pour donner une consécration à son régime ». Malgré un archevêque collaborateur et des prêtres placés par Duvalier qui n'hésitent pas à se proclamer ouvertement duvaliéristes, « le silence a pourtant été rompu. Des religieux courageux ont fait part de leur inquiétude aux évêques après la grande vague de répression qui a touché des syndicalistes, des journalistes, des artistes opposants au régime... Mais la visite du pape pourra-t-elle briser les règles du protocole et donner plus d'écho à la lutte contre les abus et les rapines du régime ? » (19).

Le séjour du pape Jean-Paul II en Guinée équatoriale, a-t-il facilité le retour des exilés, accéléré le retour du pays à la démocratie, à la liberté d'expression ? On peut avoir de sérieux doutes sur l'aptitude du Saint Père et du Vatican à susciter le changement. A entendre le théologien catholique suisse Hans Kung (1983), le Vatican est un Etat totalitaire. S'il ne veut pas signer la Déclaration des droits de l'homme du Conseil de l'Europe, c'est qu' « il devrait changer de nombreux articles de son droit canon, notamment ceux concernant les poursuites légales ». Par ailleurs, le pape « progressiste sur certaines questions sociales [serait] très conservateur quant à la démocratie à l'intérieur de l'Eglise ». Difficile d'*être démocrate au royaume de Dieu* (20). Est-ce en raison de ce contexte, et notamment des bonnes relations entre la CIA et le Vatican, que le gouvernement américain, et en particulier le Sénat, se sont prononcés fin septembre 1983 pour le rétablissement des relations diplomatiques formelles avec le Vatican, suspendues depuis 1867 ? On ne s'étonne donc pas de la question posée par un autre théologien catholique, français, J.M. Garrigues, début 1984 : « Le christianisme est-il démocratique ? » Puis de souligner qu'au XIXe siècle précisément, alors que la théologie protestante était déterminante dans l'évolution de la société occidentale vers la démocratie, l'Eglise catholique multipliait les condamnations pontificales à l'endroit de la démocratie libérale. D'où ces silences des Jean XXIII, Paul VI et Jean-Paul II sur les crimes du communisme, aussi graves et injustifiés que ceux de Pie XII sur le nazisme.

Autre *pur* : la Suisse, qui vaccine un peuple — en collaboration avec la coopération espagnole — pour qu'il puisse mieux tenir sous le joug nguemiste ; qui remet en état la léproserie de Mikomeseng, parce que, vue d'Europe, l'infortune des lépreux est plus facile à soigner que celle d'un peuple opprimé (21). La bonne conscience helvétique est sauve. C'est que les neutres, pas plus que les autres, ne sont prêts à agir en vertu du respect prioritaire des droits de l'homme par eux et par leur interlocuteur. La Conférence sur la sécurité et la coopération en Europe l'a vérifié, à Madrid (1983). Alors que les Soviétiques refusaient d'entrer en matière sur des questions de *droits de l'homme,* les démocraties occidentales ont, sur proposition de Felipe Gonzalez, cédé devant les représentants des régimes à parti unique, pour seule satisfaction de pouvoir affirmer que la Conférence n'a ıs échoué. D'onusienne façon. Et depuis 1984 on parle désar-ement, à Stockholm, alors qu'à l'Ouest et à l'Est on multiplie s rampes de lancement de fusées. Et que des avions « civils » iisses *Pilatus* servent à bombarder des civils dans le tiers monde. ovlangue !

es contradictions onusiennes

Lorsqu'en 1972 Tibor Mende publiait son réquisitoire sur échec de l'aide internationale (22), il formulait une longue série refus de prise en compte par les pays nantis, pour que ussisse le développement. Parmi ces refus, l'un nous concerne irectement : *il faut renoncer à soutenir des groupes sociaux dont s intérêts et les politiques bloquent le développement d'une çon démontrable.* Voici qui est du domaine de l'évidence en uinée équatoriale nguemiste. Mais les monstres froids du Nord moquent bien d'un minimum de morale (23). *Droits de l'homme justice distributive* succombent à leur volonté de manifester ur puissance par la voie économique et militaire. Ainsi l'ONU, CEE, l'OUA (24) aussi, et ces vertueux que sont le Vatican onfessionnel et la Suisse laïque, se font tous, d'une manière ou 'une autre, les complices des dictatures. L'organisation des lations Unies, qui est censée agir au-dessus des égoïsmes natio-aux — sur la base des principes simples et clairs dont elle est détentrice — n'est en fait que le miroir des Etats, de leurs itérêts et de leur absence de vertus. Selon le poids des uns et es autres, au gré des coalitions et des diverses instances onu-ennes, les organes de l'Institution internationale se montrent plus u moins indifférents, préoccupés, rarement intéressés. Et tant is pour les grands principes, destinés avant tout à éblouir la alerie.

En 1982, la Commission disait au Conseil économique et ocial son regret pour « le délai intervenu dans l'application des iesures envisagées dans le plan d'action » soumis aux nguemistes e Guinée équatoriale ; simultanément, on invitait le gouverne-ient de Guinée équatoriale « à coopérer avec le Secrétaire énéral à cet égard », afin que soit organisée une Conférence onstitutionnelle. Après la Conférence des bailleurs de fonds et ı publication de la constitution dictatoriale nguemiste, le gouver-ement d'Obiang Nguema s'est vanté d'avoir été conseillé par deux experts du Centre des droits de l'homme. Mais étant donn qu'après le limogeage de Theo van Boven, et son remplacemen par l'aparatchik K. Herndl (25), on cessa de respecter la décisio courageuse prise en 1979 de publicité des affaires de Guinée équa toriale, une des Organisations non-gouvernementales participan aux travaux de la Commission déposa une déclaration deman dant que les résultats de la mission d'experts en Guinée équatorial soient portés à la connaissance de la Commission (26). Cett demande montre qu'on fait des cachotteries au sein même d cet organe.

La procédure « 1503 »

Comme il fallait s'y attendre, le sous-secrétaire général, direc teur du Centre des droits de l'homme, a fait savoir à l'une de ONG représentées « que le rapport des experts est un documen confidentiel à l'usage exclusif du Secrétariat » (27). Cela démontr que l'on est revenu au temps des secrets d'alcôve, en oppositio avec la procédure publique, dite « 1503 » dans le jargon d l'ONU, que l'observateur du *Journal de Genève* apprécie comm suit : « Ces dernières années, l'ONU a couvert d'un voil pudique les innombrables *violations grossières et systématique* des droits de l'homme dont la planète est le théâtre : " person nellement, je crois ce genre d'exercice très utile ", estime M. Kur Herndl. " Il offre l'avantage de la conciliation. Il permet l contact direct entre Etats a-t-il ajouté en substance devant l presse". " Cette procédure peut apporter des résultats dans cer tains cas individuels ", lui répond dans le temps M. van Boven " Mais pour des violations systématiques, seule la procédur publique offre quelques chances de succès ". Grâce à la procé dure « 1503 » il a été possible, ces dernières années, de révéle la situation scandaleuse qui prévaut dans bien d'autres pays qu l'habituel *trio maudit* que constituent Israël, le Chili et l'Afriqu du Sud. Par le biais d'enquêtes ou de procédures nouvelles, d'au tres pays sont aujourd'hui questionnés sur leurs pratiques : l'Ar gentine, la Bolivie, le Cambodge, la Guinée équatoriale, l Pologne enfin. Les langues se délient et l'on ne craint plus e séance publique de citer nommément tel ou tel Etat, pratiqu jugée indécente il y a quelques années encore (28). C'est u retour à l'ancienne politique du silence complice qu'a opér M. Herndl. Le débat est donc ouvert de savoir quelle procé ure est la plus efficace. M. Herndl a pris là un lourd fardeau ır sa conscience. On doit craindre, hélas, que son approche plomatique ne serve d'alibi commode aux Etats.

a douteuse crédibilité de l'ONU

Que se passe-t-il dans le cas particulier de la Guinée équa-riale, depuis l'entrée en fonction de M. Herndl ? Pendant ı'Obiang Nguema se vante de respecter les orientations du entre des droits de l'homme, le responsable de ce dernier n'ose ire état — ni de la complicité des experts avec la dictature sciste, — ni de leur échec face aux nguemistes.

Quelles que soient les causes de ce silence, il est pour le moins émontré qu'au sein des Nations Unies certains protègent des térêts qui ne sont pas ceux des peuples opprimés par les dicta-res. Aussi est-ce avec à-propos que le Père Ela relate la triste alité que voici : « Bien des pays ont été attirés par les richesses inières et agro-forestières ou par la situation stratégique de la uinée équatoriale ; ils n'y font rien pour garantir la protection s droits du peuple. Les *affaires intérieures* ne sont intéressantes our eux que dans la mesure où elles protègent leurs intérêts, on les populations dépouillées de leurs droits et soumises par ne tyrannie barbare qui règne dans le pays » (29).

D'aucuns commencent sérieusement à douter de la crédibilité s Nations Unies, et non des moindres. Le prince S. Aga Khan, ui connaît de l'intérieur la machine onusienne pour avoir été aut-Commissaire des Nations Unies pour les Réfugiés, a res-nti le devoir d'exprimer ce dépit de la manière suivante : Beaucoup de discours ont été faits, à la Conférence générale des ations Unies, mais rien n'a changé fondamentalement. Les mots mblent avoir perdu leur sens, ce qui est le cas aussi des résolu-ons des Nations Unies, et c'est là ce que l'on peut appeler une ise de crédibilité. (...) Aussi, beaucoup de gens se demandent-ils ils peuvent placer leur confiance dans les Nations Unies. (...) out doit être fait pour fortifier le système des Nations Unies in que nous puissions placer en elles une plus grande confiance ans le futur (30). »

C'était en 1970. 1983 marqua le retour de S. Aga Khan dans cadre de la Commission indépendante *sur les questions huma-itaires,* en même temps que T. van Boven.

LA FOIRE AUX COQUINS

La Déclaration universelle des Droits d' l'Homme, « qui postule des relations symé triques, ne parvient pas à s'imposer, e l'on peut dessiner une carte des liberté bafouées dans le monde ».

Claude RAFFESTIN
Pour une géographie du pouvoir
Paris, 1980, p. 125

« La carte solidement dressée du goula planétaire. »

Pascal BRUCKNER
Le sanglot de l'homme blanc
Paris, 1983, p. 252

Les lignes de conduite

Des faits qui heurtent la morale

Depuis la fin de la Seconde Guerre mondiale, le pillage de ressources du tiers-monde ne s'est pas ralenti. Les sociétés d Sud ont continué à subir des prélèvements, tant par des termes d l'échange de plus en plus défavorables (selon la CNUCED, le prix des matières premières ont baissé de 15,6 % en 1980, à l suite de la récession mondiale), que par des sorties de capitau ou la fuite des cerveaux. Et comme en présence de structure inégales la liberté économique profite aux plus forts, il se produ l'effet pernicieux de l'appauvrissement des pauvres. L'aide inter nationale, dont nous avons signalé plus haut les motivatior réelles, n'a guère assuré une action régularisatrice. Grâce à u discours nouveau, les anciennes puissances coloniales, ainsi qu l'URSS et les Etats-Unis, tiennent des propos plus nuancés qu durant une ère coloniale toute imprégnée des certitudes de supé riorité des Européens. Invoquant les droits de l'homme ou de peuples, on se pose en vertueux et en défenseur de la libert Mais le plus souvent, on ne dépasse guère l'aide de subsistanc ous couvert de réhabilitation de certains pays — Guinée équa-oriale et Ouganda, par exemple — environ 75 % de l'assistance st consacrée à la simple survie des populations concernées, plutôt u'à une aide réelle au développement (31). Eglises et organisations hilanthropiques tentent d'aider les populations, de les conscien-iser afin qu'elles acquièrent la force de sauver leur dignité. Mais ouvent ces Eglises et organismes charitables sont eux aussi iappés par les conflits socio-politiques. Surtout lorsque la pression les grands se marque partout. Comment lutter contre la décision les Etats-Unis de favoriser les investissements en Guinée équa-oriale après le ralentissement de la coopération soviétique, sachant que la dictature fasciste se poursuit (32) ? Comment expliquer que les socialistes français reprennent à leur compte les livraisons le blé au Zaïre de Mobutu amorcées sous Giscard d'Estaing, ou ncore utilisent les paras pour protéger *leur* Tchad ?

Ces faits qui heurtent la morale confirment le constat que es Etats, autant que les institutions d'aide au développement, et n particulier les Nations Unies, fondent leur action sur des ymptômes plutôt que sur les causes profondes. Trop souvent, 'assistance est mystificatoire et ne sert qu'à « justifier la stratégie ibre-échangiste qui réussit bien à perpétuer la domination du Nord sur le Sud et donc le sous-développement » (33). Les projets ont fréquemment un moyen d'éviter de toucher aux institutions xistantes et de ne pas déranger les avantages acquis. Le plus ouvent, on néglige l'aspect institutionnel, pourtant indissociable le l'aspect économique. Toute évaluation honnête de projets levrait privilégier le critère d'équité, sans lequel sa crédibilité aisserait forcément à désirer. Au slogan : *redistribution, donc roissance,* il est plus réaliste de substituer celui d'*équité, donc roissance*. Ce qui inclut, évidemment, le volet *droits de l'homme t libertés fondamentales*. Mais comment procéder ?

En Guinée équatoriale, il semble que, prioritairement, il faille niser sur une réconciliation nationale. Peut-être certains officiers équato-guinéens y sont-ils favorables, mais ils n'osent pas le proclamer, de peur de représailles comme celles qui ont frappé certains d'entre eux en 1983, suite à une discussion sur l'éven-uelle prise de contacts avec la diaspora. En effet, comment se réconcilier avec une diaspora intelligente et nombreuse ? Et pour celle-ci, comment se réconcilier avec un pouvoir népotique pro-égé par une armée de mercenaires étrangers. Aucun des appels au dialogue formulés par l'ANRD, le FRELIGE ou le FRELIFER n'a reçu de réponse, et le pouvoir nguemiste persiste à les qualifier d'*éléments déstabilisateurs* (34). « On doit admettre » — écrit pourtant F. Moran, ministre espagnol des Affaires étrangères — « que la nouvelle classe sera nationaliste — ou alors la Guinée équatoriale n'atteindra pas son identité nationale — et que dans sa composition les exilés joueront un rôle essentiel » (35). C'est le fait de ne pas comprendre cette évidence que l'on doit reprocher à l'ONU (36).

Lignes et codes de conduite

Il faudra bien un jour mettre au point des lignes de conduite pour aider l'Organisation internationale à adopter un comportement responsable dans ses activités de développement. Les exigences fondamentales, en ce qui concerne le droit, la liberté et le développement social doivent être clairement exprimées. Surtout, les Nations Unies doivent se défendre contre les tentatives des gouvernements de les utiliser à des fins politiques. Cela pourrait se faire dans l'esprit d'un Code de conduite du type suivant :

1. Les Organisations internationales utilisent dans le cadre du droit en vigueur (législation nationale, Déclaration universelle, Charte et Pactes, Conventions de Genève, etc.) toutes les possibilités propres à sauvegarder les droits de l'homme et à permettre une évolution positive du pays.

2. S'il s'avère que les relations de coopération technique apportent moralement un soutien ou favorisent directement des manquements graves et répétés au respect des valeurs humaines fondamentales, et si ces manquements apparaissent plus importants que le profit que tire l'interlocuteur le plus faible de ces relations de coopération, celles-ci seront modifiées ou rompues. A ces propositions, inspirées des réflexions des Eglises protestantes de Suisse, il convient d'adjoindre celles issues des débats de la Commission catholique suisse *Iustitia et Pax* :

3. « La coopération au développement de l'économie doit (...) au-delà des strictes normes des droits de l'homme, faire preuve de responsabilité et de solidarité. Les conflits entre critères éthiques et objectifs économiques doivent être résolus selon la priorité des normes. Aucun compromis ne doit être accepté au dépens des désavantagés. La responsabilité subsidiaire oblige aussi les entreprises privées à ne pas entrer en concurrence avec les forces locales (ressources, capital, etc.), mais à compléter ces forces efficacement et raisonnablement dans le cadre de la politique d

:veloppement (...). La solidarité et la responsabilité envers les uuvres et les désavantagés exige bien plus que le respect des gislations nationales. Il n'est par conséquent pas admissible : profiter des lacunes législatives sur les plans de la politique ciale et de la protection de l'environnement » (37).

Ainsi, les relations avec n'importe quel pays devraient être vues lorsque l'ONU et ses Agences spécialisées sont contraintes un comportement ou mêlées à des situations en contradiction 'idente avec les valeurs humaines fondamentales. La liste des olations répétées des droits de l'homme par la dictature ngue-iste présente moult raisons d'interruption immédiate de la opération par les Nations Unies. De même au plan bilatéral. 'Espagne, notamment, a été confrontée avec cette nécessité de nditionner son aide à la perception d'un progrès minimum dans respect des droits de l'homme des Guinéens (38). Ce n'est as la formation de troupes anti-émeutes et la prise en compte : l'entraînement de l'armée nguemiste au prix de 3 Mds de esetas (10 Mio de $) qui le lui permettra.

Dans son *rapport sur l'état des enfants dans le monde* (1981), : directeur général de l'UNICEF soulignait que le combat doit :re livré contre la faim, la mauvaise santé, l'analphabétisme ; h, si ce combat pouvait aussi viser les dictatures et ceux qui en servent. Les pays pauvres ont besoin, selon J. Grant, de ouze milliards de dollars par an pendant vingt ans. Il n'est donc as question de recommencer des gaspillages comme ceux des 'ations Unies dans la Guinée équatoriale nguemiste. Fini de onner bonne conscience aux dictatures par l'injection de fonds t d'experts inutiles !

Le débat suisse sur l'aide au développement oppose, lui aussi, eux qui estiment qu'il faut dissocier commerce et politique, et eux qui veulent moraliser l'économie internationale. Sans entrer ans les détails des thèses respectives, retenons que la « fricocra-ie » — comme l'a qualifiée le conseiller national écologiste 3rélaz — prétend qu'il faut respecter l'universalité des débou-hés ; exiger le respect des libertés fondamentales consisterait à ombrer dans un protectionnisme d'un autre type. Face aux pro-ositions de la grande industrie, défendues notamment par l'ex-onseiller fédéral Honegger, il y a tous ceux pour qui la politique ommerciale ne devrait pas contredire la politique en matière le droits de l'homme. Ainsi, l'Union syndicale suisse estime que e meilleur moyen de garantir une non-application d'un code le conduite, notamment celui des multinationales préconisé par l'OCDE, est d'en laisser l'application libre. De sorte que, comme pour la Déclaration universelle, tout le monde signe, mais peu respectent les clauses (39).

Dans le débat onusien sur la même question, on retrouve cette dualité : les uns souhaitent des codes de conduite obligatoires, les autres des codes sous forme de recommandations seulement. Un exemple : face à la poursuite de l'exportation vers le Sud de produits chimiques interdits dans le Nord, « les pays du tiers monde auraient voulu [que le code de conduite sur les transnationales] ait force obligatoire et que sa transgression soit assortie de sanctions. Mais la Suisse et les autres pays industriels y sont fermement opposés. Ils pensent que si le code était obligatoire, les mesures sur lesquelles un accord pourrait être trouvé seraient beaucoup moins étendues que s'il est adopté sous la forme d'une recommandation. Mais tous les membres de la Commission des Nations Unies sur les transnationales se sont mis d'accord que le code devrait être généralement accepté et universellement adopté » (40). Toutefois, des spécialistes onusiens du commerce des produits prohibés viennent de déclarer : « Il est désormais évident qu'il ne suffit pas de compter sur les pays industrialisés pour réglementer des sociétés multinationales. » En effet, le tiers monde est constellé de Seveso. Aussi, des milieux de plus en plus larges soulignent les insuffisances des codes de conduite et font allusion au phénomène de crime international d'entreprise.

Si l'on raisonne par analogie à propos de la Déclaration universelle, on peut considérer que n'ayant pas de caractère obligatoire — étant simplement acceptée et universellement adoptée — les crimes contre l'humanité seront mieux évités que si elle exige un engagement ferme. Or, c'est précisément parce que cette Déclaration est adoptée machinalement par les gouvernements que si peu la respectent. Il ne faut donc pas s'étonner si dans les années à venir des Etats membres parmi les plus pauvres seront tentés de se retirer de l'Organisation internationale (ou de certaines agences spécialisées) parce qu'ils se sentent grugés par le système. « Dès qu'un système économique ôte à un groupe plus qu'il ne lui donne — notamment s'il le prive de sa liberté par potentat interposé — l'intérêt de ce groupe est de se retirer » (41).

ordre des Grands

Pendant que les deux super-grands établissent un ordre mon-
al de la terreur, la décolonisation et une ONU où les nations
uvelles sont devenues majoritaires reflètent un inquiétant
sordre mondial (42). D'un côté, l'accumulation insensée d'ex-
osifs et d'armes chimiques, de l'autre un énorme désespoir de
pas parvenir à émerger de la misère. Mais il serait injuste de
n vouloir qu'aux super-grands et à l'ONU, car le pouvoir
ondial réside aussi ailleurs. Nombre de gouvernements, tout
mme l'Organisation internationale, sont impuissants face aux
ciétés multinationales, qui assurent 80 % du commerce mondial.
sous-commission des Nations Unies pour les droits de l'homme
publié, fin 1983, un rapport sur le NOEI et les droits de
omme. Elle y constate que « les relations qui se sont établies
tre ces sociétés et les pays hôtes ont souvent donné lieu à
s schémas de croissance et d'industrialisation marqués par une
partition inéquitable des bénéfices tirés des investissements et
s activités connexes, et ont empêché les pays en développement
atteindre un développement autonome ». Les multinationales
ayant qu'environ 28 % de leurs investissements dans le tiers
onde, il est évident que le centre de pouvoir ne se trouve ni
Sud, ni aux Nations Unies, mais dans les conseils d'administra-
n des grandes sociétés (43). Passant outre les débats idéolo-
ques et théoriques qui, depuis un quart de siècle, portent sur
urs activités dans le tiers monde, les multinationales ont réussi
atteindre un de leurs objectifs essentiels : faire évoluer leurs
iales étrangères dans ces pays jusqu'à devenir exportatrices nettes
capitaux. Cela est possible, de l'avis d'Yves Lacoste, le spé-
aliste de la géographie du sous-développement, grâce à « la
atégie globale de l'impérialisme [qui] vise à maintenir à l'*inté-
ur* des différents pays les rapports de classe et les minorités
ivilégiées qui y rendent possible l'exploitation des grandes fir-
es transnationales qui combinent leur stratégie de l'*extérieur,*
r le marché mondial. Reconnaissons toutefois que ces sociétés
t permis aux divers pays du tiers monde une sérieuse évolution
chnologique. Mais n'oublions pas non plus que les échanges entre
ultinationales représentent 40 % du total mondial, et que l'im-
ct direct de ces sociétés sur l'ONU est considérable. Ainsi, parce
e les producteurs de systèmes de télécommunication souhaitent
ntinuer à dominer le marché à leur guise — et à travers lui
s'imposer au plan des idées — ils viennent de refuser à l'UIT

de se muer en une Organisation forte au service d'une vraie décolonisation. Aussi ont-ils lâché l'ancien secrétaire général de cette Agence onusienne, le Tunisien M. Mili. De même, les menaces des USA de quitter l'Unesco sont-elles inspirées largement par le refus d'un nouvel ordre mondial de l'information libéré du monopole des agences de presse et autres médias du Nord (44). Or, il est connu que les grandes multinationales des télécommunications posent au gouvernement américain des conditions scandaleuses :

— ne pas leur appliquer la législation anti-trusts ;
— les préserver de la concurrence de l'Etat ;
— leur garantir l'engagement du gouvernement américain de les défendre dans les négociation internationales.

Quand l'Etat du pays le plus riche de notre globe est manipulé de la sorte, qu'advient-il des faibles pays du Tiers Monde ? Aussi, en réaction contre ces monopoles, la Non-Aligned Media Conference de la Nouvelle Delhi (décembre 1983) et la réunion des ministres de l'Information de 57 pays non-alignés a décidé la création d'un pool d'agences de leurs pays. Voici qui est bien, en soi. Cependant, la plupart des pays participants sont dominés par des pouvoirs absolus ; et ces sordides dictatures ont des agences de presse qui ne permettent pas d'envisager un nouvel ordre mondial de l'information conforme aux critères moraux qui imbibent les Chartes et Déclarations des droits de l'homme. De plus, nombre de ces dictatures sont les alliées de fait des grandes puissances : bases militaires soviétiques au Vietnam, bases similaires américaines aux Philippines, etc. Aux USA, on parle de *colonialisme électronique*.

Se méfier des Amis

Si à l'ONU le rôle néfaste des grandes puissances et les pressions des multinationales paralysent ou dénaturent l'appareil, dans le tiers monde, le problème se pose d'autre manière. Il apparaît, en effet, que les firmes transnationales « ne contribuent pas au développement des pays africains parce qu'elles sont originaires de pays impérialistes mais parce que certaines conditions n'ont pas été réunies du point de vue du pays hôte avant d'y faire appel ; ces conditions sont d'ordre politique, économique et social. Toutefois, la condition politique constitue en quelque sorte le préalable dont dépend tout le reste ; en effet, pour que le

ıangements escomptés se produisent, " il faut que les gouverne-
ıents soient décidés à transformer les comportements et les insti-
ıtions prédominants et aient le courage de prendre les mesures
ui s'imposent et d'en assumer les conséquences " » (45). De la
ɔrte il se confirme que les excès des transnationales, ou des
tats riches, ne sont possibles que lorsque dans les pays péri-
hériques le pouvoir se fait leur complice. Voici près de deux
ècles déjà, Madame de Staël conseillait aux petites nations, en
articulier à la Suisse, de se méfier de leurs grands amis. Une
ɔis appelés au secours, il est difficile de s'en défaire. C'était alors
es habitants du Pays de Vaud, en Suisse occidentale, occupé
ar les Bernois, qui demandèrent assistance au Directoire pour se
égager de plus de deux siècles de colonisation. Et ce fut la
uisse entière qui succomba sous le joug de l'armée française.
ujourd'hui il y a l'Afghanistan. Et partout, les grands ont intérêt
cultiver des alliés débiles ; il est plus facile de traiter avec un
utocrate qu'avec un pouvoir démocratique porté par — et respon-
ıble devant — le suffrage populaire.

enverser les perspectives

Afin que les chances d'un ordre planétaire équitable l'emportent
ır le risque d'Apocalypse, la communauté internationale des
émocrates, ainsi que les milieux du commerce international,
oivent arrêter d'entretenir des dictatures et autres pouvoirs oppres-
ifs, et imposer le simple respect et l'application stricte des ins-
uments existants (Charte, Déclarations, Pactes). Mais l'élabora-
on de ce nouvel ordre économique international — dans un
ıonde ou la famine tue autant que les armes — requiert « un
enversement des perspectives où la satisfaction des besoins essen-
els des peuples sous-développés prendrait le pas sur la volonté
'enrichissement des pays les plus industrialisés » (46). Le respect
es instruments onusiens existants rendrait inutile des *lignes et
odes de conduite* supplémentaires. Malheureusement, droits de
homme et droit au développement restent corrompus par l'atti-
ıde realpoliticienne des puissants et de leurs complices du centre
t de la périphérie. Voici pourquoi l'Organisation internationale —
eflet trop fidèle des Etats membres, eux-mêmes souvent impuis-
ants ou exagérément dominants — est incapable de faire res-
ecter, ni même de respecter elle-même ce qu'elle est censée être :
ı meilleure des morales possibles.

L'ONU des droits de l'homme

« Ce serait un cadeau empoisonné de donner à l'homme le pain sans la liberté. »

Louis DE VILLEFOSSE.
Géographie de la Liberté.
Les droits de l'homme dans le monde.
Paris, 1965, p. 398

Le droit avant la diplomatie

Qu'on ne s'y méprenne pas. Ces lignes sont l'œuvre d'un partisan convaincu des Nations Unies, collaborateur loyal et sincère d'une Agence spécialisée durant de longues années. Peut-être se fait-il une idée trop idéale du code déontologique de l'Organisation internationale (47). C'est qu'en Suisse, où le peuple ne s'est pas encore prononcé sur la participation du pays aux activités de l'ONU proprement dite, il est encore possible de rêver... (48). Mais à l'intérêt diplomatique de l'Organisation, il nous semble qu'il convient de préférer l'intérêt démocratique du peuple et des hommes avec lesquels on coopère (dans la ligne de la décision prise naguère par la coopération technique suisse d'interrompre l'aide à la Bolivie aussi longtemps que la junte violait les drois de l'homme, décision malheureusement isolée) ONU : oui, Machin : non !

Si consolider les économies, fortifier les sociétés du monde sous-équipé et faire reculer l'instabilité politique, tout en protégeant simultanément les dictatures des risques du suffrage universel est la mission assumée par l'aide internationale, alors, sincèrement, pourquoi l'ONU ? Les Nations Unies ne peuvent se permettre de proclamer des objectifs qu'elles ne servent pas toujours elles-mêmes.

Il est temps de comprendre que la machine onusienne vit — à travers la voix de plus en plus affirmée des *sous-équipés* (49) (même s'ils se laissent encore trop souvent manipuler) — une mutation essentielle. On se plaint de la politisation des organes techniques de l'ONU, qui rend caduque la distinction entre ONU politique et ONU technique. C'est que jusqu'à présent seuls les nantis, principalement les nantis occidentaux, détenaient la technologie avancée. Or, les peuples indigents demandent le partage

ι pain avec les riches, notamment par le transfert de technolo-
ɜs ; celui-ci est toujours, outre son aspect technique, d'ordre
éologique. D'où cette politisation des débats, voire leur blocage
- non pas par démagogie, mais par exigence de justice et
équité — parce que les gens du Sud ont appris qu'ils sont des
ommes avant d'être seulement des bêtes de somme chargées de
'rer des produits de base pour le bien-être du Nord. Mais
oilà, tout comme les enfants, le Nord n'aime pas prêter ses
uets... Ou alors, il agit trop souvent avec des arrière-pensées.
uant au Sud, à vouloir tout à la fois, il irrite les plus compréhen-
's des milieux du Nord, notamment lorsqu'il propulse des bour-
aux à des fonctions onusiennes : en 1983, le général chilien
. Carrasco (dit *Général W-C,* chef de l'Académie militaire de
oncepción, bras droit de Pinochet et représentant du Chili
près de l'ONU, à Genève) a été élu parmi les neuf vice-prési-
nts de la CNUCED ! Or, il est de notoriété publique que
arrasco est directement responsable de la mort violente d'au
oins 30 000 personnes dans son pays. S'inspire-t-on du cas du
oviétique G. Dneprovsky, chef du personnel du Siège européen
s Nations Unies, à Genève, qui a quitté son poste fin 1983,
rès dix-huit ans au service de l'ONU, et qui est colonel du
GB ?

iberté et légitimité

Le débat ne se situe plus entre moralisme et Realpolitik. Le
alisme, au niveau du financement par la communauté interna-
onale de projets de développement dans n'importe quel pays
- quelles que soient ses options politiques — c'est le respect par
lui-ci d'un certain nombre de règles de conduite universellement
connues. Il ne s'agit pas d'immixtion dans les affaires inté-
eures d'un Etat, mais de protection de l'espèce humaine. « Un
gime qui viole systématiquement la liberté trahit sa légiti-
ité » (50), et appelle à une réaction de la communauté interna-
onale dans l'esprit d'une *assistance à nation en danger,* ce qui
ut se traduire par un refus d'aide aussi longtemps que se main-
nt une dictature.

Passe encore, pour un Etat isolé, qu'il soit difficile de critiquer
ı de censurer un autre Etat. Mais lorsque les atteintes aux
oits de l'homme de la part d'un gouvernement sont univer-
llement réprouvées, il faudrait pour le moins que l'ONU adopte

les positions idoines. Or, des pouvoirs comme le nguemisme d Guinée équatoriale violent, précisément, toute la gamme des droit de l'homme :

— ceux qui protègent des atteintes du pouvoir, notamment l'intégrité de la personne humaine, sont inexistants : si la tortur naguère exercée avec la complicité d'Obiang Nguema a diminué semble-t-il, les prisonniers politiques pour délit d'opinion son nombreux, les châtiments inhumains, en particulier pour le réfugiés politiques, les dénis de justice innombrables par absenc de législation adéquate, etc. ;

— ceux destinés à la satisfaction des besoins vitaux (nourriture abri, hygiène, éducation) — dont dépendra le développemen économique du pays — font le plus souvent défaut ;

— quant aux droits civiques et politiques (liberté de parole d'opinion, de réunion, d'association, et donc aussi d'activit civique), ils sont nuls.

Qui oserait prétendre que les équato-guinéens ont choisi libre ment une telle tyrannie, dans un pays qui « a changé de façad mais pas de méthode » (51).

Aider pourquoi ?

Malgré ce constat affligeant, l'Occident, ainsi que les Nation Unies, déversent des flots de dollars sur un pays au pouvoir d gens aussi contestables, et contestés qu'hier. Ni les ONU, OUA e Organisations non gouvernementales, ni les gouvernements socia listes espagnol et français, ni les USA et CEE ne semblent s préoccuper de cette persistance du fascisme. C'est que, comm l'a clairement démontré Tibor Mende, dans presque toutes le politiques d'aide, un motif surtout prédomine : l'intention de gagne et d'étendre sa zone d'influence. « L'aide à l'étranger est l'ins trument le moins coûteux pour parvenir à ce but » (52). Le journalistes, les milieux académiques, ont beau prôner plus d moralité et demander l'intégration des droits de l'homme dar la politique étrangère des Etats. Rien n'y fait. Aux Etats-Unis l'analyse des *impératifs moraux des droits de l'homme* montr que ces derniers ne sont qu'une des multiples préoccupations de affaires étrangères. Des affaires étrangères ballottées par les ter sions entre les intérêts à court et à long terme. Or, lorsqu'o parle d'intérêts, il s'agit bien sûr d'affaires, de stratégie militair de suprématie économique ou politique. Il ne devrait pourtar s être impossible, si l'ONU voulait bien exercer sa fonction ɔrale, d'arriver à concilier la politique des Etats, les intérêts s sociétés multinationales et le respect des droits de l'homme. presse espagnole a montré clairement quelles sont les limites ɔrales de la coopération : « L'aide espagnole doit être parfaite-ɛnt contrôlée et clairement conditionnée : ou la Guinée équato-le évolue vers une société plus libre, mieux alimentée et truite, ou l'Espagne n'aura plus d'autre obligation morale avec Guinée [équatoriale] que celle qu'elle a face à toutes les dicta-'es corrompues du monde qui parlent toutes le même lan-ge » (53).

Fort curieusement, alors qu'un peu partout des voix s'élèvent ur demander que cesse la collusion entre ONU, multinationales régimes autocratiques, la Commission adoptait à Genève, en 83, une déclaration sur l'élimination de toute forme d'intolé-ıce et de discrimination fondée sur la religion ou la convic-n. Et le représentant de la Suisse — ce pays qui collabore lui ssi avec la junte nguemiste — de considérer à cette occasion respect des droits et libertés individuels comme une condition lispensable pour le bon fonctionnement d'une société véritable-ɛnt démocratique et pluraliste. Genève est à 4 500 km à vol ɔiseau de la Guinée équatoriale. Loin des yeux, loin du cœur...

Dans son message aux Chambres fédérales, à propos du projet ıdhésion de la Suisse aux Nations Unies, le Conseil fédéral ɛxécutif helvétique) reconnaît que « les débats sur les droits de omme revêtent souvent une coloration politique marquée. En pit des professions de foi sur le caractère universel et indivisible s droits de l'homme, on ne peut ignorer que le concept même ces droits et l'importance qu'on leur accorde dans la société rient considérablement dans le monde. Les oppositions idéolo-ques entre les Etats occidentaux et socialistes, ainsi que les ısions économiques entre les pays industrialisés et les pays en veloppement se répercutent sur les discussions concernant les ɔits de l'homme. Alors que les Etats occidentaux donnent la iorité aux droits de l'homme et aux libertés fondamentales dits ıssiques, les Etats socialistes considèrent que les droits écono-ques, sociaux et culturels sont les plus importants (...). Les cussions sur les violations des droits de l'homme ont souvent caractère politique (...). Cependant, on risque ainsi de priver respect des droits de l'homme de son caractère absolu » (54). ɛst ce que devait confirmer l'Unesco, précisant que ceux qui bituellement s'indignent de certains faits « ont une tendance à en minimiser d'autres, pourtant aussi graves, parce que les régime qui en sont responsables partagent leur vision du monde ou server leurs intérêts. Ces attitudes à l'égard des violations des droi de l'homme risquent de laisser s'instaurer une sorte de compla sance des consciences ; il est nécessaire de leur opposer un exigence inconditionnelle du respect des droits de l'homme, quell que soit la nature du jugement politique que l'on peut porter su telle ou telle situation particulière. Les libertés des personnes les libertés des peuples sont les deux faces d'une même réalit Ces problèmes, comme ceux du développement et de la pai concernent chaque être humain, en même temps que l'espèc tout entière » (55). Voici qui gêne probablement M. Reagan Mme Kirkpatrick. Et qu'en pense le « démocrate » Tchernenko

Le sordide jeu politique des puissances empêche la mise l'écart des dictatures des activités onusiennes ; de même, il aid ces dictatures à bénéficier de la complaisance des multinational et de l'assistance bilatérale.

Au plan de l'OUA, compte tenu de la sacro-sainte règle c non-intervention dans les affaires intérieures des Etats, même persuasion morale tient déjà de la violation de cette règle. Aus évite-t-on de s'interroger sur la réelle représentativité des uns des autres, au même titre qu'à l'ONU ; car une portion substan tielle des gouvernements africains sont issus de coups d'Etat c d'élections faussées par le mono-partisme (56). Ces dictature autocraties ou régimes à parti unique siègent à l'ONU.

Le droit au développement

Dans l'optique de la Troisième décennie des Nations Uni pour le développement, l'Assemblée générale a approuvé, 15 septembre 1980, par consensus (mais que vaut une telle un nimité), une stratégie du *droit au développement*. Outre la prom tion du développement économique et social des pays sous-dév loppés, on a admis que le Nouvel Ordre économique internation devait être fondé sur la justice et l'équité. Le processus de dév loppement doit assurer le respect de la dignité humaine. L'object fondamental du développement est l'augmentation constante c bien-être de la population tout entière sur la base de sa plei participation au processus de développement et d'une répartitio équitable des bénéfices qui en découlent (57). Voici ce dont Commission s'est précisément préoccupée en 1983. Par la rés

ation L. 30, elle a recommandé à l'ECOSOC de « prier le Secrétaire général d'élaborer une étude analytique complète sur le droit à la participation populaire sous ses diverses formes, facteur important de la pleine réalisation de tous les droits de l'homme, et de présenter une étude préliminaire à la Commission des droits de l'homme à sa quarantième session et l'étude finale à sa quarante-et-unième session ».

Encore faudrait-il définir ce que l'on entend par *développement*. L'opinion dominante veut que le but ultime du développement soit d'offrir de meilleures conditions de vie pour toutes les couches de la population, et de réduire les inégalités. Mais trop rarement les experts en la matière tiennent compte :

— de la nécessité d'un développement par l'intérieur (en limitant des productions destinées à ne satisfaire que les besoins étrangers) ;

— de la nécessité d'éviter de créer de nouvelles disparités (58).

On souligne trop rarement, dans le débat sur le développement et les droits de l'homme, la simultanéité de la croissance économique et des changements institutionnels. Les militaires et les despotes qui, au moment de leur prise de pouvoir, proclament leur volonté de purifier la vie politique, ne font que perpétuer les vices qui ont justifié leur intervention. Voilà pourquoi, à l'ONU, à l'OEA et à l'OUA, les coquins sont plus nombreux que les honnêtes gens.

Généralement, les régimes dictatoriaux, militaires ou civils, arguent d'un « danger public exceptionnel » pour se justifier ; ce faisant, ils violent les droits et interdits fondamentaux que sont :

— le droit à la vie ;

— l'interdiction de la torture ;

— l'interdiction de l'esclavage ;

— l'interdiction de mesures pénales rétroactives ;

— le droit de reconnaissance à la personnalité juridique ;

— la liberté de croyance et de religion.

Au point que le plus souvent le droit d'exception lui-même n'est pas respecté. En Guinée équatoriale, par exemple, le clan de Mongomo et le CMS se sont arrogé le pouvoir d'exception par auto-habilitation de l'exécutif. Ni lors du vote de la constitution dictatoriale de 1982, ni durant le simulacre d'élections législatives de 1983, l'état d'urgence n'a été levé. A Haïti fonctionne un parlement, lui aussi totalement complice de la dictature, qui confère régulièrement les pleins pouvoirs au chef de l'Etat à la fin de chaque session parlementaire, tandis que des décrets viennent annuellement, depuis 1971, suspendre la plupart des garanties fondamentales. Au Paraguay, selon la *Fédération internationale des droits de l'homme,* il n'est pas possible de déterminer avec exactitude la date depuis laquelle le pays vit sous un régime d'exception (probablement depuis 1929, avec une brève interruption en 1947). Au Chili, la junte a engagé le pays dans un régime « transitoire » de neuf ans, au cours duquel la faculté de contrôler les institutions relève en dernière instance des militaires (même après la levée d'un état d'exception vieux de dix ans, en 1983).

Dans bien des pays qui jouissent de l'aide financière, économique ou technique des Nations Unies, on enregistre une typologie institutionnelle caractérisée par la subordination non seulement des pouvoirs législatif et judiciaire au pouvoir exécutif, mais encore du pouvoir exécutif au pouvoir militaire. Selon les experts, c'est moins le caractère d'exception qui semble criticable que sa pérennisation. D'où, pour de longues années, une fonction législative exercée par l'exécutif. En Guinée équatoriale, la constitution de 1982 a, de plus, introduit un article de « non-éligibilité » pour tout national qui ne vit pas au pays depuis dix ans, ce qui exclut la quasi totalité de l'intelligentsia en exil. « Il s'agit là d'un bannissement dont nous savons qu'il est prohibé par l'article 9 de la Déclaration universelle et par l'article 12, par. 4 du Pacte » (59). Cette astuce écarte toute perspective de retour à la normalité. Normalité sans laquelle on ne peut s'attendre à un véritable élan de développement. Or, il faut le rappeler avec la Commission des droits de l'homme, « les droits et libertés étant individuels, le droit au développement, en tant que droit de l'homme, ne peut se concevoir qu'en harmonie avec le respect effectif des droits et libertés » (60).

Et pourtant, à la Conférence des bailleurs de fonds pour la Guinée équatoriale, le PNUD a glané 91 Mio de $ pour la dictature, en violation de ce qui précède. Simplement parce que l'économique prime le social et le moral. Parce que le néo-colonialisme n'est pas mort ; et que pour les Etats membres de l'ONU, à l'Ouest comme à l'Est : les affaires sont les affaires.

Un langage pour tromper les sots

On ne s'étonne donc pas que la Commission ait elle-même été la visée d'intérêts mercantiles internationaux. Lors de la session de 1982, à Genève, le directeur de la Division, Theo van ɔven, défenseur zélé et honnête des opprimés — où qu'ils se ɔuvent — a décidé de mettre tout en œuvre pour éviter les débats pétitifs sur les quelques pays clés, et de faire en sorte que Commission ne serve pas de tribune de propagande. Après oir insisté sur le droit le plus fondamental, le *droit de vivre,* n Boven a rappelé les massacres de Guinée équatoriale. Et de pondre à ceux qui souhaitent occulter ce type de réalité : Souvent à l'ONU on nous a invité à pratiquer la sélectivité et discrimination, à suivre la règle de deux poids, deux mesures. trouve inacceptable qu'une violation grave des droits de omme, dans quelque pays que ce soit, puisse ne pas faire bjet d'un débat. » Puis de conclure que si la Commission ne end pas d'urgence des mesures nécessaires, elle ne méritera plus ière son nom, et les conséquences retomberont sur nous tous (61).

Le frais émoulu Secrétaire général, M. Perez de Cuellar, se nça, lui, dans une péroraison sur l'avenir : « le monde a plus ie jamais besoin de l'ONU pour veiller à la paix, pour arrêter gression, pour défendre les droits de l'homme ». Mais parce ie dans son discours d'ouverture de la Commission T. van oven n'avait pas hésité d'appeler un chat un chat, déroulant la tanie des pays, où, soumise à toutes sortes de pressions, la Commis-on des droits de l'homme n'était guère pressée d'intervenir : lvador, Guatemala, Cambodge, Ouganda, Guinée équatoriale, rgentine, Iran (62), le secrétaire général des Nations Unies énalisa le directeur de la Division des droits de l'homme par le on-renouvellement de son contrat. Certains ont laissé entendre ue c'était sous la pression des régimes de l'Est, de divers Etats rabes et de la nouvelle administration Reagan, ce qui a été émenti, évidemment. Pour d'autres, l'attitude de M. Perez de uellar semble prouver que pour lui la Déclaration universelle 'est qu'un chiffon de papier. Mais s'il n'y a pas eu pression de ouvernements coupables et puissants, pourquoi a-t-on remercié I. van Boven (63) ?

Afin d'inciter les Suisses à rejoindre l'ONU politique, X. Perez e Cuellar a commis, en 1983, un petit ouvrage : *Pour l'entrée e la Suisse à l'ONU*. On y lit : « Nous avons besoin de la uisse avant tout parce qu'elle est un pays neutre. Un exemple : ɔrsque j'ai dû *remplacer* [c'est nous qui soulignons] Theo van oven, j'ai cherché un représentant d'un pays neutre. J'ai alors ommé un Autrichien *très qualifié*. Mais j'aurais vu avec grande ɔie un Suisse à ce poste ». Un tel langage ne trompe évidem-ment que les sots. Depuis sa performance de 1982, nombre d'observateurs suisses sont d'avis que « si M. Perez de Cuellar continue dans cette voie, les droits de l'homme, avec un défenseur pareil, n'auront plus besoin de détracteur (...). Quant à son intention de rendre à l'ONU sa crédibilité, d'améliorer son image de marque, de l'aider à être prise au sérieux, au vu de son geste on ne sait pas s'il faut rire ou pleurer ». Que l'observateur du sérieux *Journal de Genève* en vienne à qualifier le nouveau Centre des droits de l'homme de « haut-lieu de l'hypocrisie internationale » ne surprend donc pas (64). Theo van Boven a été la victime expiatoire de son « insupportable souci de vérité ». Il a lui-même expliqué que si le Secrétaire général recommande à ses fonctionnaires de sauvegarder « la totale indépendance et intégrité », on peut se demander ce que cette indépendance et cette intégrité valent lorsque lui-même cède aux pressions de certains pouvoirs. Le directeur des droits de l'homme du Conseil de l'Europe P. Leuprecht, décrit M. van Boven comme une personnalité d'un engagement et d'une sincérité admirables, dont le limogeage a été lui-même tristement significatif. Significatif de quoi ? De l'absence d'engagement et de sincérité dans l'application des idéaux onusiens chez ceux qui ont œuvré à ou décidé de ce départ.

Toujours est-il que le Secrétaire général a remplacé van Boven à la tête du *Centre des Droits de l'Homme,* par un membre de la nomenklatura onusienne. Rien d'étonnant à ce que, depuis, la Commission se fige en dénonciations à l'endroit des éternelles têtes de Turc que sont l'Afrique du Sud, Israël et le Chili (et fait silence sur l'institutionnalisation du crime en URSS). Par chance, diverses Organisations non gouvernementales, qui ont voix consultative, ont poursuivi l'action de T. van Boven. « Grâce aux ONG (...), la tragédie du peuple érythréen, bombardé et opprimé par l'Ethiopie, ne fut pas passée sous silence, pas plus que la situation dans les Etats baltes, ou encore celle qui sévit toujours en Guinée équatoriale. Toutefois, le drame de tous ces peuples ne semble pas avoir retenu l'attention des participants, pas plus que celui de Timor ou des opposants dans les Etats arabes (...). On regrettera que la délégation française (...) n'ait pas pris le relais de M. Theo van Boven, en dénonçant les excès de langage de certains orateurs, la lourdeur de la bureaucratie onusienne et le silence dont bénéficient nombre de pays » (65).

La Commission Brandt, dans son Rapport sur le développement mondial, alors qu'elle passe totalement à côté du problème des droits de l'homme (sinon qu'elle évoque les personnes déplacées et les réfugiés), émet toutefois le vœu que les Nations Unies s gagent de leur manie de terminer les délibérations par des solutions qui offrent l'apparence d'un accord, alors que les vergences subsistent (66).

Les grands commis des Nations Unies continuent à donner dans vague. Deux exemples : K. Herndl, le *très qualifié* successeur trichien de T. van Boven, a inauguré la 39e session de la mmission des droits de l'homme (1983) par : « On peut considérer comme un truisme le fait que la Commission des Droits l'Homme et le programme des droits de l'homme (...) sont rmi les plus importants des Nations Unies ; nous devrons cependant avoir une compréhension réaliste de la nature de l'organisation ondiale, des approches qu'elle a trouvées, à travers son expérience, pour être secourables, et du contexte global de la coopération internationale. Les Nations Unies sont essentiellement une stitution de coopération. Leurs méthodes sont celles de la discussion, de la persuasion et de la concentration. Ce n'est qu'en rnier ressort que l'institution procède par une condamnation. les doivent cependant toujours être une organisation à principes. La reconnaissance de ces réalités est importante pour plurs raisons. Elle nous permet d'avoir une compréhension des tentialités et des limites de l'organisation en la matière. Elle us montre que l'action de promotion et de protection des droits l'homme ne peut pas seulement se faire dans le cadre des ations Unies, mais doit aussi être le fait d'autres acteurs, telles organisations non-gouvernementales » (67). L'ONU va donc uvoir rester diplomatiquement sur sa réserve ; aux ONG de se ire les porte-paroles des opprimés. En août 1983, M. Herndl st toutefois ravisé (sous quelles pressions ?), amorçant une treprise de musellement des ONG. Quant à P. Hartling, Haut-ommissaire pour les Réfugiés, il a déclaré au Comité exécutif du CR (1982) (68) que son organisme devait aider les réfugiés à céder à l'autosuffisance, mais ne pas les appuyer dans leur lutte litique. Et que le HCR ne devait pas prendre parti. Merci pour les biang Nguema ! Merci pour l'URSS et la dictature afghane ! Etre utre, c'est — pour l'ONU — tolérer les dictatures de tous bords.

es débats académiques

En 1983 encore tombait la nouvelle de la mise sur pied d'une *ommission indépendante sur les questions humanitaires internanales,* grâce à des fonds de sources gouvernementales et privées. Cette Commission devrait avoir une existence éphémère comme les Commissions Brandt (Nord-Sud) ou Palme (Désarme ment). Etant donné qu'il ne doit pas s'agir d'un nouveau Tribuna Russel, mais d'une instance discrète et diplomatique, et compt tenu de la liaison de cette Commission avec les Nations Unies, le observateurs en sont venus à penser à une tentative de la nou velle administration onusienne de faire accroire qu'elle reste pré occupée par les questions des droits de l'homme et des peuples Comment innover en matière de droits de l'homme si la Commis sion indépendante s'avise elle aussi de privilégier la discrétio diplomatique là où il sied de clamer l'injustice et d'agir ? Qu pourront ses membres face à la pesanteur des intérêts des grande puissances et de leurs clients de la périphérie ? Les princes Hassar Sadruddin Aga Khan, les Luis Echeverria, David Owen, Simon Veil, Adam Malik, l'ancien conseiller fédéral suisse Pierre Grabe et Theo van Boven, sont censés combler les lacunes du dro humanitaire positif et agir en vue de la sensibilisation des jeune aux questions humanitaires.

Ne conviendrait-il pas d'abord de sensibiliser les gouvernemen et les hommes politiques ? Que pourra cette Commission ? L présence de S. Aga Khan, T. van Boven, Simone Veil sembl certes, une garantie d'indépendance et de courage. Mais cet nouvelle Commission indépendante est-elle vraiment nécessair alors qu'existent déjà aux Nations Unies les instruments idoines C'est ainsi que s'est réuni à Genève, fin 1983, le Comité de droits de l'homme formé de 18 experts (fonctionnant à titre pe sonnel) choisis entre les 75 Etats signataires du Pacte interna tional relatif aux droits civiques et politiques. Or là enco la machine est grippée : parmi les rapports quinquennaux qu doivent déposer les gouvernements signataires du Pacte manque ceux de l'Iran, de la Tchécoslovaquie, de l'URSS, de l'Uruguay du Zaïre. Machine grippée faute de volonté d'agir. L'ONU croi elle qu'en portant sur les fonts baptismaux la Commission ind pendante sur les questions humanitaires internationales elle sortira de son engluement ? « Comme un pompier infatigable, communauté internationale dépense une énergie colossale à co mater les brèches, à voler au secours des victimes qu'elle sécrè par ailleurs, elle-même (...). Aux organismes traditionnels so venus s'ajouter une pluie d'organisations charitables. Et de règl nouvelles. A croire que, telle une maladie, la croissance mépris de l'homme par l'homme ne fait que multiplier les trait ments et les médecins. Tout se passe donc comme si l'on voula ublier que la vraie cause de ce cancer est dans les esprits et : cœur des hommes politiques, que la multiplicité des médecins :nd à rassurer » (69).

Si la Commission sur les questions humanitaires parvient à épasser les débats académiques, les bons sentiments, les silences ntendus, les communiqués généreux et la publication d'un joli apport final, elle réveillera peut-être la communauté internatioale. Notamment en faisant progressivement office d'accusateur ermanent, à charge de l'Organisation d'agir pour obtenir le établissement des droits de l'homme violés et le châtiment des ioleurs. Mais ce n'est pas chez M. Perez de Cuellar qu'elle rouvera l'inspiration. Le Christian Science Monitor (janvier 1984) rappelé qu'à l'occasion du trente-cinquième anniversaire de la Déclaration universelle, le Secrétaire général de l'ONU avait dit u contenu de la Déclaration : « Cette vision ne s'est pas encore leinement traduite dans les faits » ; et le journal de Boston de éclarer : « La remarque est évidemment un chef-d'œuvre de iplomatie » (70). Ce qui amène le commentateur à souligner, lui ussi, que le respect des droits de l'homme est une *question l'attitude.* « L'impression demeure que, trente-cinq ans après, ous nous sommes quelque peu résignés à voir les droits de 'homme bafoués, comme nous nous sommes habitués à ne pas ortir seuls le soir dans certains quartiers de nos grandes villes. i un pays viole les droits de l'homme, il n'est pas pour autant 'objet de la vindicte internationale. En fait, nous n'exigeons même lus qu'un pays respecte au moins dans une certaine mesure les lroits de l'homme avant de nouer des relations commerciales — même dans le domaine des armements ».

« Du non-respect des droits de l'homme ou du terrorisme, quel st le plus grand crime ? C'est une fausse question et une question langereuse, mais elle a été posée à Washington et ailleurs. Trente-cinq ans après la Déclaration des Droits de l'homme nous avons lutôt tendance à nous soucier du terrorisme. Notre œil scrutateur emarque en premier lieu l'auteur mille fois coupable d'un attentat à la bombe avant de se pencher sur l'innocente victime d'injustices moins frappantes. »

Le Secrétariat général, l'Assemblée générale, le Centre des Droits de l'Homme des Nations Unies n'agissent pas autrement. Bel euphémisme : car en fait, plus prosaïquement, ils n'agissent pas. Leurs responsables pensent d'abord protéger leur carrière plutôt que de s'élever contre le diktat des grandes puissances.

L'exigence du respect des droits de l'homme dans les relations internationales ne va donc pas d'elle-même ; elle nécessite des hommes courageux et persévérants, tant dans l'affirmation des droits et devoirs de l'homme, dans la dénonciation de leurs violations où qu'elles se produisent, que dans leur obstination pour obtenir réparation des torts causés. Or, aujourd'hui comme hier, les intérêts matériels, stratégiques, idéologiques des puissances comptent plus que les considérations morales. Cela se remarque avec les organismes de financement des Nations Unies. Au plan plus limité de l'Europe, la *Conférence sur la sécurité et la coopération* démontre elle aussi que l'application généralisée des droits de l'homme est quasiment mort-née (71), et que les démocraties d'aujourd'hui ne diffèrent pas de celles qui se sont prosternées à Munich en 1938.

Ce n'est pas une raison suffisante pour renoncer. Il faut vivifier les droits de l'homme — donc l'obligation de les respecter —, et ce sera probablement la meilleure manière d'innover. On a parlé des *droits de l'homme de la troisième génération,* qui visent à assurer à tous les habitants du globe un niveau de vie tolérable : droit au développement, à un environnement sain et écologiquement équilibré, à la paix, à la jouissance du patrimoine commun de l'humanité. Il s'agit là de *droits de solidarité* qui ne peuvent être réalisés que par les efforts convergents de tous les partenaires sociaux : individus, Etats, autres entités et organismes publics et privés (72).

Cela suppose, outre la garantie des libertés des travailleurs, et des autres droits, l'élimination des discriminations à l'endroit des femmes, des enfants, de certaines ethnies, de certains cultes, etc. ; de même que le respect des concepts énumérés par l'Assemblée générale des Nations Unies en 1977 (Résolution 32/130) en matière de promotion et de protection des droits civils et politiques, économiques, sociaux et culturels, et de recherche de solutions en cas de refus à un peuple de son droit fondamental à l'autodétermination. En fait, ces droits de l'homme de la troisième génération ne sont rien de nouveau, sinon qu'ils cherchent à vivifier ceux proclamés voici longtemps. Une nouveauté réside pourtant dans la Résolution 1979/36 de l'Assemblée générale, qui confirme la décision de l'ECOSOC d'*élargir le mandat de la Commission des droits de l'homme, afin que celle-ci puisse prêter son concours au Conseil en vue de la coordination des activités n matière de droits de l'homme au sein du système onusien.* A art la volonté de cohérence et la nouveauté du *droit au dévepppement,* les droits de l'homme de la troisième génération sont onc tout ce qui n'a pas été fait jusqu'à présent.

es peuples du tiers monde se méfient de l'ONU

Si les rapports récents de la BIRD se montrent désenchantés t pessimistes, notamment pour l'Afrique, c'est parce qu'il ne ıffit pas d'investir dans des pays dominés par des autocrates ou es partis uniques, avec des présidents automatiquement réélus – jusqu'à être présidents-à-vie plus que ne l'a été Macias Iguema — pour que ces pays fonctionnent, et pour que les popuıtions cessent de boycotter une économie qui les considère comme ne quantité négligeable. « L'ONU s'est (...) désintéressée des euples opprimés par les régimes autoritaires (...). A cet égard, : Chili constitue une exception. L'Organisation est intervenue en a faveur en raison d'un certain contexte politique. Néanmoins, lle s'est seulement occupée des droits individuels de l'homme et on du problème plus général de l'autodétermination du peuple hilien. Jusqu'à maintenant, l'ONU ne s'est pas préoccupée de ituations de ce genre, c'est-à-dire de peuples opprimés par des roupes politiques qui violent ouvertement et systématiquement les roits et les libertés fondamentales, et qui œuvrent en faveur des ıtérêts économiques et sociaux d'une oligarchie avec l'appui 'Etats ou de groupes étrangers ». Exactement ce qui se passe vec l'Ethiopie, la Turquie, la Guinée équatoriale, etc. « On peut onc dire que l'œuvre de l'ONU a été unilatérale, dans la mesure ù elle n'a considéré que l'autodétermination *externe,* délaissant insi l'autodétermination *interne* (...). L'autodétermination poliique *interne* est ainsi la synthèse, la *suma* des droits de l'homme. .'autodétermination politique *interne* ne signifie pas d'une façon énérale *auto-gouvernement* mais :

a) le droit de choisir librement un gouvernement, par l'exerice de toutes les libertés que permet un tel choix (liberté de ensée, de réunion, d'association, etc.) ;

b) une fois le gouvernement choisi, le droit de veiller à ce u'il repose toujours sur un consensus populaire (qu'il ne soit lonc ni oppressif, ni autoritaire, etc.) (73). »

Devant l'impuissance des Nations Unies, il ne faut pas s'étonier de certaines réactions de rejet, notamment au tiers monde.

Les droits de l'homme sont peut-être universels (74), mais comme il n'y a pas de sanction en cas de violation, les peuples restent mystifiés et se sentent floués.

On comprend que les pays du Nord, qui profitent le plus des relations économiques avec un Sud qui ploie sous les dictatures se méfient du concept socialiste de droits des peuples. Le représentant de la Suisse à la Conférence générale de l'Unesco (1982) n'a pas manqué de le faire savoir en émettant la crainte que les droits des peuples soient placés au-dessus des droits de l'homme ce qui pourrait servir à camoufler la nature peu démocratique de la majorité des pays membres de l'Unesco. Mais il oublie, et ce dans la foulée de beaucoup de pays nantis, que si la plupart des pays du tiers monde violent les droits d'autodétermination interne — c'est-à-dire les droits de l'homme dans la vision du Nord — le soutien direct ou indirect aux dictatures du Sud a pour conséquence de favoriser aussi le viol de l'autodétermination externe des peuples concernés.

La neutralité onusienne sert les dictatures

Les pressions se font toutefois de plus en plus fortes pour que soient liés *droits de l'homme* et *aide*. Le lien entre ces termes peut prendre deux formes : soit couper l'aide aux pays en faute soit concentrer l'aide sur les seuls pays qui respectent les droits de l'homme. Le risque est évident qu'une puissance poursuivant des visées stratégiques quelconques, « doublerait » ceux qui boycottent le tyran par suppression de l'aide. Quant à la concentration de l'aide sur ceux qui respectent les droits de l'homme, elle risque de provoquer des flux exagérés d'aide. Du moins, ce raisonnement est-il valable au plan bilatéral. Du côté multilatéral surgit la difficuté des obligations imposées aux organismes onusiens en vertu de la Charte de fondation. Ainsi, la BIRD, par exemple, se voit imposer par l'article IV, sect. 10, de ne pas s'immiscer dans les affaires politiques des membres, et de ne se laisser orienter dans ses décisions que par des considérations économiques. Comme si ces dernières n'étaient pas politiques... On est là au point central de notre problème : *la neutralité des organes onusiens sert les dictatures* et livre les peuples à leurs excès. Si le dictateur a besoin d'une route pour écouler du minerai ou de l'huile de palme destinés au Nord, on l'aidera volontiers, sans interférer dans son pouvoir abusif, puisqu'il s'agit d'un uestion économique ; mais que le peuple qu'il opprime crie ıstice, demande assistance, exige une constitution démocratique, ; rétablissement des droits syndicaux, la liberté de circulation les personnes, etc., alors l'organisme onusien se voile la face, ar il s'agit de questions politiques. Voici pourquoi les réussites nusiennes sont si minces. D'où l'intérêt de la récente prise de onscience par le Conseil de l'Europe du lien intime entre droits le l'homme et aide au développement, dont on peut escompter ın prochain rayonnement sur la communauté des nations.

Quant à l'Organisation de l'Unité Africaine, dans sa Charte fricaine des droits de l'homme, elle associe ces droits à ceux les peuples, contrairement à la conception européenne, fondée ur une conception plus individualiste des problèmes. C'est pour-uoi, la Charte africaine fait obligation aux gouvernements de 'adapter à la volonté du peuple. Mais il y a ambiguïté dans la léfinition du *peuple,* dont la signification varie de cas en cas. Quant à l'expression de la *volonté* de ce peuple, ce n'est pas aux guemistes de Guinée équatoriale qu'on pourra demander la meil-eure définition. La Charte africaine montre une autre faiblesse n ce qu'elle néglige les droits des minorités. Au point que de 'avis des observateurs qualifiés, cette Charte — élaborée principa-ement par des délégués de pouvoirs autocratiques — est très en etrait notamment sur le Pacte international de 1966. Pas éton-ıant alors que l'OUA soit la cible de ceux qui revendiquent leurs lroits étouffés et qui reprochent aux instances d'Addis Abeba eur passivité en matière de droits de l'homme. Ainsi, l'Union les Populations du Cameroun (UPC), le parti kamerounais exilé lepuis avant l'indépendance de 1960 avec la complicité de l'armée rançaise, affirmait en décembre 1982 :

a) que l'OUA n'a jamais résolu ou aidé à résoudre aucun pro-blème ayant trait aux droits de l'homme en Afrique, plus de la noitié des réfugiés politiques dans le monde étant Africains ;

b) qu'au moment où l'OUA décide de se pencher sur le pro-blème épineux des droits de l'homme en Afrique, « elle esca-mote sciemment la vérité à cause du muselage des droits de 'homme, à savoir la domination des peuples africains par certains gouvernements dictatoriaux et voués aux intérêts étrangers et d'une petite minorité de nationaux, et choisit de conforter ces gouvernements dans leurs positions (notamment aux articles 23 et 56 de sa *Charte africaine des Droits de l'homme et des Peu-ples*) » ;

c) que dans le même temps, et de ce fait, « l'OUA " oublie " de se donner les moyens de faire respecter les droits de l'homme, et choisit, au contraire, d'accoucher d'une Charte des Droits des Dictateurs néo-coloniaux, dont la préoccupation première est d'insister beaucoup plus sur les obligations des citoyens que sur leurs droits » (75).

L'ONU et l'OUA des droits de l'homme sont la meilleure démonstration de la débilité de ces Organisations. Leur faiblesse réside principalement dans le caractère confidentiel dont doit être assortie la procédure portant sur les violations des droits de l'homme. Comme si les règles du jeu avaient été concoctées par les violeurs eux-mêmes. Aussi, pour que non seulement soient garantis les droits de l'homme eux-mêmes, mais également la sanction des violations, il est nécessaire de fortifier ces Organisations internationales. Seul l'enthousiasme des peuples sera en mesure de le faire. Lorsque l'Assemblée générale des Nations Unies adopta la *Déclaration universelle,* il s'agissait encore d'un document de type incantatoire, ne créant aucune obligation véritable pour les Etats. Le père de cette Déclaration, René Cassin, Prix Nobel de la Paix en 1968, la considérait non comme un aboutissement, mais comme un point de départ. Aujourd'hui, avec en plus l'adoption des Pactes relatifs aux droits de l'homme, le combat pour ces droits ne se situe plus au niveau de la définition théorique d'instruments internationaux, mais d'une mise en œuvre concertée sur chaque continent, dans chaque pays (76).

L'humanité entière vogue sur un même navire

Au moment où le doute s'enracine dans trop d'esprits, la vivification des droits de l'homme est peut-être le phare pour l'avenir. En 1973 avait été créé un Forum du Développement de l'ONU, suite à une résolution qui demandait que les Nations Unies s'efforcent de rallier l'opinion mondiale à l'appui du développement. Dix ans plus tard, P.B. Stone, son rédacteur, a fait état de son relatif pessimisme. « Tout le monde doute. On commence même à croire ceux qui pensent que l'aide au développement aggrave la situation des pays bénéficiaires. Mais quel défi intellectuel nous lance notre époque » (77).

Il est temps de prendre conscience que le Nord et le Sud sont embarqués sur un même navire ; que les intérêts des uns et des autres convergent. Même si on parle d'affaires. Le commerce n'est-il pas négoce, et la négociation n'est-elle pas une tentative de faire bon commerce avec les autres ? Dans le respect mutuel, bien évidemment, même s'il y a marchandage. Gilbert Etienne, professeur aux Instituts universitaires genevois d'Etudes internationales et d'Etudes du développement a su clairement montrer le cap à tenir : « l'interdépendance entre pays riches et pauvres ne cesse de tisser de nouveaux fils, nous mettant tous dans le même bain [car le bateau fait eau]. En conséquence, comment peut-on encore parler d'aide ? Nos propres intérêts sont en jeu au même degré que ceux de nos partenaires. On doit parler d'une double solidarité : entre eux et nous, à l'intérieur de nos sociétés entre patrons, employés, ouvriers » (78). Si cette *double solidarité* parvient à être comprise, l'action onusienne dans le sens d'un monde moins arbitraire sera forcément facilitée.

CROIRE AUX NATIONS UNIES

> « *Un appel à l'imagination politique* »... « *Une prise de conscience de la nécessité d'une certaine forme d'action réparatrice.* »
>
> Pierre GEORGE
> *Géographie des inégalités.*
> Paris, 1981, pp. 6, 123.

Agir ou ne pas agir ?

Le directeur de l'ancienne Division des droits de l'homme, T. van Boven, a beaucoup insisté sur l'universalité des droits de l'homme, sur leur caractère inaliénable (79). Ces droits appartiennent à *tous* les êtres humains. Simultanément, un expert soviétique insistait sur l'indivisibilité des droits de l'homme, ceux-ci concernant tout l'homme, et non seulement l'*homo economicus*. Dans la garantie des droits de l'homme, l'ONU assume une responsabilité universelle ; mais M. van Boven s'interroge : dans le cadre constitutionnel et organisationnel existant, est-il possible de venir à bout des violations partout où elles se produisent ?

Présentement, seuls certains organismes privés — des ONG — assument réellement leurs responsabilités en matière de droits de l'homme (80). Il semble pourtant évident que le rôle des Nations Unies réside précisément dans l'éradication des violations de ces droits. Mais, tout aussi évidemment, ce ne sont pas les *largesses* de la BIRD, du FMI ou du PNUD qui le permettront (81). Des dizaines de millions de dollars de prêts sur vingt ans ou cinquante ans, belle aubaine pour la dictature nguemiste ! Le rapport du FMI (1981) concluait : « A en juger de la politique suivie jusqu'à maintenant, le futur de l'économie de Guinée équatoriale est brillant ». Voici pourquoi la production cacaoyère se situait en 1983 au niveau de... 1924.

Le FMI est favorable à une aide sélective en faveur de ceux-là seuls qui, pour échapper au sous-développement, recourent à ses critères à lui ; c'est cela qu'il appelle *s'aider soi-même.* Il préconise principalement le développement d'activités tournées vers l'extérieur, et notamment vers la satisfaction des besoins du Nord. La tâche de s'aider soi-même, disait J.K. Galbraith, est facilitée quand un pays en voie de développement se trouve posséder un gouvernement qui, en toutes circonstances, favorise le genre de politique que les donateurs jugent saine (82). Et Galbraith de souligner les adhérences idéologiques des décisions du FMI, qui sous-tendent la pleine soumission d'un gouvernement à ses vues technocratiques. C'est le « aide-toi, le ciel — ou la banque — t'aidera ». Et tant pis si les droits de l'homme sont violés, si les citoyens sont condamnés à l'exil, si le droit de la nation à disposer d'elle-même est remis aux calendes grecques (83).

Fin 1982, le FMI s'apprêtait, malgré le durcissement de la dictature équato-guinéenne, à prêter à la junte 60 Mio de $ pour réduire son déficit budgétaire, et en novembre 1983 il envisageait 100 Mio de $. On espère subordonner le prêt à l'adoption d'une série de plans d'austérité ; comme si la misère du peuple équato-guinéen pouvait supporter encore quelque aggravation. Une simple politique d'affameur. Une subvention à la terreur. Car rien n'est dit par le FMI du pouvoir dictatorial et népotique de la clique nguemiste. Il ne faut pas s'étonner alors que se multiplient les documents s'élevant contre les procédés, contre l'esprit qui inspire les actions du FMI et de la BIRD, et ce non pas de la part de critiques éblouis par Moscou (84). C'est ainsi qu'à Harvard, le Prof. P.I. Bauer fustigeait le manque de transparence de la BIRD, mettant en doute les résultats de son *aide* et la façon dont elle est pratiquée. Il y voit — alors que la BIRD se targue de respecter la neutralité politique — une politisation désastreuse aux conséquences néfastes pour le tiers monde. Assister des projets de développement économique dans les pays opprimés, ou ne pas aider des pouvoirs élus démocratiquement, mais à coloration socialiste, c'est faire de la politique. A Paris, J.C. Sanchez-Arnau et C. Corm soulignaient combien le FMI et la BIRD sont dominés par quelques pays capitalistes industriels, qui imposent un système de conditionnalité des prêts et aboutissent à dessaisir bien des Etats de leur économie. Ce mode de faire, éminemment politique, ouvre de façon spectaculaire la porte aux banques privées internationales et favorise de néfastes transferts de modèles (85). Sans oublier que même l'endettement international leur est source de profit. L'économiste rwandais J. Sayinzoga a souligné que certains organismes financiers seraient en train de grossir, paradoxalement, leurs comptes bancaires grâce à l'insolvabilité (temporaire) de certains débiteurs : la renégociation des échéances entraîne pour eux un coût supplémentaire de 2 % sur le taux d'intérêt de départ.

Le directeur du FMI, tout en tentant de minimiser la gravité de la conditionnalité, reconnaissait publiquement, fin 1983, l'impact « douloureux » que la réorientation opérée présentait — selon lui à court terme seulement ; il soulignait aussi la nécessité de développer le financement à long terme, car la temporalité des prestations actuelles gêne les pays aidés. De plus, selon M. de Larosière, ces prêts ne sont en rien des transferts de ressources vers le tiers monde. Il s'agit donc uniquement d'instruments de financement à court terme, et non pas d'instruments de développement à long terme.

Le FMI se présente avec des prétentions scientifiques, et affirme fonder ses interventions sur des critères objectifs et neutres, en vertu de sa mission purement technique. Il en va pourtant autrement, comme l'attestent les propres documents du FMI (86). Conçu initialement pour des solutions ne concernant pas le tiers monde, il est inadapté aux conditions particulières de celui-ci, et sensible à la seule panacée des mécanismes monétaires. Comme il applique deux poids et deux mesures, suivant les situations géopolitiques et l'orientation idéologique des Etats, il privilégie ceux qui ont la faveur de ses préférences. C'est dans ce même esprit que la BIRD a accordé des crédits particulièrement avantageux au Malawi du président H.K. Banda, complice de l'Afrique du Sud raciste. Enfin, en vertu de son idéologie étroitement néo-classique, le FMI néglige d'autres modèles de développement qu'il qualifie économiquement inefficaces et politiquement inadéquats. Face aux prétentions scientifiques des FMI et autres organismes de financement, les critiques, au Nord comme au Sud, font constater que les solutions actuellement adoptées face à l'endettement du tiers monde — comme si les USA notamment n'étaient pas endettés aussi, tel que le souligne le directeur du FMI en 1984 — sont de manière troublante semblables aux politiques qui ont provoqué la crise.

La tutelle de plus en plus vive du FMI — et dans son sillage des grandes banques, surtout américaines — sur les économies internes des pays du tiers monde ressemble étrangement à l'intervention coloniale du XIXe siècle, en particulier en Amérique Latine. Elle procède de la même conviction de détenir la panacée. De machiavélique façon, l'onusien FMI ne se trompe jamais, paré qu'il est de son bouclier technocratique fait pour le Nord uniquement. « Par l'effet de la vertu persuasive et incontrôversable de la réthorique des sciences, considérées comme politiquement neutres, l'apparence démocratique du prince bureaucratique est maintenue sauve » (87). En privilégiant des relations proches du contrat colonial, le FMI agit en institution éminemment politique. Il tend à stabiliser les situations néo-coloniales fondées sur la permanence d'une division internationale du travail définie par les seuls nantis dotés du savoir économique et technologique, et contribue de la sorte à limiter le processus démocratique.

Organiser le désordre : le NOEI

La Déclaration sur les progrès sociaux (1969), le Pacte relatif aux droits économiques et sociaux, celui portant sur les droits civils et politiques (1976), la Charte des droits et devoirs économiques des Etats (1976) sont violés en Guinée équatoriale et dans d'autres dictatures financées par la Banque mondiale, sans oublier la Charte des Nations Unies, la Déclaration universelle ou encore la Convention pour la protection et la répression du crime de génocide. La mise en place du Nouvel Ordre économique et social international passe-t-elle alors par l'encouragement des violations et de leur perpétuation ? On semble pour l'heure se contenter d'organiser le désordre. Pas de doute, le NOEI est de la poudre aux yeux des pauvres. Curieuse stratégie du développement qui

[n]églige l'interrogation sur la légitimité des pouvoirs. Que subsiste-t-il des droits de l'homme et des libertés fondamentales lorsque [l]es institutions spécialisées de l'ONU, tel le FMI, envisagent le déve[lo]ppement dans la seule perspective d'une société qui soumet [l'h]omme aux impératifs de la croissance économique poursuivie [po]ur elle-même et définie par le Nord ? Que subsiste-t-il de [l'i]déal onusien, lorsque la CNUCED se voit paralysée par une [su]ite de *vetos* yankees. Une CNUCED qui, en cas de crise, n'aura quasiment rien à dire sur le commerce : c'est le GATT [q]ui s'en occupe » (88). La crise des liquidités, ça se négocie pays [p]ar pays, dans les salons des grandes banques américaines, du [F]MI, de la BIRD. Pas dans les arènes tiersmondistes. *Divide [e]t regnes*. Aussi, le rapport final de la Commission sur le NOEI [e]t la protection des droits de l'homme estime-t-il que « l'incessant [re]port [des] négociations globales ne peut avoir que des effets [p]réjudiciables sur les perspectives de réalisation totale des droits [d]e l'homme, en particulier dans les pays en développement » [(n]ovembre 1983). C'est ce que confirment les milieux catholiques [s]uisses, en 1984, selon lesquels une redéfinition du NOEI est [i]ndispensable compte tenu de l'échec de la coopération au déve[lo]ppement sous sa forme actuelle.

[G]érer le désordre : FMI et BIRD

Le Rapport de la Banque mondiale sur le développement dans [l]e monde (1980) (89) annonçait déjà cette inexorable rationalité. [L]e développement y est exclusivement évalué en termes de crois[s]ance mondiale ou nationale, et en fonction de l'intensification [d]u commerce international. Il en va de même avec le rapport [E]. Berg sur le développement accéléré en Afrique au Sud du [S]ahara, Programme indicatif d'action (1981). Enumérant les cau[s]es internes de la pauvreté africaine, ce rapport souligne le sous-[d]éveloppement des ressources humaines, largement dû à la colo[n]isation, aux troubles économiques ayant accompagné la décoloni[s]ation, aux contraintes géographiques et à l'augmentation rapide de [l]a population. Parmi les causes externes, il invoque la stagflation, [l]a hausse des prix de l'énergie, la croissance lente des échanges. [C]onscients de leur valeur et ne doutant pas de leur compétence, [l]es experts de la Banque mondiale, dans leur style fait de techni[c]isme et d'économisme, font l'éloge de la privatisation de l'économie en Afrique, ce en quoi on ne peut que les approuver s'il s'agit d'une privatisation réellement africaine et non pas par voie de petits Blancs européens ou asiatiques. Mais l'africanisation n'est pas forcément une panacée, car nombre d'entrepreneurs africains ne sont que des antennes téléguidées par des intérêts extérieurs, ou pratiquent à l'endroit de leurs semblables des méthodes plus indignes que celles des anciens colons. Parmi les conclusions de la Banque mondiale, une pour le moins appelle l'approbation parce qu'orientée dans le sens du développement auto-centré recommandé par le Plan de Lagos : celle qui vise à donner la priorité à l'agricuture et aux coopératives, plutôt qu'à encourager les agro-industries. Encore faudrait-il que la rémunération des producteurs permette aux petits paysans de vivre dignement : que ce développement ne se mue pas en obstacle à l'auto-suffisance alimentaire. Encore faudrait-il que les prêts ne deviennent pas un chantage à l'endroit des gouvernements démocratiques.

Le 6ᵉ Rapport sur le développement dans le monde (1983), produit par la BIRD semble ne plus disposer de solution miracle et se montre subitement très réaliste et très classique. Et parce que la BIRD, sous l'influence américaine, croit de moins en moins en la volonté du Nord d'œuvrer en faveur du Sud, elle espère surtout une reprise de la croissance au Nord, apte à induire une croissance chez les pauvres. Elle est convaincue de l'importance de l'interdépendance des mondes nanti et pauvre. Très bien. Mais surtout — et tant pis si c'est l'égoïsme du Nord qui inspire ses recommandations — la Banque mondiale demande au tiers monde de balayer devant sa porte, soit : améliorer la gestion, mieux utiliser les maigres (?) ressources, rendre les entreprises d'Etat au secteur privé. Encore très bien. Malheureusement, dans tous ces rapports de la Banque mondiale, rien sur l'exigence fondamentale du *respect des droits de l'homme,* dont le droit des divers peuples de choisir leurs dirigeants et la manière d'être gouvernés. Concernant l'Afrique, la BIRD se trompe en prétendant que le gonflement démesuré des appareils d'Etat résulte d'un parasitisme qui remonterait à la période pré-coloniale. Bonne remarque de la Banque par contre, qui espère une consolidation de la classe des entrepreneurs locaux, moins dépendants de la manne internationale et qui n'apparaît pas simplement comme la représentante du capitalisme international à l'échelle de chaque pays. Si les droits de l'homme, dont ceux qui concernent la vie économique, notamment les libertés syndicales, sont progressivement respectés, cela devrait devenir possible. Malheureusement, la BIRD ne voit de solution que dans un accord entre les bailleurs de fonds et les classes dirigeantes, du type Conférence des bailleurs de fonds.

On ne peut pas passer sous silence le fait que le rapport de la Banque mondiale sur le développement accéléré a été réalisé sans participation africaine. Pas étonnant alors qu'il ait provoqué l'ire de ceux qu'il est censé éclairer. Cette réprobation s'explique aussi par le fait que le rapport sous-estime, voire néglige le fardeau et la charge que représente pour les pays pauvres un système mondial qui se retourne contre eux dès qu'il est aux prises avec des difficultés de fonctionnement. Reconnaissons toutefois que le rapport Berg a eu le courage de souligner la responsabilité propre de bien des gouvernements dans la situation désastreuse de leur économie.

Ce qui manque à la morale des banquiers

La BIRD et le FMI représentent un gros pouvoir d'intervention dans le processus de lutte contre la pauvreté. Loin de nous de faire de l'opposition systématique au néo-libéralisme qu'ils prônent et à ses manifestations. Mais on s'interroge, après un séminaire pour journalistes, à Paris (1981), où les porte-parole de la Banque ont déclaré que le sous-développement était bien plus anti-démocratique que les dictatures. La force de la BIRD est de pouvoir intervenir aussi bien au Chili qu'en Chine, qu'en Guyana, qu'au Guatemala ou en Guinée équatoriale... C'est que les pays exportateurs de matières premières — comme le laisse entendre la Commission Trilatérale, créée par David Rockfeller et sa Chase Manhattan Bank — ont l'obligation morale envers l'humanité de fournir les matières premières. Et pour faciliter cette *vocation* — où l'on voit tout à coup apparaître le concept de *morale* — il faut des prêts internationaux. Mais c'est là une morale de riches (90). Ce que les FMI, BIRD, GATT, etc., ne réalisent pas (ou refusent de réaliser), c'est que la crise du tiers monde est structurelle et non conjoncturelle. De sorte que l'approche monétariste est condamnée à échouer, tout en réussissant à affaiblir encore les économies des pays sous-équipés, par le fait de vouloir les ajuster à l'évolution du marché mondial. D'où aussi ces résistances, notamment des structures économiques africaines. « Les années à venir — estime un observateur français — verront inévitablement s'accroître les sources de tension entre le FMI et les gouvernements africains. »

Les conséquences de l'aide financière démesurée au tiers monde, pratiquée par la BIRD, le FMI ou le PNUD, et dans leur foulée par les banques privées, selon le filtre très particulier que nous avons vu, sont le gouffre financier le plus fabuleux de l'histoire, avec près de 1 000 milliards de dollars. Une sélection des projets sur la base du *respect des droits de l'homme* — de même qu'un étalement raisonnable de la dette — aurait permis de réduire sérieusement ce fardeau. Selon Louis Pauwels, que l'on ne saurait soupçonner de sympathies gauchistes, l'excessive aide financière aux pays du Sud — nous dirions, au Sud des despotes surtout — « a eu pour principal effet de fabriquer le tiers monde. Elle a fait obstacle à son développement en l'empêchant d'exploiter ses propres capacités. Elle a contribué, dans nombre de cas, à susciter des chefs d'Etat tout-puissants, incapables, prévaricateurs et irresponsables. Elle a transformé les pays les plus aidés et les plus fermés au progrès en une communauté de peuples hostiles à l'Ouest. Elle a entretenu dans les nations occidentales un sentiment de culpabilité. Nous avons oublié, à travers le *drame du tiers monde,* que nous fûmes les courageux et intelligents inventeurs de nos propres richesses [mais aussi de farouches exploiteurs]. Nous avons perdu la mémoire de notre énergie et la confiance dans notre destin. Et enfin, le *nouveau dialogue Nord-Sud* tourne toujours à l'avantage de l'impérialisme soviétique, en Afrique, en Asie, en Amérique du Sud ou dans l'océan Indien. " Le Sud, comme dit Jean-François Revel, finit toujours par se retrouver à l'Est " » (91). La philosophie des FMI, BIRD et autres PNUD, l'inadaptation de l'ECOSOC et du GATT aux réalités du monde actuel, sont parmi les moteurs de ce mouvement.

Le rendez-vous des libertés

Devant le Conseil de l'Europe, à Strasbourg (1982), le président Mitterrand a insisté, sur la *Convention européenne de sauvegarde des droits de l'homme et des libertés fondamentales.* Elle « ne se contente pas d'énumérer un certain nombre de droits, mais garantit et établit un système » — a-t-il ajouté — qui « fait de l'individu une personne, un citoyen dans la communauté des nations européennes ». Puis le président français a estimé : « Mon pays est un peu trop longtemps resté en marge. Ce temps est révolu. La France est au rendez-vous. Selon une tradition multi-séculaire, elle est au rendez-vous des libertés (...). Le combat pour les droits de l'homme a longtemps été un combat pour les textes ; c'est aujourd'hui le combat pour leur application ». Et M. Mitterrand de bien préciser que nul ne devrait être exclu, en particulier dans le tiers monde. Voici au moins un des cinq membres permanents du Conseil de sécurité des Nations Unies qui affirme clairement sa volonté d'œuvrer à l'application des droits de l'homme partout dans le monde, donc aussi en Afrique. C'est en effet dans le domaine de la mise en vigueur des droits et libertés reconnus par les Charte et Déclarations onusiennes et autres que se situe réellement l'action à entreprendre, plutôt que dans de nouveaux droits d'une prétendue troisième génération. Merci à la France de montrer prochainement l'exemple, en dépassant le niveau des mots.

Cette mise en action des droits de l'homme implique une volonté politique, dans le sens élevé de ce terme. C'est ce qu'a reconnu l'ancien Haut-Commissaire des Nations Unies pour les Réfugiés, le Suisse Felix Schnyder, dans une étude sur la protection des réfugiés. Les institutions internationales n'ont pas à se départir de leur neutralité traditionnelle, mais en cas de violation des droits, il suggère aux agences du type HCR d'avoir organiquement recours aux instances politiques compétentes de l'ONU. Fini de n'agir qu'au plan humanitaire ; à problème politique, solution politique. Aussi, le HCR — mais tout autant le Centre des droits de l'homme — devraient avoir la possibilité de s'adresser directement au Secrétaire général qui, « avec les moyens diplomatiques dont il dispose, prendrait les mesures appropriées ». Un tel point de vue mérite d'être largement diffusé, car il concilie adroitement les principes humanitaires et une vision réaliste du possible. L'important, c'est d'agir.

Quand une procédure publique s'impose

Dans le cas de la Guinée équatoriale, qu'a fait le Centre onusien des droits de l'homme depuis le départ de Theo van Boven ? En novembre 1981, le Secrétaire général offrait les services d'experts pour aider les nguemistes à mettre en application le calendrier de retour à la légalité (organisation d'une Conférence constitutionnelle, élections législatives libres), jusqu'en 1985. Après avoir recruté un expert costaricien et un guatemaltèque, le Centre de M. Herndl a envoyé ces juristes en Guinée équatoriale en juillet 1982, soit *après* que les complices d'Obiang Nguema aient rédigé leur constitution nguemiste, en mai, suite à la Conférence des bailleurs de fonds (92). Et ce, contrairement à la promesse faite devant l'ONU à Genève. Aussi, le rapport du Secrétaire général, fin 1982, précisait-il qu'étant donné que le projet de constitution avait déjà été préparé avant leur arrivée, les experts se sont contentés de l'examiner en formulant les suggestions, les modifications ou les ajouts qu'ils estimaient nécessaires pour améliorer le texte (93). Une situation réprouvée par diverses ONG.

Cette constitution dictatoriale, que les nguemistes prétendent avoir élaborée avec l'aval du Centre des droits de l'homme, a été vertement critiquée par la Commission internationale des Juristes, et d'autres, début 1983. S'il est important d'agir, il est évidemment tout aussi important de le faire sans devenir complice des dictateurs. Or, le fait que M. Herndl ait refusé de publier les commentaires des deux experts rend l'action onusienne encore plus suspecte. Le rapport du Secrétaire général prend acte du référendum constitutionnel de 1982 sans mentionner qu'il s'est tenu sous la *loi d'exception,* et sans évoquer le caractère catastrophiquement dictatorial du texte. Sans préciser aussi que ce n'est qu'une semaine après le vote du texte que la population en a eu connaissance, en particulier de l'annexe propulsant Obiang Nguema président pour sept ans, en annulation des termes même de la constitution. L'envoi *in extremis* des deux experts et les silences du nouveau « Monsieur droits de l'homme » ont donc servi à cautionner une manœuvre du clan de Mongomo pour accréditer un retour à la légalité. Au lieu de relever le défi, la nouvelle direction du Centre des droits de l'homme s'est contentée d'acquiescer. Pour elle, tout va bien. Il faudra l'expertise de la Commission internationale des Juristes et l'étude substantielle du professeur de l'Université de Yaounde, J. Owona, en 1983, pour montrer que cette Constitution non seulement ne reflète pas l'opinion équato-guinéenne, mais qu'elle viole la plupart de ses droits. Les Nations Unies se sont ainsi, une nouvelle fois, faites complices de la dictature.

Le problème majeur, au niveau de l'action onusienne en matière de droits de l'homme, concerne la relation entre développement et droits de l'homme. Pour le moment, les Nations Unies continuent à les distinguer, sans les intégrer. C'est pourquoi la Commission avait demandé — du temps de M. van Boven évidemment — une étude sur la notion de *droit au développement.* Effectivement, de 1979 à 1982, les choses s'étaient améliorées. Alors que les plaintes adressées à la Commission étaient, juqu'en 1978, raitées confidentiellement en séances privées, il a été dit, dès 979, en particulier pour la Guinée équatoriale, que sans réaction positive du gouvernement, les débats seraient publics. Macias Iguema protesta, conscient que la procédure confidentielle protège les intérêts des gouvernements. Le cas de la Guinée équatoiale fut, en 1979, le premier à passer de la procédure confidenielle à la procédure publique. C'était une percée de grande signiication. Esprit de cette jurisprudence nouvelle : quand un gouernement n'est pas coopérant, et quand il y a violations graves les droits de l'homme, la procédure publique s'impose automatiuement.

La vertu et les moyens

Lors de son allocution de février 1982, qui lui valut la disgrâce que l'on sait, M. van Boven, en montrant l'utilité de plus le transparence, visait surtout à défendre les Nations Unies, stimant qu'elles étaient devenues plus opérationnelles que par le assé, plus crédibles, et aptes à faire taire un certain nombre de ritiques. Malheureusement, d'aucuns ont considéré sottement ses léclarations comme une attaque contre l'ONU. Aussi, l'Organisaion internationale s'est-elle enfermée dans sa coquille, et le ilence est retombé sur les violations des droits de l'homme, hornis les cibles habituelles.

Comment agir pour donner aux Nations Unies le moyen de nettre en œuvre les vertus qu'elles proclament dans les textes ? En 1948, René Cassin s'était déjà interrogé à ce propos. Il avait laidé alors la nomination au sein des Nations Unies d'un procureur général des droits de l'homme, chargé de porter les accuations devant les organes politiques de l'organisation. Voici le emps venu de raviver cette idée qui pourrait faire avancer la ause des libertés fondamentales et des droits qui leur sont liés. Semblable innovation est urgente si l'on ne veut pas priver 'ONU de sa crédibilité. La mise en valeur d'un Plan Marshall our le tiers monde, tel que le préconise la Commission Brandt insi que le chancelier Kreiski, ou encore tel que l'envisage le Prof. Angelopoulos à travers un plan mondial de l'emploi dans ine optique keynésienne, ne suffit pas (94). De même, le « plan Marshall » que constituent les programmes de développement lestinés à l'Amérique centrale (emploi, formation, développenent rural, réinstallation de populations migrantes, paix sociale), préconisé milieu 1984 par le FMI, n'aboutira que s'il est mis fin au règne des oligarchies et au diktat de toutes les « United Fruit Co ». Les consciences des peuples brimés crient plus fort que les estomacs. Solidarité internationale au plan matériel, certes, mais bien ordonnée, c'est-à-dire non seulement destinée à favoriser les échanges de marchandises et les dons. Un plan Marshall assorti de l'obligation de *respect des droits de l'homme,* d'une manière complète, non-sélective, et en accord avec les peuples concernés. D'où aussi l'idée qui a pris corps lors de la Première Conférence Sud-Sud, à Beijing (1983) d'une Banque du tiers monde, qui serait le précurseur d'un FMI spécifique des pays sous-équipés les plus pauvres, la Banque du Sud (95). Car les onusiens du FMI et de la BIRD n'ont que peu de sympathie pour les PMA, et leur préfèrent les POM (Pays officiellement miraculés) du type Corée du Sud, avec leur économie ultra-libérale, mais où sévissent des pouvoirs autoritaires qui ne se préoccupent guère des droits de l'homme. A Caracas (août 1984), malgré certaines dissensions, a été élaboré un projet au capital de 500 Mio de $.

Pour une action cohérente

> « ... *des transformations psychologiques considérables, que certains cherchent à travers des révolutions violentes, peuvent intervenir très pacifiquement si l'on oriente l'esprit des hommes vers le point où leurs intérêts convergent. Ce point existe toujours, il suffit de se fatiguer pour le trouver.* »
>
> Jean MONNET
> *Mémoires.* Paris, 1976, p. 459.

ECOSOC : vers la cohérence

Les Nations Unies sont irremplaçables, institutions de financement compris. Mais elles ne peuvent indéfiniment refuser d'assumer et de prendre en charge tous les impératifs du Nouvel Ordre économique international. L'ONU doit se démocratiser, c'est-à-dire développer à tous les niveaux le recours à *des moyens démo-*

cratiques. Le *Conseil économique et social des Nations Unies* est probablement le lieu géométrique de cette prise de conscience. Il y a près d'un quart de siècle, A. Loveday avait fait remarquer que ce Conseil, « dont les méthodes s'exposaient déjà à de vives critiques, contrôlait quarante-sept institutions, organismes ou " bodies ", et était chargé de fonctions incompatibles puisqu'il était à la fois coordonnateur (des institutions spécialisées) et un coordonné. Il apparaissait de ce fait comme un corps malade » (96).

Le jour où l'ECOSOC s'inspirera davantage de la *Déclaration universelle,* ses actes et décisions, et ceux des organismes qui en relèvent, seront davantage conformes à l'idéal des Nations Unies. Alors, le FMI, la BIRD, le PNUD et bien d'autres seront empêchés de prodiguer leur manne dans le contexte des régimes autocratiques ou totalitaires, voire quand les intérêts étroits de Washington, de Moscou, de Paris ou de leurs satellites sont en jeu (97).

Nous avons vu que parmi les projets pour la Guinée équatoriale dont la mise sur pied ou la restauration est jugée indispensable par les missions pluri-agences et la Conférence des bailleurs de fonds, figurent diverses institutions de formation : écoles normales, écoles d'infirmerie, école de juristes, etc. Il faut espérer que ces projets éducatifs, qui seront probablement confiés à des institutions spécialisées de l'ONU, respecteront les diverses recommandations du Bureau International d'Education (Genève), en particulier sur l'*Education pour la compréhension internationale* (N° 63), à savoir :

« 4. L'éducation doit encourager le respect des droits de l'homme et leur observance dans la vie quotidienne. Elle doit mettre en relief le principe de l'égalité des hommes et de l'esprit de justice qui trouve son expression dans la Déclaration universelle des Droits de l'Homme...

« 5. L'éducation doit contribuer à donner à chaque élève et à chaque étudiant le sens de la dignité humaine qui s'oppose à toute domination de l'homme sur ses semblables. »

Les experts des Nations Unies chargés de projets éducatifs en Guinée équatoriale seront-ils en mesure d'honorer de telles recommandations ? Ceux d'hier ne l'ont pas été. Le pessimiste n'y croit guère, lui qui observe la démarche onusienne sur le terrain, en particulier dans le cadre de l'action sanitaire internationale : « Si l'OMS peut dénoncer les fléaux qui atteignent les populations les plus défavorisées de la planète, son statut d'organisation technique des Nations Unies, politiquement neutre et soumis au principe de non-ingérence, lui interdit toute mise en cause directe des diverses formes d'impérialisme dont cette situation est la conséquence. On peut nommer une maladie, la décrire scientifiquement, sans mettre en cause les mécanismes politiques, économiques, écologiques et sociaux qui en assurent la genèse et la transmission » (98).

Ce qui est courant dans le domaine sanitaire l'est aussi au niveau de l'émancipation des peuples opprimés. Doit-on s'étonner de ce qui se passe à la Commission de décolonisation des Nations Unies ; celle à qui la Guinée équatoriale doit son indépendance ? En 1981, lors du vote du projet de résolution réaffirmant le *droit du peuple sahraoui à l'indépendance*, sur 134 pays participants, 73 ont voté oui (55 %), 54 se sont abstenus (40 %, dont l'Europe occidentale), mais 7 ont voté non (5 %) : USA, Maroc, Guinée équatoriale, Gabon, Zaïre, Sénégal, Salvador. Parmi ces sept pays, les trois dont la présidence de la République — en fait, la dictature — bénéficie d'une garde prétorienne marocaine (au moment où les Etats-Unis continuent d'armer le Maroc en y déployant des bases) ; tandis que Hassan II reporte les élections législatives, de peur qu'elles n'interfèrent dans ses options de *grandeur* au Sahara occidental, et plus au sud encore, puis de les organiser finalement en septembre 1984 (99). Malgré un vote qui leur est favorable, où est la patrie des Sahraoui ? Le pessimiste considère donc l'ONU comme impuissante, parce que dominée par les seuls intérêts des plus forts, qui se rient de la dignité des autres, et qui considèrent l'équité comme un aveu de faiblesse.

L'optimiste, lui, est persuadé que le monde s'achemine vers une approche plus équitable des problèmes de développement. Face aux méfaits du système actuel de lutte contre le sous-développement, qui ne fait que renforcer la division internationale du travail favorable au Nord, et qui aggrave les disparités de fortune et de bien-être, il croit en la transformation des fins et des moyens du développement, notamment par la médiation des droits de l'homme. Le problème du *devoir d'ingérence* dans les affaires intérieures des Etats ne se posera plus lorsque le développement de chaque peuple, de chaque communauté, sera commandé par les droits et devoirs choisis par ces groupes eux-mêmes.

Des Amis respectueux des droits des autres

En 1978 s'est tenu un Congrès international sur l'enseignement des droits de l'homme, à Vienne. On y a conclu que les programmes d'enseignement du droit international des droits de l'homme devraient mettre l'accent sur l'*internationalisation* des droits de l'homme et montrer la préoccupation croissante, au niveau mondial, pour ces droits sur la base des principes de la Charte des Nations Unies (100). C'est dans cette optique que des experts de 22 pays ont décidé, lors d'une rencontre à Strasbourg (1982), de créer l'Association internationale des enseignants et des chercheurs des droits de l'homme. Avec l'aide de l'Unesco et de l'Institut international pour les droits de l'homme (Strasbourg), ils espèrent donner de nouvelles impulsions à la recherche et à l'enseignement dans ce domaine. On peut toutefois se demander si cet enseignement saura dépasser la simple explication de texte. Dans les milieux chrétiens, le débat est aujourd'hui largement ouvert sur : « peut-on éduquer aux droits de l'homme » et « comment éduquer ». Les Eglises seront très utiles dans cet effort de sensibilisation des individus et d'éradication des totalitarismes, surtout si elles savent respecter la laïcité de l'Etat, seul moyen de défendre la démocratie et les droits de la personne. Face aux initiatives des milieux confessionnels et académiques, il est à espérer que l'Organisation internationale se montrera elle-même plus entreprenante en matière de respect des principes dont elle est censée être la garante.

Pour qu'une telle réalité devienne perceptible, les puissances devront placer l'exigence du respect des droits de l'homme au cœur tant de leur politique intérieure que de leur politique extérieure. Une attitude plus claire de leur part en la matière — en fait, plus d'honnêteté — les amènera alors à cesser de justifier des régimes féroces qui arborent des couleurs politiques opportunistes uniquement pour plaire aux grands protecteurs et pour s'imbiber de leurs largesses. Cela exige la mise en question de certains *amis*.

Une liste noire des dictatures

Refuser d'assister, c'est boycotter. L'ONU n'en est pas à son coup d'essai en la matière. Fin 1982, l'Assemblée générale adoptait une résolution demandant au FMI de ne pas accorder un prêt de 1,07 Md de dollars à l'Afrique du Sud, en vertu du boycott économique voté par les Nations Unies, en représailles contre la politique d'apartheid. Malgré les inconvénients que ce boycott peut valoir aux populations victimes de la tyrannie raciale, l'ONU s'est résolue à étouffer l'autocratie Afrikander. Voilà pourquoi la résolution sur le refus du prêt du FMI était votée par 121 voix contre 3 et 23 abstentions, et demandait au Conseil de Sécurité d'examiner la question dans les meilleurs délais, ainsi que de prendre des mesures appropriées. Voilà qui eût pu changer, sinon la face du monde, du moins la vie de millions de Noirs, Indiens et Européens au sud de l'Afrique. Or, bien qu'il soit une agence de l'ONU, donc tenu par les grands principes de l'organisation internationale et arborant son emblème — le FMI ne se sent pas lié par les décisions de l'Assemblée générale. Les « amitiés » du président Reagan lui paraissent plus importantes. Aussi, malgré le vote courageux du parlement onusien, le prêt à l'Afrique du Sud devenait tout de même effectif.

On sait que les Nations Unies ont mis au point une liste noire d'entreprises qui entretiennent des relations économiques suivies avec la République sud-africaine. Parmi elles, trois des grandes banques helvétiques (Crédit suisse, UBS, SBS). Suivant la logique de l'ONU, il est donc évident que le FMI doit lui aussi figurer sur cette liste noire...

La même incohérence marque également la Communauté économique européenne. Dans le rapport Pisani qui présente l'Afrique comme le « territoire privilégié de la responsabilité européenne » (de quel droit l'Europe des Dix s'adjuge-t-elle ce rôle paternel, si ce n'est en vertu de la perpétuation du réflexe colonisateur ?) (101), il est précisé que le destin du continent noir repose d'abord « sur la mobilisation et l'épanouissement du travail paysan ». Or, le même rapport précise que parmi les domaines d'intérêt mutuel entre Communauté et pays ACP se situe « surtout la mise en valeur des ressources minières ». L'Europe du Marché commun louche : elle parle agriculture et vise le sous-sol ; elle parle d'intérêt mutuel quand il s'agit prioritairement de *son* intérêt. Noble contradiction ! Et, afin que la collaboration soit aussi parfaite que le souhaite le Nord, « il convient d'imaginer entre un Etat détenteur de ressources et la Communauté une stratégie d'exploitation minière, d'aménagement du territoire et de développement, en échange de quoi la CEE et les Etats membres bénéficieront de la garantie d'approvisionnement dont ils ont besoin ». En clair : nous te ferons les routes qui te permettront de nous nvoyer les ressources de ton sous-sol que nous convoitons. Encore n exemple de la détermination des besoins par des experts extra-fricains ; comme avec la Banque mondiale. Et nulle mention du roblème des droits de l'homme, et des peuples que forment tous es hommes. Et toujours sans poser la question de la cause des erturbations politiques (102).

Tout le monde s'accorde à privilégier un développement plus iste. Ainsi, la Déclaration de Cocoyoc précise-t-elle, pour l'Amé-que latine, que le but du développement devrait être non le éveloppement des choses, mais le développement des hommes. 'outefois, là encore, le reste du discours est écrit dans une pure ptique de PNB. La civilisation locale, la culture populaire, le roit des nationaux à s'autodéterminer, sont des éléments secon-aires.

,a fin du mépris culturel

« Le développement n'est rien d'autre que la dialectique de croissance économique et de l'épanouissement culturel » devait éclarer récemment le président L.S. Senghor (103). Au lende-nain de l'indépendance du Sénégal, il avait déjà fait remarquer qu'il n'y aurait pas de “ nouvel ordre économique ” si on n'éla-orait pas, auparavant, un “ nouvel ordre culturel mondial ”. » ,es vingt dernières années lui ont donné raison. On sait bien que out pouvoir qui opprime un peuple s'attaque à la culture et chasse es cerveaux. En Guinée équatoriale, le pouvoir nguemiste n'avait-pas interdit jusqu'au mot *intellectuel ?* Le droit de vivre sa culture ait partie des droits de l'homme. En 1972, la Conférence inter-ouvernementale d'Helsinki sur les politiques culturelles en Europe oulignait que « la culture englobe les structures, modes et onditions de vie d'une société et les diverses façons dont l'individu 'exprime et s'accomplit dans cette société » (Recommandation 4). Certes, « il peut y avoir une culture sans démocratie — explique I. Aït Achmed — : le siècle de Périclès, Louis XIV, Philippe II 'Espagne (...). En revanche, il ne peut y avoir de démocratie ans culture. Or, (...) c'est sur l'Agora, au Forum, dans la Djemaa erbère, que la démocratie commence à nouer (...) ses premiers apports dialectiques avec la culture (...). Il faut dès la prime nfance, former a réflexion, susciter le goût de l'effort et de la esponsabilité (...). Mais nous baignons dans un univers gavé de logans et de réponses toutes faites qui nous sont assénés avant même que nous ayons eu le temps de poser des questions ». Voici pourquoi la Déclaration de Mexico sur les politiques culturelles (1979) accorde une place particulière à la paire *Culture* et *Démocratie* qu'aborde déjà la Déclaration universelle à l'article 27 : « Toute personne a droit de prendre part librement à la vie culturelle de la communauté, de jouir des arts et de participer au progrès scientifique et aux bienfaits qui en résultent ». Après avoir souhaité que les Etats prennent les mesures nécessaires pour atteindre cet objectif, la Déclaration de Mexico ajoute :

« 18. La culture émane de la communauté tout entière et c'est à elle qu'elle doit retourner : ni sa production, ni ses bienfaits ne sauraient être l'apanage d'élites. La démocratie culturelle repose sur la participation la plus large de l'individu et de la société au processus de création de biens culturels et aux décisions qui concernent la vie culturelle, de même qu'à la diffusion et à la jouissance de la culture.

« 19. Il s'agit, surtout, d'ouvrir de nouvelles voies à la démocratie en assurant l'égalité des chances dans les domaines de l'éducation et de la culture.

.../...

« 21. La démocratisation de la culture exige, tout d'abord, la décentralisation de l'accès aux loisirs et aux arts. Une politique culturelle démocratique apportera à toutes les communautés et à toute la population la possibilité de jouir des chefs-d'œuvre artistiques.

« 22. Afin de garantir la participation de tous les individus à la vie culturelle, il faut éliminer les inégalités qui découlent soit de la nationalité, de l'âge, de la langue, du sexe, des convictions religieuses, de la santé ou de l'appartenance à des groupes ethniques minoritaires ou marginaux. »

Toutes recommandations qui attendent leur application en de nombreux pays. Malheureusement, depuis une dizaine d'années des milliers de congrès, conférences, séminaires sous l'égide du dialogue Nord-Sud se sont tous achevés par un échec. Pourquoi ? Parce que les riches, y compris les Etats socialistes, qui composent avec le tiers monde la famille des Nations Unies, pratiquent à un titre ou à un autre le *mépris culturel* (104). C'est la raison pour laquelle l'écrivain marocain Tahar ben Jalloum a pu dire, évoquant les PMA, que le développement, c'est d'abord la manière dont on traite la culture (105). Lorsqu'à Haïti ou en Guinée équatoriale, comme dans le monde socialiste, le pouvoir met l'imaginaire sous contrôle, il y a violation de la démocratie. Les stratèges, les affairistes, les démagogues s'accomodent parfaitement de cet état de choses, puisqu'il leur permet de dominer les masses dans l'esprit de l'orwellien : « L'ignorance, c'est le pouvoir ». D'où la difficulté de faire admettre que « le droit de participer au développement et de recevoir sa part des ressources mondiales est un droit inaliénable de l'être humain ». Il ne fait pas de doute que la voie qui mène de l'oppression coloniale et néo-coloniale à l'émancipation économique passe par l'émancipation culturelle et par l'éducation. Sinon, comme J.K. Galbraith vient de le démontrer, deux tiers de l'humanité resteront condamnés à la culture de la pauvreté.

Les dictateurs savent qu'il leur faut mettre le grappin sur la culture, et s'en servir. La culture officielle, à Moscou et à Berlin-Est, n'a de culture que le nom : il s'agit de l'oppression traduite en langue artistique. La culture, en Guinée équatoriale nguemiste, c'est un Congrès hispano-africain, en juin 1984, péniblement organisé dans le seul but de plébisciter le dictateur.

Assister les nations en danger

Pour échapper à la fatalité de la division internationale du travail au seul bénéfice du Nord (106), il faut aux sociétés du tiers monde un modèle de développement autre que celui qui sert actuellement à reproduire, sous couvert de coopération, le schéma de domination des riches. Pour cela, le tiers monde doit faire preuve de ce que le Brésilien C. Furtado a appelé la *créativité émergente* (107). Mais où puiser cette créativité chez des peuples opprimés par des décennies de colonisation ayant succédé à des siècles d'esclavage et de traite, puis écrasés par des despotes locaux imitant leurs modèles du Nord ? Un peuple opprimé et muselé, déculturé depuis longtemps, peut-il d'un jour à l'autre, sans un coup de main des démocrates du reste du monde, émerger de son bagne ? A en croire le pape Jean-Paul II, cela semble facile : « Je suis sûr que les réserves morales de ce cher peuple [de Guinée équatoriale] stimuleront ce climat de collaboration mutuelle et d'unité d'intention, qui servira à implanter des conditions de moralité privée et publique croissante, aptes à conduire vers un véritable et croissant progrès spirituel et matériel. Dans cette tâche peuvent occuper leur poste tous les fils du pays, ceux qui vivent à l'intérieur et ceux qui vivent à l'extérieur de celui-ci [les 110 000 réfugiés politiques], et qui aspirent à travailler pour lui, par dessus les barrières contingentes ». Qu'en termes galants... Où sont les Encycliques de Pie XI (*Mit brennender Sorge* et *Divini Redemptoris*) consacrées au nazisme et au communisme ? Rome semble faire peu de cas de la férocité des hommes du clan de Mongomo. Il faut être bien naïf ou retors pour faire croire à la conversion de ceux qui ruinent la Guinée équatoriale depuis l'indépendance. Une hyène reste une hyène et ne sera jamais une gazelle, même si elle arrive à en prendre l'apparence. Le bacille de Koch ne peut qu'engendrer la tuberculose. Tant que la communauté internationale se retranchera derrière le sacro-saint dogme de la non-immixtion dans les affaires intérieures d'un pays, pas de remède à une situation semblable. Mais œuvrer pour l'application des *droits de l'homme,* c'est intervenir en faveur de la *démocratie.*

Un récent portrait de l'URSS montre que le paysan soviétique clochardisé s'est installé dans une grève perlée, comme le cultivateur équato-guinéen, l'Occident fournissant à sa place de quoi nourrir civils et militaires. Et ces subventions occidentales d'empêcher que le changement n'intervienne dans ces pays (108). Les aides du Nord aux pays opprimés du Sud, exploités par des dictatures, vont dans le même sens. A la longue, elles ne contribuent qu'à jeter les individus dans le désespoir, qu'à précipiter les peuples dans les bras des démagogues. Une action d'assistance et de coopération cohérente ne peut avoir de résultats valables que si l'une des parties ne s'enrichit pas pendant que l'autre végète et croupit sous le fardeau de l'oppression d'un tyran complice. C'est là une évidence qu'au début des indépendances des pays africains, notamment, les responsables de l'assistance technique des Nations Unies avaient comprise. M. Milhaud, qui dirigeait alors ces services, disait sa conviction, en 1968, que « l'assistance technique ne peut produire ses effets que s'il est possible de former parallèlement le personnel national chargé de l'exécution des projets qui ont été décidés et que l'assistance financière excédant les possibilités d'absorption et d'assimilation de l'assistance technique par le milieu considéré, aboutit à des gaspillages. Ce sont là des limites qu'il faut avoir à l'esprit et qui confirment la nécessité d'une large coordination des objectifs et des moyens (...). Nous ne sommes qu'au début de l'accomplissement d'une grande œuvre qui dans l'évolution actuelle des relations mondiales fait reposer sur l'ONU la responsabilité *morale* d'orienter la construction de la nouvelle Afrique dans l'*ordre,* la *démocratie* et le *progrès social, en s'inspirant des principes de la*

Charte et de la Déclaration Universelle des Droits de l'Homme » (109) [c'est nous qui soulignons].

Depuis lors, les choses se sont dégradées, et les instincts impérialistes ont refait surface. La VIe CNUCED, achevée dans l'échec en raison du monologue Nord-Sud (110), l'a bien démontré. Ainsi, les Occidentaux ont-ils mal accueilli un passage pourtant bien simple du communiqué final selon lequel la croissance du tiers monde doit être plus qu'une simple conséquence de la relance dans les nations développées. On y lit : « Il faut un ensemble intégré de politiques comprenant des mesures à court terme là où c'est d'une importance cruciale pour les pays en voie de développement, et des changements à long terme propres à conduire vers un nouvel ordre économique international ». Pour des pays comme Haïti ou la Guinée équatoriale — mais il y en a bien d'autres — le court terme semblerait précisément comporter un certain nombre d'interventions afin que cessent les violations des droits de l'homme. Une fois la démocratie rétablie, les citoyens de ces pays s'occuperont eux-mêmes du long terme, même si la coopération des nantis leur sera encore nécessaire. Mais précisément, cette prise en charge des hommes du Sud par eux-mêmes, selon leurs options propres, gêne les mauvaises habitudes du Nord. Voici pourquoi les nantis de tous bords s'accommodent si bien des violations des droits et libertés dans un grand nombre de pays du tiers monde, grâce auxquelles se maintient l'*ordre ancien,* et que l'Est (111) — qui est passé maître en matière de violation des droits et libertés — attend patiemment de cueillir les fruits mûrs ou pourris au fur et à mesure qu'ils tombent.

Développer le concept de *devoir d'assistance à nation en danger,* c'est donc aussi définir les idéaux de liberté et de libéralisme de l'Occident, face aux régimes totalitaires qui guettent. La scrupuleuse exigence du respect des droits de l'homme par les interlocuteurs de l'ONU — et l'on ne saurait prétendre qu'en Amérique latine les Etats-Unis respectent ces droits, pas plus que la France en Afrique — sert également à défendre le monde démocratique contre le noyautage communiste. Il s'impose donc à nous l'obligation de cesser de fermer les yeux sur la question de l'universalité des droits de l'homme.

Favoriser la participation des peuples

La Déclaration universelle doit servir de concept-matrice impératif pour chaque pays membre, et notamment pour ceux qui se targuent de vouloir donner des leçons aux autres. Un concept-matrice destiné aussi à l'ONU elle-même. De sorte que dans l'avenir, les institutions onusiennes, financières ou techniques, ainsi que l'ONU politique, si elles veulent faire acte de cohérence, devront refuser leur concours aux Etats qui enfreignent ces paradigmes, voire renoncer à les compter encore parmi leurs membres.

« L'ONU doit trouver une solution — déclarait le secrétaire général de l'Alianza Nacional de Restauración Democrática de Guinée équatoriale, en 1982, devant la Commission — pour tous ses membres qui refusent de collaborer (112). Ce serait une honte pour la communauté internationale de savoir qu'un groupuscule massacre tout un peuple et que la communauté internationale ne dispose d'aucun mécanisme de pression pour faire cesser ces massacres. La conspiration du silence, le fait de ne pas donner de publicité aux différents cas de viol des droits de l'homme est une contribution indirecte à la violation de ces droits (...). Les grandes puissances ont beaucoup de responsabilité en matière de violation des droits de l'homme ; il faut que les grandes puissances laissent les peuples en paix, parce que la Terre n'appartient pas qu'à elles seules. Le commerce des armes est une des causes des violations des droits de l'homme. Les grandes puissances étouffent les peuples, violant ainsi leur droit au dialogue, et imposent dans certains Etats africains et du tiers monde des minorités oligarchiques ». En 1983, toujours devant la Commission (113), Eya Nchama ajoutait : « La Commission doit être vigilante pour ne pas alimenter les rapaces en Guinée équatoriale qui continuent à déchirer leur peuple comme dans le passé (...) La Commission des droits de l'homme doit orienter ses services consultatifs davantage en vue de favoriser les droits des peuples à leur libre détermination, plutôt que de confirmer dans son pouvoir une oligarchie minoritaire ; les services consultatifs doivent être orientés de manière non à conforter des dictatures dans le pouvoir, mais pour favoriser la participation de tout le peuple à l'élaboration de son propre destin. » En 1984, la Commission a entendu Eya Nchama poser la question de savoir s'il est possible de discuter du droit au développement — sujet à la mode — alors que la plupart des peuples ne disposent même pas des droits civils et politiques, ou des droits économiques ociaux et culturels. Or, ces divers droits sont interdépendants. Ne rendre en considération qu'une partie de ce tout « équivaut à onsidérer les sociétés humaines comme une sorte de bétail ».

NE ONU COURAGEUSE

> « *Faut-il vous répéter que cette " marche de l'histoire " n'est pas inéluctable.* »
>
> René BUREAU
> *Péril Blanc. Propos d'un ethnologue sur l'Occident.*
> Paris, L'Harmattan, 1978, p. 219.

e rôle de l'ONU

'ONU et le désordre mondial

Les experts des Nations Unies et des Agences spécialisées - voire du bilatéral — sont-ils indispensables dans un pays omme la Guinée équatoriale ? Cela n'est pas certain. La uinée équatoriale est le pays d'Afrique noire qui dispose de plus forte proportion de cadres. Malheureusement, ces ommes et ces femmes se trouvent en exil, et leur retour est lié ux garanties de respect des droits de l'homme. Cette réinsertion onstitue simultanément un défi pour les Nations Unies et pour dictature nguemiste. Elle permettrait, qui plus est, de substan-elles économies à la communauté internationale et à la Guinée quatoriale grâce au remplacement des experts étrangers par es nationaux. Ce raisonnement s'applique tout autant à Haïti, à nombre d'autres. Le but effectif de la coopération technique 'est-il pas de protéger les pays aidés d'une rechute dans la tuation coloniale ? Et la solidarité réciproque n'est-elle pas la eilleure attitude pour éviter gaspillages et violations des droits e l'homme ?

N'en doutons pas, l'ensemble du système des Nations Unies - Agences de financement comprises — sera un jour obligé de considérer les droits de l'homme comme autre chose qu'un halo d'imprécisions. Jusqu'à présent, l'ONU a trop souvent palabré ou monologué (114). Et elle n'est pas près d'arrêter. Preuve en soit la résolution votée unanimement à l'Assemblée générale des Nations Unies, en 1983, à propos des agressions dont est victime le Nicaragua. Plutôt que de se prononcer sur un texte clair et conforme à la réalité du terrain, les pays du Groupe de Contadora (Colombie, Mexico, Panama, Venezuela) et les non-alignés ont préféré une résolution insipide, par peur de l'oncle Sam. Pas étonnant que Mme Kirkpatrick se soit félicitée du *sens des responsabilités* dont ces pays ont fait preuve. A quoi donc servent tous les textes, si beaux soient-ils, nés du consensus des hypocrisies, sinon à préparer un *nouveau désordre mondial* (115) parce que les peuples ont perdu la foi en l'Organisation internationale ? Lorsque le débat à l'Assemblée générale, à la Commission, à la CNUCED se cantonne en un stérile monologue Nord-Sud, ou en bêlements de vassaux ?

Un code de conduite onusien

Au-delà des codes de conduite — comme celui en préparation sur les sociétés transnationales, et que le secrétaire général adjoint des Nations Unies, K.A. Sahlgra, directeur exécutif du Centre sur les sociétés transnationales, souhaite « utile aux pays en voie de développement plutôt que contraignant, fait de généralités sans véritable contenu » — *il faut un code de conduite à l'ONU* elle-même. Cette dernière, n'est-elle pas la plus vaste transnationale du globe ?

Dans le *Concept d'organisation internationale* (116), l'Unesco s'est interrogée à ce propos. Selon elle, il ne faut pas se leurrer face à un tiers monde qui ambitionne de réaliser un changement radical dans le système international, il y a une objective collusion entre Est et Ouest, entre collectivistes et libéraux, une même attitude restrictive quant aux activités et au rôle des organisations internationales. Toutefois, si au plan bilatéral les interlocuteurs historiques des ex-colonies ont un rôle particulier à jouer, les institutions internationales sont les seules partenaires qui aient un intérêt objectif à favoriser un développement équilibré et à briser le processus croissant de dépendances nouvelles. Pour organiser un tel avenir, le directeur général de l'Unesco dit clairement qu'il faut viser simultanément le développement, la paix et les droits le l'homme. Est-ce pour ces raisons que le président Reagan a lécidé de retirer son pays de cette Organisation spécialisée ? L'ONU, pour être fidèle à ses principes, doit aider à battre en brèche les dominations autocrates par l'invention démocratique : « Les Nations Unies devraient être rassurées de voir venir à elles les peuples opprimés et menacés dans leur existence, car ceux-ci font aussi partie de plein droit de ces Nations Unies (...). Tant que les groupes et populations opprimés croient suffisamment aux Nations Unies pour se tourner vers ce forum dans leur recherche pour l'égalité et la justice, il y a de l'espoir, on peut dialoguer. Il faut commencer à s'inquiéter lorsque ces peuples ou leurs représentants, déçus et désespérés, ne viennent plus vers les Nations Unies, mais décident de régler leurs problèmes eux-mêmes, en utilisant d'autres moyens, allant souvent, parce qu'ils sont poussés à bout, jusqu'à la violence » (117). Ce constat, fondé sur la situation de la Guinée équatoriale, peut être fait partout, notamment dans cet autre *Etat mou* qu'est l'Ouganda, où l'opposition à la dictature d'Obote est majoritairement démocratique et pro-occidentale. Avec amertume elle constate que les institutions de financement occidentales, censément démocratiques, s'accommodent de l'autocratie ougandaise, pourvu que les affaires s'avèrent rentables. L'opposition ougandaise fait remarquer « que le climat de violence, à la longue, risquerait de profiter à d'autres. Depuis [1982], les troupes ougandaises anti-guérillas sont encadrées sur le terrain par des conseillers militaires nord-coréens ». Comme quoi, Lénine voyait avec à-propos les capitalistes acheter la corde qui servira à les pendre. C'est bien dans ce sens que vont les critiques des libéraux américains, qui accusent le président Reagan de précipiter les pays neutralistes dans le camp des totalitarismes rouges.

Aussi, l'ONU doit-elle oser exercer davantage de persuasion morale, politique et économique sur les Etats et les multinationales récalcitrants. Elle le pourra d'autant mieux qu'elle est aidée par les autres organisations, internationales et régionales, OUA et CEE par exemple (118). Il y a urgence. Les conflits auxquels il est fait allusion ci-dessus menacent à échelle régionale et planétaire. La sauvegarde de la paix internationale pose donc le problème du *devoir d'assistance à nation en danger*. La non-ingérence peut être une faute, en laissant s'envenimer une situation. Lorsque le quart de la population d'un pays a pris le chemin de l'exil (comme c'est le cas pour l'Afghanistan et la Guinée équatoriale, qui détiennent tous deux le record mondial), lorsqu'à l'intérieur de ces pays se poursuivent les assassinats, les procès sommaires menés par un clan ou un parti unique qui coiffe tous les rouages de l'administration civile, l'immixtion dans les affaires intérieures ne peut plus être considérée comme une atteinte à la souveraineté et une menace pour la paix. Il s'agit alors d'un *devoir d'ingérence,* en vertu de principes de droit universellement reconnus. C'est dans cet esprit que le Prof. Falk a suggéré, en 1980, au-delà de la proposition d'un *procureur des droits de l'homme* (119), l'institution d'un *tribunal international* qui jugerait les dictatures et leurs complices, sous l'autorité de l'ONU.

La justice et l'arbitraire

> « *Les contradictions sont fréquentes entre l'idéologie libérale et l'opportunisme d'un soutien financier apporté à des régimes dictatoriaux.* »
>
> Pierre GEORGE
> *Géographie des inégalités.*
> Paris, 1981, p. 119.

> « *Si les démocraties ouest-européennes et nord-américaines souhaitent évoluer dans un environnement favorable, elles n'ont d'autre possibilité que de soutenir financièrement les régimes démocratiques, fut-ce en sacrifiant quelques avantages que leur procure l'implacable rigueur du capitalisme aussi " sauvage " dans le tiers-monde qu'il est " civilisé " dans les vieux pays industriels.* (...) *Dans leur propre intérêt, comme dans celui des pays auxquels elles appartiennent, les banques ne peuvent pas se montrer aussi intraitables avec les démocraties qu'avec les dictatures.* »
>
> Claude JULIEN
> « Endettement international et démocratie. Le tiers-monde face aux banques »,
> *Le Monde diplomatique.*
> Paris, mai 1984, p. 17.

Le rôle salutaire des ONG

Le directeur du Centre pour les droits de l'homme, et les pouvoirs qui l'ont imposé, ont évidemment peur d'une ONU qui se ferait la révélatrice et le juge des violations des libertés et droits fondamentaux. Aussi, face à des projets comme celui du Prof. Falk, ou celui plus ancien de R. Cassin, le Centre durcit le ton. En août 1983, M. Herndl a rappelé à l'ordre la Sous-Commission des droits de l'homme, qui comprend 26 *experts indépendants* représentant des Organisations non-gouvernementales. Ces experts seraient trop indépendants, au goût de certains ; trop distants des intérêts que certains gouvernements souhaitent voir défendus. Et il est bien vrai que l'essentiel des actions positives de l'ONU en matière de droits de l'homme émane de cette sous-commission.

Amplifiant les points de vue de ces " certains " gouvernements, M. Kurth Herndl devait déclarer : « La sous-commission a dépassé son mandat (...). L'idée qu'elle pourrait devenir un organe parallèle (et non rattaché) à la Commission est insupportable (...). Ses rapports ne prennent pas toujours en compte les facteurs socio-économiques et historiques. » La réaction se déguise en défenseur des droits de l'homme, elle qui sait tenir compte des facteurs socio-économiques et historiques en perpétuant le passé sous forme de néo-colonialisme. Pas étonnant, alors, ce propos de M. Benjamin Wittaker, expert britannique indépendant auprès de la sous-commission malmenée, après la performance de M. Herndl : « Sans nous, la vie serait plus facile pour certains ». En d'autres termes : sans une ONU honnête, forte, courageuse, le viol des droits de l'homme est chose aisée.

Un contrat moral international

Il faut espérer que, tout comme au fond de soi on écoute la voix de la conscience, l'ECOSOC et l'ensemble de la communauté onusienne se réveillent et prêtent l'oreille afin de corriger leur actuelle impuissance. Comme pour le Chili de Pinochet (120), la Turquie néo-Evren (121), le Haïti de Duvalier, le Pakistan de Ziad ul-Hak, les Philippines de Marcos, Cuba, l'Afghanistan et l'Ethiopie soviétisés, le Salvador, le Guatemala, le Honduras américanisés, la Guinée équatoriale francisée, les résolutions de la

Commission peuvent peser d'un sérieux poids moral et constituer par leur seule publication et leur rappel de sévères mises en garde. Encore faudrait-il que les Institutions internationales spécialisées (financières, économiques, techniques, culturelles, caritatives), le Centre des droits de l'homme, ainsi que les Etats membres les respectent afin que les mises en garde se muent en sanctions. Soutenir les aspirations légitimes des peuples, c'est toujours semer quelques graines de paix, et mettre un terme à l'injustice. Peut-on attendre des serviteurs de l'ONU qu'ils fassent plus que de refléter les intérêts de leurs pays d'origine ou des pays qui les ont placés, de l'Organisation elle-même ou de l'oligarchie du pays asservi ?

Ceux qui violent des droits tels que ceux d'association et d'expression (donc politiques) vont non seulement à l'encontre de la Déclaration universelle, mais aussi des concepts africain et latino-américain des libertés de l'individu. Tolérer de telles réalités est un comportement hélas courant chez les puissants de l'Ouest comme de l'Est, chaque fois que leur propre sécurité n'est pas mise en cause. Lamentable conséquence de la guerre totale que se livrent les idéologies (122).

Ce n'est pas le droit qu'il faut d'abord changer pour modifier cet état de fait. Le problème à résoudre est celui de la volonté politique de dissimuler ou de stigmatiser les violations des droits de l'homme, toutes les violations, partout. Ce qui doit changer, ce sont les mentalités. Suivant la Déclaration de Mexico, « le développement ne se mesure pas seulement aux biens et aux ressources dont dispose une communauté, mais fondamentalement à la qualité des personnes qui les produisent ou les investissent » (123). Il s'agit donc, prioritairement, du respect de la personne, du prochain, d'un regain de sens moral, et non pas d'une affirmation des fondamentalismes (musulman, catholique, protestant, juif, communiste, tous totalitaires). L'ensemble de la communauté onusienne, fonctionnaires, experts et consultants, délégations nationales — tous des privilégiés — doivent en prendre conscience. Certes, « l'homme n'a que peu de considération pour la dignité d'autrui dont l'importance ne lui est évidente que lorsqu'il est, dans sa propre personne, le sujet d'une offense aux droits fondamentaux » (124). Cela, tous les Onusiens précités, et avec eux tous les dirigeants des Etats membres, doivent l'apprendre.

Il est des problèmes intérieurs, dans certains pays, qui — à artir d'un certain degré de gravité — prennent une dimension iternationale (125).

Ce qu'il faut changer, c'est la perspective dans laquelle on nvisage la reconstruction du système international, afin qu'une raie paix puisse s'installer. Tout comme le problème général de a croissance — non seulement dans le tiers monde — un noueau type de développement doit être imaginé ; pour les relations iternationales bilatérales et multilatérales un nouveau *contrat ocial international* (126) est à définir. Davantage même : un ouveau *contrat moral,* offrant à chaque peuple de s'organiser ibrement selon ses traditions, ses coutumes et convictions, sur la ase d'un dialogue national et de dialogues régionaux dans lesquels l'étranger s'abstient d'interférer, si ce n'est *par référence la Déclaration universelle.* Que l'ONU ne soit pas qu'un gagneain, qu'une sinécure.

Le devoir d'ingérence (bis)

L'expérience quotidienne a montré qu'aucune dictature, sociaiste ou capitaliste, n'a su jeter les bases d'une économie saine t dynamique (127). Si *capitalisme* et *démocratie* ne peuvent rospérer ensemble, c'est qu'alors la liberté des chefs d'entreprise 'est que celle d'écraser. Capitalisme et démocratie sont faits pour oexister, car tous deux ont pour fondement les libertés indiviuelles. Il n'est que de constater les piètres réussites des dictaures de gauche et de droite pour réaliser sur quoi débouchent es entorses à cette réalité. Malheureusement, le *chacun pour oi* qui perturbe les pays occidentaux fait que personne n'ose nettre sur le tapis le principe du *devoir d'ingérence* lorsque le graves viols des droits de l'homme sont signalés. Il est vrai que les deux tiers des gouvernements de la planète devraient lors être mis en question. Pour éviter que la terre entière ne oit polluée et étouffée par le monolithisme politique et éconoique — qui est aussi celui de la pensée, et donc de la culture — un *Procureur des droits de l'homme,* doté de moyens d'acion et complété par un *Tribunal international,* s'avère indispenable (128). On aurait tort d'oublier que c'est l'impuissance du Conseil de la SDN qui a stimulé l'audace des criminels nazis. Mais l'éradication du chancre fasciste et communiste ne peut éussir que le jour où, dans les démocraties, on aura définitivement admis que la rationalité économique — qui inspire immanquablement la politique — doit enfin être soumise au primat de la solidarité humaine. En toute équité. Pourquoi ne pas commencer en Guinée équatoriale ?

La justice coûte souvent moins cher que le maintien de l'arbitraire.

Notes

(1) Bien que, de plus en plus, la Commission soit accusée d'être un des organes les plus politisés de l'ONU. Depuis le remplacement de Theo van Boven par K. Herndl c'est plus particulièrement sensible.

(2) Flores de la Pena (H.), « La coopération internationale pour le développement ». *Mondes en Développement,* XXXIII, 9, Bruxelles-Paris 1981, pp. 153-158.

(3) Moran (F.), *Una politica exterior para España,* Barcelone, 1980 372 p. Les résurgences du franquisme, dès la « conspiration de Jativa » de septembre 1977, et le coup d'Etat avorté de février 1981, démontrent la fragilité de la jeune démocratie espagnole. Le *forcing* de l'Espagne, en Guinée équatoriale, visait à se bien placer, en l'occurrence pour deux raisons majeures : la réadmission dans l'OTAN et la concurrence de la France dans l'ex-colonie.

(4) Notons ici qu'en septembre 1981, l'ex-dauphin de Macias Nguema Daniel Oyono Ayingono, ex-ministre de l'Economie, des Finances et du Commerce, secrétaire d'Etat à la présidence, chef du protocole, directeur de l'Information et du Tourisme, commissaire des entreprises d'Etat, responsable de la Sûreté, etc., a annoncé qu'il avait pris la tête d'un prétendu Bloc des forces démocratiques qui n'existe que dans son imagination et dans celle de son sponsor espagnol García Trevijano. Faut-il rappeler qu'Oyono Ayingono est directement lié au « suicide » de l'ex-vice-président Bosio Dioco ?

Daniel Oyono Ayingono était, à la fin du règne de Macias Nguema une des trois personnes disposant de la signature pour les virements gouvernementaux sur les comptes du pays en Espagne et aux Etats-Unis L'un des autres signataires était l'ex-chargé d'affaires en Espagne, le nguemiste et provocateur notoire Pedro Nsue Ela Eyang, connu notamment pour son agression armée d'un policier espagnol, sa complaisance lors du viol, à Santa Isabel, de la valise diplomatique espagnole, au ministère des Affaires étrangères. Nsue Ela Eyang est depuis 1982 directeur des Affaires consulaires et culturelles dans ce ministère ; il a participé à la Conférence des donateurs, à Genève. Au moment du coup d'Etat de 1979, la Guinée équatoriale possédait encore 20 millions de $. Sur ce montant, 7 Mio de $ ont mystérieusement disparu, ainsi qu'un nombre important de pièces d'or, empochées, selon la presse espagnole, par Nsue Ela Eyang. C'est probablement pour ses compétences financières que Nsue Ela Eyang a fait partie de la délégation nguemiste à la *Conférence des bailleurs de fonds* d'avril 1982, à Genève.

(5) Commission Internationale des Juristes, *Une nouvelle constitution en Guinée équatoriale, op. cit.,* 1983, pp. 1, 4.

(6) Ela (J.M.), *Le Cri de l'Homme africain, op. cit.,* p. 90.

(7) *Marchés Tropicaux,* 5, Paris, 2 janvier 1978, pp. 9-10.

(8) Ela (J.M.), *Ibid.,* pp. 90-91.

(9) Ela (J.M.), *Ibid.,* pp. 92-93 (selon Amnesty International, *Rapport sur la torture*).

(10) Alianza Nacional de Restauración Democrática, « La gran compli

cidad de la ONU en la situación de Guinea Ecuatorial ». *La Voz del Pueblo. Organo de Información de A.N.R.D.*, 3. En Exil, 1977, pp. 65-74, ill.

(11) Egurbide (P.), « El desencanto guineano ». *Diario 16*, Madrid 24 mai 1983, p. 5.

(12) Wiznitzer (L.), « To be or not to be ? That is the question ». *The Christian Science Monitor* (International), Boston, 27 septembre 1982, p. 5. Cf aussi Cox (A.M.), *La roulette russe : à quoi jouent les super-puissances*. Paris, 1983, 264 p.

(13) *Annual Report to the Congress, Secretary of Defense, fiscal year 1984*, p. 18 (cité par *Libération-Afrique*, 19-20, Paris, décembre 1983 - mars 1984, p. 27).

Un récent rapport du *American Committee on Africa*, par Richard Knight conclut : « L'administration Reagan semble s'être commise à soutenir le Maroc, qu'elle considère comme un ami fiable et un allié dans une zone instable. Dans ce contexte, les USA craignent que le Roi Hassan ne soit pas capable de garder son trône sous la double pression de la faillite économique et la perte du Sahara, ce qui incite Washington à jouer un rôle plus actif à l'égard de la lutte pour l'indépendance conduite par le Polisario. Aussi, alors que les USA continuent de prétendre soutenir les efforts de l'OUA envers un règlement pacifique au Sahara occidental, ils soutiennent en fait les efforts marocains pour obtenir une victoire militaire sur le Polisario et pour briser la lutte légitime de la population pour l'autodétermination ». *The American Committee on Africa*, 198 Broadway, New York, NY 10038. Bien plus sévère encore est R. Lekachman, *Greeds is not enough-Reaganomics*. New York, 1982, 213 p. qui condamne sans appel la politique économique du président Reagan et réprouve le transfert délibéré des revenus et des richesses « des femmes aux hommes ; des vieux aux jeunes ; des régions en déclin aux villes en expansion de la Ceinture du Soleil ; et des services sociaux au Pentagone ». Cf. aussi Coker (C.), « Reagan and Africa ». *World Today*, Londres, avril 1982, pp. 123-130 ; Davidson (N.), « The United States and Africa ». *African Affairs*, LXXXII, 327, Londres, avril 1983, pp. 159-167 ; Nicol (D.), « The United States in Africa : time for a new appraisal ». *African affairs*, LXXXII, 327. Londres, avril 1983, *ibid.* — Depuis le 26 juillet 1983, le roi Hassan II du Maroc invoque la guerre du Sahara (« guerre que nous ne voulons pas mais que les ennemis de la patrie nous imposent ») pour justifier un sévère plan d'austérité ; or, les finances sont en piteux état surtout à cause de la chute du prix des phosphates, de la sécheresse, ainsi que du maintien en état de guerre d'une super armée destinée essentiellement à museler l'opinion et à maintenir un conflit impérial apte à créer provisoirement un concensus national.

A propos du refus par l'administration Reagan de la juridiction de la Cour de La Haye, le Comité exécutif de la CIJ rappelait en mai 1984 que les USA avaient été trop heureux de pouvoir porter plainte contre l'Iran devant la Cour de La Haye lors de la prise d'otage de leur ambassade à Téhéran. « Lorsqu'il est confiant du succès, remarquait la CIJ, le gouvernement des Etats-Unis accepte la juridiction de la Cour, mais la rejette lorsqu'il y a risque de défaite. » Et d'estimer que cette attitude est dommageable à la réputation des Etats-Unis, mais surtout, contribue à saper le respect de la primauté du droit dans les relations internationales. La CIJ se félicitait de la position de la Société américaine de droit international qui demandait l'abrogation de la décision du gouvernement Reagan.

(14) Anonyme, « Editorial ». *Libération-Afrique*, 15/16, Paris, janvier-février 1983, p. 3. Cf. aussi Martin (G.), « Les fondements historiques, économiques et politiques de la politique africaine de la France : du colonialisme au néo-colonialisme », *Genève-Afrique*, XXI, 2, Genève, 1983, ainsi que Luckham (R.), « La politique militaire de la France dans les

anciennes colonies d'Afrique ». *Review of African Political Economy*, 24, Londres, août 1982. LORY (G.), La France et l'Afrique. N° spécial de *Marchés tropicaux et méditerranéens,* 1937, Paris, 24 décembre 1982, 92 p. ; BOSSHARD (A.), « France-Libye. Beaux sentiments et noires combines ». *Journal de Genève*. 13 octobre 1983, p. 1 : Une des faiblesses « de l'art de gouverner de la France, depuis des siècles (...) est de résoudre par la combine, l'intervention des services parallèles, des politiciens de tout poil, les dossiers les plus difficiles ».

(15) La Conférence de presse de l'ex-ministre de la Santé, E. Buale Borico, en août 1983, à Madrid, ne laisse planer aucun doute.

(16) L'aide de la CEE (V^e FED) donne pour le programme indicatif destiné à la Guinée équatoriale, au printemps 1981, la répartition suivante, par secteurs :

Développement rural	30 %
Infrastructures routières et adductions d'eau dans les villes	20 %
Santé	14 %
Formation	5 %
Pêche	1 %
Réserves	20 %

Parmi les projets de coopération régionale figurent la route transafricaine Yaoundé-Libreville, via Ebebiyin, Mongomo, Akurenam, et les routes Bata-Kribi, Mongomo-Oyem, Ebebiyin-Bitam. SMOUTS (M.C.), « Rapport Pisani ». *Politique Africaine*, 8. Paris, décembre 1982, pp. 105-107. Ce rapport, qui est un compromis, vise les nouveaux accords de coopération entre CEE et pays ACP, en mars 1985.

(17) Anonyme, « Guinée équatoriale : après onze ans de persécutions », in « Les deux voyages du pape Jean-Paul II en Afrique ». *Afrique contemporaine*, 120, Paris, 1982, pp. 18-19.

(18) LAVERDIÈRE (L.), « Black Priest/White Church, de l'Abbé Lucas Lawrence » (Random House, New York, 1970, 272 p.), in *Peuples noirs - Peuples africains,* 4, Paris, juillet-août 1978, pp. 6-76 (p. 70).

(19) HURBON (L.), « Les contradictions de l'Eglise sous la dictature des Duvalier ». *Le Monde,* Paris, 9 mars 1983, p. 4.

(20) KUNG (Hans), « Interview ». *Newsweek,* New York, 1er août 1983 ; GARRIGUES (J.M.), *L'Eglise, la société civile et le communisme*, Paris, 1984.

(21) Il n'y a, bien entendu, aucune remise de fonds helvétiques aux autorités nguemistes. Mais il n'en demeure pas moins que la dictature tire profit de cette aide, car elle va la compter dans le bilan de ses propres réalisations.

En 1982, la Suisse a consacré à ses projets de Guinée équatoriale 917 000 Fr. S. (env. $ 450 000), soit 13,3 % de l'aide en cas de catastrophe. Sur onze pays aidés, seuls le Zimbabwe et le Liban ont reçu une aide plus substantielle (autres pays : Angola, Honduras, Italie, Nord-Yemen, Sud-Yemen, Pologne, Tchad, Tunisie).

Notons ici, dans la présentation générale de la Guinée équatoriale parue en 1982 et 1983 dans le *Bulletin du Délégué du Conseil fédéral aux missions de secours en cas de catastrophes à l'étranger* divers éléments qui dénotent la méconnaissance des réalités équato-guinéennes par cette unité, ou la volonté d'occulter cette réalité face au contribuable, notamment :

Bubi : sur quelle base l'auteur du rapport prétend-il que le peuple Bubi de Fernando Poo ne remonte qu'au XVIIe siècle ?

Obiang Nguema : est présenté de façon aimable, sans mention aucune de son passé auprès de Macias Nguema, ni de sa gestion dictatoriale après l'élimination de son oncle : « Le nouveau Régime a émis une amnistie [on sait ce qu'elle vaut], et essayé de rétablir le droit et l'ordre et de faire fonctionner à nouveau l'administration », alors qu'aujourd'hui encore la Guinée équatoriale est un Etat hors-la-loi, l'ordre y étant celui de la dictature militaire nguemiste.

ONU : « En avril 1982 a eu lieu sous le patronage du PNUD, à Genève, une Conférence des donateurs, avec pour but d'aider la Guinée équatoriale dans ses efforts de reconstruction du pays », alors que la corruption est la règle à tous les niveaux du régime.

Voici ce qu'on peut qualifier d'information honnête. FRISCH (T.), « Aequatorial-Guinea. Allgemeine Informationen ». *Bulletin d'information du Délégué du Conseil fédéral...*, 24, Berne, décembre 1982, pp. 20-22, ill. ; BUHRER-LANDOLT (R.), Aequatorial-Guinea. Impfkampagne ». *Bulletin d'information...*, 25, Berne, mai 1983, pp. 22-24, ill. Cf. encore CADOTSCH (A.), *Ibid.*, n° 27. Berne, décembre 1983, pp. 18-19.

Ce silence complice se retrouve aussi dans divers organes de presse. Des journalistes (?), soit parce qu'on leur a payé un voyage en Guinée Equatoriale, soit parce qu'ils ne font pas leur travail en analysant de façon critique les documents qui leur sont remis, entretiennent un silence coupable sur les réalités de la dictature nguemiste. Cf. FATZER (B.), « Schweizer Impfaktion in Aequatorialguinea ». *Tages-Anzeiger*. Zurich, 15 février 1984, pp. 49-50 ; Kvd, « Entwicklungszusammenarbeit oder Katastrophenhilfe ? » *Tages-Anzeiger*. Zurich, 15 février 1984, p. 50.

(22) MENDE (T.), *De l'aide à la recolonisation*, Paris, 1972.

(23) HOFFMANN (S.), *op. cit.*

(24) ELENGA M'BUYINGA, *Pan-Africanism or Neo-Colonialism. The Bankrupcy of the OAU*. Londres, 1982, 236 p.

(25) « Comme les châteaux hantés d'Ecosse, le Palais des Nations [Genève], ces derniers mois, avait son fantôme. Pourchassé par les journalistes de plus en plus curieux, avec le temps, de mettre la main sur lui. Peine perdue. Jusqu'à ce dernier mercredi [de janvier 1983] où, nommé depuis près d'un an, l'Autrichien Kurth Herndl, nouveau directeur du Centre des droits de l'homme, et successeur du Hollandais Theo van Boven, leur est apparu, en chair et en os. Cinq jours avant l'ouverture, ce lundi, des travaux de la Commission des droits de l'homme. »

« Râblé, cheveux courts, visage glabre derrière de grosses lunettes, cet Autrichien est un enfant du sérail onusien. Parfaitement rôdé aux mécanismes byzantins, à la fois impénétrables et désespérément lents, de la machinerie internationale. Souriant, affable, il a endossé la bure diplomatique telle qu'elle se porte à Manhattan : avec cette remarquable intelligence des problèmes de la planète qui, tels des orages, viennent lancer leurs derniers éclairs sous les fenêtres de la maison de verre. Et une non moins étonnante impassibilité devant le tohu-bohu politique, économique, social, humain qu'absorbe comme une immense chambre d'écho l'organisation internationale. Hommes de couloirs et de dossiers, de palabres de Cabinet, inventeurs de formules diplomatiques qui par le flou admirable des formules, diluent les pires crises, les serviteurs de l'ONU, tel Herndl, sont sous le feu croisé des tensions opposées. Ils n'en perdent pas pour autant leur imperturbable sérénité. Ni ce qu'il est convenu de nommer " objectivité ". »

« Voilà donc l'homme qui succède à Theo van Boven. Loin de jouer les apôtres, le Néerlandais avait petit à petit donné à la fonction de directeur de cette épineuse division, une touche personnelle. Dénonçant, avec une prudence parfois excessive (quoi qu'on ait voulu dire de lui) des pratiques — et non des gouvernements, sinon pour citer des textes de la commission — et cherchant inlassablement par des procédures appropriées, à mettre au jour des pratiques que tous les gouvernements de la terre ont à cœur de camoufler. Impartial par fonction, d'une témérité calculée, il est tombé, voilà un an, sous le couperet du tout nouveau secrétaire général des Nations Unies, de Cuellar. Ecarté dans un concert de protestations, sa succession est devenue, du même coup, bien difficile à porter (...). " Le silence est le grand ennemi des droits de l'homme ", nous disait (...) M. Theo van Boven. " Personnellement, je crois à la diplomatie discrète ", a déclaré (...) M. Herndl à la presse. Tout le débat est là ». BOSSHARD (A.), « Le nouveau " Monsieur Droits de l'homme ". *Journal de Genève,* Genève, 31 janvier 1983, p. 1 ; courant 1983, M. Theo van Boven a retrouvé le circuit des droits de l'homme en étant intégré dans la Commission indépendante sur les questions humanitaires que nous évoquons par ailleurs.

(26) Mouvement international pour l'union fraternelle entre les races et les peuples (UFER). *Déclaration écrite au Secrétaire général.* Genève, 4 mars 1983. Commission des Droits de l'Homme, 39e Session, Point 12. Doc. E/CN.4/1983/NGO/54, 1 p.

(27) Lettre de M. Herndl du 30 mars 1983.

(28) BOSSHARD (A.), *Ibid.*

(29) ELA (J.M.), *op. cit.,* p. 91.

(30) AGA KHAN (S.), « Does the United Nations Deserve our Trust ? », in *International Cooperation at a Crossroad.* Institut Universitaire d'Etudes Internationales, Genève, 1970, pp. 63-73 (pp. 65, 73).

(31) WILROTS (A.), « L'aide aux victimes des catastrophes naturelles. Des secours humanitaires au développement économique ». *Le Monde diplomatique,* Paris, juillet 1983, p. 22.

(32) Mgr Sarpong, « Discours à la rencontre panafricaine de la JEC ». Dar-es-Salam, septembre 1980, cité par TATSCH (Ch.), « Catholiques et protestants entre l'héritage colonial et les mouvements de libération en Afrique ». *Le Monde diplomatique,* Paris, 1982.

(33) BERTHELOT (J.), « Développement du tiers monde et méthodes de sélection des projets ». *Mondes en Développement,* XXXIII, 9. Bruxelles-Paris, septembre 1981, pp. 15-74.

(34) On retrouve ce vocable dans la littérature du Ministère français de la Coopération, en 1980 ; comment s'est-il insinué dans le langage de la junte nguemiste ?

(35) MORAN (F.), *op. cit.,* p. 375.

(36) John K. Galbraith disait, voici vingt ans : « Si le développement exige la participation du peuple, il importe que celui-ci y trouve sa récompense. Il ne peut y avoir de progrès réel si les masses ne participent pas au progrès. L'homme est ainsi fait qu'il est incapable de donner son maximum d'efforts pour enrichir quelqu'un d'autre. De même que l'instruction, la justice sociale a des effets heureux sur l'économie ». *Op. cit.,* p. 76.

(37) Selon des éléments de *Lignes de conduite pour les activités économiques dans le domaine international.* Groupe de Dialogue Eglise/Entreprise. Institut d'éthique sociale de la Fédération des Eglises protestantes de Suisse. Adliswil, 1981, pp. 14-15. Participants : MM. A. Fürer (Nestlé), Fr. Luterbacher (BBC), L. von Planta (Ciba-Geigy), l'évêque L. Gauthier, l'évêque J. Vonderach, le pasteur J.-P. Jornod. Cf. aussi Conseil œcuménique des Eglises, *Churches and the transnational corporations : an ecumenical programme.* Commission on the Churches participation in development, Genève, 1983, 145 p. Côté Eglise catholique, cf. Iustitia et Pax, *Développement et droits de l'homme.* Fribourg, 1984, 50 p., ainsi que Iustitia et Pax, *La Suisse, place financière et le tiers monde.* Fribourg, 1983, 45 p. Dans la première de ces études, Iustitia et Pax examine des thèses normatives (notamment, Solidarité et responsabilité), économiques (notamment, le NOEI et l'intégration des pays en développement dans le système économique mondial), éthiques (notamment, les notions d'égalité, de solidarité et de responsabilité).

(38) *Diario 16* (censuré en Guinée équatoriale), Madrid, 29 juillet 1981.

(39) Cf. aussi *Plan de sauvetage du Président des Comités d'aide au développement de l'OCDE,* Paris, 1980. M. J.P. Lewis y parle d'accroître de 2 à 3 milliards de dollars d'ici 1985 l'aide octroyée à la seule Afrique, au lieu du milliard envisagé précédemment.

(40) Institut universitaire d'Etudes du Développement, *Annuaire Suisse - Tiers Monde,* 1, Genève, 1981, pp. 123, 133 ; Parti socialiste ouvrier, *Eternit, poison et domination : une multinationale de l'amiante,* Zurich, 1983, 185 p.

(41) DOMMEN (E.), « L'importance du polycentrisme dans un nouvel ordre économique international ». *Colloque sur le NOEI.* Académie de Droit International, La Haye, 23-25 octobre 1980, p. 5. Cf. aussi LAZLO (E.), LOZOYA, etc., *Obstáculos para el nuevo orden económico internacional,* Mexico, 1981, 182 p. ; BETTATI (M.), *Le nouvel ordre économique international,* Paris, 1982 ; STERN (Brigitte), *Un nouvel ordre économique international,* Paris, 1982.

L'idée du code de conduite international pour les géants de l'industrie est née après la chute du président Allende, du Chili, à la suite des révélations sur les implications du géant américain des télécommunications ITT dans le coup d'Etat. Milieu 1983, le projet de code buttait sur la définition des sociétés transnationales (y compris les firmes du bloc socialiste).

(42) MILZA (P.), *Le nouveau désordre mondial,* Paris, 1982. — Sur les multinationales, cf. *Etude sur le nouvel ordre économique international et la protection des droits de l'homme. Rapport final* (R. Ferrero). Commission des droits de l'homme, Genève, 18 novembre 1983, Doc. E/CN.4/Sub.2/1983/24/Add.1/Rev. 1, p. 5. — Pour le point de vue des milieux bancaires suisses, cf. Association suisse des banquiers, *Les banques suisses et les problèmes de développement,* Bâle, 1982, 61 p. ; Iustitia et Pax, *La Suisse, place financière et le Tiers monde,* Berne, 1983, *op. cit.*

(43) CLERMONTE (F.), « Le pouvoir méconnu ». *Le Monde diplomatique,* Paris, septembre 1983, p. 2. — Il va de soi qu'il ne s'agit pas d'accuser les multinationales de tous les maux. Leur impact dans le tiers monde serait moindre que d'aucuns l'affirment : env. 28 % de leurs investissements. Néanmoins, ce 28 % représente dans beaucoup de pays le quasi 100 % des investissements effectués. Cotta A., Ghertman M., *Les multinationales en mutation,* Paris, 1983. L'*Institut de recherches sur les multinationales* qui publie cette étude, a été transféré en 1983 de Paris à Genève. LACOSTE (Y.), *Géographie du sous-développement.* Paris, 1976, p. 18. GROU (P.), *La structure financière du capitalisme multinational.* Fonds national des sciences politiques. Paris, 1983. Cf. aussi Nations Unies, *Transnational Corporations in World Development.* New York, 1983 ainsi que CAMUS (D.), *Les finances des multinationales en Afrique,* L'Harmattan, Paris, 1983, 434 p. ; cf. GANLEY (O.H.), « Political Resolution of Communications and Information Disputes ». *Transnational Data Report,* VI, 6. 1983 ; MATTELART (R. et M.), DELCOURT (X.), *La culture contre la démocratie ? L'audiovisuel à l'heure internationale.* Cahiers libres. Paris, 1983 ; Divers, « Multinationals and the role of the State », in *Emerging Development Patterns : European Contributions.* E.A.D.I., t. I. Conférence de Budapest, novembre 1981. Budapest, 1983, 546 p. (pp. 69-156) ; Bureau International du Travail, *Effet des entreprises multinationales sur l'emploi dans les pays en voie de développement.* Genève, 1983 ; MAUCHER (H.), « La multinationale. Etat privé au-dessus des Etats ? Non. Face à la puissance publique la multinationale n'a qu'un choix : se soumettre ou se démettre ». *Le Temps stratégique,* 8. Genève, printemps 1984, pp. 67-72.

(44) Service d'Information Tiers Monde, *Suisse, médias et Tiers Monde.* Dossier 13-14. Berne, septembre 1983, 83 p. ; MCPHAIL (Th.), *Electronic*

Colonialism : The Future of International Broadcasting and Communication Beverly Hills, 1981. Cf. aussi note 104.

(45) Kinzounza (F.C.), « Firmes Transnationales (F.T.N.) et Développement ». *Peuples noirs - Peuples africains,* 36. Paris, novembre-décembre 1983, pp. 34-54 (pp. 53-54). La citation de F. Kinzounza vient de G. Myrdal, *Asian drama — An inquiry into the poverty of Nations,* Middlesex, 1968, p. 1909 ; Divers, *Multinationals and the role of the State in Emerging Development Patterns : European contribution.* E.A.D.I. Conférence de Budapest, 1981, Budapest, 1983, pp. 71-158 ; cf. aussi Petroff (J.), « Do developing countries benefit more from multinational corporations than industrialized countries ? », *Mondes et Développement,* XI, 41-42, Paris-Bruxelles, 1983, pp. 129-142.

(46) Rigaux (Fr.), « Les insuffisances des codes de conduite ». *Le Monde diplomatique,* Paris, février 1984, pp. 15-17. Cf. aussi I.U.E.D., « 4e Commission de l'ONU sur les Sociétés transnationales — Code de conduite ». Séminaire de l'ONU sur le rôle des Sociétés transnationales en Afrique du Sud et en Namibie, in *Annuaire Suisse - Tiers Monde,* 3, Genève, décembre 1983, pp. 52-54, 56-61.

(47) D'après Bedjaoui (M.), (*op. cit.,* p. 199), « les critiques à l'égard de l'ensemble du système des Nations Unies sont sévères et renouvelées. Bien des auteurs s'en sont fait l'écho. Pour certains, " les organisations internationales ont été pendant de longues années les clientes de l'impérialisme ". Et d'ajouter en note : " Incisif, Yash Tandom, professeur à l'Université de Dar-es-Salam, dénonce avec vigueur le rôle joué par les organisations internationales pour " faciliter l'expansion de l'impérialisme américain ". Selon lui, les Nations Unies au cours de leurs quinze premières années d'existence n'ont jamais été dans la sphère politique que " l'extension du Département d'Etat ". Dans la sphère économique, l'œuvre des institutions comme le GATT, la BIRD, le FMI a favorisé la domination des firmes géantes américaines dans le tiers monde (...). Pour un auteur comme Cheryl Payer, " le Fonds monétaire international fait partie intégrante de la structure occidentale destinée à perpétuer le néo-colonialisme ". »

Mais les Nations Unies sont également accusées d'être l'instrument de l'URSS. C'est ainsi que deux périodiques de la droite belge et suisse ont formulé les critiques suivantes : « La Charte prévoit que sont seuls admis à l'ONU les Etats pacifiques qui acceptent les obligations de la Charte et qui, au jugement de l'Organisation, sont capables de les remplir et disposés à le faire. La forme est respectée, l'esprit ne l'est plus : l'admission est décidée par l'Assemblée générale sur recommandation du Conseil de Sécurité, autant dire que des critères de toute autre nature entrent en ligne de compte. Ils trouvent leur justification dans l' " universalité de l'ONU ", principe qui s'est institué jusqu'à devenir la règle d'or de l'Organisation. »

« La manipulation du vocabulaire a fait le reste : la paix ne peut se concevoir que par la victoire des socialistes et affiliés, l'autodétermination des peuples a pris nom de " décolonisation ", partout, sauf en Europe, le racisme est assimilé à l'apartheid et au sionisme, mais jamais au sort subi par les Tatars et les juifs d'URSS. »

« Ainsi va l'ONU, pataugeant au nom d'idées sublimes. Sur le plan politique s'entend, car il en va le plus souvent autrement dans la plupart des institutions spécialisées. »

Frank (N.), « L'ONU en question : elle ne vit pas, elle vivote » *L'Impact,* 154, Genève, avril 1981, pp. 14-16. Article paru initialement dans *La Libre Belgique,* Bruxelles. *L'Impact* remet ça avec l'article de L. de Meuron, « Défense de nos libertés. Non au mondialisme onusien ». *L'Impact,* 191. Genève, mai 1984, pp. 17-20.

Dans la ligne passionnée, il faut citer aussi CALDWELL (T.), *Cœurs à nu,* Paris, 1978 : « Les Nations Unies. Oh ! Seigneur ! Qu'ont-elles fait pour empêcher le crime ? Pour faire régner la justice, la liberté, la fraternité ? Rien. Un congrès où l'on se querelle, où l'on ne cherche que son propre intérêt, où l'on trahit en secret les hommes de bonne volonté. Où l'on reste silencieux devant le mal. Quand une affaire d'importance leur est soumise, ils recensent le nombre de chats vivants sur la terre ! »

Plus passionnée encore, l'opinion d'Edmond Kaiser, fondateur de « Terre des Hommes » : « Dans sa dépense et ses efforts, on peut affirmer sans risque d'erreur que l'ONU, en gros, est une escroquerie planétaire et une monstruosité ».

« Depuis des années, à visage découvert, nous luttons contre le Directeur de la Division des Droits de l'homme (toute souffrance fait hélas partie, si je puis dire, des Droits de l'homme), contre l'OMS, contre le " haut " commissariat pour les réfugiés, en nous fondant sur l'indifférence, la fainéantise, l'incompétence, l'hostilité ou l'imbécilité d'" experts " lourdement financés par les peuples pauvres, riches ou moyens. »

« (...) Le peuple suisse et sa Suisse rayonnante (elle l'est toujours, généralement à l'étranger) ont mieux à faire, et pour moins cher, que d'aller se frotter, vaniteusement et vainement à l'opulente et merdeuse élite que constituent les cadres " pensants " de ce type d'organisation. » « Terre des Hommes et l'ONU. » *Nouvelle Revue de Lausanne,* Lausanne, 18 décembre 1980.

Egalement de décembre 1980 est *L'appel de 165 intellectuels* [dont 34 Prix Nobel] *à la conscience des Nations,* qui met lui aussi l'ONU en accusation. Inquiets face à l'actuelle dégradation des Nations Unies, ils déclarent : « Aujourd'hui, l'ONU n'est plus la gardienne de la justice sociale, des droits de l'homme, de l'égalité entre les nations. Pervertie par des intrigues politiques hors de propos, elle court le risque de se muer en une force dirigée contre la paix elle-même. » Et de citer les exemples de l'Afghanistan, de la guerre irako-iranienne, des otages américains en Iran, des troubles en Asie du Sud-Est. De protester aussi contre les « manipulations » du forum international pour privilégier les Palestiniens au détriment d'Israël. Il faut, à leur avis, que les Etats membres en reviennent aux idéaux de la Charte des Nations Unies.

Plus récemment, BERNHEIM (N.), « Le petit monde déroutant de l'ONU ». *Le Monde,* 23-24 octobre 1983, p. 5 : « ... les trente-neuf étages de la maison de verre de New York — sans compter ses annexes — abritent une bureaucratie galopante qui semble se multiplier par scissiparité. Sa seule justification paraît être la production de tonnes de papier dans les six langues officielles et la fourniture d'un cocon de vie douillet à quelque six mille employés du secrétariat qui, s'ils ne sont pas tous somptueusement payés, jouissent d'avantages en nature appréciables, et, surtout, d'une sécurité d'emploi en béton armé ».

Les critiques se recrutent aussi dans les milieux arabes, notamment à l'égard de la Commission des droits de l'homme des Nations Unies. Cf. par ex. Comité de défense des libertés et des prisonniers politiques en Syrie. *La Tribune.* N° spécial à l'occasion de la 35e Commémoration de la Déclaration Universelle des Droits de l'Homme. Genève/West Covina (USA), décembre 1983, 69 p.

Une des dernières critiques figure dans le N° de décembre 1983 de *Droit de vivre,* journal de la Ligue internationale contre le racisme et l'antisémitisme (LICRA), où, à propos de l'incapacité générale de résoudre la question arménienne, on écrit : « Il est de notoriété publique qu'une instance telle que l'ONU n'est plus actuellement appelée à jouer qu'un rôle de parade, au mieux offrir une vague caution morale. Le " Machin ", comme disait De Gaulle, qui n'a pu empêcher ni le massacre Cambodgien, ni l'invasion de l'Afghanistan, a depuis longtemps perdu le rôle de médiateur qu'il n'a d'ailleurs jamais eu. »

Très critique également à l'endroit des Organisations internationales, cf. Collectif, *Il faut manger pour vivre,* Paris, 1980.

(48) Le cas de la Suisse est intéressant, non parce que ce pays est un des derniers à n'avoir pas encore fait acte de candidature aux Nations Unies, mais parce qu'il s'agit du seul pays où le peuple (hommes et femmes) doit voter pour décider d'une éventuelle adhésion. Près de quarante ans après les débuts de l'ONU et au vu de ses activités et interventions, les Suisses ont la possibilité de juger sur pièces. Bien que la Confédération helvétique participe largement aux budgets des institutions spécialisées et à diverses opérations de maintien de la paix, sa population ne semble pas encore convaincue de l'intérêt d'une adhésion politique. Il est vrai, comme le relève le premier *Message du Conseil Fédéral aux Chambres* sur l'adhésion de la Suisse à l'ONU, que « l'image que l'ONU donne parfois d'elle-même n'a pas amélioré sa cote de popularité dans notre pays ». C'est ainsi que les citoyens suisses sont particulièrement irrités par les célèbres « majorités automatiques », le plus souvent contre-nature.

(49) Un constat s'impose : « La décolonisation a conféré le droit aux droits de l'homme à la quasi totalité de l'humanité. » Nier cette évidence serait « la négation totale de l'Autre et l'holocauste ». Cf. Collectif, *De la dégradation du droit des gens dans le monde contemporain,* Paris, 1981, qui débat du problème d'un « droit de la condition humaine ».

(50) COLARD (D.), « Détente, dissidence et droits de l'homme ». *Etudes Internationales,* VIII, 4, Québec, décembre 1977. Cf. aussi JOUVE (E.), *Le tiers monde dans la vie internationale,* Paris, 1983, 294 p.

(51) EGURBIDE (P.), « El desencanto guineano ». *Diario 16,* Madrid, 24 mai 1983, p. 5, et LEGUINECHE (M.), « La lucha por el poder nunca cesó del todo en el país de Obiang Nguema ». *La Vanguardia,* Barcelone, 26 mai 1983, p. 11.

(52) MENDE (T.), *De l'aide à la recolonisation,* op. cit.

(53) « Editorial ». *Diario 16,* Madrid, 25 mai 1982, p. 2. Pour les Etats-Unis, cf. DONNELLY (J.), « Human Rights and Foreign Policy ». *World Politics,* XXX, IV, 4, Lawrenceville, juillet 1982, pp. 574-595 ; Divers, *Human Rights and U.S. Foreign Policy,* Lexington, 1979, 310 p. ; KENNET (W.), (Ed.), *The Moral imperatives of Human Rights. A World Survey,* Washington, 1980, 246 p.

(54) « Message concernant l'adhésion de la Suisse à l'Organisation des Nations Unies ». *Feuille fédérale,* 134ᵉ année, XI, 1. Berne, 23 mars 1982, pp. 678-668. En note, ce message précise : « L'un des points qui figurent régulièrement à l'Ordre du jour de la Commission des droits de l'homme concerne la violation de ces droits où qu'elle se produise dans le monde. Ainsi, en 1980, lors de sa session de printemps, la Commission a examiné, outre le problème de l'Afrique du Sud (et notamment l'apartheid), du Moyen-Orient et du Chili, les violations des droits de l'homme en Afghanistan, au Kampuchea, au Guatemala et en Guinée équatoriale par exemple. Elle a aussi traité les questions que posent le flot de réfugiés qui fuient certains pays et les personnes portées manquantes ou disparues, qui sont d'une grande actualité dans quelques régions du monde, ainsi que le bannissement du savant soviétique Sakharov. » *Op. cit.,* p. 680.

(55) Unesco, *Courrier de l'Unesco,* Paris, janvier 1983, p. 6.

(56) WELCH (C.E. jr.), « The OAU and Human Rights. Towards a New Definition ». *The Journal of Modern African Studies,* XIX, 3, Cambridge, 1981, pp. 401-420 (p. 404).

(57) Nations Unies, *Stratégie internationale du développement pour la*

troisième Décennie des Nations Unies pour le développement. Doc. A/35/464. New York, 23 octobre 1980. Note du Secrétaire général, p. 2, Point 8. Cf. aussi Conférence de la Commission Internationale des Juristes, *Development of Human Rights and the rule of law.* Fonds international pour un autre développement. Dossier 26, Nyon, nov.-déc. 1981, pp. 53-61.
C'est en 1979 que l'ONU a rédigé le document au titre le plus long sur le droit au développement : *The International Dimension of the Right to Development as a Human Right in Relation with Other Human Rights Based on International Co-operation Including the Right to Peace, Taking in Account the Requirements of the New International Economic Order and the Fundamental Human Needs.* Report of the Secretary General. New York, 2 janvier 1979. Doc. E/CN.4/1334.

(58) Nations Unies, « La Commission des droits de l'homme adopte des résolutions sur le droit au développement ». *Communiqué de presse.* HR/1336, Genève, 22 février 1983, p. 5.

(59) Cf. notamment WILLIAM (D.), « Human Rights and Economic Development», in *Human Rights and Development. Report of a Semiar on Human Rights and their promotion in the Caribbean,* Barbade, septembre 1977, Bridgetown, 1978, pp. 27-39.

(60) QUESTIAUX (N.), *Etude sur les conséquences pour les droits de l'homme des développements récents concernant les situations dites d'état de siège ou d'exception.* ECOSOC. Commission des droits de l'homme. Doc. E/CN.4/Sub.2/1982/15, Genève, 27 juillet 1982, 43 p. (p. 24).

(61) Cf. Nations Unies. « Allocution de M. Theo van Boven ». *Communiqué de presse,* HR/1140, Genève, 1er février 1982, 7 p.

(62) NAEF (A.), « ONU : vilaines manières ». *La Tribune de Genève,* Genève, 11 février 1982, p. 12 ; cf. aussi Speziali, « L'idée force de M. van Boven ». *La Liberté.* Fribourg, 17 février 1982, p. 8.

(63) RION (G.), « Droits de l'homme et ONU ». *Coopération,* Bâle, 22 avril 1982, p. 4 ; cf. aussi « Interview de M.T. van Boven », *Un Special, op. cit.* ; GUÉTAT (D.), « Rendre à l'ONU sa crédibilité ». *Construire,* Zurich, 24 mars 1982, p. 7.

(64) AUVILLAIN (E.), « Droits de l'Homme : la sourdine ». *Le Journal de Genève,* Genève, 11 mars 1983, p. 22 ; cf. aussi FLAKS (M.), « Où M. Herndl se cache-t-il ? ». *Coopération,* LXXIX, 44, Bâle, 4 novembre 1982, p. 2, notamment : « Alors que l'on continue à évoquer par-ci par-là la nécessité de la création d'un haut-commissariat des Nations Unies aux droits de l'homme, disposant d'une capacité d'intervention autonome dans un monde qui en aurait grand besoin, pourquoi M. Kurt Herndl, qui devrait être à l'avant-plan de ce combat pour l'affirmation des droits de l'homme, se cache-t-il ? Ne sait-il pas que ce combat se déroule non pas dans le secret des cabinets et dans la pénombre des archives, mais à l'aide des médias et de l'opinion publique, seule capable de changer le cours des événements atroces dont souffre une bonne partie de l'humanité ? » Cf. aussi LEUPRECHT (P.), *op. cit.,* p. 2.

(65) VISCHNIAC (I.), « La Commission des droits de l'homme de l'ONU a levé certains tabous sur les persécutions dans les pays de l'Est ou du tiers monde ». *Le Monde,* Paris, 16 mars 1983, p. 3. Parmi les silences dont bénéficient certains pays, notamment la Guinée équatoriale, cf. le *Rapport 1983* d'Amnesty international. Cette organisation subit-elle des pressions américaines ?

(66) *Handbook of World Development. The Guide of the Brandt Report,* Londres, 1981, 178 p. (p. 63).

(67) HERNDL (K.), « Allocution », 39e Session de la Commission des Droits de l'Homme. *Communiqué de presse*. HR/1304, Genève, 31 janvier 1983, 5 p.

(68) HARDLING (P.), *Déclaration liminaire*, 36e Session du Comité Exécutif du HCR, Genève, 11 octobre 1982, 9 p.

(69) BOSSHARD (A.), « Droits de l'homme. Le Club sélect de Genève », *Gazette de Lausanne*, Lausanne, 7 juillet 1983, p. 1.

(70) MADDOCKS (M.), « Les droits de l'homme vus des Nations Unies ». *The Christian Science Monitor* (hebdomadaire), Boston, 6 janvier 1984, p. 22.

(71) En URSS, par exemple, la répression continue férocement contre le seul syndicat indépendant connu, fondé en 1978, par un groupe d'ouvriers, le SMOT. Très vite, la police a brisé cet élan syndical : arrestations, assimilation à un groupuscule néo-fasciste, le NTS, asile psychiatrique ou exil, travaux forcés pour des membres tels N. Ukhanov, V. Borissov, L. Volokhonski, et bien d'autres.

N'est-on pas parvenu en juin 1983, à Madrid, à un quasi accord simplement parce que l'Occident démocratique a renoncé à exiger :

— la liberté pour ceux qui, dans les pays de l'Est, luttent pour le respect des dispositions de l'Acte final d'Helsinki,

— l'arrêt des brouillages radiophoniques,

— l'organisation d'une réunion d'experts permettant de dénoncer les violations des droits de l'homme où qu'elles se produisent dans le monde (prévue pour mai 1985 à Ottawa),

— le droit des peuples à choisir librement leur régime politique en l'absence de toute contrainte,

— le droit des journalistes à fonder des associations,

— etc.

Pour tromper le public occidental, le chef de la délégation des USA a, après l'accord général sur la signature du document de Madrid, prononcé un discours « musclé » contre les violations des droits de l'homme dans le bloc soviétique. Cela n'a pas empêché les démocraties occidentales de signer le document de Madrid, malgré la destruction, début septembre 1983, d'un Boeing 747 civil de la Compagnie d'aviation sud-coréenne par l'aviation militaire soviétique, et 269 cadavres innocents.

(72) Unesco (M. M. M'Bow), « Droits de l'homme ». *Le Courrier de l'Unesco*, Paris, août-septembre 1982, p. 49.

(73) CASESE (A.), « Le droit des peuples à l'autodétermination de la Charte de l'ONU à la Déclaration d'Alger de 1976 ». *Le Mois en Afrique*, 190-191, Paris, octobre-novembre 1981, pp. 99-106 ; ainsi que « La déclaration d'Alger et la lutte pour les droits de l'homme », in CASESE (A.), JOUVE (E.), *Pour un droit des peuples. Essai sur la déclaration d'Alger*, Paris, 1980 ; cf. encore FENET (A.), (Edit.), *Droits de l'homme et droit des peuples*, Amiens, 1982 ; BASSO (L.), *Un tribunal pour les peuples*, Paris, 1983. Lelio Basso est l'initiateur du Tribunal permanent des peuples. Ce projet du sénateur italien a pris la relève du *Tribunal Russel* fondé par Russel et Sartre pour condamner les crimes US commis au Vietnam.

(74) SAKAMOTO (Y.), « Les droits de l'homme sont universels ». *Le Courrier de l'Unesco*, Paris, août-septembre 1982, pp. 52-55.

(75) GONIDEC (P.-F.), « Un espoir pour l'homme et les peuples d'Afrique ? La Charte Africaine des droits de l'homme et des peuples ». *Le Mois en Afrique*, 209-210, Paris, juin-juillet 1983, pp. 22-40 ; SYLLA (L.), « Les droits des minorités en Afrique ». *Revue sénégalaise de droit*, Dakar, septembre 1978, pp. 99-132 ; UPC, « Déclaration du 3e Congrès de l'UPC sur les droits de l'homme ». *La Voix du Kamerun*, 33. En exil, décembre

1982, pp. 88-10. Notons que même en Afrique du Sud les milieux blancs commencent à se préoccuper de la question : FORSYTH (C.F.), SCHILLER (J.E.), *Human Rights : The Cape Town Conference. Proceedings of the First International Conference on Human Rights in South Africa,* Johannesbourg, 1979, 315 p. Il s'agit d'une tentative de membres de la communauté blanche. Malheureusement, peu de solutions ont été proposées.

(76) Si *démocratie* et *droits de l'homme* sont certainement une seule et même notion, il n'en demeure pas moins que leur approche varie en fonction des traits dominants des diverses civilisations et situations historiques. S'il est de plus en plus évident que l'on trouve l'origine du concept des droits de l'homme tant dans le christianisme que dans l'Islam, il est non moins certain que dans beaucoup de régions du globe la notion de *droits de l'homme* reste relativement neuve. Donc aussi celle de *démocratie.* Il serait faux d'apprécier toutes les situations particulières à travers les lunettes teintées de l'ethnocentrisme européen. Cf. notamment : VEGLERIS (Ph.), « Démocratie et droits de l'homme ». *Forum. Conseil de l'Europe,* 2/83, Bruxelles, 2/1983, Bulletin spécial des droits de l'homme ; DUPUY (B.), SANTUCCI (R.), *Cadmos,* 21, Genève, printemps 1983 ; DELEURY (G.), « L'Inde, une démocratie explosive. Les massacres en Assam ». *Projet,* 177, Paris, juillet-août 1983, pp. 723-732 ; DASSÉ (P.) et (M.), « L'Asie du sud-est entre démocratie et dictature ». *Projet,* 177, Paris, juillet-août 1983, pp. 733-742 ; Numéro spécial de *Projet* sur les droits de l'homme, Paris, janvier 1981.

(77) STONE (P.B.), « Interview » par World Press Review. *Santé du Monde. Revue de l'OMS,* Genève, juin 1983, p. 30.

(78) ETIENNE (G.), « Le tiers monde et les somnambules ». *L'Hebdo,* Lausanne, 30 juin 1983, pp. 22-23.

(79) BOVEN (T. van), « Human Rights in the New International Order ». Symposium of the Catholic Church of Chile, Santiago, novembre 1978. *Bulletin of Peace Proposals,* 4, Oslo, 1980, Edition spéciale, pp. 369-373 ; BISHCHENKO (I.P.), « The Impact of the New International Order in Human Rights in Developping Countries ». *Bulletin of Peace Proposals,* 4, Oslo, 1980, pp. 375-386.

(80) DASSÉ (P.) et (M.), *op. cit.,* p. 742.

(81) Le quota de la Guinée équatoriale au FMI est de 15 Mio de DTS et ses obligations, en avril 1981 étaient de 9,67 Mio de DTS. Le 30 juin 1981, la BIRD totalisait deux Mio de $ de prêts à la junte. Et le 21 sepembre 1981, le Fonds international de développement de l'OPEP accordait aux nguemistes un prêt de 1 Mio de $ pour importer du matériel agricole et industriel.

(82) GALBRAITH (J.K.), *Théorie de la pauvreté des masses,* Paris, 1980, p. 27.

(83) LACOSTE (Y.), *Unité et diversité du Tiers Monde,* Paris, 1980, 3 vol. Selon ce géographe, « la croissance appauvrit » le tiers monde, par exaspération des besoins, sans que répondent les moyens pour les satisfaire.

(84) BAUER (P.I.), *Equality. The Third World and Economic Delusion.* Harvard, 1981, 293 p. ; SANCHEZ-ARNAU, CORM (G.) et autres, *Dette et Développement,* Paris, 1982, 207 p. ; cf. aussi GERSTER (R.), *Fallstricke der Verschuldung. Der Internationale Währungsfond und die Entwicklungsländer,* Zurich, 1982.

(85) « La Banque Mondiale donne la priorité aux pays qui renoncent aux restrictions dans le commerce et dans les investissements, et qui orientent leur politique commerciale en fonction des besoins du monde occidental. Il en va de même pour le Fonds monétaire international. Il doit

servir les mêmes intérêts, en liant ses accords de crédit à l'observation de conditions précises, comme par exemple la politique inflationnaire, les dévaluations monétaires et la suppression des restrictions concernant le trafic de marchandises et de capitaux avec l'étranger. Les objectifs de cette politique ne font qu'accentuer le développement d'inégalités. Dans les pays qui bénéficient de crédits, le pouvoir d'achat interne est diminué à cause de la hausse du prix des produits élémentaires et de la stagnation des salaires. Les dépenses de l'Etat doivent être restreintes et c'est toujours le budget social qui en subit le premier les conséquences ». MUGGLIN (M.), « Le nouvel ordre économique international améliore les perspectives des pays en développement », in *Le nouvel ordre économique international : une controverse.* Service Information Tiers Monde. Dossier 2-3, Berne, 1978, pp. 27-46 (p. 32). SAYINZOGA (J.), « Radiographie du déséquilibre économique ». *Le Courrier de l'Unesco,* Paris, janvier 1984, pp. 15-18 (p. 18) ; DE LAROSIÈRE (J.), « Les politiques actuelles du FMI ». Economic Club of Chicago, 15 décembre 1983, in *Bulletin du FMI,* Washington, 16 janvier 1984, pp. 2-6.

(86) Service Information Tiers-Monde, *La puissance de l'argent. Le désordre financier et monétaire.* Dossier 2-3/80, Berne, août 1981, 66 p. ; cf. aussi HELLEINER (G.K.), *The IMF and Africa in the 1980's.* Annual Meeting of the ASA, Doc. 40, Washington, novembre 1982.

(87) Cf. notamment LISSAKERS (K.), « Money and Manipulation ». *Foreign Policy,* 50, Farmingdale (NY), 1/1982, pp. 107-126 ; THILL (G.), « Techno-Démocratie. Mode d'emploi ». *Esprit,* Paris, août-septembre 1983, pp. 29-38 ; cf. particulièrement LAUFER (R.), PARADEISE (C.), *Le prince bureaucrate. Machiavel au pays du marketing,* Paris, 1982.

(88) WERMUS (D.), « Belgrade : la débacle du tiers monde ». *L'Hebdo,* 27, Lausanne, 7 juillet 1983, pp. 24-25, qui poursuit : « ...Si on injecte des milliards pour les aider, c'est l'inflation mondiale. Un collier de cercles vicieux. Washington n'est pas entré dans ce jeu-là. " Cette fois, ils n'arriveront pas à nous culpabiliser ", a lancé un délégué. La reprise arrive, tout va s'arranger. Inutile de paralyser les forces du marché avec un machin international bureaucratique ».

« A cette stratégie limpide, le groupe des " 77 " (les 125 pays du tiers monde) n'avaient que sa grogne à opposer. La moitié de ses membres sont en mains yankees, des dictatures latino-américaines à l'Arabie saoudite ». (...)

« Pour le profane, ce genre de conférence consiste à pommader des hiéroglyphes d'hypocrisie. Lambsdorff s'est bagarré pour remplacer " prie instamment " (urge) par " prie " (invite) dans une résolution adressée au FMI. Ne vous y trompez pas, le choix entre " adéquat " ou " approprié " peut représenter des milliers de dollars. Sinon, pourquoi se fatiguer à ergoter septante-deux heures d'affilée ».

« L'ennui c'est que la " technologie du verbe " tue les mots. Elle désensibilise le regard sur la réalité. Le monde pour lequel on se bat devient un concept abstrait. Le public, conforté par l'échec Nord-Sud peut vomir sur l'inefficacité des mammouths internationaux. Il vaudrait mieux s'en prendre aux gouvernements qui les empêchent de fonctionner. »

Il importe maintenant de mieux préparer CNUCED VII. Cf. SULIMMA (H.-G.), « UNCTAD VI — nutzlose Nord-Süd-Konferenz ? » *Aussenpolitik,* XXXIV, 4, Hambourg, 4e trim. 1983, pp. 362-375. Sur la redéfinition du NOEI, cf. aussi *Iustitia et Pax, Développement et droits de l'homme — Normes éthiques pour la coopération au développement,* Berne, 1984 *op. cit.*

(89) Washington, septembre 1980 ; cf. aussi BIRD, *Développement accéléré en Afrique au Sud du Sahara. Ordre du jour pour l'action.* Rappor

de la Banque mondiale pour les années 80, Washington, 1981. PHILIPPE (V.), « La grosse Bertha du développement. 15 % des emprunts de la Banque mondiale effectués en Suisse ». *24 Heures*, Lausanne, 27 novembre 1981, p. 11. AMSELLE (J.-L.), « La politique de la Banque mondiale en Afrique au Sud du Sahara ». *Politique africaine*, 10, Paris, juin 1983, pp. 113-118. HELLEINER (G.K.), « The IMF and Africa in the 1980 s ». *Revue canadienne des études africaines*, XVII, 1, Ottawa, 1983, pp. 17-33 ; URQUIDI (V.), « L'autosuffisance, seule solution pour le Sud ». *Forum Développement*, 92 (Nations Unies), Genève, août-septembre 1983. Sur l'indigénisation des activités économiques, cf. Adebayo Adedeji (Edit.), *Indigenization of African Economies*, Londres, 1981, 413 p.

(90) C'est-à-dire une morale très unilatérale, malgré le nom de la Commission qui est trompeur. La Trilatérale, créée en 1973 par David Rockfeller, président-directeur général de la *Chase Manhattan Bank*, comprend 250 membres du Nord industriel : 89 d'Amérique du Nord, 85 d'Europe occidentale, 76 du Japon. Elle est gérée par un comité directeur de 28 membres et 3 directeurs permanents, un par continent. Le rapport « La démocratie doit fonctionner », publié par la *Trilatérale* au printemps 1984, semble être l'inspirateur direct du prétendu programme démocratique du président Reagan. Selon la presse des Etats-Unis, la Trilatérale poursuivrait une politique pro-soviétique ; le protagoniste n° 1 en serait M. Averell Harriman, au sein de l'*Ordre*, le noyau secret de la Trilatérale.

Cf. aussi « Le FMI et l'Afrique subsaharienne ». *Le Mois en Afrique*, 211-212, Paris, août-septembre 1983, pp. 107-119, qui réprouve également l'application des théories néo-classiques. Cf. encore « L'Economie africaine vue par les banques ». *Europe-Outre-Mer*, 642, Paris, juillet 1983.

(91) PAUWELS (L.), « Un livre voué à l'exécration universelle ». *Figaro Magazine*, Paris, 18 décembre 1982, p. 17. Il s'agit de RANGEL (C.), *L'Occident et le tiers monde*, Paris, 1982.

(92) Secrétaire général, *Fourniture des services d'un expert dans le domaine des droits de l'homme*. Rapport du... Question de la violation des droits de l'homme et des libertés fondamentales... Genève, 15 novembre 1982. Doc. E/CN.4/1983/17, 4 p.

(93) « Dans une lettre datée du 21 juillet 1982 et adressée à Son Excellence M. Obiang Nguema Mbasogo, ils ont présenté leurs observations sur le projet de constitution » (cf. Doc. Ibid.).

« 15. Selon eux, la plupart des suggestions qu'ils avaient formulées ont été incorporées au texte définitif. Les propositions que le Gouvernement a acceptées étaient notamment les suivantes :

— abolition de la peine de mort ;

— reconnaissance de divers nouveaux droits de l'homme ;

— principe de la non-rétroactivité de la loi ;

— chapitre concernant l'existence de recours d'*habeas corpus*, d'*amparo*, et l'examen juridique des lois ;

— nouveau mécanisme concernant le contrôle du Gouvernement par le parlement ;

— suppression du pouvoir dont dispose le président de dissoudre à tout moment le parlement. »

(94) Dans l'appel que l'ex-chancelier autrichien B. Kreisky a lancé devant la 22e Conférence générale de la FAO, le 5 décembre 1983, ne figurent que des propositions d'ordre matériel : aide massive à des projets d'infrastructure, équipements électriques, développement des télécommunications, développement des voies de communication. — Pour le Prof. Angelo Angelopulos, *Un plan mondial pour l'emploi. Pour un keynésianisme international*. Paris, 1984, 250 p., c'est grâce aux Etats-Unis que le nouveau plan Marshall permettrait à l'économie mondiale de sortir de l'ornière. — Cf. aussi LAURÉ (M.), *Reconquérir l'espoir*, Paris, 1982, ainsi

que Bunsler (A.), *Human Rights : Bases for a new system of safeguards.* Fonds national pour un autre développement. Dossier 20, Nyon, 1980. — Quant au projet de paix et de développement socio-économique des pays d'Amérique centrale, est-il le fruit des réflexions de F. Blanchard et son équipe onusienne, ou des pressions politiques et néo-impériales de l'Oncle Sam ?

(95) Cf. Kitchen (R.L.), *Alternative possibilities for handling balance of payement and debt crisis : A Third World Monetary Fund.* Fonds international pour un autre développement. Dossier 25, Nyon, 1981, pp. 86-89. Pour le projet CNUCED de *Banque du Sud,* cf. Avramovic (D.), « Putting up the money ». *South,* 33, Londres, juillet-août 1983, pp. 11-15 ; Gauhar (A.), « A bridge for the South ». *South,* 33, Londres, juillet-août 1983, p. 15. — Bessis (Sophie), *La dernière frontière, les tiers mondes et la tentation de l'Occident,* Paris, 1983 ; Batsch (Ch.), « L'Afrique Noire frappée de plein fouet ». *Le Monde diplomatique,* Paris, novembre 1983, p. 12. Frieden (J.), *Le tiers monde entre la dépendance et l'indépendance monétaire.* Université de Fribourg. Documents économiques, 21. Fribourg (Suisse), 1983, 294 p. (p. 261 ss).

(96) Loveday (A.), *Reflections on International Administration,* Oxford, 1956.

(97) « Face au redéploiement de l'expansion capitaliste avec son modèle exponentiel uniforme de consommation et multiforme de gaspillage, face à l'embrigadement totalitaire et bureaucratique (par la police et le parti) des idéaux libérateurs qui animent les masses, et face à la montée du fascisme dans le tiers monde et aux illusions perdues d'apports décisifs à un renouvellement vraiment nouveau de l'ordre planétaire, les hommes prennent au sérieux le combat pour leurs droits essentiels et leurs libertés fondamentales. Ils prennent au sérieux, à l'Ouest le chômage, à l'Est l'intolérance, et au Sud la dictature, après avoir percé à jour les masques de la firme transnationale, du goulag et du colonialisme intérieur ». Ait-Ahmed (H.), *op. cit.,* p. 1.

(98) Thebeaud-Mony (A.), Turshen (M.), « Vers la médicalisation du sous-développement ». *Le Monde diplomatique,* Paris, avril 1981, p. 16. Cf. aussi Torelli (M.), *La médecine et les droits de l'homme,* Paris, 1983, 470 p. ; Brudon (P.), *Médicaments pour l'an 2000 ? Les multinationales suisses face au tiers monde : l'exemple du Mexique,* Lausanne, 1983.

(99) Le rêve de grandeur du pouvoir marocain manipule la démocratie de la manière suivante en juillet 1983, selon une déclaration du roi :

a) que même si le référendum au Sahara occidental donnait une majorité de voix aux partisans de l'indépendance, rien n'obligerait le Maroc à remettre le Sahara occidental sur « un plateau d'or » au Front Polisario ;

b) qu'il était préférable de reporter les élections de septembre 1983, car « nous ne devons pas disperser nos forces et nos activités dans des élections nationales (...) jusqu'à ce que nous ayons terminé le processus de parachèvement de notre intégrité qui en est l'objectif suprême » (Reuter). Et le 3 mars 1984, peu après de violentes protestations populaires suite à l'augmentation du prix des denrées de base, Hassan II a subitement exonéré les paysans de l'impôt jusqu'en l'an 2000. Mais il a continué à faire silence à propos des élections. Par contre, il s'est complu, comme tous les autocrates, à insister sur la nécessité pour chaque Marocain d'exercer avec « circonspection » les principes de « liberté » et de « démocratie » prévus par la loi.

Lors de la 40e session de la Commission des droits de l'homme des Nations Unies, en février 1984, l'ambassadeur américain R. Schifter faisait reproche à la Commission de ne jamais discuter des violations massives et flagrantes des droits de l'homme dans les Etats totalitaires dont il fournit une définition qui, si elle s'applique prioritairement aux Etats communistes, URSS en tête, vaut pour plus d'un Etat de l'Ouest : « Forme raffinée de despotisme qui s'abaisse rarement aux formes les plus brutales de répression, parce qu'elle est parvenue, avec l'aide de la technologie moderne, à créer un système (...) tel que les citoyens acceptent simplement la domination autocratique qui leur est imposée ou qu'ils n'osent pas exprimer leur désaccord » ; soit, principalement, la censure, la propagande, le brouillage des informations étrangères, l'interdiction de certains journaux, etc.

(100) Unesco, *Congrès international sur l'enseignement des droits de l'homme,* Vienne, 12-16 septembre 1978. Document final, 1978 (SS-78/CONF.401/33) ; Cf. aussi *Plan de développement de l'enseignement des droits de l'homme.* Unesco, Paris, 1979.

Action des Chrétiens pour l'abolition de la torture, *Peut-on éduquer aux droits de l'homme ?,* Paris, 1983 ; GARRIGUE (J.M.), *L'Eglise, la société civile et les communistes,* Paris, 1984, *op. cit.*

(101) Il est vrai que l'Europe croit qu'elle seule mérite d'être regardée, et ne prête à l'Afrique qu'une attention exotique ou minéralière. « Un faisceau de relations existe depuis longtemps entre l'Afrique et l'Europe et (...) les peuples africains, eux, sont souvent très au courant des réalités européennes (?). La géographie, l'histoire et les littératures européennes, par exemple, sont enseignées à tous les niveaux en Afrique. Dans la vaste majorité des cas, les langues officielles des pays africains sont les langues européennes (l'anglais, le français, le portugais et l'espagnol) ».

« En Europe, par contre, les études africaines sont extrêmement rares dans les programmes scolaires ; et là où elles existent, elles sont confinées aux instituts spécialisés fréquentés pour la plupart par les étudiants étrangers. Tout porte à croire que l'Europe, par manque d'intérêt ou même par mépris, a choisi *d'ignorer* un continent sur lequel, pourtant, le facteur européen pèse lourdement dans presque tous les domaines. L'Afrique ne pourrait-elle donc être pour l'Europe qu'un réservoir de matières premières pour faire tourner ses industries, et un vaste marché pour écouler ses produits finis ? La *solidarité* (...) s'exprime donc à sens unique, du côté africain, tandis que l'Europe, elle, semble incapable de relations autres que mécaniques avec l'Afrique. Cette énorme carence, à notre avis, n'est pas sans contribuer aux sentiments xénophobes et aux campagnes contre les *faux réfugiés* ». NJUME-EBONG (M.), « Vous donnez de l'Afrique une image travestie ». *Gazette de Lausanne,* Lausanne, 4 juillet 1983, p. 13.

(102) Cf. HARRIMAN (P.), *The third world tomorrow,* Londres, 1980.

(103) SENGHOR (L.S.), « Pour un dialogue euro-afro-arabe ». *Le Monde,* Paris, 20 mars 1982, pp. 1-2. L'approche de la culture africaine par M. Senghor est contestée par nombre d'Africains. Cf. notamment MUKENDI NKONKO, « Un nègre à l'Académie. Senghor démasqué... L'Afrique dupée ». *Peuples noirs — Peuples africains,* 35, Paris, septembre-octobre 1983, pp. 24-40. — AIT AHMED (H.), *Mémoires d'un combattant : L'esprit d'indépendance 1942-1952.* Paris, 1943, 240 p.

(104) SENGHOR (L.S.), *ibid.,* p. 1. Cf. pour les Nations Unies, FERRANTI (G.), *La Communità Internazionale,* XXXVII, 1-2, Padova, 1983, pp. 73-87 ; MATTELART (A.), DELCOURT (X.), MATTELART (M.), *La culture contre la démocratie.* Paris, 1983, 228 p.

(105) TAHAR BEN JALLOUM, « Les P.M.A. ». *Le Monde,* Paris, 20 mars 1982, p. 2 ; ODHIAMBO (A.), « Emancipation culturelle : incidence sur le développement économique en Afrique orientale et centrale ». *Culture,* 33, IX, 1 (Politiques culturelles : du modèle à la réalité du marché). Paris, 1983, pp. 26-45 (p. 45).Cf. aussi SANDOZ (S.), « Ce qui menace la culture d'un

pays ». *Journal de Genève,* Genève, 4 juillet 1983, p. 13 : « Le niveau culturel d'un pays dépend d'abord de la liberté qui y règne (...). La libre-entreprise est la meilleure garantie de la vie culturelle d'un pays, quelle que soit la toile de fond économique ». Cf. aussi HURBON (L.), *Culture et dictature en Haïti. L'imaginaire sous contrôle,* Paris, 1979, 207 p. (L'Harmattan) ; CHOMBART DE LAUWE (P.-H.), *La culture et le pouvoir,* Paris, 1983, 386 p. (L'Harmattan).

Pour l'Afrique, plus particulièrement, cf. GLÉGLÉ (M.A.), « Cultures, religions et idéologies ». *Pouvoirs,* 25, Paris, avril 1983, pp. 41-50. Partout en Afrique on constate que « développement rural et démocratie paysanne ne sont pas des principes antagonistes. C'est leur articulation pratique qui butte sur des obstacles d'ordre technique, administratif, social, politique *et surtout culturel.* Cette dernière dimension est trop souvent laissée pour compte dans les considérations sur le développement ». CHRÉTIEN (J.-P.), LE JEUNE (G.), « Développement rural et démocratie paysanne, un dilemme ? L'exemple du Burundi. » *Politique Africaine,* 11, Paris, septembre 1983, pp. 45-76 (p. 74).

(106) ETIENNE (G.), « Tiers Monde : nouvelle stratégie du développement ou nouveau dogmatisme ». *Politique étrangère,* 4, Paris, 1981, pp. 851-862.

(107) FURTADO (C.), *Créativité et dépendance,* Paris, 1981. *Osservatore Romano,* Rome, 18 février 1982, à l'occasion de la visite du pape à Bata.

(108) BESANÇON (A.), « URSS : une pénurie planifiée ». *L'Express,* Paris, 13 novembre 1981, p. 59. Cf. aussi note 90.

(109) MILHAUD (M.), « Les Nations Unies et l'assistance technique en Afrique ». *Genève-Afrique,* I, 1, Genève, 1962, pp. 20-39 (p. 39).

(110) CALCAGNO (A.E.), *Le monologue Nord-Sud : du mythe de l'aide à la réalité du sous-développement,* Paris, 1982.

(111) « Les Américains ont récemment compris que s'ils relançaient la course aux armements (c'est-à-dire décidaient de s'armer à leur tour), l'URSS s'essouflerait et ne pourrait pas suivre. Mais voici qu'ils ont décidé de fournir à cette même URSS l'équivalent d'un quart du blé qu'elle produit, lui épargnant une famine et lui permettant de consacrer à son budget militaire des ressources équivalentes. La seconde décision annule en grande partie la première. Décidément, Lénine n'avait-il pas raison de couvrir de sarcasmes les *impérialistes américains,* lorsque, sans rien demander en échange, ils empêchèrent, en 1921, des millions d'enfants russes de mourir de faim ? La corde pour les pendre, ils la vendent à crédit ». BESANÇON (A.), *ibid* ; cf. aussi NEWBERG (P.R.), *The Politics of Human Rights,* New York, 1981, qui montre le rôle des droits de l'homme dans la politique extérieure américaine. Cf. aussi note 90.

(112) 38e session de la Commission des Droits de l'Homme des Nations Unies. Point 12 : Question de la violation des droits de l'homme et des libertés fondamentales partout dans le monde, et en particulier les pays et territoires coloniaux et dépendants.

(113) EYA NCHAMA (C.M.), Commission des Droits de l'Homme des Nations Unies, 39e session, Thème 12, Genève, 1er mars 1983.

(114) SADRUDDIN AGA KHAN, « Does the United Nations Deserve our Trust ? », in *International Cooperation at a Crossroad.* Institut Universitaire d'Etude du Développement, Genève, 1970, pp. 63-73 *op. cit.*

(115) MILZA (P.), *Le nouveau désordre mondial,* 1982, op. cit.

(116) Unesco, *Concept d'organisation internationale,* Paris, 1980, 292 p. Cf. aussi SOULAGE (Fr.), CRÉMADEZ (M.), « Différences culturelles et nouvel ordre économique ». *Le Monde diplomatique,* Paris, août 1981, p. 23 ; M'BOW (A.M.), *Entreprendre l'avenir,* Unesco, Paris, 1981, 258 p. (pp. 254, 289).

(117) EYA NCHAMA (C.M.), devant la *Commission des droits de l'homme* *les Nations Unies*, Genève, 25 août 1981 ; à cette occasion, le Prof. Eya Nchama a été pris à parti par la déléguée du Maroc, Mme Warzadi, qui 'accusa de dénoncer des violations perpétrées par les autorités de son propre pays. Le délégué de la France a alors vivement contré cette argumentation, précisant qu'il ne voyait pas pourquoi il s'abstiendrait de parler le la France si nécessité il y avait (Doc. UN E/CN.4/Sub.2/SR.907) ; la déclaration du délégué de l'Ouganda, G. Binaïsa, à l'Assemblée générale les Nations Unies en 1979 va dans le même sens que le propos de C.M. Eya Nchama. Pour l'Ouganda, cf. aussi PRUNIER (G.), « Aide internationale, mythe démocratique et droits de l'homme en Ouganda ». *Politique africaine* 11, Paris, septembre 1983, *op. cit.*, p. 40.

Aux Etats-Unis « les nouveaux libéraux accusent M. Reagan de précipiter les pays neutralistes dans les camps de l'ennemi. Ils condamnent le soutien de l'administration au Salvador et à l'Afrique du Sud. Les raisons avancées sont doubles : idéalistes — les valeurs américaines de liberté et l'égalité doivent être appliquées dans tous les pays du monde ; pragmatistes — les pays du tiers monde sont autant de marchés potentiels pour les nouvelles industries américaines ». DOUMERGUES (P.), « Les nouveaux libéraux américains en quête d'un *grand dessein* ». *Le Monde diplomatique*, Paris, octobre 1983, pp. 18-19.

(118) Cf. notamment BERTRAND (M.), « La crédibilité des Nations Unies. I. Trop d'idées reçues ; II. Un instrument de transformation méconnu ». *Le Monde*, Paris, 12 et 13 janvier 1982, p. 5.

(119) *Le Monde diplomatique*, Paris, janvier 1981. Il ne fait pas de doute qu'une Cour internationale des droits de l'homme, dans le cadre d'une ONU revitalisée, serait préférable à des institutions privées, du type *Tribunal Russel* ou *Tribunal permanent des peuples*, du fait qu'elle engagerait davantage la responsabilité des gouvernements.

(120) L'Assemblée des Nations Unies a, dans ce cas, enjoint aux autorités les procès criminels contre tous les responsables de disparitions, et de punir les coupables (Résolution 34/179).

(121) L'Assemblée du *Conseil de l'Europe* a estimé que le parlement turc, issu des élections du 6 novembre 1983 (sur la base de trois partis sélectionnés par Evren) ne peut pas être représenté au *Parlement européen*. Mais en avril 1984 le Conseil est, malheureusement, revenu sur cette décision responsable. Néanmoins, un peu plus tard, la commission qui a visité des prisons turques puis incité le Conseil à cesser le boycott, cette commission a reconnu qu'elle avait été bernée par les militaires. Cf. notamment BODEZMIR (M.), « Autoritarisme, militarisme et démocratie en Turquie ». *Esprit*, 6. Paris, juin 1984, pp. 110-122. Cf. aussi Note (16), p. 75.

(122) « L'ensemble de guerre économique mondiale, de guerres locales de conquête, d'escarmouches frontalières, de génocide par la famine, de grandes migrations intercontinentales et de violation générale des droits de l'homme qui caractérise le monde actuel peut être déjà défini comme la troisième guerre mondiale ». JOXE (A.J.), *Demain la guerre ?*, Paris, 1981.

(123) *Déclaration de Mexico*. Conférence Régionale des ministres de l'Education et de la Planification économique, Amérique latine et Caraïbes, Mexico, 4-13 décembre 1979, qui ajoute que « la coopération internationale, intrarégionale et bilatérale doit tendre à favoriser un regain de respect pour les objectifs et les intérêts nationaux de chaque peuple et à promouvoir l'instauration d'un nouvel ordre économique international qui tienne compte des besoins, particularités et aspirations des peuples de la région (...) en encourageant les activités conjointes propres à assurer une plus grande justice économique et sociale ».

(124) Les « déclarations humanitaires deviendront réellement efficaces

lorsque les individus qui en sont les agents auront reçu un enseignement susceptible de leur inculquer les principes de ce que l'homme ne semble pas posséder d'une façon innée ». BICHELET (M.), « Droits de l'Homme de l'idéologie aux faits sociaux », in L'Universalité et le nouvel Ordre international. *Revue de l'AUPELF,* XVII, 2. Montréal, mai 1980, pp. 192-203 (pp. 193-194).

(125) Cf. ZORGBIBE (Ch.), *Le risque de guerre,* Paris, 1981.

(126) Selon le Mauritanien A.B. Miske, le dialogue Nord-Sud est faussé puisque « quelques fils adoptifs renvoient à l'Europe les échos de ses propres discours », ce qu'il qualifie de « suivisme ». Sont visés tant l'Occident qui « nous dévore, tout en faisant par-ci, par-là quelques " gestes " publicitaires totalement inefficaces » que « les pays communistes qui ne nous exploitent pas et ne nous aident pas, ou si peu ». Au point que si l'Occident ne veut ni ne peut aider, et que son Orient ne le fait pas non plus, il ne reste qu'une solution : les peuples du tiers monde doivent « reprendre possession de leur espace culturel et politique » propre. De *leur* démocratie. MISKE (A.B.), *Lettre ouverte aux élites du tiers monde.* Le Sycomore, Paris, 1981, 148 p. (pp. 24, 67).

(127) JULIEN (Cl.), « La dette du tiers monde et la crise financière internationale. Un merveilleux écran de fumée ». *Le Monde diplomatique,* Paris, novembre 1982, p. 3.

(128) DE LA HORBE (Fl.), *Guide-âne de la politique internationale. De Machiavel à Gribouille,* Paris, 1957, *op. cit.*

Suite à la guerre du Katanga a été formulée l'exigence de la création d'un Tribunal international habilité à juger au pénal les fonctionnaires et autres agents de l'ONU coupables de crimes, de vols, de pillages, de viols, d'exactions et d'autres forfaits, y compris l'ordre de commettre ceux-ci.

« L'ONU possède son législatif et son exécutif, il urge de la compléter d'un judiciaire indépendant ».

Divers, *46 Hommes en Colère. Les 46 médecins d'Elisabethville dénoncent les violations par l'ONU au Katanga de sa propre Charte et de la Déclaration universelle des Droits de l'Homme et des Conventions de Genève,* Bruxelles, 1962, 99 p., ill.

V

Démocratie : le vaccin totalitaire

« Bien entendu, Jaruzelski n'est pas Pinochet, il n'a pas massacré 50 000 Polonais. Est-il mieux ? Peut-on dire : Heureusement les Polonais ne subissent pas des tyrans comme Stroessner, Videla, Duvalier et d'autres bijoux moins connus ? Peut-on stimuler ce championnat d'horreurs ? Ce n'est pas mon avis. Pour moi, le premier cercle de l'enfer, c'est déjà le dernier. Les différences entre les dictateurs latino-américains sont simplement quantitatives. (...)
« Les dictateurs sont tous des Pinochet ; ils sont tous des monstres du loch Ness, même si parfois on ne voit que leurs oreilles, ou un tout petit morceau de leur tête. »

Augusto Boal
« Les dictateurs sont tous des Pinochet »,
Le Monde, Paris, 27 avril 1984, p. 2.

« L'aptitude à l'indignation est le sel de l'homme. Un homme ou un peuple qui perd cette aptitude devient sans intérêt aux yeux des autres comme à ses propres yeux. »

René Bovard
Le Suisse contemporaine.
Lausanne, 1943.

« ... et des hommes naîtront de la terre brûlée, qui nous ressembleront... »

Vahé Godel
Homme parmi les hommes.
Paris, 1958, p. 33.

Une nouvelle justice — Un nouveau droit

Vieux débat que celui du droit et de la justice ; faussé souvent par l'omission de la notion de devoir. Devoir de respecter les droits de chacun et de ne pas abuser des siens propres. Une récente étude sur le problème du droit et des droits de l'homme (1) démontre que notre droit, fondé sur le modèle romain, est inhumain pour avoir « rompu ses amarres avec la justice ». Depuis l'antiquité méditerranéenne, le droit existe surtout pour légaliser et sanctionner les aliénations, exploitations et possessions de toute sorte. Au point que l'émergence des droits de l'homme, à la fin du XVIIIe siècle, et le combat livré à leur propos depuis lors, sous toutes les latitudes, est une tentative de corriger cette séculière inhumanité du droit. Les droits de l'homme sont donc une chose éminemment sérieuse, même s'il leur manque encore un fondement théorique juridique. Mais il ne suffit pas de disserter sur les droits de l'homme : il faut en diffuser la connaissance, la conscience, et surtout les faire garantir par une *nouvelle justice,* au plan local comme à l'échelle internationale. Dans le débat mondial sur ce que les uns qualifient du doux euphémisme d'*interdépendance* et que nous appelons plus simplement *néo-colonialisme,* du moins en cette fin de XXe siècle, cette analyse trouve toute sa raison d'être. Quand l'Occident capitaliste, quand l'Empire soviétique collaborent avec des pays du Sud, à travers traités d'amitié, accords de coopération, conseillers civils ou militaires, sur quel droit se fonde leur solidarité ? Ou plutôt, sur le droit de qui ? Indéniablement, et toujours, sur le droit (et sur les intérêts) du plus fort : « Il n'y a pas de politique sans violence » (2). On a beau avoir remplacé *assistance* par *aide, aide* par *coopération,* pays *sous-développés* par pays *en voie de développement,* et inventé les *pays les moins avancés,* les structures économiques, les rapports de force, l'ordre international anciens perdurent. Que l'Est communiste se complaise dans les relations privilégiées avec des pouvoirs autocratiques ne surprend pas, lui ui prône la dictature du prolétariat accaparée par un parti nique (tout en usant et abusant du jargon démocratique) ; mais ue l'Occident démocratique et pluraliste se mêle de pratiquer a même politique honteuse appelle la protestation de tous les émocrates. Il serait temps pour l'Occident de « choisir entre 'oppresseur et l'opprimé. Toute position d'attente moralement nadmissible et politiquement fautive est synonyme de complicité » (3). C'est donc bien une conversion des mentalités qui 'impose. Peut-être sera-ce la grande découverte du XXIe siècle.

A travers l'ONU, dictatures communistes et gros intérêts apitalistes s'entendent aujourd'hui pour cultiver l'assistance à ous les potentats périphériques ; un peu pour Stroessner, un eu pour Menghistu, un peu pour Obiang Nguema, un peu our Pinochet ou les généraux uruguayens, un peu pour Dos antos, etc. (4). Un prix modique à payer pour le cuivre ou 'uranium des uns, le poisson ou le bois des autres, afin que le Nord ne manque de rien. Suisse comprise. Un prix tellement moins levé que le *juste prix,* selon les critères syndicaux des nantis.

Démocratie suisse t respect minimal des droits de l'homme

En Suisse, précisément, le débat sur l'aide au développement t les droits de l'homme a pris depuis 1983 une nouvelle tourure. Du côté de la diplomatie, les ambassades ont été invitées mettre davantage l'accent sur les problèmes du respect des roits de l'homme dans les diverses missions. Du côté de la olitique intérieure, le parti radical-démocratique suisse, notamment — un des principaux partis de gouvernement, glissé depuis e XIXe siècle d'une gauche très sociale à un centre-droit modérément novateur —, a par ses organes directeurs opté pour un oui ésolu pour l'aide au développement, sur la base d'une coopération entre partenaires (5). Que dit le rapport radical ? Qu'il faut nettre l'accent sur l'*efficacité* de l'aide, *sélectionner* les pays où ne aide suisse a le plus de chances de succès, *choisir* les moyens déquats et *adopter* les méthodes qui conviennent. C'est là qu'il 'agit de faire attention à l'esprit de cette subite poussée de énérosité, et d'analyser le langage employé. Car pour le Parti adical suisse, le respect *minimal* des droits de l'homme est un lément de sélection, tout comme la priorité à accorder aux pays les plus pauvres. Les Radicaux voient mal une aide suisse au développement promise au succès dans un pays totalitaire, et ils ont raison. Ainsi, Corée du Nord et Vietnam n'entrent guère dans les catégories admises. Il en va autrement de l'aide humanitaire : en cas de catastrophe, toute limitation doit tomber. De sorte que le minimum exigé en matière de droits de l'homme par la Suisse radicale, c'est ne pas être gouverné par un parti communiste. Par contre, à droite... Voici la chance de la Guinée équatoriale d'Obiang Nguema d'être aidée pour des motifs humanitaires en vertu d'une situation sociale et sanitaire jugée catastrophique. Cela vaut bien 500 000 dollars. Donc, pas besoin de satisfaire à l'exigence du respect *minimal* des droits de l'homme. Mais à ce que l'on sache, la Turquie des colonels n'était pas considérée comme étant en état de catastrophe. Or, en 1983, le gouvernement helvétique a accordé une garantie pour les risques à l'exportation d'un montant maximum de 500 Mio de Fr. s. à deux grandes entreprises pour la construction d'un grand barrage (Sulzer/Escher-Wyss — Brown Boveri) au paradis d'Evren. Un paradis où, en mai 1984, le dictateur dénonçait comme « ennemis intérieurs » les intellectuels signataires d'une pétition en faveur du plein fonctionnement de la démocratie. Puis de préciser, comme Obiang Nguema : « Je suis le garant de la constitution », en ajoutant que beaucoup d'intellectuels devenaient des traîtres. Au même moment, le service de presse de Sulzer faisait savoir que le projet Ataturk garantit du travail à quelque 150 employés de Sulzer et de Brown Boveri pendant six à sept ans. « Sans Ataturk, les deux sociétés n'auraient pu éviter de nouvelles réductions de personnel ». En 1984 encore, un autre consortium helvétique (Brown Boveri, Motor Colombus, Losinger) démarrait au Honduras la centrale hydro-électrique de El Cajón. Or, ce plus grand chantier d'Amérique centrale est qualifié par une étude de l'Institut de géographie de l'Université de Zurich de surdimensionné, de « projet mammouth », et ce dans un pays qui sert de base aux agressions yankees contre le Nicaragua. Voilà qui jette des doutes sur le *minimum* prôné par les Radicaux, parti de gouvernement. La Déclaration de Berne, qui groupe les milieux préoccupés par l'iniquité des conditions économiques et sociales dans lesquelles vivent les populations du tiers monde, a protesté soulignant qu'en cautionnant ce projet pour assurer du travail et des revenus aux Suisses on aidait la dictature. Est-ce qu'en Turquie et au Honduras les droits de l'homme *minimaux* sont assurés ? On a à Berne une conception élastique de la notion de catastrophe.

A quand une centrale hydroélectrique suisse chez les Nguemistes (6) ?

Ce qu'il y a de grave dans l'attitude suisse, et occidentale en général, c'est que vacciner les Equato-Guinéens et rebâtir des dispensaires ne supprime ni la catastrophe, ni la cause de celle-ci : le *virus dictatorus*. Ce qu'il y a de grave dans le raisonnement du Parti radical suisse, c'est le contenu pernicieux du *respect minimal* des droits de l'homme : on devrait savoir à Berne que le concept de *droits de l'homme* n'est pas divisible, et qu'un *respect minimal* de ces droits par un pouvoir représente en contrepartie une vaste zone de *non-respect des droits de l'homme*. Même lorsque l'ONU accorde son assistance. « Pas de développement sans la paix, pas de paix sans développement » a proclamé M. Bedjaoui durant la 36e session de l'Assemblée générale des Nations Unies (1981) (7). Pas de développement sans le respect des droits de l'homme, pas de respect des droits de l'homme sans développement, devrait-on dire. La paix viendra d'elle-même.

Une révolution morale laïque

Malheureusement, la compétition de plus en plus féroce pour un marché géographiquement limité, de même que l'affrontement à outrance entre les impérialismes, provoquent des effets pervers, dont précisément les viols des droits de l'homme, et la complaisance à l'endroit des violeurs. D'où cet *Ordre mondial injuste* organisé par les deux puissances mondiales, et encouragé par l'Europe occidentale dans ses anciennes possessions. Pour le triomphe de l'un ou de l'autre empire sont tolérés les tyrans évoqués plus haut, et souvent même installés par les divers Nord. Et la Suisse s'en fait complice. Lors du vote au Conseil national (Chambre basse), en mars 1984, sur le thème de l'adhésion de la Suisse aux Nations Unies, les Radicaux et leur excroissance, l'Union démocratique du centre, ont voté contre dans un rapport de 47 à 26, soit 40 % des députés présents (alors que le Conseil a adopté l'entrée en matière par 109 oui contre 77 non). On s'interroge de plus en plus, en Helvétie, sur cette Suisse radicale qui a été si bien définie par Boris Vian : « Les Suisses vont à la gare, mais ils ne partent pas. » D'où l'intérêt du débat sur la Suisse et l'ONU, parce qu'il suscite des interrogations sur la valeur et la profondeur de la démocratie qui règne dans ce pays : Et si l'on avait peur parce que la démocratie serait en train de glisser tout doucement vers un totalitarisme bien géré... ? » Ce qui est indiscutable, en tout cas, c'est que la Suisse s'affirme comme un pays de droite, tel que vient de le démontrer une *Géographie des familles politiques européennes,* réalisée à l'Université Libre de Bruxelles. C'est pourquoi on estime, dans les milieux culturels, que la Suisse — comme les autres nations occidentales — « a besoin d'élan. Pas seulement économique. Elle a besoin d'un élan général qui donne un sens à ses fondements démocratiques (...). Laisser persister la médiocrité ouverte et arrogante, c'est encourager à moyen terme l'asphyxie (...). Et c'est peut-être, historiquement, cesser d'être la Suisse » (8). Le problème est à peine différent pour les Nations Unies.

Seule une révolution morale, dans le sens politique, tant au Nord qu'au Sud, en vue du triomphe de la démocratie parlementaire représentative de toute l'opinion publique, et respectueuse des droits de tous, à l'échelle nationale et mondiale, permettra de « rompre le cercle du développement dans la dépendance qui conduit au développement de la dépendance » (9). Grâce aux progrès de l'enseignement scolaire, à la diffusion des principes de la Déclaration universelle (10), des appels des peuples pour que cesse la guerre, les hommes et les femmes vont oser, progressivement, parler et faire choir les despotes. Aussi longtemps qu'en Afrique les paysans ne parleront pas, l'humanité — estime le Père Ela — sera amputée d'une partie d'elle-même. Mais la route sera longue jusqu'à ce que l'homme africain soit *délivré des formes renouvelées de l'exploitation coloniale.* Cela se fera dans la ligne précisée voici un demi-siècle par G. Padmore : « Il est grand temps pour les nègres de cesser de dépendre des autres afin de livrer leur propre bataille » (11). Tous les Nègres, quelle que soit la couleur de leur peau, au Nord et au Sud.

Mais voilà, un peu partout guettent les Somoza, les Obiang Nguema, et leurs puissants suzerains. Et parce que les vassaux sont parfaitement conscients de leurs abus de pouvoir, ils durcissent de plus en plus leurs méthodes, tout en vivant dans la hantise permanente des conspirations et des coups d'Etat, ce qui les réduit aux purges et aux condamnations à mort. Il n'en va pas autrement pour la Guinée Equatoriale. Son actuel représentant aux Nations Unies, le nguemiste Maye Ela, devait déclarer à la presse : « Nous ne voulons pas de politique, mais du travail, des efforts, de la collaboration et que tous puissent avoir un poste de travail (...). Ceux qui veulent faire de la politique, défendre certaines tendances, qu'ils restent hors du pays, car n ous qui détenons le pouvoir, ni le peuple, n'allons permettre ujourd'hui leurs activités » (12). Ignore-t-il vraiment qu'un pou-oir n'a de légitimité que lorsqu'il est concédé par le peuple ?

Une nouvelle fois, lors de la 39e session de la Commission es Droits de l'Homme (1983), a été souligné que « si les pactes nternationaux reconnaissent à un Etat membre des Nations Unies e suspendre temporairement certains droits de l'homme de ses itoyens afin de défendre les intérêts supérieurs de la nation, il st aussi vrai qu'il y a des pays qui vivent dans un état per-nanent d'exception, ainsi que c'est le cas de « la Guinée équatoriale epuis le 27 février 1969 par Macias Nguema (...) et qui n'a pas ncore été levé (...). Des 15 jours que devait durer l'état d'ex-eption (...) il s'est mis à durer quelque 14 ans ; de sorte que le euple de ce pays vit en état permanent d'exception » (13). Toute a coopération de l'ONU, entre 1970 et 1984, s'est faite sous 'état d'exception ; celle de la Communauté économique euro-éenne également, dont cet envoi de 1 000 t de céréales, dans e cadre du programme d'aide alimentaire pour 1981, qui, e l'aveu de la Commission de la CEE, le 24 janvier 1984, « n'a as pu être exécuté », mais que l'on soumet à une nouvelle djudication (via l'organisme d'intervention britannique, alors u'auparavant avait été sollicité l'organisme néerlandais). Même 'aide alimentaire à la Guinée équatoriale nguemiste se heurte des difficultés considérables. Mais la CEE insiste, sans scru-ules. C'est que, là encore, on est toujours prêt à nourrir les mis. A moins qu'on ne les punisse lorsqu'ils s'affirment trop ndépendants : après l'expulsion du Mozambique de diplomates méricains accusés de travailler pour la CIA, les Etats-Unis ont nnulé l'aide alimentaire à ce pays. Et le chef de la section CIA au Mozambique, de 1975 à 1977, F. Wettering, joue depuis ors un rôle majeur dans l'élaboration de la politique africaine es Etats-Unis, en tant que directeur des affaires subsahariennes u Conseil national de sécurité (14). Gare à Obiang Nguema s'il ient à modifier son attitude pro-Atlantique !

Tout Occidental conscient des réalités sait que l'objectif uprême de l'Union soviétique est le contrôle des richesses dont Ouest dépend pour vivre, l'énergie du golfe arabo-persique, les ninerais du sud et du centre de l'Afrique ; que l'URSS œuvre u renversement des forces politiques, en Europe et dans le este du monde, avec l'espoir qu'une fois seule elle échappera à on destin de clochardisation économique. C'est pourquoi, il onvient que l'Occident démocratique ne s'aliène pas le *prolétariat mondial* par une politique digne des pires maîtres de forge du XIXe siècle. Combien de dictatures se sont-elles endettées tout en saignant le peuple sans vergogne, ou en le laissant saigner par des intérêts étrangers dénués de sens moral ? Combien de pays en banqueroute sont plongés dans une dépendance et une misère de plus en plus graves, tels les Brésil, Chili et Uruguay, avec des privations toujours accrues (15), doublées d'un renforcement de l'oppression policière et militaire ? De même, la dévaluation imposée aux Equato-Guinéens en 1981 ne contribue qu'à rendre ce peuple, comme nombre d'autres, plus sensibles aux mirages communistes. L'impérialisme occidental n'est différent du soviétique que parce qu'il fait tomber sottement ses vassaux dans le filet du pouvoir adverse, qu'il croit pourtant combattre.

ONU : carrefour des préjugés

Compte tenu de l'imbrication mondiale des intérêts, il ne peut pas ne pas y avoir de rapports entre pays riches et pays pauvres. Que ces rapports soient souvent conflictuels et perturbés par la diversité des niveaux de développement semble inévitable. Mais au moins faudrait-il qu'ils soient organisés sur la base d'une solidarité partagée, inspirée par le *principe d'équité.* Ce qui interdit d'aider à durer des Obiang Nguema, des Duvalier, etc., qui enchaînent leur peuple. Dans le tiers monde opprimé, on doute que ces chaînes seront brisées par l'ONU (16). Carrefour des préjugés et des intérêts particuliers de plus de 160 Etats membres, l'ONU est malheureusement le forum de trop de gouvernements incapables de se prévaloir d'une assise populaire quelconque (17). Et pourtant, l'ONU doit changer. Mais comment ?

Au moment où l'on célébrait le XXXe anniversaire de la *Déclaration universelle,* le secrétariat des Nations Unies, à la demande de l'Assemblée générale — c'est-à-dire en bonne partie par des délégations non-représentatives — a transmis à tous les organes de l'ONU et à toutes les institutions spécialisées un ouvrage du Service d'information de l'ONU : *Les Nations Unies et les droits de l'homme* (18). Vertueuse intention. Mais qui a lu ce texte au sein de l'Organisation mondiale et dans les chancelleries nationales, et en quoi le rappel des principes moraux fondamentaux qui doivent régir les rapports entre individus et société, entre peuple et pouvoir, entre peuples, a-t-il vivifié le sens moral de

)rganisation et de ceux qui la servent ? Comme les participants la Conférence d'Helsinki, les membres de l'ONU reconnaisnt les droits de l'homme dans l'abstrait ; et tous de continuer ne se préoccuper que de la défense des intérêts nationaux imméats et égoïstes. Voici pourquoi personne ne s'émeut du refus ıvaliérien ou nguemiste de reconnaître au peuple le droit fonımental à l'autodétermination et à la pleine souveraineté. 'Uruguay au Vietnam, du Salvador au Mozambique. Voici aussi ›urquoi, un an après le rappel de la Déclaration universelle, ı surprend la *Stratégie internationale du développement pour la Décennie des Nations Unies pour le développement* (19) à ;gliger dans sa formulation l'expression même de *droits de ıomme.* Certes, le préambule précise : « Le processus de développement doit assurer le respect de la dignité humaine » (qui se éoccupe de la dignité humaine d'un Equato-Guinéen ?) ; ou ıcore : « Il existe une relation étroite entre le désarmement et développement ». Certes, on y demande que soit mis fin à ıpartheid, à la discrimination raciale, au néo-colonialisme, etc. ; ıe le Nouvel Ordre économique international soit fondé sur la *stice* et l'*équité.* Mais pas de mention de l'oppression exercée ır tant de pouvoirs détenus sans suffrage populaire libre (20). ncore que là aussi, si le texte était sincèrement accepté par les ıys membres, les droits de l'homme trouveraient une application ıtomatique, en toute équité.

'ONU stérilisée

Le silence des Etats, c'est aussi celui du Secrétaire général :s Nations Unies. Dans son message à l'opinion mondiale, le ^er^ janvier 1983, M. Perez de Cuellar a souhaité que l'on trouve n moyen de guérir l'ONU de sa *stérilité* en la recentrant sur son ɔjectif initial : l'endiguement et le règlement des conflits, le ésarmement, ainsi que le redressement de l'économie mondiale. 'e propos n'a secoué ni les 16 000 fonctionnaires, souvent démolisés, qui œuvrent sous ses ordres, ni les pays membres, notamıent l'URSS et les Etats-Unis. Quoi d'étonnant que le Secrétaire énéral — celui-là même qui a contribué à l'émasculation de la ivision des droits de l'homme, tout en l'élevant au rang de 'entre — dans son message, ait gardé le silence absolu sur un spect vital du travail de l'Organisation mondiale, en l'occurrence . définition des droits de l'homme ? Onze mois auparavant, le frais émoulu Secrétaire général avait pourtant entonné un bien beau couplet pour rendre à l'ONU sa crédibilité (21) : « En ces temps de polarisation extrême de tensions redoutables, le monde a plus que jamais besoin de l'ONU pour veiller à la paix, pour arrêter l'agression, pour défendre les Droits de l'Homme ».

« Et dans cette mission je ne me contenterai pas, moralement et diplomatiquement, d'un rôle effacé. Mon but est de donner à l'ONU un deuxième souffle. Non pas de façon artificielle, mais en raison de l'exemple de rigueur et d'humanisme qu'elle donnera et qui la crédibilisera en tant que gardienne d'un comportement civilisé dans la jungle des affaires internationales. »

« ... pour l'instant, du point de vue politique, la Pologne, le Salvador demeurent des affaires intérieures et interdisent toute ingérence onusienne. Sauf en ce qui concerne les violations des Droits de l'Homme... ».

Quelques jours plus tard, Theo van Boven était remercié (22). Le plaidoyer pour les droits de l'homme et les cris d'indignation de M. Perez de Cuellar n'ont eu aucune suite. Au contraire. Face aux manipulations du Centre des droits de l'homme et aux consultants-alibi fournis au dictateur Obiang Nguema pour plébisciter sa constitution, les propos du Secrétaire général apparaissent comme de la poudre aux yeux des nations réduites au silence, et de tous les démocrates. C'est pourquoi l'observateur de Radio suisse international et de divers journaux helvétiques auprès du Siège européen des Nations Unies, l'excellent journaliste Marc Flaks, a fait remarquer que « M. Perez de Cuellar, qui sait sans doute quels sont les gouvernements qui l'ont soutenu, a préféré oublier la question des droits de l'homme dans son diagnostic sur la situation » (23).

Il faut dire, à la décharge du Secrétaire général, que tant que les deux super-grands préfèrent se passer des Nations Unies, la machine internationale restera impotente. Il y a, bien sûr, tous les autres pays, l'Europe occidentale et un certain tiers monde dont on pourrait attendre un sursaut pour conférer à l'Organisation mondiale un pouvoir effectif. Ce dont le monde a besoin c'est, au-delà de la reformulation des fins appropriées, de la création de moyens qui, au niveau national et international assureront « une interaction dynamique et créatrice entre le passé et le présent, le Nord et le Sud, l'idéalisme et la Realpolitik » (24

.a pauvreté des actions morales décisives au sein de l'Organi-
on des Nations Unies reflète la médiocrité de la politique inter-
onale de perpétuation d'un ordre économique et politique
ndial qui prive le Sud, et une partie importante du Nord, du
it à la libre détermination. En Afrique, on connaît — outre
dictatures politiques — la dictature de l'arachide, du coton,
privilégie les exportations au détriment des cultures vivrières.
te dictature-là, qui assure le bien-être des démocrates du Nord,
elle aussi génératrice d'inégalités (25). Les projets d'aide, via
institutions onusiennes, ne visent pour les riches qu'à calmer
pauvres, à moindre frais. Avec le concours, un peu partout,
dictatures de gauche et de droite. ONU et dictatures.
.a tribune onusienne devrait être le lieu géographique où les
ıocraties servent de révélateur aux dictatures. Le débat
s'agissant de la cause de la liberté, de la justice, de la paix,
droits de l'homme, ne sera évidemment jamais bouclé — car
tentations resurgissent jour après jour, génération après géné-
on. Parler — a estimé le père de l'Europe communautaire,
n Monnet, — « parler n'a jamais aliéné la liberté de quiconque,
parler dans des conditions de respect mutuel [ce qui n'interdit
l'irrévérence] est au contraire la plus solide garantie que
cun, en expliquant son point de vue, pourra amener l'autre
n tenir compte » (26). Certes, les négociations entre démo-
ties et régimes autoritaires sont rendues ardues par les dif-
ences fondamentales qui les caractérisent : pour les régimes
ı démocratiques, les grands principes n'existent pas en eux-
mes et ne sont que des concepts provisoires subordonnés à
r but final. Pour qu'entre les dictatures (qui vivent du baillon-
nent de l'opinion, de l'opposition, de la presse, des arts et des
ences) et les démocraties le débat ne succombe pas sous la
ssique méthode des initiatives spectaculaires et des mensonges
ssiers des premiers, il faut que les démocraties renoncent à la
plicité. La tragédie des démocraties modernes — laissait enten-
J. Maritain — consiste dans le fait qu'elles n'ont pas encore
ssi la démocratie. C'est qu'idéologie libérale capitaliste cor-
pond hélas souvent encore à démocratie limitée, « épiphéno-
ne du taux du PNB » (27). Ainsi, trop de pays connaissent
fonctionnement démocratique interne, mais se signalent — tels
Etats-Unis, la France, la Suisse — par un comportement inter-
ional en contradiction avec les principes démocratiques affir-

més localement. D'où cette critiquable réalité d'une partie monde qui base sa vie sur l'accaparement des ressources plan taires. Certes, « la démocratie est un avenir » (28) et se ref quotidiennement. Mais elle ne peut être vraiment que si el sait déborder des frontières égoïstes des démocraties à PNB élev Car il n'y a de liberté que partagée. Nos médecins et infirmièr nos diplomates et politiciens, nos représentants aux Nations Uni doivent emporter dans leurs bagages le seul vaccin totalitai possible : le sens et la volonté démocratiques.

Réconcilier politique et morale

Il est donc admis que la responsabilité du drame que no venons d'éclairer en partie réside au niveau des Etats ; de ce qui donnent et de ceux qui reçoivent, suivant leur stade développement matériel. La politique des Etats doit donc évolu et les hommes et les peuples oser affirmer leurs droits et libert afin que les crimes contre l'humanité et contre l'homme cesse L'Organisation des Nations Unies n'est, en fin de compte, q la révélation du peu de sens moral qui inspire les actes d Etats. Le regret majeur qu'on peut éprouver face à cette org nisation, c'est qu'elle ne compte pas de cadres assez adultes po oser parler clairement et montrer du doigt, comme l'ont f T. van Boven et S. Aga Khan. L'ONU est comme un mir glauque qui ne restitue pas au monde les ordures qui accumulent. Seuls des serviteurs courageux sauront lui rendre s éclat et sa fidélité. Pour que cela devienne possible, il faut, particulier dans les démocraties, un changement de mœurs profondeur ; un changement de manière de vivre. La volonté partager le pain et la démocratie.

Ce que les démocrates ne doivent jamais oublier, c'est que contagion totalitaire les guette (29). Le jeu démocratique, c' vrai, paraît souvent dérisoire : « la médiocrité, en démocrat est peut-être le prix à payer pour que l'opinion de chacun puis se manifester. Que certains cultivent le songe d'un gouverneme des élites et rêvent de grandeur ; qu'un peuple accepte de le faire révérence, et voici la démocratie sacrifiée. (...) Rien n' plus terre à terre dans la plupart des cas, que le quotidien dém cratique, et un bulletin de vote se révèle bien moins exalta que le grand soir ou les beaux carnages révolutionnaires. On s cependant sur quoi débouche la stratégie antidémocratique : s règne des généraux, des potentats sanguinaires, avec camps de oncentration et parlements élus à 98 % de la population sur une iste unique... » (30).

La réconciliation nécessaire de la *politique* et de la *morale* que ous plaidons procède du constat suivant : face à la mondialisa-ion de l'économie, il n'y a de réellement mondial et universel ue l'ONU et sa Déclaration universelle des droits de l'homme. Ces roits existent et ont été acceptés par la quasi totalité des pays, iais n'ont pas, hélas, force de loi. Les dictatures, évidemment, 'en moquent bien ; mais les démocraties ont aussi des choses à e faire pardonner, dont notamment leurs silences devant trop e crimes contre l'humanité, à l'exemple du génocide armé-ien (31). Quant aux codes de conduite qui devraient caractériser Nouvel Ordre économique international, ils ne sont pas plus ontraignants, car, là aussi, domine l'intérêt des plus forts. ombien d'exemples où l'économie tue la démocratie ! D'où urgence de l'instauration d'un Nouvel Ordre moral international oté de solides moyens de persuasion. A titre individuel, les ivers Etats membres de l'ONU n'auront guère le ressort néces-aire pour concilier morale et intérêts particuliers. D'où la néces-ité d'une action généralisée, par voie onusienne, afin de mettre s grandes puissances en contradicion avec elles-mêmes, chaque ois que leur avidité les entraîne à intervenir hors de leurs fron-ères. Cette vigilance, ce droit de critique perpétuel doit s'exer-er aussi à l'endroit des institutions onusiennes lorsqu'elles se ont les servantes des puissances ; cela vaut en particulier pour les stitutions financières. Nous avons vu comment agit le FMI, ui pratique deux poids et deux mesures, prônant l'équilibre bud-étaire des Etats faibles, tout en tolérant un déficit constant de elui des USA. Or, le *Financial Times* de le démontrer, n raison des manipulations financières des Etats-Unis — condam-ées autant par le tiers monde que par les démocraties d'Europe ccidentale — les bénéfices que des pays comme le Mexique, le résil et le Pérou étaient censés retirer des programmes d'austérité nposés par le FMI ont été purement annulés. Et ceci en vertu 'une perversion du système capitaliste. Nous avons montré, plus aut, qu'historiquement démocratie et capitalisme ont cheminé nsemble. Mais depuis quelques années — Claude Julien de le ouligner — ces deux logiques entrent en conflit : d'un côté, la émocratie, « dont les banques et le FMI ne se sont guère souciés n accordant leurs largesses aux régimes les plus répressifs » ; e l'autre, le capitalisme et le pseudo-réalisme, en vertu desquels

« les banques feignent de s'interdire toute considération politique et ouvrent d'importants crédits à des (...) régimes réputés forts [qui] permettent ainsi une brutale exploitation de la main-d'œuvre ». Et Cl. Julien de remarquer que « ces violations du droit, ces assassinats et ces tortures ne figurent aucunement au bilan des banques ». Pour la première fois, au printemps 1984, un gouvernement démocratique a osé résister à la dictature du FMI et des Chase Manhattan, Citybank, Manufacturors Hannover, Morgan Guaranty, etc. qui gravitent et spéculent dans son ombre. La jeune démocratie argentine a tenu tête à cette politique d'affameurs, créant un précédent « dont feront leur profit d'autres pays du tiers monde auxquels les institutions financières ont accordé au fil des ans des crédits d'autant plus importants que leur rentabilité serait mieux assurée par des régimes " forts ", impitoyables à l'égard des syndicats ouvriers et de toute organisation populaire ». De la sorte, comme l'a déclaré le président Alfonsin, ont été sauvegardés « les intérêts de l'Argentine et la dignité de la nation », en refusant de sacrifier le bien-être général du peuple et de retarder la croissance. Qui, mieux que la nation argentine, fraîchement guérie du *virus dictatorus,* aurait su rappeler aux capitalistes qu'ils ne doivent pas oublier d'être simultanément des démocrates. Et d'agir en conséquence. Et voici qu'en septembre 1984 l'Argentine obtient du FMI un certain nombre de concessions...

Une Ligue d'Etats démocratiques

La conscience d'une indispensable harmonie entre les principes et les actes est perceptible partout. C'est pourquoi l'idée est intéressante d'une *Ligue d'Etats* s'engageant spontanément (pourquoi pas les démocraties d'Europe occidentale ?), et sous contrôle, à respecter tous les droits de l'homme, et à donner une vie réelle en particulier à la *Cour criminelle internationale* adoptée par l'Assemblée générale en 1948 dans le cadre de la Convention pour la prévention et la répression du crime de génocide.

L'Assemblée parlementaire du Conseil de l'Europe a exprimé dès le début des années 80, la conviction que le principe de non-ingérence dans les affaires intérieures d'autres Etats ne s'applique pas lorsque sont mis en cause les droits de l'homme. Suite au colloque « L'Europe et l'Amérique latine : le défi des droits de l'homme » (Madrid, 1981), l'Assemblée a souligné que la participation de l'Europe des démocraties parlementaires à l'action entreprise à l'échelle mondiale pour la défense des droits de l'homme constitue un élément essentiel de ses relations internationales. Aussi a-t-elle invité les Etats membres « à prendre en considération lors de l'élaboration de leurs politiques bilatérale et multilatérale d'aide au développement, la situation des droits de l'homme dans les pays en cause et l'influence que peuvent avoir les projets envisagés sur l'évolution de cette situation » (32). Après le Colloque sur la démocratie, d'octobre 1983, le Conseil de l'Europe d'ajouter que « l'Europe ne peut se borner à apporter au tiers monde un modèle de respect des droits de l'homme ; il lui faut aussi promouvoir la réforme de la coopération économique entre pays industrialisés et pays en voie de développement, et relancer dans cette optique le dialogue Nord-Sud ». Mais surtout, dans une recommandation, l'Assemblée parlementaire reconnaît que « la problématique de la coopération au développement en liaison avec les droits de l'homme prend tout son sens au Conseil de l'Europe, carrefour des démocraties, au sein duquel peuvent justement être définies des attitudes communes à adopter en cas de violation grave des droits de l'homme dans les pays bénéficiant d'une assistance ». Dans cette perspective, et parce qu'il faut passer des bonnes intentions à l'exécution, le Conseil de l'Europe recommande, depuis 1982, « la mise en place d'une procédure efficace de surveillance pour la protection des droits de l'homme et l'attribution aux organes des Nations Unies compétents en la matière, du personnel, de l'équipement et des moyens financiers nécessaires ». Mais pour dépasser le stade des bonnes intentions, il faudrait agir ; or, en février 1984, le président de la Commission européenne, G. Thorn, déclarait : « L'Europe n'est plus gouvernée ».

Aussi se pose une nouvelle fois le problème de la divergence de vue entre les tenants de la démocratie telle que l'Assemblée du Conseil de l'Europe et nous-mêmes la définissons, et ceux qui, comme J. Ziegler, s'ingénient à voir dans les mouvements de libération du type Swapo, Polisario, Front Farabundo Marti, etc. et les régimes qui en découlent la genèse d'une nouvelle démocratie. Si le combat anti-impérialiste et anti-fasciste de ces mouvements est hautement respectable, nous affirmons cependant que les « Etats aux structures et aux fondements inédits [qui] surgissent dans des territoires longtemps dominés par la pensée et le capital occidentaux » (33) n'ont de légitimité que chez les obsédés du marxisme (dont « la prétention à l'universalité de la pensée juridique et politique » n'a d'égal que celle de l'impérialisme capitaliste qu'ils condamnent). Au niveau du respect des droits de l'homme, on remarque que ces milieux — nombreux dans les pays sous-équipés et dans les Etats socialistes — privilégient les droits sociaux, économiques et culturels, mais ont une tendance significative à négliger les droits civiques et politiques. Comme les viols des libertés fondamentales sont nombreux surtout dans ce groupe de pays — aux régimes de gauche comme de droite —, on comprend qu'ils ont tendance à s'opposer au droit d'intervention dans le domaine des droits de l'homme. Toutes les dictatures — et leurs théoriciens — cherchent à finasser et à ne pas respecter la résolution 32/130 de l'Assemblée générale des Nations Unies (16.12.1977) qui considère les droits de l'homme comme « indivisibles et interdépendants », ce qui interdit de les trier selon le bon plaisir du prince ou du grand camarade. Et ce, même après une douloureuse guerre de libération.

Cette Ligue d'Etats démocratiques qui acceptent tous les droits et libertés fondamentaux ainsi que le pluralisme politique, mérite d'être sérieusement considérée et encouragée, au sein de l'ONU. Par osmose, elle devrait parvenir à diffuser progressivement ses convictions et réussites, et organiser les rapports entre morale et politique. Grâce au respect de ces codes de conduite que sont les Charte, Déclaration universelle et Pactes, la politique pourra être contrôlée par l'exigence morale. Cela est particulièrement important en cette année 1984. Une ONU apte à éradiquer tous les totalitarismes, autocraties, théocraties et autres confiscations du pouvoir populaire, parce que dotée d'un système de sanctions (34) apte à étouffer les ambitions de ceux pour qui le bien du peuple passe par les slogans stupides : la guerre c'est la paix, la liberté c'est l'esclavage, l'ignorance est la force, le réarmement c'est la sécurité, le collectivisme protège l'individu.

La Charte d'Alajuela

Une tentative de rayonnement démocratique, issue du tiers monde, a vu le jour en 1982 au Costa Rica, avec le Congrès mondial des Droits de l'Homme, dans la vieille ville d'Alajuela. Le Costa Rica qui, depuis 1949, par un référendum constitutionnel, a proscrit « l'armée en tant qu'institution permanente » et « aboli la peine de mort » est le premier pays à organiser un tel Congrès. Les débats y ont permis d'examiner de façon rationnelle les problèmes des droits de l'homme. Il en est résulté la Charte d'Alajuela (35). Dans ses quinze articles, elle résume parfaitement ce que la famille des démocraties parlementaires, et une ONU renouvelée, ont à faire :

1. Reconnaître, garantir et étendre à la communauté internationale et à tous les hommes les droits et devoirs fondamentaux suivants :

● *Dénoncer et combattre*

— l'industrie militaire,

— la pratique de la torture physique et morale,

— les régimes politiques fondés sur des pratiques de discrimination.

● *Se rebeller contre*

— tout régime militaire, tyrannique, despotique et dictatorial.

2. Créer au sein des Nations Unies :

a. Un Haut-Commissariat des Droits de l'Homme ;

b. Une Cour internationale d'enquête sur les droits de l'homme ;

c. Une Cour pénale internationale des droits de l'homme.

En quelque sorte, doter les Nations Unies d'un *procureur général* (36). De cette façon, les hommes et les peuples épris de liberté, de démocratie parlementaire et de justice devraient réussir à éliminer les régimes trop nombreux qui constituent « une aberration historique et un affront inadmissible à la conscience universelle de la dignité humaine ». Parallèlement pourrait intervenir la création d'une *Organisation internationale du commerce,* qui cumulerait les fonctions du GATT et de la CNUCED, et permettrait d'atténuer l'écart technologique ainsi que les conditions de vie infrahumaines des divers tiers mondes. Reste aux démocraties, les vraies, celles qui respectent l'ensemble des droits énoncés par la Déclaration universelle sous l'emblème des Nations Unies, à se mobiliser. Il faut souhaiter que les prochains Congrès mondiaux des droits de l'homme — dont celui de Dakar, en été 1985, à l'occasion du 40e anniversaire des Nations Unies — ne viendront pas ternir le limpide espoir né à Alajuela.

Le triomphe de l'équité

L'actuelle capacité d'auto-destruction qui plonge l'humanité, en matière de sécurité, dans une totale interdépendance, exige que partout où fleurit la liberté de pensée et d'expression les hommes et les Etats, au dedans comme au dehors, se fassent respectueux de *tous* les droits de l'homme, meilleure garantie des droits des peuples. Comme l'a souligné Karl Jaspers, « tant qu'il y aura abus de droit du côté du pouvoir, les pouvoirs subsidiaires se verront encouragés ». Tant que les démocraties parlementaires libérales, aux plans bilatéral et multilatéral, se compromettront pour la satisfaction de leurs intérêts économiques et stratégiques — souvent de boulimique manière — avec les dictatures de la périphérie, la dictature elle-même sera affermie. Car à côté de tous les tyrans du Sud que nous avons énumérés, et de ceux à venir, il y a les grandes dictatures rouges du Nord. Elles aussi peuvent évoluer vers la démocratie, pour autant que le modèle s'avère alléchant. Cela ne sera que si les démocraties se montrent inflexibles face aux principes moraux et résistent à la perversion (moins celle des sirènes totalitaires que celle des tentations internes).

Au-delà du dualisme *Realpolitik* et *morale,* il y a, bien plus grave et concernant l'humanité entière, le *survivre* ou *disparaître.* Face au langage du pouvoir et de l'ambition, il n'existe que celui du droit public respecté, de la solidarité partagée, des droits de l'homme reconnus, en un mot : de l'*équité.* Entre la domination totale et la destruction totale, le choix ne peut être que démocratique. Or, *la démocratie est possible partout où prévaut l'intelligence.* Même à l'ONU. Pour que l'Organisation mondiale puisse dépasser son rôle de spectatrice, voire de complice forcée des désordres (37), il faut lui trouver des mécanismes nouveaux et lui imprimer les réformes de structure adéquates. Et cesser de placer à la tête des divers organes onusiens des hommes de second plan pour revenir à une ONU gérée par des cerveaux indépendants. Il faut à l'ONU des *têtes,* des *caractères,* plutôt que des bureaucrates, afin d'être dirigée avec plus de véritable autorité. Ils auront pour tâche primordiale de veiller à l'éradication progressive des conditions politiques et économiques qui suscitent les dictatures, grandes et petites ; et que cesse l'ère féodale. C'est là l'exigence première. *Coopération au développement et aide humanitaire peuvent faire mieux que distribuer l'aumône aux esclaves.* Cela revient à forger une ONU qui s'occupe de l'autodétermination non seulement sous l'angle : domination coloniale, occupation étrangère et apartheid, mais aussi, comme l'envisage d'ailleurs une résolution de l'Organisation des Etats américains (23.6.79), sous celui d'autodétermination interne. Pour atteindre l'épanouissement individuel et collectif, il faudra aussi mettre de l'ordre dans l'institution onusienne elle-même. En particulier, le travail des fonctionnaires internationaux devra être orienté vers un même but, qui est celui d'assurer la paix et l'équité, le plus efficacement possible, et non de dépenser leur énergie « à s'empêcher de fonctionner mutuellement » (38).

Voici 150 ans, A. Tocqueville, dans *La démocratie en Amérique,* écrivait à propos des nations : « ...il dépend d'elles que l'égalité les conduise à la servitude ou à la barbarie, à la prospérité ou aux misères... ». Partout où la démocratie étouffe, étranglée par un tyran, violée par un parti unique, par le capital, ou ignorée des ladres, les démocrates ont à se dresser, à se liguer pour le triomphe des droits de l'homme, qui ne sont rien d'autre que l'essence même de la démocratie. Et résister. Résister à tout abus de pouvoir. Cette résistance démocratique, fondée sur les convictions morales qui inspirent la Déclaration universelle des Droits de l'Homme est, à plus ou moins long terme, le seul antidote à la servitude et à la barbarie.

Alors, démocrates du monde entier, préparez vos seringues, le *virus dictatorus* menace ! Et persévérez, car un dictateur peut toujours en cacher un autre. Commencez par vous vacciner vous-mêmes, puis accomplissez votre devoir d'ingérence et d'irrévérence, sur la base du principe d'équité, qui n'est autre que la protection solidaire.

On ne peut pas être démocrate tout seul.

Notes

(1) VILLEY (M.), *Le droit et les droits de l'homme,* Paris, 1983, 176 p. ; OLERO TASSARA (A.), « Como tomarse los derechos humanos con filosofía ». *Revista de Estudios Políticos,* 33, Madrid, mai-juin 1983, pp. 101-122.

(2) MÉDARD (J.F.), *op. cit.,* p. 11 ; s'il est entendu que dans tout conflit force doit rester au droit, il est non moins vrai que tout peuple a le droit de lutter pour sa libération. Et ce droit d'un peuple de pouvoir disposer de lui-même rend licite, à notre avis, l'emploi de la force. Cf. à ce propos DUPUY (R.-J.), *Communauté internationale et disparités de développement,* La Haye, 1981.

(3) CASTERMAN (Ch.), LANGELIER (J.P.), *L'Afrique déboussolée,* Paris, 1978, *op. cit.,* p. 12. — Il ne fait pas de doute— le Père Bruckberger s'est employé à le démontrer — qu'avec l'ère bourgeoise, l'Occident s'est orienté vers un capitalisme excessif et un individualisme outrancier, qui font fi du sens de la solidarité. C'est le sens de cette solidarité qu'il s'agit de retrouver ; une solidarité qui ne condamne pas le capitalisme en soi, mais qui suppose un capitalisme où l'homme considérerait que sa fortune lui est prêtée pour être gérée.

(4) Un rapport publié par l'ONU, à Genève, le 1er août 1983, destiné à la *Conférence mondiale pour la lutte contre le racisme et la discrimi-*

nation raciale, estime que « les multinationales cautionnent l'apartheid ». Mais à l'Est on ne fait guère mieux : cf. SOLANO (D.), « Argentine : l'URSS, premier client. Paradoxes d'une coopération commerciale ». *Le Monde diplomatique,* Paris, octobre 1983, p. 25.

(5) Projet d'une Commission interne sur la politique d'aide au développement, dirigée par le Zurichois de Capitani, présenté au public le 26 février 1983.

Au niveau de la politique gouvernementale helvétique, les positions sont les suivantes : « Dans un petit Etat, économiquement dépendant de l'extérieur, la politique économique, en temps normal, doit placer au premier rang la capacité concurrentielle du pays, pour assurer le bien-être de la population ».

« Certains aspects de la politique de sécurité, qui va souvent à l'encontre de cet objectif [comme celle du respect des droits de l'homme], ne peuvent être pris en considération, en temps normaux, que dans la mesure où ils n'entravent pas de façon excessive le développement économique. » Office fédéral de la défense économique, *L'approvisionnement du pays en tant que pilier de la défense générale,* Berne, 1982, 62 p. Il ne faut pas, en temps de paix, confondre politique extérieure et politique commerciale, ni mélanger Neutralité et Commerce, estime-t-on en haut lieu. Hors des périodes de guerre, la Suisse doit pouvoir commercer avec tous les pays, sans restriction, afin d'écouler les produits de son industrie, c'est-à-dire assurer le bien-être de sa population, sans que des facteurs étrangers — comme le viol des droits de l'homme dans un pays client — n'interfèrent. En cas de guerre, le Conseil Fédéral interdit l'exportation d'armes pour que la Suisse neutre accorde à toutes les parties du conflit un traitement égal. Lors du boycott de la Rhodésie de Ian Smith par l'ONU, la Suisse s'est refusée de se rallier, tout comme lors du boycott contre l'Afrique du Sud, en 1977. Toutefois, elle s'arrange à ne pas tirer profit de la nouvelle situation.

Cf. aussi TSCHANZ (H.), *Qui dirige la Suisse. Les groupes de pression contre la démocratie.* Lausanne, 1984, 200 p. (qui néglige toutefois les groupes de pression de la gauche).

(6) Le slogan de la politique extérieure suisse est *neutralité et solidarité ;* on y ajoute souvent aussi *disponibilité et universalité.* Compte tenu du fait qu'en système libéral l'économie relève du domaine privé, il n'y a pas lieu, pour les milieux officiels suisses, fortement inspirés par le monde des affaires, de pratiquer une « politique étrangère missionnaire ». De sorte que l'on fait la distinction entre *politique étrangère* orientée vers les intérêts de toute la population, et *politique étrangère commerciale* qui relève des intérêts particuliers. Il y a ainsi un conflit des buts qui rend la politique de solidarité suisse peu crédible. Une moralisation de la politique extérieure semble donc indispensable pour éviter que le cas particulier de la Suisse n'apparaisse pas, plutôt que comme une réalité respectable, comme une provocation. « Pour le gouvernement, la politique étrangère ne doit pas être plus longtemps une politique économique étrangère travestie (...). Et le citoyen doit comprendre de son côté (...) que la politique étrangère est devenue une « politique intérieure mondiale » et qu'en conséquence nous avons prioritairement à porter notre part de co-responsabilité dans la politique étrangère, afin que soient établis à l'échelle mondiale des modèles de participation plus loyaux ». BLUM (A.), « Aussenpolitik und Partizipation des Buergers », in *Séminaire sur « La neutralité suisse à l'époque de l'interdépendance globale ».* Commission nationale suisse pour l'Unesco (Sigriswil, 4-6 novembre 1982), Berne, 1983, pp. 96-103 ; pour la Turquie, cf. aussi notes (16), p. 75, et (121), p. 253.

Souhaitons que les milieux politiques suisses et étrangers sachent se ressourcer auprès des milieux confessionnels, protestants et catholiques qui, depuis 1981, approfondissent la question du développement. Qu'ils réfléchissent notamment aux quatre modèles de base qui, pour *Justice et Paix,* influencent directement ou indirectement la politique du développement :

a) modèle de l'économie de marché : intégration totale des pays sous-équipés dans l'économie mondiale ;

b) modèle de l'économie de développement : intégration à de meilleures conditions ;

c) modèle autonomiste : détachement passager des pays sous-équipés des pays industriels ;

d) modèle d'autosuffisance : développement autarcique du tiers monde.

Iustitia et Pax, *Développement et droits de l'homme,* Berne, 1984, op. *cit.*

(7) Cf. in Fondation internationale pour un autre développement, *Dossier 27.* Nyon (Suisse), janvier-février 1982, p. 55-62.

(8) GARZAROLLI (R.), « A propos de la peur en Suisse de la naissance d'une nouvelle féodalité et d'un discours de Georges-André Chevallaz ». *Repères. Revue romande,* 8. Lausanne, 1984, pp. 25-31 (p. 31), qui ajoute : « le parti radical est bientôt maître du pays, comme en Italie la démocratie chrétienne, et (...) ce parti est là où se trouvent les grosses affaires, les grandes institutions — là aussi peut-être, où éclatent les scandales (mais avez-vous remarqué ? Lorsque éclate un scandale, en Suisse, on ne relève jamais les accointances politiques, comme cela se produit dans les pays qui nous entourent, et à quoi nous applaudissons en général). Il est bien évident que ce parti, dont le président dirige en personne la radio et la télévision officielles, ne brille pas par ses idées nouvelles ou sa vision de l'avenir. Cependant, on ne saurait en conscience désigner le cheval quand le cavalier reste dans la brume : un parti n'est qu'un cheval pour un homme assoiffé de pouvoir (...). La nouvelle féodalité, je la verrais formée de gens parvenus, d'individus liés entre eux par toutes sortes d'intérêts personnels, et hurlant à qui veut les entendre leur passion de la démocratie et le désir de servir la patrie ». Sur la Suisse et ses relations avec le monde, cf. PREISWERK (R.A.), *A contre-courants, op. cit.,* « Les objectifs et les moyens d'une politique internationale suisse pour la paix » (p. 61 ss).

VANLAER (J.), *200 millions de voix — Une géographie des familles politiques européennes.* Société Royale Belge de Géographie et Laboratoire de Géographie Humaine de l'Université Libre de Bruxelles. Bruxelles, 1984.

Sur *l'Ordre mondial injuste,* cf. PARTENT (F.), *La fin du développement ?* Paris, 1982 ; STRAHM (R.), *Pourquoi sont-ils si pauvres ?* Neuchâtel (Suisse), 1983 ; SEURIN (J.L.), « Les régimes militaires ». *Pouvoirs,* 25, Paris, avril 1983, pp. 89-105 (pp. 98-99).

(9) ELA (J.-M.), « Paysans d'Afrique : peuple en marge ou en marche ? » *Courrier de l'Unesco,* 1205, Paris, juin 1983, pp. 8-11 (p. 11).

(10) C'est ainsi que l'Union des Populations du Cameroun (U.P.C.) poursuit un louable effort d'information et de sensibilisation sur les droits de l'homme. Dans son numéro de mai-juin 1983, *La Voix du Kamerun* a commencé la publication du texte intégral de la Déclaration universelle des droits de l'homme.

Dans le même numéro paraissent deux articles qui assimilent avec raison la politique du parti unique à la dictature, notamment au Cameroun et au Gabon : ABENA (A.), « Le multipartisme : que peut-il apporter ? ». *La Voix du Kamerun,* 36. En exil, mai-juin 1983, pp. 2-5. Anonyme, « Multipartisme en Afrique. Bongo bouche les trous ». *La Voix du Kamerun,* 36. En exil, mai-juin 1983, p. 5.

Or, il sied de faire remarquer à l'UPC que si on est de tout cœur avec elle dans son combat pour l'instauration de la démocratie, on peut avoir quelques doutes quant au type de démocratie qu'elle préconise. Si son but est bien la mise en place d'un régime « démocratique et populaire » (inquiétant pléonasme) et « la lutte pour le socialisme », il apparaît qu'elle confond la fin et les moyens. Le socialisme est un moyen de défendre les intérêts des classes laborieuses ; mais si le combat « démocratique populaire » de l'UPC confine, au stade ultime, à l'instauration d'un *régime socialiste,* il en sera fait de la démocratie pluraliste prônée aujourd'hui. Il ne faudrait pas prendre les enfants de la démocratie parlementaire pluraliste pour des canards sauvages.

(11) PADMORE (G.), « An open Letter to Earl Browder ». *Crisis,* XXX, II, New York, octobre 1935, p. 302.

(12) *Ya,* Madrid, 23 novembre 1979.

(13) EYA NCHAMA (C.M.), *Intervention. Conseil Economique et Social des* Nations Unies. Commission des Droits de l'Homme, 39ᵉ Session, Thème 20 de l'Ordre du jour, Genève, 18 février 1983, p. 3. CEE, « Réglement N° 202/84 de la Commission, du 25 janvier 1984, relatif à l'ouverture d'une nouvelle adjudication pour la livraison de farine de froment tendre à la Guinée équatoriale au titre de l'aide alimentaire ». *Journal officiel des Communautés Européennes,* N° L 22/16, Bruxelles, 27 janvier 1984.

(14) COHEN (B.), « La nouvelle offensive de la politique américaine en Afrique australe ». *Le Monde diplomatique,* Paris, mars 1982, p. 11 ; RAY (E.), SCHAAP (W.), VAN MELER (K.), *Dirty Work : The C.I.A. in Africa,* Londres, 1980. Il n'en va bien sûr pas autrement côté URSS et K.G.B.

(15) SANCHES ARNAU, CORM (G.), SID-AHMED (A.), LICHTENSZTEIN (S.), OUIGANO (J.M.), MARTUER (G.D.), *Dettes et développement. Mécanismes et conséquences de l'endettement du tiers monde,* Paris, 1982.

Jamais les bénéfices des banques du Nord n'ont été aussi élevés qu'au moment où l'endettement du Sud est le plus grave. Mais jamais depuis un demi-siècle tant de banques américaines n'ont frisé la faillite comme en 1984. Et jamais les USA n'ont été aussi endettés eux-mêmes.

(16) NGUINZA AKAMGBI KODRO, « Où sont les droits de l'homme et de la femme en Centrafrique ? » *Peuples noirs — Peuples africains,* 2, Paris, mars-avril 1978, pp. 31-82.

(17) NAEF (A.), « L'ONU sur la touche ». *Tribune de Genève,* Genève, 24 août 1982, p. 3.

(18) Nations Unies, Service d'Information, XXXᵉ anniversaire. *Les Nations Unies et les droits de l'homme,* New York, 1979, 180 p.

(19) Nations Unies, *Stratégie internationale du développement pour la 3ᵉ décennie des Nations Unies pour le développement.* Doc. A/35/1980, New York, 23 octobre 1980. Préambule.

(20) C'est le même silence à propos des droits de l'homme qui marque les résultats de la Commission Brand, réunie sous l'égide de l'ONU. Pour elle, il s'agissait d' « étudier les problèmes globaux qui proviennent des disparités sociales et économiques au sein de la communauté mondiale, identifier les directions que peut et doit prendre la politique de développement international au cours de la prochaine décennie et, en vue d'accélérer le progrès économique et social des pays en voie de développement, préparer des propositions concrètes qui sauront emporter l'adhésion de la population et des législateurs des pays riches et pauvres ».

(21) WIZNITZER (L.), « Entretien exclusif avec M. Xavier Perez de Cuellar : Rendre à l'ONU sa crédibilité ». *Construire,* Zurich, 20 janvier

1981, pp. 1-2 ; propos confirmés lors de la conférence de presse du lendemain, cf. N.B., « Le nouveau secrétaire général de l'ONU affirme son intérêt pour les problèmes humains ». *Le Monde*, Paris, 23 janvier 1981, p. 5.

(22) « Perez de Cuellar, élu grâce au véto émis par l'Union soviétique contre la nomination de Sadruddin Aga Khan, a subi d'énormes pressions également de la part des régimes dictatoriaux ou militaires d'Amérique latine, dont le Guatemala en particulier, pour se débarrasser de van Boven. Chargé à l'époque par les Nations Unies de faire une enquête sur le pianiste argentin Estrella emprisonné en Uruguay, le fonctionnaire qu'était Perez de Cuellar aurait remis à la Division des droits de l'homme un rapport très insuffisant et Theo van Boven le lui aurait fait remarquer, d'où la naissance d'une inimitié durable. Il est certain en tout cas, comme l'a commenté le *Monde*, que la collusion de régimes latino-américains géographiquement proches de M. de Cuellar, celle des pays de l'Est et des Etats Arabes qui n'admettaient pas d'*ingérences dans leurs affaires intérieures*, l'hostilité du bloc de l'Est et enfin une certaine méfiance à son égard exprimée par des représentants du régime Reagan, ont eu raison de van Boven, " ce haut fonctionnaire qui s'était permis scandaleusement d'avoir une conscience ". » FLAKS (M.), « Van Boven limogé : l'électorat suisse réagira ». *Coopération*, Bâle, 18 février 1982, p. 2.

(23) FLAKS (M.), « Un message de M. Perez ». *Coopération*, Bâle, 13 janvier 1983, p. 2.

(24) COOMARASWANNY (R.), « Les droits de l'homme devant le tiers monde ». *Courrier de l'Unesco*, Paris, août-septembre 1982, pp. 49-52 (p. 52).

(25) ELA (J.M.), « Paysans d'Afrique », *op. cit.*, Paris, juin 1983, pp. 8-11.

(26) MONNET (J.), *Mémoires*, Paris, 1976, p. 557 ; cf. aussi ZBINDEN (A.), *Le regard et la parole*, V., Lausanne, 1982, avant-propos.

(27) Cf. Divers, in *La démocratie au-delà de la crise du gouvernement*. Rapport provisoire, Rome, 1982 ; cf. aussi DECORNOY (J.), « La tragédie des démocraties ». *Le Monde*, Paris, 19 octobre 1982, p. 2.

(28) « *Editorial* ». *Esprit*, Paris, septembre 1982, p. 1. Iustitia et Pax, *op. cit.*, p. 44-46, « Egalité ».

(29) Fédération internationale des Droits de l'Homme, « Les manœuvres de la paix ou Comment négocier avec les régimes autoritaires ». *Le cri des hommes*, 7, Paris, septembre 1980, pp. 4-15.

(30) TAUXE (H.-Ch.), « Cette affreuse démocratie ». *24 Heures*, Lausanne, 3 décembre 1982, p. 53.

(31) Un *appel pour la reconnaissance par l'ONU du génocide de 1915*, publié fin juin 1983, à Paris, précise que « Les Etats démocratiques accompliraient un acte de justice élémentaire en portant devant l'ONU la question du génocide des Arméniens, ce qui ne modifierait en rien les alliances stratégiques basées sur des intérêts mutuels, mais contribuerait à ne pas encourager, par le silence, d'autres crimes contre l'humanité ». — BRUCKNER (P.), *op. cit.*, p. 256. Cf. enfin *Financial Times*. Londres, 26 mars 1984 ; JULIEN (Cl.), « Endettement international et démocratie. Le tiers-monde face aux banques. *Le Monde diplomatique*. Paris, mai 1984, pp. 1, 16-17.

(32) HOLTZ (U.), « Au Conseil de l'Europe. Au-delà du simple transfert de ressources ». *Le Monde diplomatique*, Paris, février 1984, p. 18 ; il cite notamment la Résolution 774 (1981) et les Documents 4876 et 4879 liés au Colloque de Madrid, d'octobre 1981, ainsi que la Recommandation 962 (1983) et le Document 4997 relatif à « La coopération au développe-

ment et les droits de l'homme ». Cf. aussi « L'ONU et les droits de l'homme. Maigre bilan ou les faux espoirs ». *Le Nouvelliste*. Sion (Suisse), 6 février 1984, p. 1, qui critique vertement la voie diplomatique de MM. Herndl et Perez de Cuellar, et leur préfère l'action courageuse et franche des ONG.

(33) ZIEGLER (J.), « Révolution et légitimité ». *Tribune socialiste genevoise,* Genève, 25 janvier 1984, p. 3. Pour le sociologue de l'Université de Genève, qu'étonne « l'incompréhension, pire : l'indifférence et le refus que les forces progressistes et populaires de nos pays opposent aux structures politiques et aux formations sociales nées de l'insurrection », il y a en plus de cette incompréhension prolétarienne occidentale celle des intellectuels. « Exemple : j'assume cet hiver un séminaire de doctorants à l'Université de Paris I (Sorbonne). Thème : " La genèse des nouveaux Etats de la périphérie ". Dans la salle, il y a une centaine de jeunes intellectuels — hommes et femmes — du monde entier. Leur première objection à ma thèse de la double légitimité : " Mais les régimes du Nicaragua, de la Haute-Volta, du Mozambique, du Cap Vert, sont-ils vraiment des régimes constitutionnels ? " Rarement les concepts ethnocentriques de la sociologie politique européenne n'auront fait de tels ravages dans les esprits et provoqué de telles ruptures dans le front de solidarité anti-impérialiste international ». Décidément, face aux forces progressistes et populaires, et aux intellectuels d'ici et d'ailleurs, J. Ziegler détient, heureusement, la vérité. Manifestement, comme tous les pouvoirs autocratiques (une famille, un parti), il privilégie les droits des régimes et Etats socialistes, déguisés en droits des peuples, et pourfend les démocraties pluralistes.

Parmi les droits de l'homme il y a aussi celui de n'être pas socialiste.

Comparer DUVERGER (M.), *Dictatures et Légitimité* (1983), *op. cit.* et ZIEGLER (J.), « Révolution et Légitimité », *ibid.* Curieuse coïncidence.

(34) Cf. au sujet des sanctions, de leurs fondements juridiques et des motivations stratégiques, *Etudes,* Paris, novembre 1983.

(35) *Primer Congreso Mundial de Derechos Humanos.* Alajuela (Costa Rica), 6-12 décembre 1982. En septembre 1983, le Costa Rica a proclamé sa neutralité.

(36) « Il s'agirait de confier à une personnalité indépendante et respectée la fonction de porter l'accusation, au nom de la Communauté internationale, contre tout pays violant les droits de l'homme. Ce haut magistrat international pourrait agir *proprio motu,* se saisir lui-même des violations, sans attendre qu'un Etat en accuse un autre — ce qui ne s'est jamais produit dans le cadre de l'ONU — ou qu'un individu trouve miraculeusement la possibilité de faire transmettre sa plainte jusqu'au procureur général. Doté de puissants moyens d'investigation, accepté par l'ONU, jouissant de relais dans toutes les zones chaudes du monde, il pourrait avoir également une fonction de médiateur ; il attirerait l'attention des Etats sur les cas litigieux et donnerait son avis souverain ».

« Certes, les pays membres de l'ONU ne sont pas prêts à accepter la création, sur le modèle européen, d'une Cour internationale des droits de l'homme, et notre procureur général risquerait fort de n'avoir aucune instance juridictionnelle devant qui porter ses accusations. Le simple fait de rendre public le résultat de ses enquêtes pourrait cependant suffire, dans bien des cas, à secouer les indifférences et peut-être même inciter l'ONU à adopter des sanctions économiques ou autres contre l'Etat coupable de violer ses engagements en matière de droits de l'homme ».

« Théoriquement, le secrétaire général de l'ONU ou le directeur général de l'Unesco peuvent jouer ce rôle d'accusateur-médiateur. Mais leurs fonctions les empêchent de faire connaître publiquement les conclusions auxquelles ils arrivent et, encore plus, de saisir les organismes du système des Nations Unies chargés de la défense des libertés fondamentales. Il est triste de constater à quel degré d'inefficacité est arrivée la Commission des droits de l'homme de l'ONU. Cette situation résulte de l'absence de tout *ministère public,* de tout avocat plaidant non pour un Etat, ou pour un individu, mais pour la communauté internationale ». Israël (G.), Député au Parlement européen.

(37) La Conférence sur la Palestine, organisée par l'ONU, et tenue à Genève en août-septembre 1983, a été la parfaite démonstration de cette médiocrité onusienne, et de son talent de gaspillage de fonds (12 Mio de $, sans compter la sécurité). D'une part, des documents publiés sous la responsabilité de l'ONU pour cette conférence présentent un tel caractère unilatéral, et sont à tel point bourrés d'inexactitudes, de distorsions, de lacunes, qu'ils témoignent du triomphe des pressions exercées sur l'Organisation internationale (Cf. notamment le Doc. A/CONF. 114/6, selon lequel le 14 mai 1948, Israël était déclaré « Etat juif, non Etat souverain et indépendant » !). D'où les titres de la presse suisse romande : « Conférence discréditée », « Conférence superflue », « Meeting pour convertis ». Le discours inaugural de M. Perez de Cuellar a été significatif de cette grave manipulation dont les responsables de l'ONU sont les victimes consentantes : pas une fois le Secrétaire général n'a prononcé le nom de l'Etat d'Israël, fut-ce pour le placer devant ses responsabilités. Probablement afin de ménager les USA. Mais simultanément — comme pour la chèvre et le chou — « afin de ménager les susceptibilités des pays arabes et de leur allié soviétique, le patron de l'ONU mesure ses termes au point de perdre toute autorité politique. Il y a des circonstances où les propos falots et mondains deviennent indécents. » Pilet (J.), « La conférence discréditée ». *L'Hebdo,* Lausanne, 1er septembre 1983, p. 5.

Et nous n'insisterons pas sur la propagande qui a consisté, pour l'ONU, à dépenser une fortune pour inviter des journalistes étrangers à ses frais, au point que l'hebdomadaire helvétique *Coopération* a pu titrer : « La paix piégée par la propagande »...

Pendant que se déroulait cette « Conférence » siégeait également la Sous-Commission des droits de l'homme, dans l'enceinte du même Palais des Nations, à Genève. Et c'est dans le cadre de cet organe composé principalement de représentants d'ONG que M. Herndl s'est fait le servile porte-parole de gouvernements (sans oser les nommer) qui reprochent à cette sous-commission de faire son devoir de mise en évidence des violations des droits de l'homme, où qu'elles se produisent.

Il faut vacciner l'ONU.

(38) Senarclens (P. de), « La crise de l'Unesco. Une bureaucratie déboussolée ». *Gazette de Lausanne,* Lausanne, 25 janvier 1984, p. 1.

SIGLES ET ABREVIATIONS

AID : Agence internationale pour le Développement (BIRD)
ANRD : Alianza Nacional de Restauración Democrática
BADEA : Banque arabe pour le Développement en Afrique
BDEAC : Banque de Développement des Etats de l'Afrique centrale
BEAC : Banque des Etats de l'Afrique centrale
BIE : Bureau international d'Education (UNESCO)
BIK : Bikwele (sing. ekwele)
BIRD : Banque internationale pour la Reconstruction et le Développement (Banque mondiale) — Institution spécialisée de l'ONU
BRGM : Bureau de Recherches géologiques et minières (France)
CEE : Communauté économique européenne
CIA : Central Intelligence Agency
CICR : Comité international de la Croix-Rouge (Suisse)
CIJ : Commission internationale des Juristes
CMS : Conseil Militaire Suprême
CTP : Conseiller Technique Principal
CNUCED : Conférence des Nations Unies pour le Commerce et le Développement
DTS : Droits de tirage spéciaux
ECOSOC : Conseil économique et social des Nations Unies
FAO : Organisation des Nations Unies pour l'Alimentation et l'Agriculture
FIEU : Fonds international d'Echanges universitaires
FMI : Fonds monétaire international — Institution spécialisée des Nations Unies
FRELIFER : Frente de Liberación de Fernando Poo
FRELIGE : Frente de Liberación de Guinea Ecuatorial
FF : Franc français
Fr. s. : Franc suisse
GARD : Groupe d'Aide pour des Réalisations de Développement (France)
GATT : Accord Général sur les Tarifs et les Douanes — Institution spécialisée des Nations Unies
IPGE : Idea Popular de Guinea Ecuatorial

KGB : Police de sécurité de l'Etat (URSS — Komitet Gosudarstvennoj Bezopasnosti)
Mds : Milliards
Mio : Millions
MONALIGE : Movimiento Nacional de Liberación de Guinea Ecuatorial
MUNGE : Movimiento de Unión Nacional de Guinea Ecuatorial
NOEI : Nouvel Ordre économique international
NOMI : Nouvel Ordre moral international
OCDE : Organisation de Coopération et de Développement économique
OEA : Organisation des Etats Américains
OIT : Organisation internationale du Travail — Institution spécialisée des Nations Unies
OMS : Organisation mondiale de la Santé — Institution spécialisée des Nations Unies
ONG : Organisation non-gouvernementale
ONU : Organisation des Nations Unies
ONUDI : Organisation des Nations Unies pour le Développement industriel
OPEP : Organisation des Pays Exportateurs de Pétrole
OUA : Organisation de l'Unité Africaine
PAM : Programme Alimentaire Mondial — Agence spécialisée de l'ONU (dans le cadre de la FAO)
PMA : Pays les Moins Avancés
PNUD : Programme des Nations Unies pour le Développement
RFA : République Fédérale Allemande
SBS : Société de Banque suisse
SDN : Société des Nations
$: Dollar US
UBS : Union de Banques suisses
UDEAC : Union Douanière des Etats de l'Afrique centrale
UFER : Mouvement International pour l'Union Fraternelle entre les Peuples et les Races
UGTGE : Unión General de Trabajadores de Guinea Ecuatorial
UNESCO : Organisation des Nations Unies pour l'Education, la Science et la Culture
UNHCR : Haut-Commissariat des Nations Unies pour les Réfugiés
UNICEF : Fonds des Nations Unies de secours à l'enfance (FISE)
UNITAR : Institut de formation professionnelle et de recherche des Nations Unies
UPC : Union des Populations du Cameroun

TOPONYMIE

Le régime nguemiste dont font partie depuis des années les chefs actuels de la Guinée équatoriale a débaptisé divers noms de lieux, entre 1971 et 1973. Etant donné que cette toponymie des Nguema n'a jamais reçu l'aval d'un législatif démocratiquement élu, nous maintenons ici celle héritée à l'indépendance (1968). Signalons qu'ont été modifiés les noms de Santa Isabel (Malabo), San Fernando (Ela Nguema), Fernando Poo (d'abord Macias Nguema, et plus récemment Bioko), San Carlos (Luba), Concepción (Riaba), Punta Fernanda (Punta de la Unidad Africana), Rio Benito (Mbini). Sous Macias Nguema, l'île d'Annobon était appelée Pagalu (« Papa Coq », nom électoral du dictateur). Après le renversement de leur oncle, Obiang Nguema et ses cousins du C.M.S. ont été obligés par la population d'Annobon de rétablir le nom primitif.

Lorsque la dictature des nguemistes aura fait place à un gouvernement né du suffrage universel, celui-ci prendra des décisions qui auront force de loi internationale.

TABLE DES MATIERES

www.ingramcontent.com/pod-product-compliance
Lightning Source LLC
LaVergne TN
LVHW050640051026
849532LV00002B/468
* 9 7 8 2 8 5 8 0 2 4 1 1 7 *